Hans-Joachim Schönknecht

Rückkehr der Kontingenz?

Hans-Joachim Schönknecht

Rückkehr der Kontingenz?

Strategien der Kontingenzbewältigung
vom antiken Schicksalsglauben
bis zu den Aporien Nietzsches
und der Postmodernen

Bibliografische Information der Deutschen Nationalbibliothek: Die Deutsche Nationalbibliothek verzeichnet diese Publikation in der Deutschen Nationalbibliografie; detaillierte bibliografische Daten sind im Internet über http://dnb.dnb.de abrufbar.

Verlag: BoD · Books on Demand GmbH, Überseering 33, 22297 Hamburg, bod@bod.de

Druck: Libri Plureos GmbH, Friedensallee 273, 22763 Hamburg

ISBN: 978-3-7597-9226-6

Inhalt

Vorwort

Als Untertitel der vorliegenden Schrift hatte ich zunächst die Formulierung *Über den geschichtlichen Ort des Menschen* vorgesehen. Dies hätte die systematische Relevanz des Themas unterstrichen. Der jetzt gewählte konkretere Untertitel reflektiert den mehr oder weniger historisch-chronologisch angelegten Aufbau der Darstellung. Im Effekt läuft diese auf eine solche Ortsbestimmung hinaus: der geschichtliche, sich von allen früheren Konstellationen unterscheidende Ort des heutigen Menschen ist eine Art Schwebezustand zwischen Sinn und Kontingenz. Auf der einen Seite erweitert seit etwa 500 Jahren die als *moderne Naturwissenschaft* apostrophierte Forschungsweise das Wissen über Realia ins Unüberschaubare, verbunden mit der gigantischen Praxis globaler technischer Umgestaltung der Lebensweise. Auf der anderen Seite und als Komplement dazu dünnt sich die einst von der Religion geleistete Gesamtdeutung, die die menschliche Existenz mit dem Ganzen, dem Absoluten, verknüpfte, also die Sinnschicht, immer mehr aus, entzieht dem menschlichen Dasein den Seinsgrund und stößt es in die Kontingenz, in metaphysische Zufälligkeit.

Vor diesem Hintergrund entfaltet sich die Untersuchung, grob gesagt, mit drei Schwerpunkten. Nach einer Reflexion auf den Phänomencharakter der Begriffe *Kontingenz* und *Zufall* werden zunächst die antiken, religiös geprägten Sinnsetzungen samt ihrer im Kontext der europäischen Aufklärung virulent gewordenen Krise dargestellt (Kap. I-III). In den Kapiteln IV bis VII folgen die mit der neuzeitlichen Auflösung von Sinnstrukturen einsetzenden Versuche zur Repristination des Sinns mittels geschichtsphilosophischer Spekulation sowie deren schließliches Obsoletwerden. Mit Kap. VII beginnt die Darstellung von Positionen, die in verfehlter Absolutsetzung naturwissenschaftlicher Weltsicht Kontingenz dogmatisch behaupten: bei Schopenhauer metaphysisch verbrämt, bei dem für gegenwärtiges Philosophieren zentral bedeutsamen Nietzsche in nihilistischer und selbstreferentieller Verabsolutierung der Sinnlosigkeitsthese. Dem Nietzsches Werk durchziehenden Selbstwiderspruch unterliegt auch der abschließend unter dem Stichwort *verwilderter Romantik* kritisierte, fundamentalphilosophisch ganz von Nietzsche abhängige Postmodernismus.

Im übrigen zielt die Arbeit nicht auf systematische Geschlossenheit; sie versteht sich in zweifacher Hinsicht als dialogisch: zum einen als Dialog mit der denkgeschichtlichen Tradition, in der Bemühung, deren Substanz, d. h. deren weiterwirkenden Gehalt, zu erfassen, zum anderen als Dialog des Autors mit sich selbst, in der Aufmerksamkeit auf die eigene Perspektive und Zu-

9

griffsweise auf den Gegenstand. Beide Dialoge sind mit der Fertigstellung des Manuskripts für den Druck nicht abgeschlossen, sondern setzen sich fort ...

Wie bei früheren Schriften gilt mein Dank auch diesmal wieder meiner Frau Ursel, die meine Arbeit mit Geduld begleitet und mit manchem guten Rat gefördert hat.

Hans-Joachim Schönknecht

I. *Zufall* und *Kontingenz* als Phänomene

1. Exposition des Problems

Der Titel vorliegender Untersuchung mag in mehrfacher Hinsicht Fragen aufwerfen. Zunächst ist ja bereits das Thema selbst als Frage formuliert. Das ist ein konventionelles Mittel von Autoren, das Interesse des Lesers zu wecken, birgt für diesen aber das Risiko, dass der Autor die Antwort selbst nicht weiß und der Leser, nach der Mühe der Lektüre, nicht klüger ist als zuvor. Und dies Risiko besteht in erhöhtem Maße, wenn das Argument ein philosophisches ist. Hatte doch schon Platon, der eigentliche Begründer und Namensgeber dieser Wissenschaft (oder, wenn man lieber will, dieser *Begriffskunst*), sie wohlweislich als *philo-sophia*, d. h. als *Liebe*, *Neigung*, *Lust* zur *Weisheit* (bzw. zum *Wissen*) bezeichnet und nicht als deren Erlangung und Besitz, was den Titel *Sophia* als solchen gerechtfertigt hätte, wie sie – der Name sagt es – unbescheidenerweise die *Sophisten*, als selbsternannte Weisheitslehrer, für sich in Anspruch nahmen. Platon war vielmehr der Überzeugung, dass unverkürzte Weisheit bzw. Wissen nur dem Gotte zukomme, jedoch die menschlichen Möglichkeiten übersteige – zumindest in diesem letzten Punkt ist ihm zuzustimmen.

Sodann aber scheint auch der Sinn des nicht der Alltagssprache angehörenden Begriffs *Kontingenz* einer Nachfrage bedürftig. Dieser wissenschaftssprachliche, insbesondere philosophische Terminus leitet sich her vom lateinischen Substantiv *contingentia*, dem seinerseits das Verb *contingere* zugrunde liegt. Dieses hat die Grundbedeutung ‚berühren' und bezeichnet in seinem für unseren Kontext zunächst maßgebenden Sinnaspekt das (zeitliche) Sich-Berühren (zweier Ereignisse). Das alltagssprachliche Äquivalent des Fachterminus *Kontingenz* – so übertragen es die Wörterbücher – ist ganz treffend das Wort *Zufall*. In seiner etymologischen Form *Zusammen-Fall* bezeichnet es wie Kontingenz das Zusammentreffen zweier voneinander unabhängiger Vorgänge, ihr zeitliches *In-eins-Fallen*[1]. Ein solches liegt etwa vor, wenn einer Person auf dem Weg zur Arbeit vom Dach eines Hauses, an dem Ausbesserungen

---

[1] Im entgegengesetzten Sinn wird der Terminus *Kontingenz* übrigens in der Psychologie verwendet. Dabei wird auf die ursprüngliche Bedeutung des lat. *contigere – sich berühren* abgestellt. Im psychologischen Experiment wird als *kontingent* bezeichnet eine vom Probanden hergestellte Beziehung zwischen zwei Ereignissen, die in Wirklichkeit jedoch nicht besteht. Für den Probanden wird das Entdecken einer vermeintlichen Kontingenz zum Stimulus der Theoriebildung (etwa der Art: wenn A, dann B), die anschließende Aufdeckung des Irrtums durch den Experimentator, führt zu theoretischer und emotionaler *Enttäuschung*; vgl. dazu etwa: P. Watzlawick: *Wir wirklich ist die Wirklichkeit?* München/Zürich 1967, S. 58f.

stattfinden, ein Ziegel oder das Werkzeug eines Dachdeckers auf den Kopf fällt und die Person schwer verletzt oder gar tötet. Hier fallen zwei Vorgänge unvorhersehbar, aber mit erheblicher Auswirkung zusammen. Der Weg von Herrn X zur Arbeit und die Ausbesserung am Dach von Familie Y haben ‚nichts miteinander zu tun‘, doch treten sie in tragische Berührung zueinander. Das ist es, was wir ‚Zufall‘ nennen. Das Leben ist von Zufällen aller Art durchzogen, die ‚glücklicherweise‘, d. h. wiederum zufällig, meist keinerlei tragische Auswirkungen haben. Erblicke ich beim Bummel durch die Stadt einen lange nicht mehr gesehenen Freund, ist diese Begegnung auch zufällig, jedoch ohne Anflug von Tragik – im Gegenteil!

Allerdings scheint gerade das zufällig, kontingent Geschehene sich erklärendem Verständnis zu entziehen – dies liegt ja, wie aufgezeigt, in seinem Begriff –, und wer trotzdem Erklärungen versucht, gelangt in der Regel nicht über Trivialitäten hinaus oder endet in dem die voraufklärerische Welt bedrückenden Aberglauben, der Ereignisse aus Konstellationen der Gestirne, durch göttliche Schickung oder ganz trivial durch die schwarze Katze und ähnliches erklärte.

Betrachten wir dazu nochmals das Beispiel des vom Dachziegel getroffenen Herrn X: dass er die bestimmte Straße zu seiner Arbeit nimmt, hat den trivialen Grund, dass es der für ihn bequemste Weg ist, und nähme er auch eine andere Straße, könnte ihm dort das gleiche *zu-stoßen* (ein weiterer Ausdruck für das Zufällige!) Dass einem Dachdecker mitunter das Werkzeug oder Werkstück aus der Hand gleitet, ist ebenso gewöhnlich, anders gesagt, es ist *trivial wahr*. Allerdings dürfte ein Ereignis mit solch gravierenden Folgen – Zufall hin oder her – die Berufsgenossenschaft oder gar den Staatsanwalt auf den Plan rufen und nach Erklärungen suchen lassen: War die Baustelle nicht ausreichend gesichert? War der Arbeiter noch halb betrunken vom Vorabend? Und was dergleichen Fragen mehr sind.

Das zeitliche Zusammentreffen beider Ereignisse wird aber kein Verständiger zu erklären versuchen. Um es in der Vorstellungsweise der Naturwissenschaften zu sagen: Hier sind zwei in sich transparente Kausalketten ohne ersichtlichen Grund in einem bestimmten Zeitpunkt miteinander in Berührung gekommen, eben ‚zusammen-gefallen‘: ein klassischer Zufall, der als solcher niemandem als Schuld zuzurechnen ist (und wahrscheinlich dem nachlässigen Handwerker mildernde Umstände schafft).

Allerdings zeigt das Beispiel: Ist der Zufall auch nicht *an sich* fassbar, ist er auch keine *Substanz*, hat er als *Begriff* doch eine positive Funktion für die Erkenntnis. Er stellt eine Art Grenzstein für die Ursachensuche dar, indem er signalisiert: Hier hört das Erklären auf. Und darin mag sogar ein erzieherischer Aspekt liegen: uferlosem Hin- und Hergerede wird das Wort abgeschnitten!

2. Ist Zufall ein ‚Nichtwissen der Ursachen'?

An dieser Stelle sei sogleich eine grundsätzliche Überlegung angeschlossen. Sie bezieht sich auf eine von G. W. F. Leibniz (1646-1716) gegebene Interpretation des Zufallsbegriffs. In seiner *Theodizee* führt Leibniz aus: „Alle Wissenschaftler stimmen darin überein, dass der Zufall [*hazard*], ebenso wie das Schicksal [*fortune*], nur ein scheinbar Reales ist; er ist das Nichtwissen der Ursachen, die ihn hervorbringen"[2].

Dass Leibniz dem Zufall die Qualität des Realen abspricht, mag sich gegen Aristoteles richten, der in seiner *Physik* die Überzeugung bekundet, „daß Schicksalsfügung und Zufall [*týche kai autómatou*] wirklich etwas sind"[3], und wir müssen Leibniz' Kritik zustimmen. Zurückzuweisen ist allerdings der zweite Teil von Leibniz' Aussage, der Zufall sei das ‚Nichtwissen der Ursachen, die ihn hervorbringen', die ihrerseits die Feststellung des Erzdeterministen Spinoza paraphrasiert: „Zufällig wird ein Ding [] lediglich im Hinblick auf unser Erkenntnisdefizit genannt"[4].

So sehr es dem neuzeitlichen Empfinden von der Notwendigkeit eines zureichenden Grundes[5] für jedes Ereignis widersprechen mag, gilt doch für Zufälle wie das mehrfach angeführte Beispiel des Unfalls: beide Ereignisse sind durch keine *gemeinsame* Bedingtheit miteinander verknüpft. Was sie verbindet, ist ihre Gleichzeitigkeit, aber diese hat keinen bedingenden oder Ursache-Charakter, und eben hier liegt das Kontingente. Verhielte es sich anders, und dem Ereignis lägen verborgene Ursachen zugrunde, die uns nur unbekannt und unerforschbar sind, wie Leibniz annimmt, hieße das, die Welt als kausal geschlossenes System und die Wirklichkeit als deterministischen Mechanismus aus lauter Zwangsläufigkeiten aufzufassen, wie es Spinoza tat und wie es im späten 19. Jahrhundert bei einigen philosophierenden Naturwissenschaftlern Mode wurde, etwa beim Autor der ironisch so betitelten *Welträtsel*, *Ernst*

---

[2] *Essais de théodicée* III § 303 (1710); zit.: H. Kranz: Art. *Zufall*. Historisches Wörterbuch der Philosophie [HWPh], Hg. J. Ritter u. a., Basel 1971ff., Bd. 12, Sp. 1409; Übs. Vf.

[3] Vgl. a.O., II, 196b15 – Vgl. aber den Hinweis auf Aristoteles' eigene Einschränkung dieser Bestimmung.

[4] *Ethik nach geometrischer Ordnung dargestellt* [*Ethica more geometrico*], I. Teil, Lehrsatz 33, Anmerkung 1; Werke I/2, Hamburg 2006, S. 38.

[5] Vgl. Leibniz: *Monadologie* § 32

Haeckel (1834-1919), der alles Geschehen vom *Gesetz mechanischer Kausalität* gesteuert sah[6]. Haeckels Ansatz war eine Art naturwissenschaftlich gestützter Rückfall in den Schicksalsglauben der Alten, demzufolge alles Sich-Ereignen strenger Notwendigkeit folgt, also *Verhängnis* ist, wie es uns die Atridensage vorführt. Dahinter steckt eine Art schlechter Metaphysik.

Eine Berechtigung erhält Leibniz' Definition allerdings, wenn wir auf die zwischen den beiden bisher synonym behandelten Begriffen *Zufall* und *Kontingenz* bestehende Differenz sehen und uns von dem die Etymologie der Begriffe so plastisch veranschaulichenden Beispiel der unerklärlichen Koinzidenz zweier Ereignisse lösen. Der Begriff der Kontingenz bezeichnet nämlich *grundloses Sein* im allgemeinsten Sinne. Wir nennen kontingent etwas faktisch Seiendes, ein Faktum, dessen Seinsgrund sich nicht zeigt bzw. aufweisen lässt. Wir könnten es treffend und weniger objektzentriert auch als das dem Denken *Inkommensurable* bezeichnen. Wie bei dem berühmten Präzedenzfall für Inkommensurabilität, der Hypotenuse $c=\sqrt{2}$ im rechtwinkligen Dreieck mit den Katheten a, b=1, findet der Intellekt zwischen zwei Sachverhalten keine *ratio*, mit dem griech. Terminus: keinen *logos*, kein fassbares *Verhältnis*.

Das angeführte Beispiel aus der Geometrie führt zu weiterer Klärung der kritisierten Bestimmung Leibniz' bzw. Spinozas, Zufall sei Unkenntnis der Ursachen. Das Ursache-Wirkung- bzw. Grund-Folge-Verhältnis sind jeweils ein solcher Logos, eine Ratio, die *resultieren* aus der *Methode*, dem *Verfahren*, ein auffälliges Phänomen durch Rückführung auf ein anderes, das erste *bedingendes* Phänomen zu *erklären*, d. h. ihm eine Ratio zu unterlegen. Die gefundenen *Rationes, Zusammenhänge*, mögen sich zu komplexesten Systemen auswachsen, mit zahllosen Interdependenzen wie etwa im *Wetter* genannten Phänomenkomplex, im Ökosystem *Wald*, im physiologischen System *Lebewesen*, im Handlungssystem *Wirtschaft*, im geologischen Phänomen *Erde* – die Liste der Beispiele könnte endlos verlängert werden. Aber etwa das hier Vorgetragene mit dem System *Kosmos* korrelieren zu wollen, dessen Ratio – in Parenthese – selbst nicht voll durchschaut ist, macht definitiv keinen Sinn, auch wenn Jahrtausende sich an derartigen Korrelationen versucht haben. Wo keine Ratio besteht, hört nicht nur das Erklären auf, sondern verliert auch die Annahme ihren Sinn, der Mangel der Erklärung sei ein bloßes, transitorisches Defizit des Denkens. Die Welt ist kein System, sie erscheint nur so in jeweils spezifischer Verengung des Blicks, *perspektivisch*, d. h. unter Voraussetzung eines bestimmten Logos. Sie im deterministischen Sinn als System an sich zu interpretieren, wie Spinoza tat, ist ein Rückfall in den Mythos.

---

[6] Vgl. dazu vom Vf.: *Descartes – Denker der Moderne* (Norderstedt 2022), Kap. XIII 2.2.

Andere Autoren waren denn auch in dieser Hinsicht weniger dogmatisch, etwa *Sören Kierkegaard,* der wie Aristoteles überzeugt war, dass „der Zufall [] *wesentlich* mit in die Wirklichkeit hineingehört"[7]. Allerdings verfängt sich Kierkegaard hier in den Fallstricken des Logos, denn um *wesentliche* Zugehörigkeit behaupten zu können, müsste man ja am thematisierten Gegenstand Essentielles von Akzidentellem unterscheiden können. Eine derartige Unterscheidung ist allerdings illusorisch für Begriffe allgemeinster Art, wie es der der *Wirklichkeit* ja ist.

Diese Bestimmungen werden uns im Folgenden noch beschäftigen.

3. Philosophischer Sinn von Kontingenz

Was aber schafft einem anscheinend so banalen, weil ubiquitären Phänomen wie dem Zufall oder der Kontingenz – dies wäre die dritte Frage, die sich dem Leser stellt – die Würde philosophischer Thematisierung? Zu einer möglichen Begründung sei wiederum auf Aristoteles verwiesen, der den Ursprung des Philosophierens und der Wissenschaft überhaupt in das Sich-Verwundern, griechisch *thaumázein,* über nicht selbstevidente Phänomene setzte, die im Beobachter das Verlangen ihrer Erkundung wachrufen[8]. Aristoteles nennt als Beispiel etwa die halbjährlichen Wendepunkte der Sonne, die sog. *Solstitien,* und konstatiert: „Denn wunderbar [i. S. v. verwunderlich, erstaunlich, zur Klärung anregend] erscheint es einem jeden, der den Grund noch nicht erforscht hat"[9]. Was Aristoteles nicht wissen kann: Es wird noch Jahrhunderte dauern, bis darüber wirklich Klarheit hergestellt ist.

Philosophie und Wissenschaft, hier unterscheidet Aristoteles nicht, forschen also nach Gründen bzw. Ursachen der Erscheinungen, suchen nach Erklärungen, und Aristoteles entwickelt im unmittelbaren Anschluss an die zitierte Textstelle seine berühmte Lehre von den vier Ursachentypen, die die ersten beiden Bücher seiner *Metaphysik* umfasst und die er bereits in der *Physik* vorgetragen hatte.

Neben dieser sehr allgemeinen Antwort auf die philosophische Bedeutung der Kontingenz findet sich jedoch eine speziellere. Diese ist ebenso einfach wie auf den ersten Blick kryptisch. Philosophisch relevant ist Kontingenz nämlich dadurch, dass sie sich an der Wurzel unseres persönlichen Daseins zeigt.

---

[7] *Der Begriff Angst.* Werke I (Hg. L. Richter, Reinbek 1965), S. 13 (Hervorh. Vf.) – Zu Kierkegaard vgl. unten, Kap. IX 3.
[8] Vgl. *Metaphysik* 982b
[9] Ebd., 982a

4. Kontingenz und Objektivismus

Um des kontingenten Moments im Dasein ansichtig zu werden, bedarf es allerdings einer besonderen Einstellung des Blicks, und zwar der von Descartes theoretisch begründeten und die neuzeitliche Naturwissenschaft prägenden Haltung der Voraussetzungslosigkeit. Diese ist keineswegs die natürliche Einstellung des Menschen zur Wirklichkeit (sofern bei einem so durch und durch auf Geschichtlichkeit angelegten, die eigene Stelle im Zeitlauf reflektierenden Wesen wie dem Menschen überhaupt – außer dem biologischen Typus – etwas als von Natur gegeben gelten kann).

So machte der erwähnte Aristoteles, der in Bezug auf die mythische Weltauslegung durchaus als Aufklärer gelten muss, die von ihm selbst nicht reflektierte, für wirkliche Naturerkenntnis aber wenig ergiebige Voraussetzung: „Gott und die Natur machen nichts zwecklos"[10] und sieht die Natur von Zwecken durchwaltet. Bezüglich des Kosmos hat uns die moderne Astronomie der Unhaltbarkeit solcher teleologischen Betrachtung belehrt, bezüglich der Sphäre des Lebendigen leistete dies der Darwinismus. Zwar zeigen sich überall zweckmäßig Organisiertes, Funktionszusammenhänge, aber nirgends eine diese Zweckmäßigkeiten konstituierende *Zwecktätigkeit*.

In Übernahme eines von *Edmund Husserl* (1859-1938) geprägten Terminus könnte man die neuzeitliche Einstellung als *objektivistisch* und die ihr entsprechende Auffassung von Erkenntnis als *Objektivismus* bezeichnen[11]. *Objektive* Betrachtung bezeichnet die Intention, die Sache selbst und an sich zu erfassen, von persönlichen Überzeugungen abzusehen, Vorannahmen zu vermeiden und von allen Vermittlungen zu abstrahieren. Ihre Instrumente sind *Wahrnehmung, Beobachtung, verständige Reflexion*. Als Verfahrensweise der neuzeitlichen Naturwissenschaften ist der Objektivismus bei Husserl negativ konnotiert – und Husserls Vorbehalt hat dann seine Berechtigung, wenn versucht wird, die objektivistische Methode dogmatisch zu verabsolutieren.

Denn die Naturwissenschaften als Träger solch objektiver, deutungsfreier Erkenntnis operieren mit bestimmten, von ihnen selbst nicht reflektierten und mit ihren methodischen Mitteln auch nicht reflektierbaren Vorannahmen, etwa der Idee allgemeiner Gesetzmäßigkeit in Naturprozessen und deren mathematischer Abbildbarkeit. Andererseits sprechen die an der Theorie- bzw. Problemfront auftretenden Irrtümer und Teilwahrheiten, vorläufigen Wahrheiten, auch nicht gegen ihre Objektivität, sind diese Wissenschaften selbst

---

[10] *De caelo* I 4, 271a33
[11] Vgl. zu Husserls Rede vom *Objektivismus*, speziell bei Descartes: Schönknecht 2022, S. 451ff.

doch die einzige Instanz, die die eigenen Erkenntnisse als unzulänglich aufzu-
decken, zu ‚falsifizieren‘ (K. Popper) und damit auch korrigieren vermag.

Diese objektivierende Haltung der Naturwissenschaften, zu deren Gewin-
nung es gut zweier Jahrtausende okzidentaler Denkgeschichte bedurfte – und
soweit ich sehe, hat keine andere Kultur ähnliches vermocht –, wird in der
vorliegenden Untersuchung philosophisch fruchtbar gemacht für die Freilegung der fundamentalen Kontingenzen im Dasein, und zwar in einer doppel-
gleisigen Annäherung an die Wirklichkeit: zum einen in Richtung auf *Welt*,
zum anderen in Richtung auf das *Subjekt*, das ein jeder von uns ist.

5.   Kontingenz der *Welt*

Was sich objektiv, in sachlicher Beschreibung von sich her zeigt, ist für uns
Heutige Folgendes: das als *Welt* (*Universum, Mundus, Monde, World* usw.) bezeichnete *kosmische* Gebilde von ungeheurer zeitlicher und räumlicher Erstreckung, in dessen jedes Vorstellungsvermögen sprengenden Weiten ein *Erde*
(*Terra, Terre, Earth* usw.) genannter Planet um seine Sonne kreist, um eine von
Milliarden (!) Sonnen, die ihrerseits dem Laien generell, aber auch den Astronomen noch größtenteils unbekannte Planeten mit sich führen mögen.

Es zeigt sich auf dem Planeten, neben manchen anderen Merkwürdigkei-
ten, das Phänomen des *Lebens*, das sich, einer noch vorwissenschaftlich getroffenen, aber offenbar in ihrem Sachgehalt unanfechtbaren Einteilung zufolge in drei große Gattungen von *Lebewesen* gliedert, in *Pflanzen, Tiere* und
Menschen. Die beiden ersten Gattungen sind ihrerseits in eine derart unüberschaubare Zahl von Arten differenziert, dass man am Sinn, sie alle unter den
jeweils gleichen Gattungsbegriff zu subsumieren, zweifeln könnte; sie sind jedenfalls integraler Bestandteil des dort, auf der Erde, entwickelten, nach bestimmten Prinzipien funktionierenden ökologischen Gefüges. Die dritte der
Gattungen wird traditionell nicht in *Spezies*, sondern in sogenannte *Rassen* un-
tergliedert, eine Unterscheidung, die grauenhafte politische Folgen gezeitigt
hat, aber sich bei genauerem Zusehen als an ganz äußerlichen Merkmalen, vor
allem der Hautfarbe, abgelesen zeigt. In den wesentlichen Kennzeichen, vom
Körperbau bis zur Intelligenz, ergeben sich keine signifikanten Unterschiede
zwischen den ‚Rassen‘. Deshalb subsumiert sie die biologische Taxonomie

generell unter den Typ *Homo sapiens*. Die wahrnehmbaren Differenzen sind vor allem historisch-kultureller Natur[12].

Beim Menschen fallen demnach Gattung und Spezies zusammen, und er bildet damit auch im tieferen biologischen Sinne eine Sondergattung. Diese ist zwar leiblich ebenfalls in der Biosphäre verwurzelt, aber diesem durch das Phänomen des Bewusstseins, verbunden mit ausgeprägter Intelligenz, zugleich enthoben. Sie ist, als das Ganze objektivierend, diesem gegenübergestellt.

In dieser Enthobenheit wurzelt der philosophisch fundamentale Dualismus von Mensch und Welt als elementare Tatsache der Erfahrung, welche in der Neuzeit, abstrahiert zum essentiellen Gegensatz von *res cogitans* und *res extensa*, *Denken* und *Sein*, *Subjekt* und *Objekt* und dgl., einen im Grunde metaphysischen Prioritätsdiskurs in Gang gesetzt hat, der sich in Form antithetischer Positionsbestimmungen wie *Idealismus* vs. *Materialismus*, *Transzendentalismus* vs. *Realismus*, *Epistemologie* vs. *Ontologie* und dgl. bis heute perpetuiert.

Die Kontingenz liegt im Fall der Existenz der Welt und der belebten Erde (für den Menschen sozusagen der Fall aller Fälle) darin, dass es für diese Phänomene, deren Realität unbestreitbar ist, keinerlei Erklärung und Begründung, keinen Hinweis auf Ursprung und Ursache gibt. Wir sind mit einem *absoluten Faktum* konfrontiert. Zwar gibt es philosophierende Naturwissenschaftler, die sich auch hier eine Erklärung anmaßen. Von der Inkonsistenz solcher Versuche wird weiter unten die Rede sein.

---

[12] Die aus den Zeiten des Imperialismus und Kolonialismus bekannte Tendenz bestimmter Wissenschaftler, anhand von vermeintlich minderwertigen Rassen ein Übergangsfeld zwischen Primaten und Menschen zu konstruieren, ist längst als Ideologie entlarvt. Beispiel einer solchen Haltung ist der bereits erwähnte, seinerzeit hochberühmte Biologe Ernst Haeckel, der Verfasser der in Millionen-Auflage verkauften Schrift. *Welträtsel* (Ich verweise nochmals auf mein Descartes-Buch, Kap. XIII 2.2). Nicht weniger ideologisch ist allerdings der erstmals von Friedrich Nietzsche unternommene, aktuell von dem ‚Postmodernen' Giorgio Agamben oder auch von dem Tierphilosophen R. D. Precht weitergeführte Versuch, die substantielle Differenz zwischen Mensch und Tier wegzureflektieren (vgl. zu Ersterem meine Schrift *Die Verweigerung der Vernunft*, Norderstedt 2006, S. 79-157, zu Letzterem dessen Schrift *Tiere denken – Vom Recht der Tiere und den Grenzen des Menschen*; München 2018); zu Nietzsche vgl. unten, Kap. XI.

6.   Kontingenz des *Subjekts*

Anscheinend spiegelt die Existenz des Einzelnen eine klare, weitgehend durchschaubare Ordnung wider: Du bist hineingeboren in diese bestimmte Gemeinschaft deines Ortes, seiner Landschaft, der Region, des Volkes und seiner Traditionen bzw. in die selbst in dies alles eingebettete Familie, zeigst physiognomische, physiologische und Verhaltensähnlichkeiten mit Eltern, Geschwistern, Großeltern. Du wählst dir bestimmte Vorbilder, folgst vielleicht Vater oder Mutter in der Berufswahl, wählst jedenfalls, wie alle anderen, einen Beruf aus dem Pool der vorhandenen Möglichkeiten. Deine Existenz erscheint so als stimmiges Resultat aus natürlichen und sozialen Bedingtheiten sowie Akten freier Wahl[13] im nicht überschreitbaren historisch-sozialen Kontext - niemand wird heute mehr Hufschmied oder Bürstenmacher oder gar Garnträger und Geschirrfasser[14] - mit den Berufen selbst ist auch die Möglichkeit, sie zu wählen und zuletzt auch ihre bloße Kenntnis verschwunden. Ein jedes Individuum, sagte Hegel zu Recht, ist ein Sohn seiner Zeit, und sein Leben folgt dem ‚ewigen' Rhythmus von Geburt, Adoleszenz, Berufswahl, Familiengründung, Kinderaufzucht und Tod – in der jeweils zeittypischen Ausprägung und den zahlreichen individuellen Varietäten.

Für Kontingenzen ist auch hier Raum, und zwar in negativer wie positiver Hinsicht. Sie können den Einzelnen bitter treffen, aber doch auch nur in einem begrenzten Feld von Möglichkeiten wie Krankheit, vorzeitigem Tod, Scheitern im beruflichen und familiären Leben, Naturkatastrophen und Krieg. Selten im Geschichtslauf ist das Positiv-Kontingente, etwa die jahrzehntelange, durch Putins Überfall auf die Ukraine abrupt zerstörte Periode des Friedens und Wohlstands im Nachkriegseuropa, günstige berufliche Möglichkeiten für Viele, Dinge, um die andere Weltgegenden uns beneiden und die ein Niveau von Sekurität und Saturation repräsentieren, das bei einigen geistig Unbedarften in subjektivistischen Übermut ausartet: sie fangen an, ‚quer' zu fühlen und nennen es ‚querdenken' – aber auch solches Verhalten ist unter dem antiken Titel der *Hybris* ein die Menschheitsgeschichte durchziehendes Phänomen!

Als kontingent lässt sich solches sozial Positive nur hinsichtlich seines nicht prognostizierbaren Erscheinens bezeichnen. Das Auftreten eines Politikers wie Gorbatschow, der die Prinzipien von Glasnost und Perestroika in die sowjetische Politik einführte und durch den am Ende die deutsche Wieder-

---

[13] Wenn auch manche Philosophen solche Freiheit mit kunstvollen Argumenten bestritten haben, stellt sie doch eine Tatsache der Erfahrung dar, und allein darauf soll es hier ankommen.

[14] Zu den beiden letzteren vgl. Goethe: *Wilhelm Meisters Wanderjahre* III, 5

vereinigung ermöglicht wurde, war so nicht erwartbar und aus deutscher Perspektive kontingent, ein Glücksfall (wenn sich auch aus der sowjetischen Misere und der weltpolitischen Situation *Gründe* für eine Reformpolitik ergeben). Andererseits ist der positive Ausgang der deutschen Frage Resultat politischen Wollens und der Beherrschung der zu seiner Realisierung erforderlichen Instrumente; mit der berühmten Politik-Metapher Max Webers zu sprechen: es ist Ergebnis des erfolgreichen ‚Bohrens dicker Bretter', mit ‚Leidenschaft' und zugleich mit ‚Augenmaß' – und das politisch Gute ist nie sicherer Besitz. Was ‚Querdenker' nicht begreifen!

Doch erreicht all dies noch nicht das essentiell Kontingente der *Conditio humana*. Dieses wird erst sichtbar, wenn wir in einer sozusagen ‚cartesianischen' Operation bzw. Husserlschen *epoché* eine hypothetische Trennung unseres *Ich*, des Ich, das ein jeder von uns ist, von allem ihm Äußerlichen vollziehen, die eigene Leiblichkeit eingeschlossen. Dann zeigt sich: dieses *Ego*, dieser Ich-Kern, der scheinbar mit seinen physischen wie sozialen Bedingungen und Umständen ein so stimmiges Ganzes bildet und der nach einer älteren, offensichtlich zu kurz greifenden Theorie nichts als die Resultante seiner sozialen *Rollen* darstellt, hätte sich ebenso gut in ganz anderer Form inkorporieren können: als indischer Paria, afrikanischer Slumbewohner oder auch als Sklave beim Bau der ägyptischen Pyramiden, als steinzeitlicher Jäger und Sammler – die Zahl der Möglichkeiten ist grenzenlos (hinzugerechnet die noch immer so leichtfertig aktualisierte Möglichkeit, bereits im Mutterleib abgetrieben worden zu sein und dadurch den Status eines Ich gar nicht erst erreicht zu haben!) Meine Präsenz in diesem Hier und Jetzt – in einigermaßen gesicherten oder gar komfortablen Umständen – ist im metaphysischen Sinne reiner Zufall und auch durch keine biologische, psychologische, soziologische, historische oder sonstwie gerichtete Analyse abzuleiten. Die Kontingenz ist eine totale und objektive! Und sollte die Existenz des Menschen doch, wie Jahrtausende glaubten, durch höheren Beschluss zustande gekommen sein, wäre es durch eine Macht von äußerster Willkür, die den Namen *Gott* nicht verdiente.

Alle anderen Kontingenzen übertrifft schließlich das Faktum des individuellen Todes: Wir müssen alle sterben, unser aller Lebenszeit ist limitiert, und dies in höchst ungerechter Weise. Denn die Unterschiede in der Lebensdauer sind erheblich und können leicht eine Spanne von zwei und mehr Jahrzehnten, also einer Generation, erreichen.

Es war die Weisheit der Antike, für das *factum brutum* des Todes versöhnende Erklärungen zu formulieren, etwa durch den Hinweis auf das Naturgesetz, dem zufolge allem in der Zeit Entstandenen auch das zeitliche Vergehen bestimmt ist, nicht nur dem ephemeren Einzelwesen, sondern auch viel dauerhafteren Gebilden wie Völkern und Staaten. Es war *Heraklits* große Einsicht, dass der Zeitablauf selbst Veränderung, Entstehen und Vergehen, bedeutet. Er fasste dies in berühmt gewordene Sentenzen wie das *Panta rhei* (*Alles fließt*) oder die, dass man nicht zweimal in denselben Fluss steigen könne.

Auch der späte Stoiker *Epiktet* (ca. 50-138 n. Chr.) berührte das Problem der Kontingenz im Lebensvollzug mit seiner Unterscheidung zwischen den Dingen, die in unserer Gewalt stehen, wie unsere Absichten und die Versuche ihrer Realisierung einerseits, und auf der anderen Seite den Faktoren, welche uns konditionieren, etwa Herkunft, Veranlagung, Sterben, denen wir ohne Einflussmöglichkeiten ausgesetzt sind.

Und doch haben die Religionen, zumindest die subtiler entwickelten, diese Wahrheit niemals akzeptiert. Schon der griechische Mythos gestattete sich die Inkonsequenz, den Göttern Geburt und zugleich Unsterblichkeit zuzuerkennen, und auch die sterblichen Menschen überdauerten zumindest als Schatten, entkörperte ‚Seelen‘ in der ‚Unterwelt‘ – allerdings ein in den Augen der Griechen selbst höchst unbefriedigender Zustand, wie Homer uns mit der Klage Achills wissen lässt[15]!

Andere Religionen ließen der Phantasie noch freieren Lauf, konzipierten ‚Seelenwanderung‘, *Metempsychose*, durch verschiedene Inkorporationen, oder geradezu ‚ewiges‘ Leben in einem transzendenten Reich des Friedens und der Leidenslosigkeit.

So wurde das persönliche Sterbenmüssen seit je als Zumutung empfunden und nach Kräften eskamotiert. Selbst die nimmermüde Psychologie bietet zwar Trauerarbeit für Hinterbliebene an, hat sich aber an Vorbereitungskurse zum Sterben, soweit ich sehe, noch nicht gewagt. Dabei bestimmte schon der platonische Sokrates die Philosophie als Einübung ins Sterben[16]! Und Sokrates unterzog sich der Vollstreckung des Todesurteils, wie später auch Seneca, in souveräner Weise.

---

[15] Vgl. *Odyssee* XI, V. 467ff.
[16] Vgl. z. B. *Phaidon* 61ff.

II. Religionen als Strategien der Kontingenzbewältigung

1. Vorüberlegungen

Nach dem bisher Gesagten ist die existenzielle Dimension der Kontingenz kein am Tage liegendes Faktum, sonst bedürfte es dieser Überlegungen nicht; sie ist aber auch nicht *schlechthin* verborgen, denn dann könnten diese Reflexionen nicht vollzogen werden. Das Kontingente oder Zufällige hat seinen Ort in der labilen, beweglichen Zwischenschicht der Realität, die menschliches Bewusstsein heißt. Es kann sich dort melden, aber auch völlig unbeachtet bleiben. Im Sinne von *Sigmund Freuds* (1856-1939) Diktum, dass das *Ich* nicht Herr im eigenen Hause sei, ist das Argument ‚idealer' Gegenstand der Verdrängung.

Demzufolge ist nicht anzunehmen, dass das Erlebnis der Kontingenz ein Signum neuerer Zeit ist, sondern dass es essenziell zur menschlichen Welterfahrung gehört. Nur artikuliert sich dieses Bewusstsein nicht explizit, sondern muss aus seinen *Verstellungen* erschlossen werden. Diese Verstellungen resultieren aus der Tendenz des Menschen, das kontingente Moment der Existenz zu eskamotieren, dem Dasein Ordnung und Notwendigkeit zu unterlegen.

In diesem Sinne lassen sich die *Religionen*, als die frühesten Formen *theoretischen* Zugreifens auf Wirklichkeit, insgesamt als Praktiken der Kontingenzbewältigung interpretieren. Dafür nur wenige Beispiele.

Stellt etwa der römische Autor *Petronius Arbiter* (um 14-66 n. Chr.), Verfasser des berühmten *Satyrikon*, fest: *Prima in orbe Deos fecit timor* (Zuerst hat Furcht in der Welt die Götter hervorgebracht), so hat dieser Gedanke, der sich analog bereits bei den griechischen Sophisten findet, gewiss seine Richtigkeit. In der Anfangszeit des Menschseins, einer noch weitgehend unbekannten und rätselhaft-bedrohlichen Natur ausgesetzt, konnte noch ‚alles passieren'; die Kontingenzerfahrung war eine totale und die Furcht war folglich *ubiquitär*. Die Reaktion des Menschen auf diese Situation war einerseits die erfolgreiche tätig-praktische Organisation des Lebens – denn offenbar überlebte er ja –, andererseits die numinose Hypostasierung der Natur durch Projektion seiner eigenen Geistigkeit: In allen Erscheinungen sah er wollende und handelnde Kräfte gleich ihm am Werk, die er als essentiell übermächtig erlebte. Um es in der noch idealistisch gefärbten Sprache des späten Schelling (1775-1854) zu sagen: „Der ursprüngliche Mensch [] ist *natura sua* das Gott Setzende"[17].

---

[17] *Philosophie der Mythologie*, 8. Vorlesung. Darmstadt 1966, Bd. I, S. 185

Dementsprechend war das Erleben *numinos* geprägt, und die numinosen Mächte wurden ebenso als Bedrohung wie als mögliche Beschützer empfunden. Das *Unverfügbare* waltete uneingeschränkt[18]. Aber man konnte es hilfesuchend anrufen: Nach einigen Interpreten verweist das deutsche Wort *Gott* etymologisch auf diesen Zusammenhang: Es leite sich her von einem altgermanischen Verb für ‚anrufen‘[19].

Wenn es in einer religionsgeschichtlichen Abhandlung bezüglich des Glaubens der Kelten heißt: „Die Götter waren unsichtbare Wesen"[20], drückt diese simpel klingende Feststellung den Sachverhalt exakt aus: Dem numinosen Bewusstsein erschien in die sichtbare Welt verschlungen eine zweite, in der anschaulichen Realität *wirkende* und von ihr gar nicht zu trennende Sphäre solcher numinosen, an ihnen selbst unsichtbaren Wesenheiten. Genau dies drückt ja das archaische Verb *(an)wesen* aus. Es bedeutet: „als lebende Kraft vorhanden sein"[21]; es bezeichnet also die Präsenz unsichtbarer Wesenheiten, die sich für die Naturreligionen in den natürlichen Dingen, in Bäumen, Quellen, Äckern usw. kundgaben in Form von Baum- und Quellnymphen, Wald- und Wassergeistern oder als ‚Kornmutter‘ und Herdgöttin phantasiert wurden. Oft wurde die gleiche Wesenheit als möglicher Bringer von Glück und Unglück zugleich vorgestellt, d. h. auch ihr vermeintliches Wirken war noch Quelle von Kontingenz. Damit sind diese Wesen geradezu Personifizierungen der Kontingenzerfahrung, des Erlebens von Unverfügbarem, zustande gekommen durch Projektion der eigenen Lebendigkeit und Bewusstheit auf Phänomene der umgebenden Welt. Durch Gebet, Opfer, Zauber, Magie und Orakelwesen suchte man ihr bedrohliches Potential an schädlicher Kontingenz in den Griff zu bekommen, es kalkulierbar zu machen, mit einem ebenfalls von Max Weber geprägtem Ausdruck: es zu *rationalisieren*.

---

[18] Ich entnehme den Ausdruck ‚Unverfügbares‘: A. Grabner-Haider: *Alt-Europa*, in: Grabner-Haider/Prenner: *Religionen und Kulturen der Erde*. Darmstadt 2004, S. 56 passim. – Die Prägung des Terminus *Unverfügbarkeit* geht wohl auf den evangelischen Theologen Rudolf Bultmann (1884-1976) zurück, der diese zum wesentlichen Kennzeichen Gottes erhob. Dieser Ansatz steht wiederum im Zusammenhang mit Heideggers Kritik der abendländischen Metaphysik, die den Begriff *Seiendes* auf das ‚Verfügbare‘ eingeengt habe (vgl. H. Forster/Red.: Art. *Unverfügbarkeit*. HWPh 11, Sp. 334).
[19] Vgl. Grabner-Haider, a.O., S. 55. Diese Herleitung ist aber nicht unumstritten. So leitet Kluges etymologisches Wörterbuch (Ausg.1989) den Ausdruck *Gott* von einem idg. Verb für ‚opfern‘ ab. Ebenfalls idg. lautet ein Appellativ für Gott ‚Zuteiler‘, was auf seine Rolle als Schicksalsmacht anspielt.
[20] Grabner-Haider, a. O., S. 49
[21] *Duden Die Deutsche Rechtschreibung* (Ausg. 1996)

2.   Vom Animismus zum Schicksalsglauben

Eine Art Fortschritt in der Kontingenzbewältigung stellt gegenüber diesem Glauben an die jederzeit und überall mögliche Manifestation schädlicher, ja bösartiger Mächte – in der nordischen Mythologie wimmelt es bekanntlich von Zwergen, Riesen, Kobolden und anderen „Un-Holden" – der *Schicksalsglaube* dar.

Im stark anthropomorph geprägten griechischen Mythos etwa objektiviert sich die Kontingenzerfahrung in einer ganzen Reihe göttlicher Schicksalsmächte, die die vielfältigen Hinsichten abdecken, in denen sich die Erfahrung von Zufälligkeit, menschlicher Ohnmacht und mangelnder Verfügungsgewalt ergeben kann. Der Natur des griechischen Polytheismus entsprechend wird das Göttliche als sogenannte *Person-Bereich-Einheit* erlebt, worin in für Heutige schwer nachvollziehbarer Form der göttlich-personale und der sachliche Aspekt in ein veränderliches Verhältnis zueinander treten und jeweils eine der Hinsichten überwiegen kann. Besteht für einen solchen Gott, für eine solche Person-Bereich-Einheit, ein Kult, ist dies ein Indiz für das Überwiegen des personalen Moments[22]. Beispiel: „*Themis* [(heilige) Ordnung, Sitte, Brauch] ist eine schönwangige Göttin, die zum Mahle ruft (Homer *Ilias* 15,87ff.), aber dann ist es eben *themis* [d. h. es gehört sich], zum Mahle zu gehen"[23]. Es ergibt sich so eine ständige Präsenz von Göttlichem im Profanen – besser gesagt: es gibt kein rein Profanes – es erfolgt ein ‚Heiligen aller Lebensbeziehungen' (J. Huizinga), das sich – bei völlig veränderten religiösen Voraussetzungen – bis ins christliche Mittelalter durchhält[24] und sich mit vorrückender Moderne auflöst. Da gibt es tendenziell nur noch Profanes.

Die zur Besorgung der Kontingenzen des Lebens zuständigen Götter, also die Schicksalsmächte, sind so konzipiert, dass sie die Hauptbereiche des Unverfügbaren abdecken, dieses so doch in gewissem Sinne kompatibel machen, die Unmittelbarkeit der Bedrohung relativieren, die Furcht zügeln, kanalisieren und damit der Wirklichkeit das völlig Unkalkulierbare und Irrationale nehmen.

Die hauptsächlichen Gestalten solcher Schicksalsmächte sind im griechischen Mythos *Ananke*, *Heimarméne*, *Moira* und *Tyche*, aber es gibt diverse weitere. Alle vier Bezeichnungen bedeuten in etwa Schicksal und Schicksalsfügung, in allen steckt die Vorstellung, zum Teil etymologisch nachweisbar, des

---

[22] Vgl. dazu W. Pötscher: Art. *Personifikation*. Der Kleine Pauly IV (München 1979), Sp. 661ff.
[23] Ebd., Sp. 662
[24] Vgl. zum letztgenannten Aspekt: Schönknecht, *Descartes* [] (2022), Kap. II 2.1

Teils oder *Anteils*, nämlich des dem einzelnen Menschen zugemessenen Teils an den Kontingenzen, die das Leben bereithält, und zwar im Guten wie im Schlechten. Bei allen vier Begriffen ergeben sich im Verlauf der uns fassbaren neun Jahrhunderte griechisch-römischer Antike (von ca. 600 vor bis 300 n. Chr.) Variationen in ihrer sachlichen Bedeutung, der ihnen zugewiesenen Wichtigkeit und der Intensität ihres Kultes. Hinzu kommen Differenzierungen infolge ihrer rationalisierenden Übernahme in die philosophische Terminologie und Vorstellungsweise und der unterschiedlichen Rezeption in den verschiedenen philosophischen Schulen, von den vorsokratischen Naturphilosophen über die Platoniker, Epikureer, Skeptiker bis zu den Neuplatonikern, und (späten) Stoikern (um nur die wichtigsten zu nennen).

3. Ananke – Heimarméne – Moira – Tyche

So bedeuten *Ananke* und *Heimarméne* mehr oder weniger synonym die strenge *Notwendigkeit* des Schicksals (*necessitas*) und werden zum Ausgangspunkt der späteren Vorstellung einer Naturgesetzlichkeit. *Moira*, abgeleitet von *meros* – Teil, Portion, lateinisch: *sors* – Los, Losanteil, betont das Los des *Einzelnen*, seinen persönlichen Anteil an den für alle gültigen Schicksalsereignissen wie den Imponderabilien des Lebenslaufs sowie dem unausweichlichen Altern und Sterben, ein Anteil, der qualitativ und quantitativ variieren und durch Verhalten in Grenzen beeinflusst, aber natürlich auch durchs ‚Schicksal‘ konterkariert werden kann: der eine lebt konzentriert, mit sportlicher Bewegung und ausgewogener Ernährung, planmäßig auf die Realisierung seiner hohen Lebenserwartung hin – da trifft ihn der *fatale* (vgl. lat. *fatum*; ‚amor fati‘) Ziegel; der andere frönt dem Genuss und erreicht 100 Jahre – wenn es ‚gut geht‘ – ‚gerecht‘ ist es jedenfalls nicht; das Moment von Kontingenz ist aus dem Leben nicht eliminierbar!

Der göttlich-personale Anteil ist bei *Moira* ausgeprägt, insofern die Vorstellung dreier namentlich benannter *Moiren* mit unterschiedlichen Zuständigkeiten gebildet wird. Es sind *Klotho*, die den Lebensfaden spinnt, *Lachesis*, die dem einzelnen sein persönliches Lebensschicksal zuteilt und *Atropos*, die am Ende den Lebensfaden abschneidet. In diesen Figuren wird neben der Personalisierung die Tendenz zur Systematisierung sichtbar, der Versuch, ein vermeintliches Ganzes in Aspekte zu differenzieren; es ist die sich im Mythos vielfältig vorbereitende Perspektive, aus der dann die den mythischen Vorstellungen die personifizierende Hülle abstreifende und auf den begrifflichen Gehalt reduzierende Philosophie hervorgeht[25].

Die Person-Bereich-Einheit *Tyche* schließlich entspricht der römischen *Fortuna* und betont das Zufällige und Unvorhersehbare am Geschick, das, was zum Ausdruck kommt in der barocken Allegorie vom *Rad der Fortuna*, das in seiner unaufhörlichen Bewegung jetzt dem einen zu Glück und weltlichen Ehren verhilft und gleichzeitig einen anderen ,ins Unglück stürzt', um im nächsten Augenblick die Konstellation umzukehren und so den Menschen lebenslang ,zwischen Hoffen und Bangen' hin und her zu werfen und jedenfalls ,in Atem zu halten'. *Tyche* wäre diejenige, die in unserem Beispiel den Dachziegel gerade in dem Augenblick der Hand des Arbeiters entgleiten lässt, in dem unten Herr X vorbeigeht, sodass der Ziegel ihn tödlich trifft – oder auch knapp verfehlt: in beiden Fällen hätte *Tyche* ,ihre Hand im Spiel' – wir sehen, nebenbei gesagt, wie in unserer Sprache solche uralten Vorstellungen sedimentiert sind. Und es ist *Tyche*, an der *Aristoteles* sein Programm der Rationalisierung vorführt, wenn er diese mythische Gestalt zur *akzidentellen Ursache* herabsetzt[26].

Aristoteles untersucht das Phänomen der Tyche in einer ausführlichen Reflexion über das Verhältnis von „*Schicksalsfügung und Zufall [tyche kai autómaton]*"[27] und kommt zu dem Ergebnis, dass Ereignisse „auf Grund von Fügung [*apo tyches*] [diejenigen sind], die im Bereich sinnvoll gewollter Handlungen bei (Wesen), die die Fähigkeit zum planenden Vorsatz haben [*vulgo*: beim Menschen], zufällig [*tou automátou*] eintreten"[28]. Und an anderer Stelle heißt es von *Tyche* noch drastischer: „Nur, *im eigentlichen Sinn ist sie Ursache von nichts*"[29]. Aus der gefürchteten wie mit Hoffnungen besetzten Schicksalsgöttin der Mythosreligion wird beim Philosophen ein bloßer Nebeneffekt menschlicher Handlungen – in der Tat ein Schritt zur Befreiung von irrationaler Furcht!

Ein bemerkenswertes historisches Schicksal(!) erfährt auch die Schicksalsmacht der *Heimarméne*. Etymologisch auf *meresthai* – ,seinen Anteil erhalten' zurückzuführen, bedeutet sie seit *Heraklit* die alles Geschehen in der Welt steuernde „unverbrüchliche Schicksalsfügung"[30], die die Stoiker als „Weltver-

---

[25] Zu analogen Tendenzen der Systembildung beim frühen Dichter Hesiod vgl. vom Vf.: *Mythos – Wissenschaft – Philosophie* (Marburg 2017), Bd. 1, Kap. 8.3.4
[26] Vgl. *Physik* II 5
[27] A. O. 196 b 10ff.
[28] A. O., 197 b 20ff.
[29] Ebd., 197 a 14
[30] Diogenes Laertius II, IX 7

nunft, Natur und ewige Ursache aller Dinge, als Zusammenhang des Verschiedenen und unverbrüchliche Ordnung und Kette der Ursachen"[31] radikalisieren und die in säkularisierter Form zur von diesen selbst nicht reflektierten Voraussetzung der neuzeitlichen Naturwissenschaft wird.

In ethischer Hinsicht allerdings wird diese unter den Namen der *Heimarméne* gestellte Idee eines strengen *Determinismus* aufgrund ihrer ruinösen Folgen für die Idee menschlicher Freiheit und Verantwortlichkeit und ihrer Begünstigung des Fatalismus sowohl von den philosophischen Schulen der Aristoteliker und Platoniker kontrovers diskutiert, wie vom jungen Christentum bekämpft. Mit letzterem tritt das stoische Konzept insbesondere auch dadurch in Konflikt, dass *Heimarméne* als blinde, willkürlich waltende und treffende Macht vorgestellt wird, d. h. als subjektlos und ethisch indifferent. Dies ist vor dem Hintergrund der grundsätzlich ethisch geprägten Stoa verständlich, ging es ihr doch primär darum, dass der Einzelne in der Haltung der *apatheía* (Apathie, Leidenschaftslosigkeit) seine Tugend (*areté*) bewährte und so seine innere Freiheit bewahrte. In Bezug auf diese um die vier Kardinaltugenden *Einsicht, Tapferkeit, Besonnenheit* und *Gerechtigkeit* zentrierte Aufgabe sank alles, was dem Menschen von außen an Gutem und Schlechtem widerfahren konnte, also die noch heute so genannten, die Kontingenz unzweideutig zum Ausdruck bringenden *Schicksalsschläge*, zum Unbedeutenden, Gleichgültigen (*adiáphoron*) herab[32]. Das unzugänglich Opake der *Heimarméne* wurde so zum Katalysator für Tugend.

Berühmtes Beispiel stoischer Haltung ist der bereits erwähnte Philosoph *Seneca*, der im Jahre 65 n. Chr., durch Kaiser Nero wegen angeblicher Teilnahme an der Pisonischen Verschwörung zum Suizid gezwungen, dieses Schicksal „mit der Gefasstheit des Stoikers auf sich [nahm]: Er öffnete sich die Pulsadern und starb nach gelassenem Gespräch mit seinen Freunden, [solchermaßen] bewährend, was er im Leben gelehrt hatte"[33].

---

[31] A. Zierl: Art. *heimarméne*. WbaPH, Sp. 184
[32] Vgl. Schönknecht: *Mythos* [], Kap. III 4
[33] J. Kroymann: Einführung, in: Seneca: *Vom glückseligen Leben*. Stuttgart 1978, S. 13

4. Von der Macht des Schicksals zur göttlichen Providenz: Kritik des Schicksalsglaubens im Christentum

Wenn auch das junge Christentum in der moralischen Entschiedenheit eine Nähe zum Stoizismus aufweist – *Seneca saepe noster*, ,Seneca steht oft auf unserer Seite', sagten die frühchristlichen Theologen[34] – widerspricht doch die Ansetzung der alles Weltgeschehen bestimmenden blinden Schicksalsmacht der *Heimarméne* der dem Christentum teuren Idee der *prónoia* oder *providentia*, der göttlichen Voraussicht und des weisen Waltens Gottes zum Besten der Welt und des Menschen. Der Idee der göttlichen *prónoia* zufolge dient selbst das den Menschen treffende zeitliche Unglück, als von Gott gesandtes oder zumindest zugelassenes ,Leid' demütig hingenommen, noch dem Erwerb ewigen Heils.

Im Hinblick auf unser Thema der Kontingenz ließe sich der Gegensatz zwischen blinder *Heimarméne* und göttlicher *prónoia* dahingehend bestimmen, dass erstere ,objektiv' Kontingenz verkörpert – es ist bloßes Faktum und ,nichts dahinter' –, während Letztere nur ,subjektiv', sozusagen aus der Perspektive *Hiobs*, als kontingent erscheint, es aber objektiv, dem religiösen Sinne nach, keineswegs ist. Gott hat seine Gründe, es so zu fügen, aber die Einsicht des Menschen ist zu schwach und darf sich deshalb nicht anmaßen, diese zu begreifen. In diesem Sinn spricht noch Hegel von der selbst für die ansonsten voraussetzungslose Philosophie unverzichtbaren Voraussetzung, die „in Form der religiösen Wahrheit" laute, „daß die Welt nicht dem Zufall und äußerlichen, zufälligen Ursachen preisgegeben sei, sondern eine *Vorsehung die Welt regiere*"[35]. So befremdlich die Annahme in der ,religiösen' Formulierung auch erscheinen mag, ist doch unbestreitbar, dass jeder Bemühung um Erkenntnis (im vorliegenden Fall: der Geschichte) die Überzeugung (der ,Glaube') einer inhärenten Struktur zugrunde liegt, denn deren Aufdeckung ist ja die Intention des Erkennenden!

Der aufgezeigte Gegensatz zwischen *Heimarméne* und göttlicher *prónoia* sei rückgreifend an der Theologie von Homers *Ilias* verdeutlicht. Dort zeigt sich die ethische Indifferenz der Schicksalsmächte u.a. darin, dass ihnen auch die Götter selbst, einschließlich des Zeus, des ,Vaters der Götter und Menschen', unterworfen sind. In der *Ilias* gibt es diverse Situationen, in denen dies deutlich wird. Zur Illustration diene die einen Höhepunkt der gesamten Handlung

---

[34] Vgl. G. Stroumsa: *Das Ende des Opferkults Die religiösen Mutationen der Spätantike.* Berlin 2011, S. 163
[35] *Die Vernunft in der Geschichte* (Hg. J. Hoffmeister) Hamburg ⁵1955, S. 38

darstellende Tötung des Hektor durch Achilleus im 22. Gesang. Während Achill noch den fliehenden Hektor um die Mauern Trojas herum verfolgt, erwägt Zeus, inmitten der vom Olymp herab zuschauenden Götterschar, den ihm am Herzen liegenden Hektor vorerst kraft seiner göttlichen Macht noch zu verschonen, erregt damit aber den Widerspruch seiner Achill zugetanen Tochter Athene, die den Vater vor einem Frevel gegen die bei Homer das Schicksal verkörpernde *Moira* warnt.

Die Entscheidung fällt, indem Zeus mit theatralischer Geste die ,Todeslose' beider Krieger auf seine goldene ,Schicksalswaage' legt und zusehen muss, wie die Schale mit dem Los des Hektor sich senkt, während die des Achill sich hebt: „Richtete vor sich da der Vater [Zeus] die goldene Waage, legte zwei Lose hinein des stark betrübenden Todes, [] faßte die Mitte und wog: Des Hektors Todesgeschick sank und ging fort zum Hades"[36].

Die *Moira* hat (bereits) gegen Hektor entschieden – da bleibt dem Göttervater nur das Zuschauen, will er nicht selbst gegen das Schicksal freveln. Der Gebrauch der Waage mit den sich gegeneinander bewegenden Schalen bedient sich der in der Physik nicht nur des Leibes fundierten *Universalmetapher* von *Aufstieg* und *Untergang* und stellt eine Art Scheinrationalisierung dar: ,in Wirklichkeit' entscheidet die *Moira* nicht nach Kriterien, ist sie, mit Aristoteles zu sprechen, doch die Ursache von nichts, ein bloßer euphemistischer Name zur Verhüllung der Kontingenz – ein Verfahren, das als fiktive Erklärung in vorphilosophischer, *in puncto* Logik noch anspruchsloser Zeit durchaus seine Funktion als *Placebo* erfüllte.

Allerdings verweist der Gebrauch des lateinischen *fatum*, das bedeutungsmäßig sowohl in Beziehung zu *necessitas* und *heimarméne* wie zu *moira* steht[37], auf eine Säkularisierung bzw. Profanierung des Sinns schon in römischer Zeit, vielleicht unter dem Einfluss des erstarkenden Christentums.

Darauf deutet etwa die sprichwörtlich gewordene Sentenz des im zweiten nachchristlichen Jahrhundert lebenden Grammatikers *Terentianus Maurus* hin: *Pro captu lectoris habent sua fata libelli* (,Die Bücher haben ihre Schicksale entsprechend dem Verständnis des jeweiligen Lesers'). In dieser Redensart, von der in der Regel nur der zweite Teil ,*habent sua fata libelli*' zitiert wird und die im Deutschen eine erstaunliche Fülle unterschiedlicher Interpretationen erfahren hat[38], die uns hier nicht interessieren, ist offenbar der numinose Sinn von *fatum* geschwunden und ,Schicksal' bedeutet nur noch die durch die Vielzahl

---

[36] *Ilias* 22, 209ff.
[37] Vgl. W. Eisenhut: Art. *Fatum*. Der Kleine Pauly II, Sp. 520
[38] Vgl. dazu den informativen Artikel auf Wikipedia

der Möglichkeiten – hier der unterschiedlichen Dispositionen der Leser – resultierende literarische Wirkung der Bücher.

In seiner Schwundform kann man den Gedanken jedoch auch empirisch-praktisch auf die Tatsache beziehen, dass das an die Öffentlichkeit gegebene und seinen Verfasser überdauernde Buch in die unterschiedlichsten Hände gelangen kann. In diesem Sinn bezeichnen die *fata* des Buchs einfach seine durch mehr oder weniger intensive Vervielfältigung bestimmte und in den einzelnen Stationen unvorhersehbare Reise durch die privaten und öffentlichen Bibliotheken der Welt, nicht zu vergessen auch das ‚Schicksal‘, das dem Original-Manuskript zuteilwird!

In diesem profanen Sinn eines zufälligen, kontingenten Sich-Ereignens an einem gegebenen Substrat – sei dies Buch, menschliches Individuum, Gemälde, Gebäude usw. – wird heute, in religiös entspannter Zeit, der Begriff des *Schicksals* unbefangen auf alles bezogen, was einem Ding oder einer Person durch die Zeitläufe hin widerfahren kann.

III. Christlicher Tribut an die Kontingenz

1. Gnosis – Negative Theologie – *Verborgenheit Gottes*

Allerdings bringt sich das Phänomen der Kontingenz, obwohl es durch die Idee göttlicher Providenz *prinzipiell* bewältigt scheint, auch in der christlichen Theologie noch zur Geltung. Im Christentum, ja im Monotheismus generell, ist Gott (Jahwe, Allah) die Schicksalsmacht. Als personal und geistig vorgestellt, entscheidet er zwar frei, aber nicht willkürlich, sondern mit Gründen, und zwar stets ,aus gutem Grund'. Schon Platon identifizierte Gott mit dem *Guten*[39], sah das Göttliche, im Gegensatz zum homerischen Mythos, als frei von jedem Neid[40], behauptete gar Gottes Fürsorge für den Menschen auch im Kleinen[41] und sah den Glauben an Göttliches als höchste moralische Pflicht und unabdingbare Voraussetzung für ein stabiles persönliches und staatliches Leben, eine Annahme, die im übrigen nicht ignoriert werden sollte.

Aber auch die christliche, im Unterschied zur jüdischen und islamischen stark spekulativ und logiklastig ausgerichtete Theologie muss dem Faktum der Kontingenz Tribut zollen. Dies wird erzwungen durch die Tatsache, dass zwar in verschiedenen Naturbereichen wie der näheren Gestirnwelt, dem organischen Leben und den Strukturen der Materie zumindest in der Nahperspektive ein bewunderungswürdiger Grad ebenso komplexer wie stabiler Ordnung besteht, so dass er die Annahme eines weisen und wohlwollenden Schöpfers geradezu zu erzwingen scheint, dass jedoch diese Annahme konterkariert wird durch die offensichtlich völlige Indifferenz der vermeintlichen Schöpfungsmacht gegenüber den unbestreitbaren grausamen und chaotischen Vorgängen der Wirklichkeit, vom zerstörerischen Wüten der elementaren Naturkräfte über die grausame Ordnung des Fressens und Gefressenwerdens im Tierreich bis zu den von Menschen an ihresgleichen begangenen Scheußlichkeiten, von denen die letzte immer als die definitiv unüberbietbare erscheint.

Im Grunde ist das Christentum als solches, mit seiner zentralen Vorstellung des *Messias* und *Christos*, des Heilands und Retters der Welt, ganz auf dieses *Ineinander von Ordnung und Chaos* hin konzipiert, für welches Kontingenz nur einen anderen Begriff darstellt. Aber nicht nur die Tatsache, dass die erwartete Totalsanierung ins Unabsehbare vertagt ist und derweil die *Chose* unvermindert weitergeht, belastet die Theologie, vielmehr bedarf das Faktum

---

[39] *Politeia* 505a f.
[40] *Phaidros* 247a
[41] *Nomoi* 899d passim – Die Diskussion des rechten Verhältnisses des Menschen zu Gott, Göttern, Göttlichem ist breit ausgeführt im 10. Buch der *Nomoi*.

selbst der Begründung und Rechtfertigung; ihr Anspruch auf Wissenschaftlichkeit selbst zwingt die Theologie zu dem Unternehmen, das Faktum des Negativen kommensurabel zu machen.

Dieser Zwang treibt die Theologie von ihren Anfängen an um und hat zu einer Reihe charakteristischer Lösungsversuche geführt. Vom ‚Heidentum‘ geerbt wurde die *gnostische* Konzeption, die das Schlechte und Böse einfach in die selbst als böse vorgestellte Ursprungsmacht, den *Demiurgen*, rückverlegte, einen guten Heiland gegen den bösen Demiurgen ausspielte und so einen Dualismus zweier feindlicher Prinzipien in den Weltgrund projizierte. Dieser Ansatz lief der Trinitätsidee zuwider und wurde von der sich stabilisierenden *katholischen* (von gr. *kat'holon*: ‚auf das Ganze bezogen‘, ‚allgemeinen‘) Kirche bald als häretisch ausgeschieden. (Der gnostische Ansatz zieht sich allerdings subkutan durch die abendländische Geschichte, wir finden seine Spuren bei vielen Modernen, u. a. bei Schelling, Nietzsche, Heidegger, Adorno[42]).

Ein zweites Denkmotiv war eine sich durch die Geschichte der Gotteslehre hindurch ziehende ‚*negative Theologie*‘. Ihr zufolge ist Gott *toto coelo* (sic!) von allem Weltlichen, Endlichen verschieden, weshalb über ihn mit unseren am Endlichen gebildeten Begriffen nicht adäquat ausgesagt werden kann. Lediglich was er *nicht* ist, lässt sich sagen. In diesem Sinn befindet *Thomas von Aquin* (1225-74): „Zur Erkenntnis Gottes muß man den Weg der *Verneinung* beschreiten"[43]. Diese These hält Thomas aber nicht davon ab, eine Fülle von ‚Gottesbeweisen‘ zu entwickeln und das Problem dadurch zu entspannen, dass er nach dem Prinzip der *analogia entis*, der „Ähnlichkeit der Geschöpfe [mit Gott]"[44] durch Umkehrung endlicher Bestimmungen oder deren Steigerung bis zum Umschlagspunkt eine Fülle ebenso verneinender wie bejahender Gottesprädikate deduziert, etwa die noch heute geläufigen Bestimmungen, dass „Gott ewig [ist]"[45], dass „in Gott keine Materie [ist]"[46], dass „Gott kein Körper [ist]"[47] oder auch so metaphysisch-kryptische Zuschreibungen wie die, dass „Gott sein Wesen [ist]"[48] und dass „Gott nicht das Sein als Form aller Dinge [ist]"[49].

Radikaler klingt die negative Theologie allerdings beim bedeutendsten der Neuplatoniker, bei *Plotin* (203-269). Von *analogia entis* kann keine Rede sein,

---

[42] Für die historische Breite der gnostischen Strömung, v. a. auch in der Neuzeit, vgl.: Sloterdijk, P./Macho, Th. H.: *Weltrevolution der Seele* (o. O., Artemis und Winkler 1991).
[43] *Summa contra gentiles* I 14 (Hervorh. Vf.)
[44] Ebd., I 31
[45] Ebd., I 15
[46] Ebd., I 17
[47] Ebd., I 20
[48] Ebd., I 21
[49] Ebd., I 26

wenn Plotin befindet, dass das Göttliche nicht denkt, nicht will, kein Bewusstsein hat und es – in Abwandlung von Platons Rede, das (göttliche) Gute sei noch *jenseits des Seins* – „jenseits der Einsicht"[50] verortet. Sehen wir von dem inneren Widerspruch in Plotins Argument ab, dass das Göttliche uneinsehbar sein soll und der Denker ihm dennoch (negative) Bestimmungen zuschreibt, bleibt festzuhalten: Mit der Abtrennung des Göttlichen von allem Endlichen, Weltlichen fällt Letzteres komplementär der Grund- und Substanzlosigkeit, d. h. der Kontingenz anheim.

Schließlich reflektiert sich die Kontingenz-Bedrohung im Theologumenon vom *Verborgenen Gott*, dem *Deus absconditus*. Bereits paulinisch ist der Gedanke, dass in der Gestalt Christi sich Entbergung (Offenbarung) und Verbergung Gottes *uno actu* vollziehen, indem der Glaube an Christus den Nichtchristen Torheit ist[51]. Starke Beachtung findet das Motiv bei *Martin Luther*, dem zufolge „der verborgene [Gott] in der Menschheit [d.h. in der Gestalt Jesu] versteckt [ist]". Das Motiv bleibt präsent über *Pascal* und *Jakob Böhme* bis in die dialektische Theologie *Karl Barths*, bei dem es heißt: „<Gottes Kraft ... ist und bleibt ... verborgen>", und diese Tatsache „fordert vom Menschen den <Sprung ins Leere>"[52]. Dass dieser Sprung auch im Leeren *enden*, dass die in den Glauben gesetzte Hoffnung nichtig sein könnte, bedeutet die Auslieferung des Menschen an Kontingenz. Wir werden diesem Motiv bei Kierkegaard erneut begegnen.

2.   Theodizee als Kontingenzabwehr

Ein spezifisch philosophisches, durch den neuzeitlichen Rationalismus geprägtes Verfahren zur Rettung der Idee der göttlichen *Providenz*, d. h. zur Kontingenzbewältigung, ist die erstmals von *G. W. F. Leibniz* (1646-1716) terminologisch fixierte und thematisch ausgearbeitete *Theodizee*, die Rechtfertigung Gottes angesichts des physischen und moralischen Übels in der Welt[53]. Leibniz geht bereits von der rationalistischen Überlegung aus, dass es zur Vermeidung einer universellen Zufälligkeit und Kontingenz der Dinge der Annahme einer allmächtigen Ursache bedürfe. Es geht ihm nicht primär, wie noch Descartes,

---

[50] Th. Rentsch: Art. *Theologie, negative.* HWPh 10, Sp. 1103; zur Platon-Stelle vgl. *Politeia* VI 509b9

[51] Vgl. hierzu und zum Folgenden: D. Korsch: Art. *Verborgenheit Gottes.* HWPh 11, Sp. 582ff.

[52] Zit. Korsch, a.O., Sp. 584

[53] *Essai de théodicée sur la Bonté de Dieu, la liberté de l'homme e l'origine du mal* (1705)

um einen Beweis der *Existenz* Gottes, sondern um die Lösung des erstmals von *Epikur* (342-271 v. Chr.) formulierten und von diesem negativ beantworteten Widerspruchs zwischen der Proklamation göttlicher Allmacht und Güte und der Tatsache zahlloser Leiden in der Welt. Für Epikur stellte sich die Frage so: „Der Gott will entweder die Übel abschaffen und kann es nicht, oder er kann und will es nicht, oder er will es nicht und kann nicht, oder er will und kann. Wenn er will und nicht kann, ist er schwach, was auf Gott nicht zutrifft. Wenn er kann und nicht will, ist er neidisch, was dem Gott gleichermaßen fremd ist. Wenn er weder will noch kann, ist er neidisch und schwach, also auch kein Gott. Wenn er will und kann – was allein dem Gotte zukommt –, woher stammen dann die Übel? Oder warum schafft er sie nicht ab?"[54]

Für den geistig aufgeschlossenen Menschen des christlichen Kulturkreises dürfte die von Epikur formulierte Problematik noch heute von Interesse sein, betrifft sie doch den Kern der *Conditio humana*, die menschliche Situation schlechthin, wie ihre unverminderte, durch die Präsenz vielfältigen Unglücks bestätigte Aktualität belegt. Epikur beantwortet die Frage nicht, wie man aus moderner Sicht vermuten könnte, mit einem Bekenntnis zum Atheismus, sondern wählt eine nur mit Bezug auf seine Naturphilosophie verständliche Lösung. Als Fortsetzer von Demokrits atomistischer Theorie des *Kosmos*, welch letzterer für ihn ewigen Bestand hat, entwickelt Epikur seine Theologie in Abhängigkeit von der Kosmologie. Demzufolge umfasst der Kosmos – eigentlich sehr modern – eine Vielzahl von Welten, ja es gibt „derartiger Welten unzählig viele"[55].

In die nach atomistischer Raumvorstellung zwischen den Welten liegenden Zwischenräume, die sogenannten *Intermundien*[56], versetzt Epikur die Götter, die dort – in homerischer Tradition – ein „unvergängliches und glückseliges"[57] Leben führen und sich um die Beschwernisse der Sterblichen in keiner Weise kümmern. Mit den Kontingenzen des Lebens müssen die Menschen selbst fertig werden, und sie vermögen dies Epikur zufolge prinzipiell vermittels philosophischer Rationalität, die sie zu einem umsichtig geführten Leben befähigt und „zur ungestörten Seelenruhe"[58] führt, unter anderem dadurch, dass die Philosophie uns auch die essenzielle Bedeutungslosigkeit des von den

---

[54] Frg. 374 Usener; zit: Epikur: *Briefe, Sprüche, Werkfragmente*. Hg. H.-W. Krautz (Stuttgart 2000), S. 166 – Zu Epikurs Denken vgl. auch meine ausführliche Darstellung in: Schönknecht 2017, Kap. III 3.
[55] *Brief an Pythokles*. Diogenes Laertius X 1, § 89
[56] Vgl. ebd.
[57] Ebd., § 123
[58] Ebd., § 128

meisten so gefürchteten Todes erkennen lässt[59]. Die von ihm selbst aufgeworfene Theodizee-Problematik beseitigt Epikur also durch ihre Liquidation. Die
Annahme der göttlichen *Indifferenz* und *Weltferne* lässt die Frage sinnlos werden – das ist in der Tat ein zukunftsträchtiges Konzept. Zur heftigen Bekämp-
fung Epikurs durch die Kirche mag auch dieser Aspekt der von diesem Philosophen durchgehend propagierten Versöhnung des Menschen mit seiner Endlichkeit beigetragen haben!

Epikurs elegante Lösung des Theodizee-Problems ist denn auch für Leibniz als Christen nicht akzeptabel. Die Idee göttlicher Güte und Providenz sucht
er mit dem heute nur noch als frommer Sophismus erscheinenden Argument
zu retten, Gott lasse das Übel zu um willen der menschlichen *Freiheit*, sich im
Widerstreit des Guten und Bösen für das Gute entscheiden zu können. Unter
dieser Voraussetzung ist eine Welt, in der es neben Gutem auch noch Übel
gibt, einer Welt ohne Übel, aber auch ohne menschliche Freiheit vorzuziehen.
Da das Verhältnis des Guten zum Schlechten in der Welt (dem Philosophen!)
im ganzen akzeptabel erscheint, erklärt Leibniz auch gleich die Welt so wie sie
besteht, zur besten aller möglichen Welten und bekennt sich damit zu einem
philosophischen *Optimismus*.

Dass diese harmonisierende Sicht der Dinge nicht unwidersprochen bleiben würde, liegt auf der Hand, und der uns geläufige Begriff *Optimismus* ist
selbst ein erstes Dokument solchen Widerspruchs. Der vom lateinischen Wort
optimum: ‚das Beste' abgeleitete Ausdruck wurde nämlich im Jahre 1737 von
französischen Jesuiten in der polemischen Absicht geprägt, Leibniz' Theodizee
wegen ihrer rationalistischen Verrechnung Gottes und der rein rationalen Behandlung der Problematik des Bösen in der Welt zu desavouieren. Komplementär wurde, ebenfalls ironisch, der als Grundeinstellung zum Leben ebenso
populär gewordene Gegenbegriff *Pessimismus* geprägt[60].

Im Unterschied zu dem von der Aufklärung verfochtenen, aber von späteren Philosophen überwiegend als trivial empfundenen *Optimismus* machte
Pessimismus im 19. Jahrhundert eine bemerkenswerte Karriere als philosophischer Terminus bzw. Grundorientierung[61] und ging ebenfalls in die Gemein-
sprache über. Der Begriff wurde zum Kern philosophischen Selbstverständ-
nisses bei Schopenhauer und Nietzsche. Letzterer interpretierte, nach anfänglich begeisterter Zustimmung, Schopenhauers philosophische Position als Pessimismus der *Schwäche* und Ausdruck von *décadence* und setzte dem einen

---

[59] Vgl. ebd., § 124
[60] Vgl. H. Günther: Art. *Optimismus*. HWPh 6, Sp. 1240
[61] Vgl. dazu V. Gerhardt: Art. *Pessimismus*. HWPh 7, Sp. 386-395

35

Pessimismus der Stärke, d. h. des Amoralismus und der Bejahung des irrationalen, Leiden schaffenden Zustands der Welt entgegen. Nietzsche resümierte seine Position in der berühmt gewordenen Sentenz, „daß nur als ein ästhetisches Phänomen das Dasein und die Welt gerechtfertigt erscheint"[62].

Dass ein solcher *zynischer*, mit Nietzsches verschleierndem Ausdruck: *dionysischer* Pessimismus ebenso inakzeptabel ist wie ein fader, das Schlechte in der Welt verharmlosender Optimismus, dürfte auf der Hand liegen.

3.   Exkurs: Voltaires *Candide ou l'optimisme* als literarische Bestreitung von Theodizee und göttlicher Providenz

Aus einer der jesuitischen geradezu entgegengesetzten, nämlich der aufklärerischen Perspektive vollzieht der geniale Spötter *Voltaire* (1694-1778) die Kritik des Leibniz'schen Optimismus in seiner literarisch großartigen, vor Witz sprühenden Satire *Candide ou l'optimisme* (1759), in der deutschen Übersetzung treffend als *Candid oder die Beste aller Welten* betitelt[63]. Der junge Mann *Candide*, der in sich Züge literarischer Figuren wie Odysseus, Parzival und Don Quichotte vereinigt, ist der *reine Tor* (sein Name ist abgeleitet vom lateinischen *candidus*: weiß, rein, klar, ungekünstelt), der naiv und gläubig die Lehre seines philosophischen Lehrers *Pangloss* (zusammengesetzt aus griechisch *pan*: ‚alle' und *glossa*: ‚Sprache', eine deutliche Anspielung auf den als Universalgelehrten geltenden Leibniz[64]) annimmt, dass es in der Welt bei allem „physischen und moralischen Übel"[65] doch grundsätzlich gut und gerecht zugehe, und dessen Lebensmaxime heißt: „Vertrauen wir der Vorsehung"[66].

Um Candide zu Realitätssinn zu verhelfen, treibt ihn sein Autor in unglaublichen Abenteuern durch die ganze Welt, von dem „Rauchloch Westfalen[sic!]"[67] aus über Bulgarien, Spanien, Portugal nach Buenos Aires und Surinam und zurück über Frankreich und England nach Venedig und schließlich Konstantinopel – immer auf der Spur seiner geliebten Kunigunde, der Tochter seines adeligen Herrn, der ihn, als nicht standesgemäß, gerade wegen dieser

---

[62] *Die Geburt der Tragödie*, Ausg. Schlechta, Bd. I, S. 131 – Zu Schopenhauer vgl. unten, Kap. VIII, zu Nietzsche vgl. Kap. X.
[63] Nach der Ausgabe von 1759 übersetzt von E. Sander, Leipzig 1925
[64] Ein analoges Wortspiel enthält der Titel von Voltaires Kritik an Rousseau, die *Lettre au Docteur Jean-Jacques Pansophe*.
[65] A. O., S. 85
[66] Ebd., S. 66
[67] Ebd., S. 55

Neigung aus dem Hause getrieben hatte und dessen Besitztum durch Kriegs-wirren selbst ruiniert wird. Mit allen Scheußlichkeiten der Welt, mit Krieg, Mord, Raub, Sklaverei, Prostitution, religiösem Wahn, politischen Intrigen, adeligem Dünkel wird der harmlose Candide konfrontiert, und doch bricht bei jedem der wenigen positiven, menschlich schönen Erlebnisse die Neigung wieder durch, das Ganze als positiv zu sehen – „besonders gegen Ende der Mahlzeiten [!]"[68]

Das kleine satirische Werk vereint burleske, tragikomische, pikareske, ja sogar märchenhafte und Züge erotischer Pikanterie: „*O che sciagura d'essere senza coglioni*"[69], klagt an einer Stelle ein Kastrat aus Neapel, einer Stadt, wo man „alljährlich zwei- bis dreitausend Knaben [kastriert]"[70], um Nachwuchs für die Opernsäle adeliger Häuser zu bekommen. Die Schrift ist Gesellschafts-satire, Wissenschaftssatire und Satire auf die literarische Welt (den „schreiben-den Pöbel"[71] und die „Schöngeister"[72]). Der *Candide* steht in der Tradition der durch die Welt irrenden Helden wie dem sich nach der Heimkehr zu Penelope sehnenden Odysseus oder auch dem zu Ehren seiner Dame komische Helden-taten verrichtenden Don Quichotte.

Den zeitgeschichtlichen Hintergrund bildet jedoch das verheerende Erd-beben von Lissabon vom 1. November 1755, bei dem 50.000 Menschen umka-men, eine der damaligen Zeit ungeheuer erscheinende Zahl – die Weltkriege des 20. Jahrhunderts und die systematische Tötung von Millionen Menschen in Nationalsozialismus und Stalinismus standen ja noch aus! Es war ein Ereig-nis, das den Glauben an die göttliche Providenz, an Gottes weise Regierung der Welt, aufs stärkste erschütterte und sich als theoretisch inkommensurabel erwies. Candide und sein Lehrer Pangloss erleben es sogar mit, als sie nach einem Schiffbruch nach Lissabon gelangen. Und während Candide von einem herabfallenden Stein schwer verletzt wird – ein *Zufall* im Wortsinne! – und sein Ende nahe glaubt, räsoniert Pangloss darüber, dass dies nichts Besonderes sei und es in Lima vor einiger Zeit ein ebensolches Erdbeben gegeben habe[73]. Schließlich entkommen sie tatsächlich mit knapper Not dem Tod durch ein Autodafé, dem der örtliche Inquisitor die beiden, im Stile heidnischer

---

[68] Ebd., S. 85
[69] Ebd., S. 43
[70] Ebd., S. 45
[71] Ebd., S. 89
[72] Ebd., S. 90
[73] Vgl. ebd., S. 20ff.

Menschenopfer, zur Verhinderung weiterer Erdbeben und zur Ablenkung des Volks unterziehen will[74].

Primär ist Voltaires Werk denn auch eine bittere Sittenschilderung des sich rücksichtslos der übrigen Welt in Form von Kolonialismus, wirtschaftlicher Ausbeutung und Versklavung anderer Völker bemächtigenden Europa, in dem sich religiöse Obsession (Voltaires Lieblingsfeind sind die ebenso fanatischen wie machtgierigen, skrupellosen und verschlagenen Jesuiten des „Sankt Ignatius"[75], vor denen sich ja auch Descartes fürchtete) und adeliger Dünkel abstoßend verbinden und stubenhockerische Gelehrte dem Ganzen die Weihe der Vernünftigkeit geben. Schonungslos werden die ewigen menschlichen Schwächen aufgedeckt: Geltungsdrang, Geldgier, Geschlechtslust, Instrumentalisierung des Mitmenschen. Der am Ende von seinem Optimismus einigermaßen geheilte Candide hält sich zugute, „einen Jesuiten überlistet und den Dünkel eines deutschen Barons bestraft zu haben"[76] und spricht sich ansonsten, Epikur nicht unähnlich, dafür aus, dem Leben durch praktische Tätigkeit auf eigenem, im Umfang begrenztem Grund und Boden einen schlichten Sinn zu geben: „Die Arbeit hält uns drei große Übel fern: Langeweile, Laster und Not"[77].

Was unser Thema der Kontingenz der Welt anbelangt, ist an sich die ganze Schrift mit den darin ausgebreiteten Wirrnissen ein Dokument der Überzeugung ihres Autors von den das Leben beherrschenden Zufälligkeiten; gelegentlich wird dies auch thematisch, etwa wenn Candide seinen sich zum *Manichäismus*[78], d. h. zum gnostischen Dualismus, bekennenden Freund *Martin* fragt: „Aber zu welchem Zweck ist die Erde geschaffen worden?" und der im Unterschied zu Pangloss als positive Figur gezeichnete Martin, für den vielleicht der sich tatsächlich als Manichäer verstehende Aufklärer *Pierre Bayle* (1647-1706), der Verfasser des *Dictionnaire historique et critique*, als Modell gedient hat[79], antwortet: „Um uns toll zu machen"[80]. Hier wird die an sich neutrale These der Kontingenz, der zufolge ein einheitlicher Sinn der Welt nicht auszumachen ist, geradezu im Stile der Gnosis durch eine negative Metaphysik überboten. Und kurze Zeit nach dem schrecklichen Erdbeben von Lissabon schreibt Voltaire in einem Brief an einen Freund: „Wie grausam doch die Natur

---

[74] Vgl. ebd., S. 23
[75] Ebd., S. 56
[76] Ebd., S. 130
[77] Ebd., S. 134
[78] Ebd., S. 86
[79] Vgl. K. Bossong: Art. *Dictionnaire historique et critique;* in: *Lex. Phil. Werke*, Stuttgart 1988, S. 174
[80] Ebd., S. 90

ist [] Welch trauriges Spiel des Zufalls ist doch das Spiel des menschlichen Lebens"[81].

Mit dieser Feststellung realisiert Voltaire vielleicht als Erster die Kontingenzthese in vollem Umfang und führt die Aufklärung über sich selbst hinaus. Denn dass diese durch das Erdbeben von Lissabon derart erschüttert werden konnte, ist ein Indiz dafür, wie unaufgeklärt ihr Optimismus selber noch war!

Doch gibt es in der Weltsicht des *Aufklärers* Voltaire – man möchte sagen: notwendigerweise – auch optimistische Züge. Solcher Optimismus ist nicht, wie bei Leibniz, metaphysischer, sondern praktischer Natur und bezeichnet Voltaires Glauben, durch die Kritik des religiösen Fanatismus und des Aberglaubens – die katholische Kirche nannte er stets *l'infâme*, „*Écrasez l'infâme*" war sein Kampfruf[82] – die Gemüter für Vernunft und Toleranz öffnen zu können, wie es der Titel seines 1763 publizierten *Traité sur la tolérance* zum Ausdruck bringt.

In seinem universalgeschichtlichen *Essay sur l'histoire générale* (1756; deutsch: *Versuch über die Weltgeschichte*) integriert Voltaire durch den übergreifenden Gesichtspunkt der ‚Sitten und des Geistes der Völker' die Vielzahl der Kulturen zur Einheit einer *Weltgeschichte*; hier prägt er auch den zukunftsträchtigen Terminus *Geschichtsphilosophie* (*philosophie de l'histoire*)[83]. Eine Legitimation für Optimismus und Glauben an historischen Fortschritt sieht Voltaire – wie vor ihm Descartes – im Entwicklungsgang der technischen Künste, der allerdings erst zwei Jahrhunderte nach seinem Tode in seinen gewaltigen, das Leben umwälzenden Dimensionen sowie seiner tiefen Ambiguität sichtbar wird.

Der Gedanke, dass die zeitlosen Mängel der menschlichen Natur auf die Dauer auch die Anwendung der technischen Errungenschaften kompromittieren könnten, lag Voltaire noch fern.

4.   Vermittlung von Vorsehungsglauben und Kontingenzerfahrung: Kants Aufsatz *Über das Mißlingen aller philosophischen Versuche in der Theodizee*

Anders als Voltaire, der nach *deistischer* Manier zwar nicht die Existenz Gottes als Schöpfer der Welt leugnet, aber umso entschiedener die Hypothese von

---

[81] Ebd., S. 139 (Nachwort des Herausgebers)
[82] Vgl. F. Schupp: *Geschichte der Philosophie im Überblick* (Hamburg 2003), Bd. 3, S. 290
[83] Zu Voltaires Geschichtsphilosophie vgl. auch unten, Kap. IV 2.

dessen zweckvollem Wirken im Weltlauf verneint, lässt sich Kant in seinem Aufsatz *Über das Misslingen aller Versuche in der Theodizee* von 1791 ein auf die von Leibniz gemachte *theistische* Voraussetzung eines personal gedachten, nicht nur ursprünglich als Schöpfer tätig gewordenen, sondern im Geiste des biblischen Gedankens der wohlgelungenen Schöpfung in *Genesis* I 1,31 auch an deren inneren Verhältnissen interessierten Erhalters und weisen Lenkers der Welt.

In diesem Sinn definiert Kant das Unternehmen der Theodizee als „die Verteidigung der höchsten Weisheit des Welturhebers gegen die Anklage, welche die Vernunft aus dem Zweckwidrigen in der Welt gegen jene [d. h. die höchste Weisheit, also Gott selbst] erhebt"[84].

In Abweichung von Leibniz, aber in Übereinstimmung mit seiner die Möglichkeit *synthetischer Urteile a priori*, d. h. *Metaphysik*, ausschließender Vernunftkritik gelangt Kant jedoch zu dem Schluss, dass menschliche, an Erfahrung gebundene Erkenntnis der Einsicht in letzte, transzendente Zwecke nicht mächtig ist[85], was – entsprechend dem programmatischen Titel des Aufsatzes – die Möglichkeit einer Theodizee prinzipiell ausschließe.

Dessen ungeachtet bleibt, entsprechend der in der *Kritik der reinen Vernunft* ausgearbeiteten Differenz zwischen dem stets von Erfahrung abhängigen Wissen und dem auf Erfahrungstranszendentes gehenden Glauben, der Glaube an die göttliche Providenz möglich, ja aus sittlichen Gründen gefordert; wir *sollen* an die Güte Gottes glauben. Kant zufolge lässt sich „von den moralischen Gesetzen zeigen, daß sie das Dasein eines höchsten Wesens nicht bloß voraussetzen, sondern [] es mit Recht, aber freilich nur praktisch, postulieren"[86]. Und derart, als *postuliert*, steht der Gedanke des Daseins Gottes den Sätzen transzendentaler Analyse an logischer Stringenz nicht nach.

Aber es bleibt freilich beim *Sollen*. Der Riss zwischen dem Theologumenon weiser göttlicher Lenkung und der das Vertrauen in eine solche konterkarierenden Erfahrung ubiquitären Leids klafft nach wie vor.

---

[84] *Werke in zwölf Bänden* (Frankfurt/M. 1964), Bd. XI, S. 105
[85] Vgl.: „[] daß unsere Vernunft zur Einsicht des Verhältnisses, in welchem eine Welt, so wie wir sie durch Erfahrungen immer kennen mögen, zu der höchsten Weisheit stehe, schlechterdings unvermögend sei []" (Ebd., S. 114).
[86] KrV B 662

IV. Kontingenz-Abwehr durch *Geschichtsphilosophie*

1. Historischer und geistesgeschichtlicher Kontext

Kants Theodizee-Verdikt mit Hinweis auf die Unerkennbarkeit der göttlichen Zwecke für den Menschen mag auf den ersten Blick plausibel erscheinen und dürfte es für den konventionell Glaubenden bis heute sein. Im Grunde ist es die Erneuerung der negativen Theologie aus transzendentalphilosophischer Perspektive. Wir müssen es als Versuch der Sicherung des religiösen Status quo betrachten, gegen den sich Voltaires *Candide* gerichtet hatte, der gegenüber Kants Argumentation ebenso sein Recht behält wie gegen Leibniz' Theodizee, die er satirisch destruieren wollte: der katastrophische Verlauf der weltlichen Dinge bleibt für den beobachtenden und, modisch gesprochen, ‚empathisch' mitfühlenden Menschen deprimierend bis heute, und auch wo das Leiden sich eindeutig auf menschliches Verschulden zurückführen lässt, ändert dies nichts am Faktum von Gottes Indifferenz – dessen Existenz einmal vorausgesetzt! Die Schmerzensschreie und das Stöhnen der gequälten Menschen verhallen im schalltoten Raum des Universums. Die *unerhörte* Realität des Leidens bleibt ein *metaphysisches* und damit auch ein *religiöses Skandalon*!

Aber Kants Verdikt über die Theodizee ist nicht das letzte Wort in der Angelegenheit. Wenn auch der im Geist des rationalistischen 17. Jahrhunderts geschichtsfrei argumentierende Ansatz Leibniz' keine Schule macht, so bleibt das Feld der Rettung des substantiellen Gehalts der Welt und der Abwehr von Kontingenz doch nicht unbearbeitet. Als *Surrogate von Theodizee* entwickeln sich im 18. Jahrhundert primär aufklärerisch inspirierte, ebenfalls optimistisch angelegte *geschichtsphilosophische* Entwürfe eines historischen Fortschrittsprozesses, die, ohne explizit an der Theodizee-Problematik orientiert zu sein, auf eine geschichtliche Überwindung der sogenannten moralischen Übel zielen.

Als *Philosophie der Geschichte* oder *Geschichtsphilosophie* lässt sich der theoretische Versuch verstehen, der durch die Historie vergegenwärtigten Abfolge der *Epochen*, d. h. der unterscheidbaren Zeitabschnitte der überschaubaren Geschichte, eine Art Gesamtsinn oder ein Ziel einzulegen, das die Epochen *teleologisch* miteinander verknüpft, also sie als *Momente* des *einen* Geschichtsprozesses zu interpretieren.

Das Neue eines solchen Unternehmens wird im Rückblick auf vorhergehende Interpretationen der zeitlichen Wirklichkeit deutlich. Dabei beschränke ich den Blick auf Europa. Das antike *Griechentum*, das viel von Nachbarvölkern wie Ägyptern und Babyloniern gelernt hatte, sah sich dennoch nicht als Teil einer historischen Entwicklung, sondern nahm sich selbst als autonom und originell wahr. Die zahlreichen noch wenig staatlich organisierten Völkerschaften rund ums Mittelmeer wurden nicht etwa als *Vorläufer* und *Vorbereiter*, sondern schlichtweg als *barbarisch*, als unverständlich redend, d. h. als weit unter der griechischen Kultur rangierend, wahrgenommen – und das nicht zu Unrecht.

Analog verhielt es sich mit dem *Römertum*. Obwohl stark durch griechische Kultur beeinflusst, nahm man sich nicht als Erbe wahr, sondern fühlte eine Mission, Europa und darüberhinausgehende Gebiete in einem Großreich unter römischer Führung zu integrieren; man setzte die eigene Identität *ab urbe condita*, verstand sich selbst also als Ursprung von etwas Bedeutendem und Eigenwertigem und nicht etwa bloß als Fortsetzer der Griechen – eher schon der Troer!

Nicht anders das aufsteigende *Christentum*, für das bis ins Mittelalter hinein die Vergangenheit insgesamt als *Heidentum*, durch das Fehlen des wahren Glaubens und damit negativ konnotiert ist. In *Humanismus* und *Renaissance* erfolgt dann zwar der Rückgriff auf die Antike als *Modell*, aber als gewollter Bruch, in bewusster Distanzierung von der nun ihrerseits als barbarisch, als ‚gotisch‘ definierten Vorgängerepoche, die man mit von Petrarca gefundener Bezeichnung als ‚*Mittelalter*‘, d. h. als bloßen Übergang ohne Eigenwert abqualifiziert. Immerhin dürfte dieser Brückenschlag zur Antike neben den noch zu behandelnden heilsgeschichtlichen Entwürfen des *Augustinus*[87] und des *Joachim di Fiore*[88] einen Schritt in Richtung auf eine *teleologische Integration von Geschichte* darstellen.

Der cartesianische *Rationalismus* schließlich reduziert alles Historische auf den einheitlichen Status des bloß Tradierten, Gegebenen und unterwirft die Vergangenheit *in toto* der kritischen Überprüfung durch den seiner selbst sicher gewordenen Intellekt. Die Zeit der heroischen, sich selbst als zeitlos und modellhaft erlebenden Epochen ist zu Ende. Diese ‚Einebnung‘ vergangener Lebensformen zum bloß Gewesenen ist jedoch ebenfalls eine der Voraussetzungen für ihre Integration zu der uns so geläufigen Vorstellung der *einen* Geschichte, zunächst des Abendlands, dann im Weltmaßstab, hinter das Griechentum zurück- und über Europa hinausgreifend – und schließlich jede zeitliche und räumliche Begrenzung sprengend. In der Astrophysik erstreckt sich die *genetische* Betrachtungsweise – die Frage nach den Entstehungsbedingungen, nach der *Logik des Werdens* – gar auf das Universum als Ganzes!

---

[87] Zu Augustinus vgl. unten, Kap. IV 2 passim.
[88] Zu Joachim vgl. unten, Kap. IV 4.3.2.

Der philosophische Rationalismus ist selbst allerdings nur eine der Ausdrucksformen des neuzeitlichen Aufbruchs des Menschen zur Integration der Wirklichkeit zu der *einer Welt der Menschheit*, ein Aufbruch, der ausgeht von Europa als geschichtlich gewordenem, das auf Grund seiner singulären geistigen Lebendigkeit zum dynamischen Zentrum der Welt wird[89]. Diese bis heute virulente Dynamik ist gekennzeichnet durch die Erschließung neuer *Realia* und *Idealia*: durch die Erfindung des *Buchdrucks* (ab 1450), die *Entdeckung und Eroberung Amerikas* (ab 1492) – erster Schritt auf dem Weg zum globalen Aktionsraum –, die *Copernicanische Revolution* (kurz nach 1500) sowie durch die *Reformation* (1517) als Freisetzung des Menschen zum selbstverantwortlichen Wesen. Es folgt das Aufblühen der mathematisch-empirischen Naturwissenschaften: es entstehen die Galileische Physik (ab 1590), die cartesianische Optik und analytische Geometrie (1637)[90], etwas später die Physik Newtons (ab 1664) – nicht zu reden von bedeutenden Einzelforschungen wie Gilberts Arbeiten zum Magnetismus (um 1600), Lipperheys universell wichtiger Erfindung des optischen Fernrohrs (1608), Harveys Nachweis des großen Blutkreislaufs (1628), Blaise Pascals Erfindung einer brauchbaren Rechenmaschine (1642), Chr. Huygens enger Verbindung von mathematischer Theorie mit Physik, Astronomie und Technik, die ihn zum Erfinder der Pendeluhr und zum „Vater der physikalischen Zeitmessung"[91] macht: mit dem zeitlichen Fortgang intensivieren und vervielfältigen sich die wissenschaftlichen Kenntnisse und die daraus resultierenden technischen Fähigkeiten – bis heute ungebremst!

Real mündet diese Bewegung in die sich neuzeitlich herstellende geographische Einheit der Welt – es gibt keine weißen Flecken auf der Landkarte mehr (und *Landkarten* sind, beginnend mit der verlorenen Weltkarte *Anaximanders* und der erhaltenen des *Hekataios von Milet*, ca. 560-480 v. Chr., ebenfalls europäische Errungenschaft![92]) – und in deren anfangs durch den europäischen Kolonialismus vorangetriebene Integration zu dem heute erdumspannenden politischen, ökonomischen und informationellen Netzwerk, das

---

[89] Diese historische Führungsrolle Europas, wenn man will: seine historische Mission, hatte bereits Kant wahrgenommen. In diesem Sinne spricht er in seiner *Idee zu einer allgemeinen Geschichte in weltbürgerlicher Absicht* von „unserem Weltteile [,] der wahrscheinlicherweise allen anderen dereinst Gesetze geben wird []" (a.O., 9. Satz), was die nachfolgende Geschichte bestätigt hat: der in Europa entwickelte Verfassungsstaat ist zum allgemeinen Prinzip geworden, dem selbst Diktaturen formell Rechnung tragen.
[90] Zur überragenden Bedeutung Descartes' in philosophischer wie wissenschaftlicher Hinsicht für den Prozess der Neuzeit vgl. vom Vf.: *Descartes – Denker der Moderne* (Norderstedt 2022).
[91] Chr. Scriba: Art. *Huygens, Christiaan*, in: Krafft 2003, S. 226
[92] Vgl. zu Anaximander und Hekataios die Ausführungen des Vf. in: Schönknecht 2017, Kap. I 4 sowie I 7.7.

seinen sichtbarsten Ausdruck in der Institution der *Vereinten Nationen* findet - von Kant als zu schaffender „*Völkerbund*"[93] ebenfalls theoretisch antizipiert.

Als Seitenstück der neuzeitlichen Entwicklung nun die die erlebte Einheit der Geschichte reflektierende, widerspiegelnde *Geschichtsphilosophie*, die hier in ihrer speziellen Funktion betrachtet werden soll, die mit dem Zerfall der metaphysisch geschlossenen Welt des Mittelalters sich auftuende und durch Leibniz' Theodizee offenbar nur unzulänglich behandelte Kontingenzproblematik zu bewältigen.

Um die Virulenz des Themas zu veranschaulichen, hier zunächst in schlichter chronologischer Folge eine Zusammenstellung der mit dem Ende des 17. Jahrhunderts in immer kürzeren Abständen erscheinenden geschichtsphilosophischen Konzeptionen, von denen einzelne näher betrachtet werden müssen:

1681	Bossuet: *Discours sur l'Histoire Universelle*
1725	Vico: *Principii di una Scienza Nuova*
1756	Voltaire: *Essay sur l'histoire générale et sur les moeurs et l'esprit des nations*
1764	Iselin: *Philosophische Muthmaßungen über die Geschichte der Menschheit.*
1765	Voltaire: *Philosophie de l'Histoire*
1770-76	Wegelin: Vorträge über *Philosophie de l'Histoire*
1774	Herder: *Auch eine Philosophie der Geschichte zur Bildung der Menschheit*
1780	Lessing: *Die Erziehung des Menschengeschlechts*
1784	Kant: *Idee zu einer allgemeinen Geschichte in weltbürgerlicher Absicht*
1784-91	Herder: *Ideen zur Philosophie der Geschichte der Menschheit*

Die verschiedenen Ansätze münden ein in die bis in die Gegenwart relevanten geschichtsphilosophischen Konzeptionen von Hegel und Marx.

2. Geschichtsphilosophie vs. Geschichtstheologie: Voltaire und Bossuet

Eine erste derartig historisch ausgerichtete Reflexion hatte – noch bevor Voltaire den Terminus *Philosophie de l'histoire* prägte und bar jeder aufklärerischen Intention – der französische Geistliche, gefeierte Kanzelredner und Bischof

---

[93] A.O., 7. Satz

von Meaux *Jacques-Bénigne Bossuet* (1627-1704) in seinem *Discours sur l'Histoire Universelle* (1681) ins Werk gesetzt (Bossuet war zudem Erzieher des Dauphin, des Sohnes von Ludwig XIV.). In Anlehnung an Augustins *De Civitate Dei* bestand für Bossuet der Sinn der Geschichte in dem von der göttlichen Vorsehung (*,providence'*) betriebenen Prozess der Christianisierung der Welt, eine Hypothese, deren Wahrheit Bossuet durch die Vollendung der Christianisierung Europas im Reich Karls des Großen bestätigt sah und als deren Garant universeller Vollendung ihm die Stärke der (katholischen) Kirche erschien. Wer diesen Glauben an göttliche Providenz festhielt, den brauchten die Schrecklichkeiten der Welt nicht zu kümmern, waren sie doch dazu bestimmt, durch den Endsieg des Christentums überwunden zu werden – zumindest in der Sphäre der Ewigkeit. Das Problem der Theodizee wird ignoriert, die Frage der *Kontingenz* ergibt sich unter dieser Voraussetzung nicht[94].

Eine solche Sichtweise erscheint jedoch in ethischer Hinsicht als zweideutig und angesichts der aktuellen Erosion des christlichen Glaubens in Europa (in anderen Erdteilen mag es sich unterschiedlich verhalten) als historisch naiv – aber natürlich ist ein Philosoph kein Prophet! Voltaire kritisierte Bossuet in seiner Schrift *Le pyrrhonisme de l'histoire* (um 1768) von seinem Standpunkt metaphysischen Agnostizismus aus; er zielte mit seinem schon erwähnten *Essay sur l'histoire générale* von 1756[95] auf ein säkulares, aufgeklärtes Gegenmodell zu dessen Geschichtstheologie. – In solcher Einheit im Widerspruch, in Voltaires Übernahme von Bossuets universalgeschichtlichem Ansatz bei gleichzeitiger Zurückweisung von dessen inhaltlicher Ausrichtung, zeigt sich im Übrigen gut die die Struktur der Geistesgeschichte kennzeichnende Dialektik, auf die wir uns gelegentlich noch beziehen werden.

Voltaires dezidierte Gegenposition zur Geschichts*theologie* Bossuets kommt bereits in der Wahl des Titels zum Ausdruck. Bossuet hatte seine Abhandlung, mit vollem Titel *Discours sur l'histoire universelle à Monseigneur le Dauphin pour expliquer la suite de la religion et les changements des empires*[96], wie angedeutet bei Karl dem Großen enden lassen, insofern die Christianisierung

---

[94] Ein anschauliches literarisches Beispiel dieser Haltung bietet der sympathische und kluge, allerdings durch seine Katholizität beschränkte Jesuitenpater *Pirrone* in Tomasi di Lampedusas *Gattopardo*. Der Pater beschreibt den eigenen Ort innerhalb der Weltbegebenheiten mit den Worten: „Die göttliche Providenz hat mich zu einem bescheidenen Teilchen des ruhmvollsten Ordens der in Ewigkeit bestehenden Kirche bestimmt, der der Endsieg zugesichert wurde" (T. d. L.: *Il Gattopardo*. Milano [83]2004, S. 176; Übs. Vf.)

[95] dt. Titel: *Versuch über die Weltgeschichte*

[96] dt. *Abhandlung über die Weltgeschichte für den Dauphin, um die Entwicklung der Religion und die Wandlungen der Reiche zu erklären*

Europas sich durch diesen vollendete. (Entsprechend trug die erst ein Jahrhundert später erschienene deutsche Übersetzung den Titel: *Einleitung in die allgemeine Geschichte der Welt bis auf Carl den Großen*).

Voltaire titelt nun in evidenter Bezugnahme auf und programmatischer Distanzierung von Bossuet: *Essay sur l'histoire générale des mœurs e l'esprit des nations depuis Charlemagne jusqu'à nos jours*[97]. Darauf folgt 1765 die Abhandlung *Philosophie de l'Histoire*, womit der die neue philosophische Disziplin definierende Terminus *Geschichtsphilosophie* eingeführt ist.

Dieser Denkrichtung entspricht aber bei Voltaire zugleich eine neue, nämlich die *aufklärerische* Sicht auf die Geschichte, die nun nicht mehr unter die nicht-verifizierbare Voraussetzung eines unter göttlicher Leitung stehenden, in der Christianisierung der Welt terminierenden Prozesses aufgefasst wird (der die anderen Kulturen tendenziell zur Nichtigkeit herabsetzt). Die cartesianische Bindung der Wahrheit an das *Cogito*, d. h. an Einsicht und Evidenz, hatte die Vorbedingung dafür geschaffen, die Fülle des tradierten Wissens einer kritischen, *voraussetzungslosen* Sichtung zu unterziehen, was auch den bisherigen Begriff vom Menschen einschließt. Hatte die zuvor alles dominierende theologische Tradition den Menschen nur vom Gottesbezug her gedeutet, dem jener konstitutionell bedingt nicht gerecht zu werden vermochte, wird jetzt seine begrenzte Natur wertfrei untersucht. *Thomas Hobbes* (1588-1679) hatte, in einer Descartes' fundamentalphilosophischem Ansatz analogen Reduktion der phänomenalen Vielfalt auf das Essenzielle und Evidente, die *Conditio humana* in den Drang bzw. Zwang zur Selbsterhaltung und deren prinzipielle Gefährdung gesetzt. Die Notwendigkeit der Befriedigung der Grundbedürfnisse wie Nahrung, Kleidung, Obdach, geschlechtliche Reproduktion als Garantie des Fortbestands der Gruppe sowie der reziproke Schutz vor Feinden ist die der Sache nach jeder Kultur vorausliegende, sie erzwingende Realität.

Vor dem Hintergrund solchen Essenzialismus enthüllen sich die sich in Zeit und Raum folgenden bzw. gliedernden Kulturen philosophisch als variable, durch unterschiedliche geographische und klimatische Bedingungen modifizierte *Interpretationen der Existenz* und können als solche aufeinander bezogen, miteinander verglichen oder auch in einen historischen oder gar evolutionären Zusammenhang gebracht werden. Die naturrechtliche Abstraktion von der geschichtlichen Gestalt auf den Menschen ,als solchen' und die geschichtsphilosophische Betrachtung sind in diesem Sinne *komplementär*.

---

[97] dt. *Versuch über die Weltgeschichte, über die Sitten und den Geist der Völker von Karl dem Großen bis auf unsere Zeit*

Auf der Basis derartiger Relativierung der Kulturen verfolgt Voltaire in der *Vorabhandlung* seines „historiographischen Hauptwerks", an dem er bis zu seinem Lebensende arbeitete[98], die Genese einiger ‚metaphysischer' Begriffe. So lässt er den Begriff der *Seele* entstehen auf einer Kulturstufe, die bereits die Fixierung des Menschen auf die nackte Reproduktion des Lebens überwunden und von Arbeit entlastete, zur Reflexion disponierte Individuen hervorgebracht hat, die etwa aus der Wiederkehr der Toten im Traum den Schluss auf die Existenz einer den Tod überdauernden individuell Wesenheit ziehen – man denke an die ‚Schatten' der homerischen Unterwelt – welche Vorstellung sich im Laufe der Geschichte zum „Begriff von einem gänzlich unkörperlichen, bloß geistigen Wesen" sublimierte[99].

Hatte schon Descartes mit Bezugnahme auf die aristotelische Tradition auf die im Seelenbegriff aufgrund seiner Affinität zum Körperlichen steckende Ambiguität hingewiesen und für das rein Intellektuale im Menschen egologisch auf den Titel *Bewusstsein* (*conscientia*, *conscience*) zurückgegriffen[100], interpretiert Voltaire – unter Beibehaltung des Seelenbegriffs, aber im Geist des 18. Jahrhunderts – den Zusammenhang als *historischen*.

In gleicher Weise historisch-evolvierend deutet Voltaire auch das Phänomen der unterschiedlichen Religionen, der Formen menschlicher Anbetung, das mit der europäischen Expansion und geographischen Entgrenzung des Blicks auf die außereuropäischen Kulturen, neben deren Hochformen (Islam, China, Indien) jetzt verstärkt auch die Primitivformen, die zahllosen *Fetischismen*, *Animismen* und *Mythologien* zur Kenntnis bringt, die von der Ethnologie des 20. Jahrhunderts wertfrei und auf enorm verbreiteter empirischer Basis untersucht werden.

Voltaire konstruiert allerdings nur eine undifferenzierte Abfolge von einer offenbar vorreligiösen Phase zu einer Zeit, in der die noch fast ausschließlich von der Existenzsicherung in Anspruch genommenen Menschen zu einer „Art groben Gottesdienstes"[101] fanden. Diese Stufe repräsentiert zwar auch unsere eigene Vorgeschichte, gehört jedoch nicht schlechthin der Vergangenheit an: „Alle Völker waren also, Jahrhunderte hindurch, das, was die Bewohner der

---

[98] Vgl. R. Schwaderer: Art. *Essay sur l'histoire générale* []; in: *Lex. Phil. Werke* (a. O.), S. 252
[99] Zit. nach: K. Vorländer: *Geschichte der Philosophie (mit Quellentexten)*, Bd. 5: *Philosophie der Neuzeit (Aufklärung)*. Reinbek 1967, S. 193 – Während Voltaire (noch rationalistisch) auf die Genese des *Begriffs* ‚Seele' reflektiert, wird Nietzsche eine These über die frühgeschichtliche Entstehung des *Phänomens* ‚Seele' als solchen, also der denkgeschichtlich zu *Entitäten* wie ‚Seele' und ‚Bewusstsein' verdinglichten Geistigkeit des Menschen formulieren (vgl. unten, Kap. X 2.7).
[100] Vgl. Schönknecht 2022, Kap. IX 8.
[101] A. O., S. 194

südlichen Küsten von Afrika, verschiedener Inseln und die Hälfte der Amerikaner, noch heutzutage sind"[102]. All diese Völker, die alle möglichen Formen religiöser Kulte pflegen, „konnten sich nicht bis zu dem Urheber ihres Lebens erheben [und] konnten die unzählbaren Mittel und Endzwecke nicht kennen, welche dem Weisen einen ewigen Baumeister verkünden"[103] und „haben gar keinen Begriff von einem einigen Gott, der alles gemacht hat, der an allen Orten gegenwärtig ist, und sein Dasein von Ewigkeit her, aus sich selbst hat"[104]. Die letztzitierten Aussagen belegen, dass Voltaire, auch wenn er, wie im *Candide*, die Metaphysik ironisiert, keineswegs Atheist war, sondern – kritisch gegen die positiven Religionen – einem *Deismus* anhängt, der, angesichts von Aussagen wie der, dass Gott ‚an allen Orten gegenwärtig ist', einigermaßen naiv anmutet und hinter das von Descartes erreichte Reflexionsniveau einer strikten ontologischen Trennung von Immanenz und Transzendenz zurückfällt (Descartes' Gottesbeweise sind dagegen kein Einwand).

Voltaire reflektiert über die Fragen von Seele und Religion im Sinne eines historischen Zusammenhangs und deutet diesen, im Geist der beginnenden Aufklärung, als *Fortschritt* – darin ist ihm zuzustimmen; als Motor, als bewegenden Impuls erkennt er den „Gang des sich selbst überlassenen menschlichen Verstandes"[105], also eine *sukzessive Selbstaufklärung* – ein bis in die heutige Weltanschauung hinein paradigmatisches Schema. Im übrigen stellt Voltaires Überzeugung, die Menschheit durch Aufklärung zu sich selbst bringen zu können, im Widerspruch zu dem im *Candide* über den philosophischen Optimismus ausgegossenen Spott, selbst ein optimistisches Konzept dar.

Angeregt ist Voltaires Religionsphilosophie durch die *Natural History of Religion* (1757) des von ihm hochgeschätzten *David Hume* (1711-1776), des schottischen Aufklärers, philosophischen Empiristen und Skeptikers. Hume hatte in der Schrift, in Entsprechung zu seinem naturgeschichtlichen Ansatz, „die weitverbreitete Ansicht von der zeitlichen Priorität des ethischen Monotheismus vor der polytheistischen Kultreligion als falsch erwiesen"[106] und geltend

---

[102] Ebd.
[103] Ebd.
[104] Ebd.
[105] Ebd.
[106] G. Gawlick: Art. *Deismus*. HWPh 2, Sp. 46 – Diese überholte Auffassung von einem ursprünglichen Monotheismus wird allerdings von Lessing in seiner *Erziehung des Menschengeschlechts* (§ 6) nochmals vertreten; vgl. unten, Kap. IV 4.3.1. – Und noch ein gutes zeitliches Stück später, in der zwischen 1830 und 1840 vorgetragenen *Philosophie der Mythologie* des alten Schelling, begegnen wir nochmals dem Märchen eines ursprünglichen Monotheismus. Da führt Schelling, polemisch und bereits im Tone der Rechtfertigung, also offenbar im Bewusstsein des Anachronistischen, aus: „Wir fürchten nicht [sic!], der großen Thatsache, [] daß also das Menschengeschlecht von

gemacht, dass „der <natürliche Fortschritt des Denkens> vom Polytheismus der primitiven Kulturen zum Theismus der zivilisierten Völker führe"[107].

Im übrigen hat Humes Konzept des sich aus sich selbst fortschreibenden Denkens einen ehrwürdigen Anreger, den vorsokratischen Philosophen *Xenophanes von Kolophon* (ca. 580-485 v. Chr.), der in einem seiner Aphorismen feststellte: „Wahrlich nicht von Anfang an haben die Götter den Sterblichen alles enthüllt, sondern allmählich finden sie suchend das Bessere"[108]. Ob die Götter des griechischen Pantheons oder der christliche Gott oder gar der von aller historischen Zutat chemisch gereinigte *Eingott* des Theismus die letztinstanzliche Zuständigkeit für solchen Fortschritt reklamieren können, interessiert den Philosophen nicht, umso mehr aber die durch Xenophanes zum Ausdruck gebrachte Verschlingung des Denkens in den Zeitfluss, der jeden Gedanken *prinzipiell* zu einem vorläufigen macht. Ob zudem das Sich-Fortzeugen der Gedanken stets dem Begriff des Fortschritts genügt, sei ebenso dahingestellt wie der in Xenophanes' Satz nicht berücksichtigte Aspekt der historischen Krisen und Kontinuitätsbrüche.

Im Sinne solchen Denkfortschritts konstruiert Voltaire exemplarisch eine aufsteigende Reihe religiöser Paradigmata. Sie beginnt mit einem als reiner Aberglaube bewerteten Tierkult, der aus der Zurückführung von guten und schlechten Ereignissen auf die Anwesenheit eines bestimmten Tieres in der Umgebung, etwa einer Schlange, entsteht, sich fortsetzt mit dem schon rationaleren Kult der Sonne etwa bei den Inkas, der deren Einsichten in die essentielle Bedeutung der Sonne für das Leben entspricht, bis schließlich der „aufkeimende Verstand, welcher mit der Zeit zunimmt und stärker wird"[109], bei zahlenmäßigem Anwachsen der ‚Nationen' und größerer Komplexität der Ereignisse das eintretende Schlechte und folglich auch das Gute einem einzigen

---

relativem [?] Monotheismus ausgegangen ist, zu viele Zeit eingeräumt zu haben. Diese Thatsache von allen Seiten festzustellen, mußte uns von größter Wichtigkeit scheinen, [] auch gegenüber von sogenannten Geschichtsphilosophen [*sic!*], welche alle religiöse Entwicklung der Menschheit statt von der Einheit von der *Vielheit* durchaus partieller, wohl gar anfänglich *localer* Vorstellungen ausgehen lassen, von sogenanntem Fetischismus oder Schamanismus oder einer Naturvergötterung, die nicht einmal *Begriffe* oder *Gattungen*, sondern *einzelne* Naturobjekte, z. B. diesen Baum oder diesen Fluß, vergöttert. Nein, von solchem Elend ist die Menschheit nicht ausgegangen []" (*Philosophie der Mythologie*, Erster Band: *Einleitung in die Philosophie der Mythologie* (Darmstadt 1966), S. 178.

[107] K. Graf Ballestrem: Art. *The Natural History of Religion*, in: *Lex. Phil. Werke* (a. O.), S. 466

[108] Diels-Kranz 21 B 18 – Vgl. zu diesem denkgeschichtlich essentiellen Konzept für den antiken Bereich: Schönknecht 2017, für die Neuzeit: Schönknecht 2022.

[109] Ebd., S. 195

personalen Wesen zuschreibt, das mit dem „allgemeinen Namen: *Herr, Meister, Haupt, Herrscher*"[110] bezeichnet wird, zum Beispiel „*Adonai* bei den Phöniziern, *Baal, Melkon, Hadad* bei den Völkern in Syrien"[111]. Damit ist implizit auch das Christentum in seinem Absolutheitsanspruch bestritten und als großer Fall in die *allgemeine* Logik des Religiösen einbezogen; Voltaire zeigt sich als einer der Vorbereiter moderner Religionsgeschichtsschreibung und Religionskritik.

Geschichtsphilosophie aber ist Voltaires Betrachtung insofern, als die Religionen bis in die Neuzeit hinein stets die Basis der jeweiligen Weltanschauung bildeten und den jeweiligen Stand des Bewusstseins repräsentierten. Dies gilt auch für den Sonderfall Europa, wo die *Philosophie* genannte Denkart entsteht und als Manifestation des ‚aufkeimenden Verstandes' in ein gewisses Spannungsverhältnis zu den jeweiligen religiösen Vorgaben tritt. Noch die Philosophie Hegels ist im Kern ein groß angelegter Versuch der Versöhnung von Philosophie und christlicher Religion.

Und noch ein zweites ist anzumerken. In Voltaires paradigmatischem Entwicklungsschema der Religionen (vor ihm sah man keine Entwicklung, sondern sortierte nach ‚richtig' – Christentum – und ‚falsch' – die übrigen Religionen; die aufgrund ihres jüngeren Alters einer Aufklärungsepoche noch entbehrende, sich konvulsivisch dagegen sträubende islamische Welt verfährt noch heute so) ist bereits impliziert das Obsoletwerden der noch in den kolonisierten Gebieten existierenden Naturreligionen; das Entwicklungsdenken impliziert die Forderung nach Anpassung an die höchstentwickelte Form, relativiert aber auch diese, in ihrer positiven Gestalt, zur bloßen *historischen Erscheinung*, die auf den einzig rationalen Gott des Deismus hin zu transzendieren ist.

Voltaire wäre auch nicht der kritische Geist, der er ist, wenn ihm nicht der Widerspruch auffallen würde, der darin liegt, dass „jeder Staat [] mit der Zeit seine eigene Schutzgottheit [bekam], ohne einmal den Gedanken sich einfallen zu lassen, dass der benachbarte nicht ebenso wie er, einen wahren Schutzgott haben sollte"[112]. Diese geschichtlich ausstehende Einsicht, zu der der Intellekt sich erst noch vorarbeiten musste, führte zwangsläufig zur Idee eines monotheistisch über der Welt stehenden Gottes, der allerdings, wie ältere und neuere Erfahrung zeigt, ebenfalls für Parteizwecke missbraucht werden konnte, sodass sich einem *aufgeklärten* Beobachter, falls er sich nicht gleich für den

---

110 Ebd.
111 Ebd.
112 Ebd.

Atheismus entschied, die von Voltaire gewählte Lösung eines zwar als Schöpfer der Welt beanspruchten, aber von jeder Einflussnahme auf die Immanenz dispensierten *Eingottes* nahelegen musste. Auf diesen jedoch wäre unter dem Gesichtspunkt der *Kontingenzvermeidung* nicht zu verzichten.

Eine solche Verbannung Gottes in die Transzendenz führt allerdings, wie heute sichtbar wird, zum Verblassen der Gottesvorstellung überhaupt, dessen Effekte sich bis in die zeitgenössische Theologie hinein verfolgen lassen: *Karl Barths (1886-1968) dialektische Theologie* mit ihrem zentralen Gedanken: „Verborgenheit ist ein Modus der Offenbarung Gottes"[113] ist ein Dokument solcher Tendenz, ebenso wie deren säkulare Variante, die die Philosophie Heideggers dominierende Rede von der *Verborgenheit, Vergessenheit, Verschlossenheit* des *Seins*: „Was aber in einem aufnehmenden Sinne *verborgen* bleibt oder wieder in die *Verdeckung* zurückfällt oder nur ‚*verstellt*' sich zeigt, ist nicht dieses oder jenes Seiende, sondern [] das *Sein* des Seienden"[114]. Es ist dieser Gedanke Heideggers, der wohl den unmittelbaren Anstoß für Barths Theologumenon gab.

Dazu an dieser Stelle nur dies: Obwohl die Wirklichkeit in ihrer geschichtlichen Entfaltung wie auch in dem von den Naturwissenschaften vermittelten Bilde mehr oder weniger offen vor uns liegt – sie ist ja eine Art Horizont oder Aura, in der wir unser Leben vollziehen –, bleibt ihr *Grund* wie der unserer eigenen Existenz uns doch dunkel, verschlossen – falls nicht überhaupt solche Frage nach einem Weltgrund einen Rückfall in eine Art Mythos bedeutet. Die Philosophie hält die Frage offen, der keine Empirie je entsprechen kann.

3.   Zwischenüberlegung

Der neuzeitlichen Geschichtsphilosophie fällt nach dem sichtbaren Scheitern der Leibnizschen *Theodizee* im Erdbeben von Lissabon die Aufgabe der Rechtfertigung der Wirklichkeit, und das heißt: ihrer Sinngebung, zu. Ich sage: Rechtfertigung der Wirklichkeit – denn im Grunde geht es ja darum: der in letzter Instanz von Gott zu verantwortenden Wirklichkeit, trotz ihrer im Feld der Natur wie dem der Sittlichkeit, also des menschlichen Tuns und Lassens, so reichlich vorhandenen Übel, der negativen Züge in der menschlichen wie in der Naturordnung, dennoch *im Ganzen* einen substantiellen Gehalt, einen Sinn zuzusprechen, der mit den Mühen des Daseins versöhnt, indem er das

---

[113] D. Korsch: Art. *Verborgenheit Gottes* HWPh 11, Sp. 585
[114] *Sein und Zeit* (Tübingen 1972), S. 35

Leben des Einzelnen in einen größeren Zusammenhang einfügt, so dass das Dasein, metaphysisch betrachtet, nicht vergeblich ist.

Das hier liegende Problem ist typisch neuzeitlich, es *macht die Neuzeit aus.* Im Mittelalter, als man an die göttliche Komödie mit Erde und überweltlichem Jenseits, mit Himmel und Hölle, Belohnung der Guten und Bestrafung der Bösen, noch unbefangen glaubte und sich von der Pracht und dem Weihrauchdunst der Gottesdienste, der Schönheit der Kirchen und dem gewaltigen sakralen Apparat von Dreifaltigkeit, Madonna, Engeln, Heiligen, Reliquien und vielfältigen Wundern noch bezaubern ließ, lag dieser Sinn vor aller Augen (denn auch unser Blick ist historisch modifiziert!)

In jener mittelalterlichen Welt sozialer Gebundenheit und metaphysischer Geborgenheit in der Religion, die auch noch dem Bettler, als dem sozial elendesten der Menschen, seinen Platz im geozentrisch vorgestellten *Ordo divinus* anwies und ihm als Ausgleich der irdischen Entbehrungen himmlischen Lohn und Trost versprach, hatte ‚alles seine Ordnung'. Der Einzelne in seiner Hinfälligkeit und Schwäche brauchte sich nur gläubig dieser Ordnung zu unterstellen und sein himmlisches Glück, die ‚ewige Seligkeit', war, wenn nicht garantiert, so doch in Reichweite.

Mit der in Humanismus, Renaissance und Reformation einsetzenden Emanzipation des Menschen zum Wesen *eigenen Rechts* (‚*sui iuris*') beginnt die *Hierarchie*, die ‚heilige (Stufen-)Ordnung', zu bröckeln. Mit der kopernikanischen Revolution setzt die Vertreibung des Menschen aus dem Weltzentrum ein, die ihn schließlich – trotz oder gerade wegen des immens angewachsenen Wissens – seiner sichernden Koordinaten im zeitlich wie räumlich grenzenlos sich dehnenden Universum beraubt, d. h. sein Dasein metaphysisch ortlos macht und der Gefahr völliger Kontingenz aussetzt.

So sucht die aus dem gewachsenen historischen Bewusstsein entspringende Geschichtsphilosophie – wie zuvor die Religion – dem Leben einen das Einzeldasein überschreitenden und übergreifenden Sinn zu geben, der in die Zeit und nicht in die Ewigkeit fällt bzw. beide miteinander versöhnt. Nun wird *Theodizee*, könnte man wortspielerisch sagen, zur *Anthropodizee*, zur Rechtfertigung des menschlichen Daseins angesichts seines ephemeren und fragilen Charakters innerhalb des Weltganzen.

Noch aber gelangt kein Denker zu der radikalen Konsequenz, die ein gutes Jahrhundert später *Nietzsche* sagen lässt: „[] denn nur als *ästhetisches Phänomen* ist das Dasein und die Welt ewig *gerechtfertigt*"[115], was nichts anderes bedeutet, als dass sie – Dasein wie Welt – metaphysisch *nicht zu rechtfertigen sind*, dass

---

[115] *Die Geburt der Tragödie* § 5; Schlechta Bd. 1, S. 40; analog ebd., S. 131

sie nicht über ihre bloße Erscheinung hinausweisen; sie treten, mit der etwas früheren analogen, noch metaphysisch gebundenen Aussage Schellings, aus einem dunklen Grunde ans Licht, aus der „Nacht, [in der] das Licht (das Existierende) aufgeht", aus dem, „was in Gott selbst nicht *Er Selbst* ist"[116] (die Rückkehr des gnostischen Motivs ist hier unüberhörbar).

Was aber weder *metaphysisch* noch *moralisch* zu rechtfertigen ist und nur *ästhetisch*, d. h. als Schauspiel, sich genießen lässt, ist ohne intrinsischen Sinn und erfüllt damit das Kriterium für Kontingenz – und Nietzsche wird zu deren Verkünder. Dies wird uns noch ausführlich beschäftigen[117].

Die geschichtsphilosophischen Konstruktionen aber zielen (zumindest in der Epoche, von der hier die Rede ist) auf Rechtfertigung der Gegenwart aus dem geschichtlichen Gang, also auf Überwindung von Kontingenz. Dabei wird der gesamte Verlauf als eine Zunahme an Gutem, eine Annäherung an die Wahrheit verstanden, es wird ihm also eine *teleologische* Struktur, eine ihn antreibende Zielrichtung unterlegt. Das imaginierte *Telos* der Geschichte bildet zugleich das *Kriterium*, von dem her der (immer irgendwie unbefriedigende) Stand der Verwirklichung, also der Status der jeweiligen Gegenwart, zu beurteilen ist. Es bleibt stets ein zwischen den unterschiedlichen Theorien in seiner Härte variierender *Hiatus* zwischen dem wirkenden Prinzip der Geschichte und dessen je aktueller Einlösung oder Umsetzung.

So schon bei *Bossuet*: mit der Vollendung der Christianisierung Europas im Karolingerreich unter der geistlichen Regentschaft der katholischen Kirche hat sich das Telos der Geschichte erfüllt. Damit wird die Herrschaft des Katholizismus am Ende des 17. Jahrhunderts gegen die auch damals schon virulenten laizistischen Tendenzen abgeschirmt und zugleich wird retroaktiv (d. h. *reaktionär!*) die grausame Unterdrückung des Calvinismus in den Hugenottenkriegen am Ende des 16. Jahrhunderts legitimiert.

Strukturell nicht anders bei *Voltaire*: Mit der Erkenntnis der Realität von *Aufklärung* hat sich das Geschichtsziel enthüllt. Aufklärung ist, so Voltaire, kein abstraktes Ideal, sondern hat stattgefunden, wie die Überwindung des barbarischen religiösen Aberglaubens früherer Zeiten durch die reinere Form des Monotheismus belegt. Aber sie ist nicht vollendet. Noch immer hängen Naturvölker ihren primitiven Riten an, und in der katholischen Kirche herrschen Intoleranz, Dogmatismus, Vernebelung der Gemüter durch Wunderglauben – hinzugerechnet noch das Phänomen feudaler Ausbeutung –,

---

[116] F.W.J. Schelling: *Über das Wesen der menschlichen Freiheit.* (sog. *Freiheitsschrift*, Hg. H. Fuhrmans, Stuttgart 1964), S. 70

[117] Zu Nietzsche vgl. unten, Kap. X, zu Schelling vgl. Kap. VII.

wodurch auch breite Schichten Europas sich kaum von den Wilden ferner Gegenden unterscheiden, wie Voltaire es in satirischer Verfremdung schildert: „Verstehen wir unter Wilden solche Landleute, welche in Hütten leben, in Gesellschaft ihrer Weiblein und einiger häuslicher Thiere [sic!]; welche, ohne zu wissen warum, einem Mann mit einem Federhute unterthan sind, dem sie alle Jahr die Hälfte von demjenigen hingeben, was sie im Schweis [sic!] ihres Angesichts verdient haben; welche sich an gewissen Tagen in einer Art von Scheune [!] versammeln, um Ceremonien mitzumachen, die sie nicht begreifen, und einem Manne in anderer Kleidung, als die ihrige ist, zuzuhören, den sie nicht verstehen []: so giebt [sic!] es dergleichen Wilden in ganz Europa"[118]. Und was den religiösen Fanatismus anbelangt, treibt er seine Sumpfblüten bis in die historische Gegenwart: „Das abscheulichste Beispiel von Fanatismus lieferten die Pariser, als sie in der Bartholomäusnacht [vom 23. auf den 24. August 1572] ihre Mitbürger, die nicht zur Messe gingen, ermordeten, aus dem Fenster stürzten und in Stücke rissen"[119].

4. Kontingenzabwehr und Ersatz von Theodizee durch spekulative Geschichtsphilosophie: Herder und Lessing

4.1 Geistesgeschichtlicher Kontext

Angesichts von Voltaires satirischer Kritik an der Möglichkeit von Theodizee im Roman *Candide* wird man dessen Geschichtsphilosophie der Intention nach nicht als Beitrag zur Lösung dieses Problems interpretieren dürfen. Auch Voltaires hypostasierende und personifizierende Rede von der Grausamkeit der Natur und seine deistische Gotteskonzeption, die die Idee einer die Dinge persönlich und nachvollziehbar aufs Beste lenkenden Vorsehung ablehnt, schließen dies aus.

Was allerdings in der Geschichte anhängig ist und so als Basis einer Geschichtsphilosophie dienen kann, ist für Voltaire die sichtbare Zunahme des Verstandes, der *raison*, von der schon die Rede war und die sich im Fortschritt von Kunstfertigkeit und Technik und, wie am Beispiel der Religionsentwicklung gezeigt, in der sukzessiven Eliminierung obsolet gewordener

---

[118] a.O., S. 195
[119] Voltaire: *Philosophisches Taschenwörterbuch (Dictionnaire philosophique portatif)*. zit: Schupp, Bd. 3, S. 66f.

Vorstellungen und Erklärungsmuster manifestiert. Der an sich erforderliche Versuch einer metaphysischen Begründung solchen Fortschritts ist für den philosophischen Empiristen und Anti-Metaphysiker Voltaire indiskutabel – die Kontingenzproblematik wird nicht berührt. Voltaire hält sich an das Sichtbare, die Frage nach den Bedingungen der Denkbarkeit dieses Sichtbaren interessiert ihn nicht.

Aber Voltaires metaphysische Indifferenz und sein aufklärerischer Vernunftoptimismus bleiben nicht unwidersprochen, und der Widerspruch ergeht – angesichts der empiristischen Tendenzen der angelsächsischen Philosophie (die allerdings auch einen *Shaftesbury* hervorbrachte[120]) sowie der rationalistischen Grundhaltung der französischen Philosophie nicht erstaunlich – aus dem gemütvollen, protestantischen Deutschland mit seiner Betonung der menschlichen Innerlichkeit.

Denn zugleich erschließt der aufklärerische *Deismus* bzw. *Theismus*[121] mit seiner antikonfessionellen Ausrichtung das Feld für theologische bzw. religionsphilosophische Spekulation unorthodoxer Art. Hinzugenommen noch das Scheitern der rationalistischen Theodizee, erstaunt es nicht, dass Konzeptionen hervortreten, die das sowohl von Bossuet wie von Voltaire verwendete, wenn auch mit unterschiedlichen Inhalten besetzte progressive Geschichtsschema übernehmen, mit dem Ziel, erstens den Gegensatz von religiöser Orthodoxie und Aufklärung zu überwinden, zweitens, um sowohl der Erstarrung des Glaubens in konfessionellen Gegensätzen wie der aufgeklärten Liquidierung wesentlicher Glaubensgehalte entgegenzuwirken und um drittens das schließliche Abgleiten des Daseins in Kontingenz zu verhindern.

Für diese Tendenz stehen die im Abstand von wenigen Jahren entstandenen geschichtsphilosophischen Entwürfe von *Johann Gottfried Herder* (1744-1803) und *Gotthold Ephraim Lessing* (1729-1781).

---

[120] Zu Näherem vgl. die auf Shaftesbury bezügliche Fußnote im vorliegenden Teil, Kap. 4.3.1.

[121] Die Bedeutung dieser Termini wurde lange nicht genau differenziert und sie wurden teilweise synonym verwendet. Erst Kant trifft eine klare, den weiteren Gebrauch bestimmende Unterscheidung, der zufolge es angemessen sei zu sagen, „der *Deist* glaube einen *Gott*, der *Theist* aber einen *lebendigen Gott* (*summam intelligentiam*)" (KrV B 661); Letzterer denkt Gott demnach anthropomorph.

4.2 Empathie statt Ratio: Herders Schrift *Auch eine Philosophie der Geschichte zur Bildung der Menschheit*

Gleichermaßen aus evangelisch-pietistisch gefärbtem[122] wie aus dem Geist des *Sturm und Drang* erklärt sich die Vehemenz, mit der Herder in seiner 1774 erschienenen Schrift „gegen den Fortschrittsglauben [und] das Bewusstsein der eigenen Aufgeklärtheit und Vernünftigkeit, die zu einer hybriden Herabsetzung der vorangegangenen Epochen geführt haben"[123], zu Felde zieht. Ein Jahr vor dem das Vertrauen in eine weise Weltregierung nachhaltig erschütternden Erdbeben von Lissabon publiziert, evoziert Herder in seiner Abhandlung noch einmal mit voller rhetorischer Verve das Vertrauen ins wunderbare Walten der *Vorsehung*, der göttlichen *Providenz*. Dies Vertrauen konnte, wie die ab 1784 erscheinende umfangreiche Ausarbeitung seiner geschichtsphilosophischen Vorstellungen in den *Ideen zur Philosophie der Geschichte der Menschheit* belegt, auch durch das fatale Erdbeben nicht unterminiert werden. Gegen Voltaires nüchternen Realismus – diese „kalte Philosophie des Jahrhunderts"[124] mit ihrer „trockenen und kalten Vernunft"[125], die „nichts mehr als *Wunderbares* und *Verborgenes* hasset"[126], will Herder das fromme Gefühl, das Glück, das aus dem Bewusstsein der Gotteskindschaft fließt, zur Geltung bringen und so einen „Deismus der Menschenfreundschaft"[127], ja den „menschenliebendsten Deismus"[128] als Sinn der Geschichte ausweisen. Diesen bringt er später unter den epochemachenden, die deutsche literarische Klassik nachhaltig prägenden Titel der *Humanität*, diesen emphatischen Begriff eines *reflektierten Anthropozentrismus* (G. Schischkoff)[129], der sich bis heute als ethischer Leitbegriff freiheitlicher Gesellschaften behauptet.

Ausdrücklich wendet sich Herder gegen die Skepsis in Bezug auf die Geschichte: Es sollen nicht die „bloßen *Trümmer der weltlichen Geschichte* und [das] flüchtigste Raisonnement über dieselbe à la Voltaire"[130] das Thema sein, vielmehr müssen „Zustände [] erdacht werden, [die geeignet sind], erste Neigungen des menschlichen Herzens hervorzulocken, zu bilden und fortzubil-

---

[122] Vgl. M. Schmitz: Art. *Herder, J. G.*, Metzler Phil. Lex. (Stuttgart 1989), S. 350
[123] U. Dierse/G. Scholtz: Art. *Geschichtsphilosophie*. HWPh 3, Sp. 420
[124] *Auch eine Geschichte* [], Frankfurt/M. 1967, S.14
[125] Ebd., S. 13
[126] Ebd., S. 8
[127] Ebd., S. 57
[128] Ebd., S. 56
[129] Vgl. etwa Herders *Briefe zur Beförderung der Humanität*
[130] a.O., S. 10

den"[131]. Denn Herder ist der Ansicht, dass es derartige Zustände immer gegeben hat. In diesem Sinne entwirft er ein den nüchternen Geist eines Hume oder Voltaire gewiss befremdendes, vom Christentum inspiriertes, ebenso sachlich reduktives wie idealisierendes Schema geschichtlicher Entwicklung, dessen empirischer Gehalt gegen Null tendiert und das bewusst die negativen Züge der Epochen eskamotiert und im heutigen Leser den Anschein erweckt, als habe Herder den Aufbruch der Neuzeit mit der Weitung der Perspektive und des geschichtlichen Raums über Europa hinaus nicht wahrgenommen.

Herder akzentuiert zudem sein geschichtsphilosophisches Konstrukt *organologisch*, indem er es in Analogie zu den Lebensaltern setzt. Dadurch erscheint jede Phase der Geschichte als gleich notwendig und die Phasen als in sich gleichwertig. Eine jede ist somit zwar von der anderen unterschieden, aber gleichermaßen mit Bedeutung gesättigt und, trotz der Lebensalter-Analogie, in sich vollendet. *H.-G. Gadamer* hat deshalb die Schrift als „das frühe Manifest des Historismus" bezeichnet[132].

Der Neukantianer *Karl Vorländer* (1860-1928) formuliert in seiner Philosophiegeschichte eine anschauliche Synthese von Herders diesbezüglichen Vorstellungen: „Vom Ursprung des ersten Paares, vom <Hirtenleben im schönsten Klima der Welt>, vom <goldenen Zeitalter der kindlichen Menschheit>, von dem zunächst gar nicht despotischen sondern von der Religion umhegten Morgenland geht der Weg zu dem Knabenalter der Menschheit, das in dem Ägypten des Ackerbaus und der Künste anhebt und bei den Phöniziern sich fortsetzt, die Handel treiben und eine Gebrauchsschrift entwickeln. Auf beider Schultern stehen die Griechen, die die <Jünglingszeit> verkörpern, wo das Handwerk schöne Kunst wird und die Wissenschaft ein freies Eigenwesen gewinnt. Es folgt das Mannesalter der Römer, das den Staat baut, das Kriegshandwerk beherrscht und das Recht stiftet. In Rom stellt sich die <Reife des Schicksals der alten Welt> dar, auf deren Trümmern dann alles Weitere sich einrichtet"[133].

Allerdings entbehrt Herders Lebensalter-Gleichnis nicht einer gewissen unfreiwilligen Ironie, denn wenn das Römertum die Epoche der erwachsenen Menschheit verkörpert, bleibt für das Folgende eigentlich nur noch die Rolle des Greisenalters. Diese Folgerung wird dann Hegel tatsächlich aussprechen, wie an späterer Stelle erläutert werden wird[134].

---

[131] Ebd.
[132] Nachwort zur vorliegenden Ausgabe, S. 146
[133] a.O., S. 115
[134] Vgl. unten, Kap. VI 3

Herder blendet, wie schon angesprochen, die negativen Züge der Geschichte und inneren Widersprüche der einzelnen Epochen in seiner noch ganz auf das Werden des christlichen Europa begrenzten Perspektive bewusst aus; sein Kursus durch die Geschichte endet, nicht ganz unähnlich zu Bossuet, mit der Gotik, der Hochblüte des mittelalterlichen Christentums. In der Idyllisierung des Anfangs der Geschichte zu einem glücklichen, patriarchalisch geordneten Hirtenleben, zur „ruhigen und zugleich wandernden Lebensart der väterlichen Patriarchenhütte"[135], verschmilzt Rousseauscher Glaube an die Güte der Natur mit den alttestamentarischen Erzählungen von den Wanderungen der Erzväter ins Gelobte Land. Da der ganze Prozess unter der Leitung der *Vorsehung* vonstatten geht – analog zu Bossuet, aber fern von dessen Verherrlichung der bzw. einer Kirche –, kann man in der Schrift eine in den Raum der Geschichte übertragene *Theodizee* sehen – eingeschlossen die an Leibniz' *Theodizee* oft kritisierte harmonisierende Tendenz (die sich bei diesem etwa in der uns frivol anmutenden Bemerkung zeigt, es gebe immerhin mehr Wohnhäuser als Gefängnisse).

Die Deutung auch der nicht-christlichen Kulturen als Etappen im Geschichtsplan der Vorsehung inspiriert später *Leopold von Ranke* (1795-1886) zu seinem Gedanken von der *Unmittelbarkeit einer jeden Kultur bzw. Nation zu Gott.* Im Sinne von Herders „unbegreiflicher Doppelliebe zu Gott und Welt"[136] fließen in seiner Geschichtsphilosophie das Walten der Vorsehung mit der fürsorgenden Natur zusammen. Und im Grunde ist alles, was werden soll, in dem patriarchalischen Anfang schon substantiell da, ist „für alle Jahrhunderte die ewige Grundlage: *Weisheit* statt Wissenschaft, *Gottesfurcht* statt Weisheit, *Eltern-, Gatten-, Kindesliebe* statt Artigkeit [i. S. v. höfischer Etikette] und Ausschweifung, *Ordnung des Lebens, Herrschaft und Gottregentschaft eines Hauses,* das Urbild aller bürgerlichen Ordnung und Einrichtung – in diesem allen der *einfachste* Genuß der Menschheit, aber zugleich der *tiefste*"[137] – das ist Herders frommes *Retour à la Nature*! Und zugleich das ewige Programm seiner ‚in praktischer Absicht', nämlich zur Bildung der Menschheit, entworfenen Geschichtsphilosophie: „*Epopee* Gottes durch alle *Jahrtausende, Weltteile* und *Menschengeschlechte, tausendgestaltige Fabel* voll *eines großen Sinns*!"[138] – das ist für Herder die Geschichte. Aber deren die Skepsis des Aufklärers Voltaire hervorrufende Abgründe werden ausgeklammert. Und wenn Herder in frommer Begeisterung wahrzunehmen glaubt, „daß der *Gang Gottes unter die Nationen* mit

---

[135] Herder, a. O., S. 10
[136] H. U. von Balthasar, zit. Schmitz, a. O., S. 352
[137] a. O., S. 9
[138] Ebd., S. 105

Riesenschritte fortgeht"[139], ist das eine Formulierung, die seiner unglückseligen Vereinnahmung durch die Nazis leichtes Spiel machen wird.

Erst *Hegel* wird das *Negative* ebenso als integrales Moment des Denkens wie der philosophisch konstruierten Geschichte begreifen. Mit Herder teilen wird Hegel allerdings die Überzeugung von einem dem Geschichtsverlauf inhärenten und in wesentlichen Zügen bereits verwirklichten *Telos* – zwar nicht dem einer allgemeinen Menschenliebe, vielmehr einer rechtsstaatlich geordneten Freiheit. Damit wird sich Hegel auch gegen den im Folgenden zu behandelnden, chiliastisch ausschweifenden Lessing absetzen.

Herders Begriff der *Humanität* als durch Empathie geprägte Zuwendung zum Mitmenschen wird aber, nicht zuletzt dank der Rezeption durch die ‚Klassiker' Goethe und Schiller und schließlich des religiösen Überbaus entkleidet, seine bis heute andauernde Strahlkraft auch gegen Widerstände (z. B. seitens Nietzsches und Heideggers) behaupten. Das wurde, wenn auch mit markanten Einschränkungen, im Kontext der Flüchtlings-Problematik seit 2015 deutlich.

4.3 Versöhnung von Aufklärung und Christentum? Lessings Abhandlung *Die Erziehung des Menschengeschlechts*

4.3.1 Lessings geistesgeschichtliche Voraussetzungen

Deismus und Theismus hatten mit ihrer kritischen Haltung zu den positiven Religionen das Feld für unorthodoxe theologische Reflexionen geöffnet. Wie Herder lässt sich auch Lessing dadurch zu religionsphilosophischer Spekulation anregen. Sein kurzer Text *Die Erziehung des Menschengeschlechts* aus dem Jahr 1780 greift einige der von den früher behandelten Autoren thematisierten und uns hier interessierenden Motive auf. Er ist im ganzen eine Parallelbildung bzw. Variante zum sechs Jahre früheren Text von Herder. Wie diesem geht es Lessing vor allem um das Festhalten am *absoluten Gehalt* der Geschichte, um den Aufweis der Geschichte als von Gott bzw. der (göttlichen) Vorsehung konzipierter und gelenkter Veranstaltung.

Bereits der Titel der Schrift orientiert sich bis in den sprachlichen Duktus hinein an Herder. Die Formulierung *Erziehung des Menschengeschlechts* paraphrasiert dessen Formel *Bildung der Menschheit*, die den zweiten Teil von

---

139 Ebd., S. 111

Herders Langtitel bildet. Dessen erster Teil, die Gattungsbezeichnung *Philosophie der Geschichte*, bedarf keiner Paraphrase – das wäre doch zu auffällig, und offenbar nimmt Lessing wahr, dass dessen Denotat im zweiten Teil impliziert und demnach der erste Teil redundant ist: *Erziehung* impliziert ja den im Begriff *Geschichte* intendierten *zeitlich-evolutiven*, und *Menschengeschlecht* den *universalistischen* Aspekt von Herders Titel – dass aber eine derart angelegte Reflexion *philosophisch* ist, ist evident.

Geradezu im gewollten Gegensatz zur Herderschen Emphase und dessen eruptiver, sich überstürzender Diktion, die sich in einer ungewöhnlichen Fülle von Ausrufesätzen und rhetorischen Fragen sowie einer schwer überschaubaren Gliederung äußerte, strukturiert Lessing seinen gerade 20 Seiten kurzen Text in exakt 100 durchnummerierte *Paragraphen*, so, als lege er seinem Mitteilungsbedürfnis und seiner in anderen theoretischen Schriften durchaus wahrnehmbaren Neigung zur Polemik bewusst Zügel an.

Der Dissens seiner Vorgänger hat ihm offenbar auch die theoretische Schwierigkeit der Materie und das Riskante des Unternehmens, eine *Logik der Geschichte* zu entwerfen, zum Bewusstsein gebracht, denn er stellt als *captatio benevolentiae* das Augustinus-Zitat voran: „Alle diese Dinge sind aus dem gleichen Grunde in gewisser Hinsicht wahr, aus dem sie in gewisser Hinsicht falsch sind"[140]. Sein Bewusstsein der besonderen Weite der geschichtsphilosophischen Perspektive und der Schwierigkeit *objektiver* Betrachtung bringt er mit der metaphorischen Rede zum Ausdruck, der Verfasser habe sich für seine Ausführungen „auf einen Hügel gestellt, von welchem er *etwas mehr*, als den vorgeschriebenen Weg seines heutigen Tages zu übersehen glaubt"[141] – Lessing verkauft uns seine Überlegungen also nicht als der Weisheit letzten Schluss!

Bereits im kurzen Vorbericht gibt Lessing seine Absicht kund, den aufgebrochenen Kontrast zwischen Glauben und Vernunft zu versöhnen. Wir sehen das 18. Jahrhundert von diesem Gegensatz durchzogen: Die sich zu Atheismus und Materialismus bekennenden französischen Radikalaufklärer *La Mettrie* (1709-51; *L'Homme machine*), *Helvétius* (1715-71; *De l'homme*) und *d'Holbach* (1723-89; *Système de la Nature*) hatten die Religiosität generell perhorresziert; *Voltaire* insbesondere, aber auch die erwähnten Schweizer Geschichtsphilosophen *Isaak Iselin* (1728-82) und *Jakob Wegelin* (1721-91) hatten die Aufklärung vor allem in die (Selbst)Befreiung des Verstandes (bzw. der Vernunft) von den

---

[140] Lessing: *Werke* (Frankfurt/M. 1967), Bd. 2, S. 544
[141] Ebd. (Hervorh. Vf.)

Vorurteilen (Dogmen) der positiven Religion(en) gesetzt. Das hatte ihnen jedoch den Blick für den historischen Beitrag der Religionen verstellt.

Im Gegenzug hatte Herder, wohl unter dem Einfluss Shaftesburys[142], gegen die von ihm als ‚kalt' denunzierte Logik des Verstandes eine *Logik des Herzens* ausgespielt und den Fortschritt zur Humanität an die durch den Liebesgedanken des Evangeliums eröffnete Belebung mitmenschlichen Empfindens gebunden. Als wirkende Kraft der Entwicklung hatte er, wie für einen Christen nicht anders denkbar, die göttliche Vorsehung ausgemacht.

Lessing unternimmt es nun, die aufklärerische Kernidee des Verstandes- oder Denkfortschritts mit der von den Aufklärern verspotteten positiven Religion zu versöhnen. Er folgt damit der Intention Leibniz', der seine *Theodizee* mit einer *Abhandlung über die Übereinstimmung des Glaubens mit der Vernunft* eingeleitet hatte (Überhaupt bildet Leibniz' in der *Theodizee* entwickelte Theologie bzw. Religionsphilosophie eine Art Hintergrundtheorie von Lessings Schrift). Die Übereinstimmung von Glauben und Vernunft sucht Lessing – in Abhebung vom noch nicht eigentlich *geschichtlich* denkenden Rationalisten Leibniz – als eine *geschichtlich gewordene* sichtbar zu machen[143]. Seine Stoßrichtung ist eine doppelte: Sie richtet sich zum einen gegen die aufklärerische *Pauschalkritik* an der Widervernunft der sich mit Kulten, Riten und Wundern aufputzenden positiven Religionen, zum anderen gegen die Vertreter einer christlichen Orthodoxie, die das Wunderbare und die Übervernünftigkeit als Wesensmerkmal der Religion verteidigen.

Wie Herder baut auch Lessing seine gottgewirkte Geschichte auf eine große Analogie auf, ein zwar literarisch effektvolles, aber philosophisch problematisches Verfahren. Bei Herder führte Gott die als Kollektivsubjekt

---

[142] Antony Ashley Cooper, Graf von Shaftesbury (1671-1713) vertrat die Auffassung, dass moralische Urteile in letzter Instanz nicht der Vernunft, sondern dem ‚Herzen' entspringen, dass Gut und Böse bzw. Gutes und Schlechtes also primär gefühlsmäßig erfasst und dann erst argumentativ begründet und in allgemeine Normen gefasst werden. Shaftesbury wirkte stark eben auf Herder, den Sturm und Drang und die deutsche literarische Klassik und bis in neuere gefühlsbetonende Anschauungen; die Spur einer solchen *logique du cœur* findet sich noch im Ausspruch „Man sieht nur mit dem Herzen gut. Das Wesentliche ist für die Augen unsichtbar" von Saint-Exupérys *Kleinem Prinzen*, einer Aussage, die im übrigen ihr spezifisches Recht hat und nur in der Verallgemeinerung problematisch ist. Moralität hat ihr Fundament, wie Kant sagen wird, im *guten Willen*, d. h. in der durch Erziehung geformten guten Gesinnung.
[143] Wenn Leibniz in der *Theodizee* auch eine Fülle von historischen Bezügen zwischen den Gottesvorstellungen verschiedener Religionen aufzeigt – etwa auf etymologische Verwandtschaften zwischen den Götternamen hinweist –, denkt er doch das Geschichtliche noch nicht als *konstitutiv* für Wahrheit. Dies zeichnet sich aber bei Lessing ab.

vorgestellte Menschheit durch die Lebensabschnitte von der Kindheit bis ins Erwachsenendasein. Dieser Reifeprozess hatte den doppelten Aspekt des naturgegebenen Wachstums einerseits, das andererseits aber nur ans Ziel gelangt durch die dem Heranwachsenden angedeihende Pflege und *Erziehung*.

Lessing akzentuiert nun diesen zweiten Aspekt. An die Stelle von Herders die Lebensstadien repräsentierenden Völkerindividuen der Alten Welt – Juden, Ägypter, Phönizier, Griechen, Römer – tritt bei Lessing das *eine* Gottesvolk und seine Erziehung durch Gott von ursprünglicher kindischer Rohheit bis zur Reife des Bewusstseins.

Lessing nimmt die Bibel selbst mit ihren frommen Erzählungen, zunächst der Geschichte des Volkes Israel mit seinem Gott, sodann des Wirkens Jesu, zum Leitfaden seines Geschichtsentwurfs. Der geschichtsbildende Prozess der Aufklärung manifestierte sich bei Voltaire als verstandesgetriebene Eliminierung von Irrtümern, beginnend beim Aberglauben des primitiven Polytheismus über den den Menschen dogmatisch bedrückenden und ihm mit Wunderbarem den Verstand vernebelnden Monotheismus zur klaren deistischen Lehre von Gott als bloßem, allerdings den Menschen zur Tugend verpflichtenden Ursprung von Welt und Denkfähigkeit.

Diesen aus dem religiösen Bekenntnis *herausführenden* Weg der Aufklärung will Lessing, wie vor ihm Herder, nicht mitgehen und plädiert für *religionsimmanente* und *-konforme* Aufklärung: „Warum wollen wir in allen positiven Religionen nicht lieber weiter nichts, als den Gang erblicken, nach welchem sich der menschliche Verstand jedes Orts [d. h. universell] einzig und allein [hat] entwickeln können und noch ferner entwickeln soll; als über eine derselben entweder lächeln oder zürnen?"[144]. Wie Herder lehnt Lessing die aufklärerische Hybris den positiven Religionen gegenüber ab: „Diesen unseren Hohn, diesen unseren Unwillen verdiente *in der besten Welt*" – eine deutliche Reverenz an Leibniz' *Theodizee* – „nichts: und nur die Religionen sollten ihn verdienen?"[145].

Der Kerngedanke der Aufklärung des in der Zeit sich entfaltenden Progressus von ursprünglich falschem zu in der Gegenwart möglich gewordenen richtigem bzw. wahrem Bewusstsein wird von Lessing projiziert auf die ja als Erzählung von Geschehenem selbst temporal strukturierte Bibel. Damit wird die Aufklärung selbst zur Logik der biblischen Ereignisfolge und Gott selbst zu ihrer treibenden Kraft.

---

[144] a.O., S. 544
[145] Ebd., Hervorh. Vf.

Diese Konzeption zwingt Lessing allerdings zu gewissen Konzessionen und Konjekturen. So wird Gott, im Unterschied von der dem Menschen die Alleinschuld am Negativen aufbürdenden *Genesis*, zum Mittäter, indem er den Menschen in den Irrtum abgleiten lässt: „Gott hätte seine Hand bei allem im Spiele: nur bei unseren Irrtümern nicht?" Dieser so beiläufig ausgesprochene, eigentlich eine Theodizee fordernde Gedanke zeigt, dass dieses Leibniz und seine Zeitgenossen umtreibende Problem für die Aufklärer offenbar seinen Stachel verloren hat; das aufgeklärte Vertrauen in den geschichtlichen Fortschritt der Vernunft hat ihm die Schärfe genommen.

Lessing wärmt zudem, wohl um die Erzählung der Bibel nicht Lügen zu strafen, die durch Hume beseitigte, unhistorische These wieder auf, dass „der erste Mensch mit einem Begriffe von einem Einigen [d. h. einzigen] Gott sofort ausgestattet wurde"[146], dass jedoch die noch ungeübte Vernunft ihn nicht zu realisieren vermochte, sodass „sie den Einzigen Unermeßlichen in mehrere Ermeßliche [zerlegte]"[147]. – Ein solcher Rückfall aus dem Mono- in den Polytheismus wäre im übrigen nicht so unwahrscheinlich, erleben wir doch gegenwärtig Vergleichbares: Das Bild des *einen*, unendlichen Gottes scheint zu verblassen und der Vergötterung aller möglichen Endlichkeiten Platz zu machen!

Wollte man, wie Lessing im vorliegenden Text, wie Leibniz in der *Theodizee* und wie zahlreiche vorhergehende Philosophen – mit der rühmlichen Ausnahme Descartes' – über Gottes Tun und Lassen räsonieren, könnte man fragen, warum Gott, als Urheber auch der menschlichen Vernunft, diese nicht sogleich mit dem angemessenen Gottesbegriff ausgestattet hat, wie die Erzählung vom Sündenfall suggeriert. Aber dies hätte die Lieblingsidee der Aufklärung vom sich *geschichtlich* vermittelnden Verstandesfortschritt kompromittiert!

Lessing rekonstruiert die Geschichte als eine Erziehung des Menschengeschlechts durch Gott, d. h. er bedient sich affirmativ der theologischen Voraussetzung bzw. des religiösen Vorurteils. Damit gibt er, im Anschluss an Leibniz, die von Descartes vollzogene Trennung der Philosophie von der Theologie auf, die dieser, etwa in dem seinen *Meditationen* vorgeschalteten Schreiben an die Sorbonne, durch den Hinweis begründet hatte, dass für den Ungläubigen, d. h. den voraussetzungslos Denkenden, in dem Argument, man müsse die Bibel glauben, weil sie von Gott gegeben sei, ein Zirkelschluss stecke: das Akzeptieren ihrer Gottgegebenheit setzt den Glauben bereits voraus; dessen Wahrheit kann also nicht durch jene bewiesen werden.

---

[146] Ebd., S. 545
[147] Ebd.

Um seinen Zweck zu erreichen, reduziert Lessing die Breite und Fülle der Weltgeschichte auf den jüdisch-christlichen Strang und legt seiner Geschichtsspekulation dessen Dokument, die Bibel, zugrunde, also die im *Alten Testament* entfaltete Geschichte des jüdischen Volkes mit seinem Gott zuzüglich der nach christlicher Auffassung als Kulminationspunkt diese Geschichte komplettierenden und im *Neuen Testament* bezeugten Göttlichkeit Jesu.

Hingegen bleibt der in der Aufklärung, wie an Voltaire aufgezeigt, allmählich ins europäische Bewusstsein tretende universelle Horizont der Geschichte mit den lange vor der griechisch-jüdischen Antike bestehenden vorderasiatischen Reichen, dem Reich der Pharaonen, den fernöstlichen Reichen China und Indien, ebenso ausgeblendet wie die neu in die europäische Perspektive eingetretene und ihrerseits auf jahrhundertealte, allerdings durch die europäische Eroberung abgebrochene und zerstörte Traditionen zurückblickende ‚Neue Welt'.

Dass Lessing die *Erziehung des Menschengeschlechts*, die er ja als Entwicklungsgeschichte der Menschheit als solcher versteht, derart auf den durch die Bibel repräsentierten Ausschnitt der ‚Menschheit' einengt, erscheint aus der kompilierenden Perspektive des Historikers verfehlt, ist aber aus geschichtsphilosophischer Sicht in gewissem Sinne konsequent, enthält doch dieser Ausschnitt, wie heute sichtbar wird, die zu universeller Gültigkeit tendierende *Bestimmung des Menschen*[148] zum freien und selbstbewussten Wesen, das sich in dieser Bewusstheit – darin liegt das eigentlich *Spannende* – und in Weiterführung der allerdings im antiken Griechenland entstandenen und von Lessing nur am Rande erwähnten Wissenschaftsidee der Wirklichkeit in ihrer gesamten Breite zu versichern sucht.

Strittig ist heute nur, ob diese Bestimmung eher auf der Basis eines reformatorisch gereinigten Gottesglaubens oder unter Beiseitsetzung jeglicher Religion erreicht wird. Lessing plädierte eindeutig für Ersteres. Zu seinen Gunsten spricht, wie heute sichtbar wird, dass die Erosion der Sphäre der Transzendenz – auch wenn christliche Grundgedanken wie der der Menschenwürde und der Freiheit und Unantastbarkeit der Person in die politischen Verfassungen Eingang gefunden haben – auf der Ebene der Individuen keineswegs zu feststellbarer Versittlichung, sondern eher zur Absolutsetzung der eigenen Person und zur Trivialisierung des Vorstellungslebens geführt haben:

---

[148] Dies ein Titel des eine Generation jüngeren *Johann Gottlieb Fichte* (1762-1814) – Über den bewusstseinsgeschichtlichen Ort der Formulierung *Bestimmung des Menschen* vgl. unten, Kap. X 2.1.

der ständig zunehmende Umfang der Unterhaltungsindustrie ist für Letzteres ein starkes Indiz.

Bevor wir uns Lessings geschichtsphilosophischer Konstruktion in ihren einzelnen Entwicklungsschritten zuwenden können, sind die beiden den Prozess strukturierenden Grundgedanken zu exponieren. Der erste ist die schon deutlich gewordene Überzeugung Lessings, dass die jüdisch-christliche Offenbarung in ihrer historischen Verwirklichung die „Erziehung [ist], die dem Menschengeschlecht geschehen ist und noch geschieht"[149]. Dieser These würde jeder Theologe zustimmen, sie bestätigt ja nur den Sachverhalt, dass die *pars pro toto* genommene jüdisch-christliche Menschheit, „der Teil des Menschengeschlechts, den Gott in *einen* Erziehungsplan hatte fassen wollen"[150], durch die christliche Religion geprägt ist und fortfährt (bzw. fortfahren soll), dies zu sein.

Als aus theologischer Sicht wesentlich brisanter erscheint die zweite These: „Erziehung gibt dem Menschen nichts, was er nicht auch aus sich selbst haben könnte"[151]. Das bedeutet nichts anderes, als dass „die Offenbarung dem Menschengeschlechte nichts [gibt], worauf die menschliche Vernunft, sich selbst überlassen, nicht auch kommen würde: sondern sie gab und gibt ihm die wichtigsten dieser Dinge nur früher"[152]. Diese Herabsetzung der göttlichen Offenbarung zum bloßen Vehikel und Beschleuniger bzw. Katalysator der aus sich selbst zu sich selbst sich durcharbeitenden Vernunft wäre wohl für *Theologen* unannehmbar. *Philosophisch* jedoch steht der Gedanke in der ehrwürdigen Tradition Platons, was insofern nicht erstaunt, als der für Lessings philosophische Auffassungen wichtige Leibniz ebenfalls in der Traditionslinie von Platons ethisch akzentuierter Metaphysik steht, die erst mit Kants Erstauflage der Kritik der reinen Vernunft im Jahr 1781 – ein Jahr nach dem Erscheinen von Lessings Aufsatz – entzaubert wird und von der Bühne der großen Philosophie abtritt. Von der Rolle Platons für Lessings Konzept wird im folgenden Kapitel noch die Rede sein. Zuvor aber ein Blick auf den von Lessing ausgemachten Erziehungsgang im einzelnen.

Die Geschichte der Erziehung des Menschengeschlechts ist die Geschichte der *Menschheit*, betrachtet aus der idealisierenden Perspektive ihres geistig-sittlichen Werdens, und insofern Lessing diese Geschichte auf den jüdisch-christlichen Strang konzentriert, ist es die geistlich-geistige Geschichte des sogenannten Abendlandes von den Anfängen bis in die Gegenwart Lessings:

---

[149] Ebd., S. 545; § 2
[150] Ebd., S. 555; § 54
[151] Ebd.; § 4
[152] Ebd.

nicht Geschichte des Judentums allein, nicht Geschichte Griechenlands und Roms, auch keine empirische Kirchengeschichte und keine Kulturgeschichte mit ihren diversen Epochen im *bloß* historischen Sinne.

Diese Geschichte also abstrahiert, wie jede *philosophische* Geschichte, von vielem Empirischen und muss sich, um ihr Geschichtliches nicht zu verflüchtigen, doch auf Empirisches stützen. Das gewinnt sie paradoxerweise aus einem Buch, der Bibel, dessen Intention keine historische, sondern die religiöse ist, auch wenn es zugleich jüdische Historie erzählt.

Lessing lässt den Erziehungsgang beim jüdischen Volke einsetzen. Das *Alte Testament*, die hebräische Bibel, ist ihm dabei sowohl historische wie theologisch-philosophische Quelle, wobei erstere Funktion der letzteren untergeordnet ist. Ob die historischen Bezüge sachlich haltbar sind, braucht uns deshalb nicht zu interessieren. Lessing lässt diesen Erziehungsprozess – nach der Entartung des *ursprünglichen Monotheismus* in „Vielgötterei und Abgötterei"[153] – mit Gottes Wahl eines *„einzelnen Volkes"*[154], nämlich des „israelitischen"[155], beginnen.

Nun erfordert die Idee der Erziehung, in welchem Alter des Zöglings der Kursus auch beginnt, die Definition eines Anfangszustands der Unerzogenheit. Während Herder diesen Anfangszustand des Gottesvolkes zum „Hirtenleben im schönsten Klima der Welt"[156] und zur „ruhigen und zugleich wandernden Lebensart der Patriarchenhütte"[157] idyllisiert und „Patriarchengegend und Patriarchenwelt", in Übernahme eines durch Hesiod erfundenen Motivs, zum „goldenen Zeitalter der kindlichen Menschheit"[158] verklärt, geht Lessing den umgekehrten Weg: Das Volk, das er Gott erwählen lässt, ist „das ungeschliffenste, das verwildertste, um mit ihm ganz von vorne anfangen zu können"[159], eben „das israelitische Volk, von dem man gar nicht einmal weiß, was es für einen Gottesdienst in Ägypten hatte"[160]. – Allein dieser Kontrast zwischen Herder und Lessing bezüglich des gleichen Gegenstands belegt die Reduktivität ihrer Ansätze in historischer Hinsicht.

Dieses rohe Volk Israel nun führt, oder besser wohl: treibt Gott unter Anwendung der ihm zur Verfügung stehenden Mittel von allerlei Wundern

---

[153] Ebd., S. 545; § 6 – Auf Lessings Fiktion eines ursprünglichen Monotheismus und ihrer Fortschreibung durch Schelling habe ich oben, Kap. IV 2 hingewiesen.
[154] Ebd.; § 8
[155] Ebd.; § 9
[156] a.O., S. 10
[157] Ebd.
[158] Ebd., S. 12
[159] a.O., S. 546; § 8
[160] Ebd.; § 9

einerseits, Heimsuchungen andererseits zu geistlicher Höherentwicklung, wobei die Stufen dieser Entwicklung durch die fortlaufende Bildung ‚wahrerer' religiöser Begriffe markiert sind, die wiederum auf das Ethos ausstrahlen.

Der Erziehungsgang nimmt damit seinen Anfang, dass *Gott*, und wir nehmen noch heute diesen Ausdruck, wie die Auslassung des Artikels andeutet, in seiner universellen, absoluten Bedeutung als einen *Namen*, „durch die Wunder, mit welchen er [die Israeliten] aus Ägypten führte und in Kanaan einsetzte [sich] als einen Gott [bezeugte], der mächtiger sei als irgend ein anderer Gott"[161]. Durch solche Selbstmanifestation als mächtigster unter allen Gottheiten, „welches doch nur *einer* sein kann"[162], „gewöhnte er es allmählich zu dem Begriffe des *Einigen* [= Einzigen]"[163], womit der jüdische Monotheismus gesetzt ist – allerdings erst ein roher, unvollkommener, denn Lessing gibt sogleich zu bedenken: „Aber wie weit war dieser Begriff des Einigen noch unter dem wahren transzendentalen Begriffe des Einigen, welchen die Vernunft so spät erst aus dem Begriffe des Unendlichen mit Sicherheit [hat] schließen lernen"[164].

In dieser Aussage zeigt sich die zentrale Argumentationsfigur des Essays, Lessings an späterer Stelle formulierte Überzeugung, dass „die Ausbildung geoffenbarter Wahrheiten in Vernunftwahrheiten schlechterdings notwendig [ist]"[165].

Was bedeutet das? Nun, mit der Selbstoffenbarung Gottes an das Volk Israel ist der jüdische Monotheismus realisiert. Monotheismus aber ist – hier zeigt sich Lessings Nähe zum rationalistischen Apriorismus – die vernunftgemäße Religion, die Gottesauffassung, auf die die Vernunft, unter Abstraktion von allem Empirischen, nur dem intrinsischen Logos folgend, notwendig gelangt. Für Descartes wie für Spinoza und Leibniz ist Gott eine ursprüngliche Idee unseres Intellekts, eine *idea innata*, auf die wir notwendig stoßen, wenn wir in der Reflexion auf eine ultimative Realität von allem Empirischen abstrahieren. Die griechischen Götter waren Mischwesen, mit empirischen Merkmalen versetzte Vorstellungen vom Göttlichen, der jüdisch-christlich-muslimische Gottesbegriff[166] kulminiert philosophisch in den vollkommen unsinnlichen Ideen des *Unendlichen* oder *Absoluten* als den ‚wahren transzendentalen

---

[161] Ebd.; § 12
[162] Ebd.; § 13
[163] Ebd.
[164] Ebd.; § 14
[165] Ebd., S. 559; § 76
[166] Auf den Islam, in dessen Theologie die Idee Gottes als des Einen und Einzigen besonderen Rang hat, nimmt Lessing in seinem Essay noch nicht Bezug. Die Würdigung des Islam erfolgt erst im Rahmen der Toleranzidee in *Nathan der Weise*.

Begriffen des Einigen', wie Lessing sagt (Kant würde diese Begriffe allerdings als *transzendente* bezeichnen, *transzendental* bedeutet ihm etwas anderes).

Wir können uns den Gedanken fassbar machen durch die Überlegung, dass das Absolute oder Unendliche schlechthin nicht *nicht* sein kann; es ist dasjenige, in dem alles Seiende als letzter Bedingung seiner Möglichkeit fundiert ist und das deshalb notwendig *ist*. Selbst der *Evolutionismus*, der alles Qualitative in den Prozess der Entwicklung setzt, widerlegt, entgegen eigenem Vermeinen, das Unbedingte nicht, sondern setzt es implizit und unreflektiert als Bedingung der Möglichkeit seiner selbst voraus. Es ist dasjenige, was *Heidegger*, unter Verschleierung des metaphysischen Hintergrunds, das *Seyn* nennen wird und dessen näherer Bestimmung sein Denken gewidmet ist.

Ob der menschliche Intellekt allerdings mit solchen begrifflichen Hypostasen nicht über das mit gewissenhaftem Denken Akzeptable hinausgeht, wie Kant insinuiert, bleibt eine offene Frage.

Wie dem auch sei, „zu dem wahren Begriffe des *Einigen*"[167], zu dieser Vernunftwahrheit, diesem von der unsinnlichen Vernunft intuierten Begriff Gottes als schlechthin *Einem* und *Einzigem*, d. h. zu dieser zweiten Stufe und höherem Monotheismus, müssen sich die Israeliten erst noch vorarbeiten.

Denn noch hat das Volk Israel Gott in seiner Absolutheit nicht erfasst, noch sehen die Juden „in ihrem Jehova [] bloß den größten aller Nationalgötter"[168]. Der Fortschritt ihres Bewusstseins, um diese moderne Formel zu benutzen, setzt Lessing zufolge ein, als sie „in der Gefangenschaft unter dem weisen Perser [anfingen], ihn [d. h. den jüdischen Nationalgott] gegen das Wesen aller Wesen zu messen, wie das eine geübtere Vernunft erkannte und verehrte"[169].

Der historische Hintergrund dieser Feststellung ist folgender: Im Jahre 587 v. Chr. hatte der babylonischen König Nebukadnezar Jerusalem erobert und einen Teil der jüdischen Oberschicht nach Babylon verschleppt; damit begann das sogenannte zweite Exil, das an die 50 Jahre dauern sollte. Nach langem Kampf eroberte im Jahr 539 der Perserkönig Cyrus II. Babylon, übernahm die Herrschaft über den gesamten nahöstlichen Raum und erließ u. a. ein Edikt, das den Juden die Rückkehr nach Israel gestattete; im Jahr 538 begann, ebenfalls mit Zustimmung des in Religionsdingen toleranten Cyrus, in Jerusalem der Wiederaufbau des von den Babyloniern zerstörten Tempels. In den Jahren unter persischer Herrschaft entwickelte, „auf Veranlassung der feineren persischen Lehre"[170], das jüdische Bewusstsein, im glücklichen Zusammenspiel von

---

[167] Ebd., S. 546; § 15
[168] Ebd., S. 552; § 39
[169] Ebd.; § 35
[170] Ebd.; § 39

Offenbarung und Vernunft, die Idee des universellen Gottes, die tiefe Wurzeln schlug, sodass Israel „ein ganz anderes Volk [wurde]"[171], welches ganz aus dem Gottesbezug lebte: „Denn man kann einem Nationalgott wohl untreu werden, aber nie Gott, sobald man ihn einmal erkannt hat"[172].

Nun, solche weitreichenden und voraussetzungsvollen Urteile seien dahingestellt, halten wir uns ans Fassliche, d. h. ans Historische. Die persische Religion war der Zoroastrismus, die Lehre Zoroasters bzw. Zarathustras. Dieser kannte zwei göttliche Prinzipien oder Mächte, „Ahura Mazda, <den weisen Herrn>", dessen Macht jedoch „durch Ahriman, das Prinzip des Bösen [eingeschränkt wird]"[173].

Zu Leibniz' Zeit neigte sich die Diskussion, ob es sich bei den beiden göttlichen Mächten um zwei gleich gewichtige Prinzipien handele, ob also diese Religion dualistischen, d. h. manichäischen bzw. gnostischen Charakter habe, oder ob vielmehr dem guten Prinzip der Primat und dem Bösen keine Selbstständigkeit zukomme, dieser zweiten Auffassung zu. So spricht Leibniz vom „alten Irrtum von den zwei Prinzipien"[174] und befindet, „dass dieser Zerdust oder Zoroaster [] diese beiden Prinzipien nicht als völlig ursprünglich und unabhängig angesehen hat, sondern als von einem einzigen erhabenen Prinzip abhängend"[175]. Hieran schließen Lessings Äußerungen an. Heutige Forschung lokalisiert in Übereinstimmung damit den Zoroastrismus konsequent unter die Monotheismen[176].

In der Beurteilung der Wirkung dieses Monotheismus auf die jüdische Gottesvorstellung ist die neuere Bibelwissenschaft allerdings zurückhaltender als Lessing. Sie sieht hier keinen umwälzenden Einfluss, sondern spricht lediglich davon, dass „sicherlich [] manche dieser Vorstellungen" – zu denen auch der Glaube der Auferstehung der Toten gehörte – „am Rande auch auf die Glaubensanschauungen des Judentums eingewirkt [haben]"[177].

---

[171] Ebd., S. 553; § 40
[172] Ebd.
[173] H. Peucker: Art. *Perser, Persien, persisch*. Calwer Bibel Lexikon, Stuttgart [5]1985, S. 1038
[174] *Versuche in der Theodicée über die Güte Gottes, die Freiheit des Menschen und den Ursprung des Übels* (EA franz. 1705, EA dt. 1720), zit. Ausg. Hamburg 1996, S. 31
[175] Ebd.
[176] Vgl. etwa G. Lanczkowski: Art. *Monotheismus* (I). HWPh 6, Sp. 142 – Neuere Altertumswissenschaft orientiert die zoroastrische Götterkonstellation noch eindeutiger auf den Monotheismus hin und nennt als höchsten Gott die *Zeit* (*Zurvan*), die geprägt ist vom Kampf zwischen Ahuramazda und Ahriman und sich mit dem Sieg des ersteren erfüllt (vgl. i. d. S. J. Assmann: Art. *Zeit* [I]. HWPh 12, Sp. 1189).
[177] Peucker, a. O.

Der sich dem Einfluss persischer Religiosität verdankende „veredelte Begriff von Gott"[178], welcher Gott als den „Unendlichen"[179] erfasst, ist der höchste spekulative Begriff, zu dem das Judentum gelangt und der im *Alten Testament* als dem ersten „Elementarbuch"[180] der Erziehung des Menschen entwickelt wird. Es fehlt aber noch das nach Lessings Auffassung entscheidende Lehrstück zur Vollendung der Erziehung, nämlich „die Lehre von der Unsterblichkeit der Seele"[181], und diese vermag das *Alte Testament* nicht zu lehren. Zwar „waren die Juden unter den Chaldäern und Persern auch mit [dieser Lehre] bekannter geworden"[182], doch finden sich im *Alten Testament* nur Andeutungen in dieser Richtung, sodass die Unsterblichkeitsidee „nie der Glaube des gesamten Volkes werden [konnte]"[183].

Da es sich jedoch beim Unsterblichkeitsglauben, zufolge Lessings Parallelisierung von Offenbarungs- und Vernunftwahrheiten, um eine notwendige Idee handelt, „[war es Zeit], daß ein andres *wahres* nach diesem Leben zu gewärtigenden Leben Einfluß auf seine [d. h. des Menschen] Handlungen gewönne"[184], und es bedurfte eines neuen Lehrbuchs, sprich: einer neuen Offenbarung. Und in der Tat: „Ein beßrer Pädagog muß[te] kommen, um dem Kinde das erschöpfte Elementarbuch aus den Händen zu reißen. – Christus kam [und wurde] der erste *zuverlässige, praktische* Lehrer der Unsterblichkeit der Seele"[185].

Mit dieser Lehre ist der „zweite große Schritt der Erziehung"[186] eingeleitet, und sein Sinn ist für Lessing ein sittlicher und besteht darin, von der für das Judentum kennzeichnenden Gesetzesfrömmigkeit, d. h. dem Gehorsam aus Furcht vor göttlicher Strafe, fortzuschreiten zur Verfassung „einer inneren Reinigkeit des Herzens"[187], welche „die Tugend um ihrer selbst willen zu lieben, fähig macht"[188]. Für eine solche Haltung, in deren Bejahung sich Christentum und Aufklärung zweifellos treffen, hält Lessing den Unsterblichkeitsglauben, d. h. das Bewusstsein des Menschen, in einem jenseitigen Leben Gott unmittelbar rechenschaftspflichtig zu sein, für unverzichtbar – was eben die

---

[178] a.O., S. 553; § 41
[179] Ebd., S. 546; § 14 (s.o.)
[180] Ebd., S. 543; § 47 passim
[181] Ebd., S. 553; § 42
[182] Ebd.
[183] Ebd.; § 43
[184] Ebd., S. 556; § 57
[185] Ebd., S. 556; § 58
[186] Ebd., S. 555; § 54
[187] Ebd., S. 556; § 61
[188] Ebd., S. 560; § 80

deutsche Aufklärung von derjenigen französischer Provenienz unterscheidet. Ob diese Perspektive den Menschen wirklich von bloßer Furcht zur Liebe zu Gott und zur Tugend führt, sei dahingestellt. Jedenfalls hat Lessing Recht damit, dass das Christentum diese Reinheit der Gesinnung fordert, und so kann er von der durch ihn reichlich strapazierten Erziehungsanalogie her folgern, „daß die neutestamentlichen Schriften [] das zweite beßre Elementarbuch für das Menschengeschlecht abgegeben haben und noch abgeben"[189].

Mit Lessings Einsicht, dass in der christlichen Kultur das *Neue Testament* der allgemeine sittliche Maßstab ist und dass man darin sogar ein universelles Kriterium für humane Gesinnung zu sehen habe, könnte es sein Bewenden haben. Aber damit hätte Lessing nur festgestellt, was ohnehin evangelischer Konsens ist. Doch es ist ja seine Intention, mit Hilfe der Idee der Aufklärung einen Bewusstseinsfortschritt zu erzielen. Damit aber gerät er in ein *Dilemma*, das ihn in den Irrationalismus treibt und dem er erst im späteren *Nathan der Weise* pragmatisch abzuhelfen vermag. Worum es sich dabei handelt, entwickelt das folgende Kapitel.

4.3.2 Lessings Dilemma: Flucht in den Chiliasmus

Nun, das intrinsische Motiv von Aufklärung ist die Idee eines Zustands der *Vollendung*, wie diese auch immer konkret gefasst werde. Wie die Religion ihr Telos in der gläubigen Haltung des Einzelnen realisiert, so die Aufklärung in der aufgeklärten Haltung. Indem der einzelne zu solcher Verfassung gelangt, ist seine wesentliche Bestimmung erreicht, und es liegt nun an ihm, sein Leben danach einzurichten. Die Religion aber weiß zugleich um die *konstitutionelle Schwäche des Menschen*, die es ihm erschwert, dem hohen Anspruch gerecht zu werden und rechnet pragmatisch mit Anfechtungen, Versagen, Rückfällen, d. h. mit der unter dem missverständlichen Titel der *Erbsünde* geläufig gewordenen Endlichkeit des Menschen. Damit kann sich die Aufklärung als säkulare Bewegung nicht begnügen, sie glaubt an die grundsätzliche Güte des Menschen und hält ihn, in dem ihr eigenen grundsätzlich negativen Sinne des Sich-Befreiens von äußerlich oktroyierten Denk- und Handlungszwängen, für *perfektibel*, d. h. will und muss alle erreichen, um zu gelingen. Eine zur Hälfte aufgeklärte Gesellschaft ist ein Widerspruch in sich, es geht nicht, wie in der Religion, um den Einzelnen als solchen, sondern um das ‚Menschengeschlecht' als ganzes.

---

189 Ebd., S. 557; § 64

Diesen Totalitätsanspruch der Aufklärung macht sich Lessing – bewusst oder nicht – zu eigen. Daran gemessen ist aber die praktische Umsetzung des *Neuen Testaments* als des zweiten Elementarbuchs der Menschheitserziehung unbefriedigend, von der intendierten allgemeinen *Reinheit der Gesinnung* ist man nach fast 1800 Jahren christlicher Erziehung evidentermaßen meilenweit entfernt, sodass Lessing sich zu der Klage veranlasst sieht: „Oder soll das menschliche Geschlecht auf diese höchste Stufe der *Aufklärung und Reinigkeit* [*sic!*] nie kommen? Nie?"[190] Und der Autor erlässt ein Denkverbot gegen sich selbst: „Nie? – Lass mich diese Lästerung nicht denken, Allgütiger! – Die Erziehung hat ihr *Ziel*; bei dem Geschlechte nicht weniger als bei dem Einzelnen. Was erzogen wird, wird zu Etwas erzogen"[191].

Hier liegt – einmal abgesehen von der grundsätzlichen Schwierigkeit religionsphilosophischer Spekulation – der wunde Punkt von Lessings Argumentation: Die Interpretation des Christentums als Vollzug göttlicher Pädagogik, die übrigens in der frühchristlichen Theologie Vorläufer hat, z. B. bei *Clemens von Alexandrien* (um 200 n. Chr.), zwingt Lessing zur Einforderung dessen, woran die bisherige Erziehung offenbar gescheitert ist!

Denn Erziehung im nicht übertragenen Sinne hat freilich ihr Ziel und erreicht es in der Regel auch: Sie lässt den jungen Menschen in die Gesellschaft hineinwachsen, befähigt ihn, sein Leben selbstständig zu führen und durch sein Tun einen konstruktiven Beitrag zum Bestand der Gemeinschaft zu leisten – von wie unterschiedlicher Qualität die einzelnen Beiträge und die ihnen zugrunde liegenden Motivationen auch sein mögen. Gelänge diese Erziehung nämlich prinzipiell *nicht*, gäbe es kein irgendwie geordnetes persönliches und soziales Leben. Und, so müssen wir gleich hinzufügen, es gibt unter den zahllosen partikulären Kulturen keine, die dies nicht zu ihrer Zeit geleistet hätte. Erst im Verlauf der Geschichte und insbesondere mit dem Eintritt der Moderne verloren diese Kulturen ihre (re)produktive Kraft und wurden sukzessive von wenigen Großkulturen – der christlich-abendländischen, der muslimischen, der durch Daoismus und Konfuzianismus geprägten chinesischen sowie dem Hinduismus und Buddhismus – aufgesogen, um am Ende wohl mit diesen in einer einzigen erdumspannenden Zivilisation aufzugehen.

Was aber steht nun Lessing für den Glauben ein, dass nach so vielen Jahrhunderten christlicher Erziehung die Potenziale für eine sittliche Vervollkommnung der abendländischen Menschheit nicht ausgeschöpft sind und die

---

[190] Ebd., S. 560; § 81 (Hervorh. Vf.)
[191] Ebd., S. 561; § 82

Menschheit, die christliche Welt insbesondere, sich nicht auch zukünftig ebenso konvulsivisch durch die Zeit schlägt wie bisher?

Hier tritt Lessing die Flucht nach vorn an, hin zu dem, was die Alltagssprache *Wunschdenken* und die Theologie *Verheißung* nennt und was nüchterner – vom wirklich aufgeklärten Standpunkt aus – *Utopie* genannt wird, die in ihrer religiösen Variante *Chiliasmus* heißt. Es ist die *aufklärerische Variante des Chiliasmus*, der mit christlichen Ideen kombinierte Fortschrittsoptimismus einer sich in der Zeit *sittlich vollendenden Menschheit*: „Nein, sie wird gewiß kommen, die Zeit der *Vollendung*, da der Mensch, je überzeugter sein Verstand einer *immer besseren Zukunft* sich fühlet, [] er das Gute tun wird, weil es das Gute ist, nicht weil willkürliche Belohnungen darauf gesetzt sind []"[192]. Lessing unterstreicht den religiösen Charakter seiner Utopie, wenn er ausruft: „Sie wird gewiß kommen, die Zeit eines *neuen ewigen Evangeliums*, die uns selbst in den Elementarbüchern des Neuen Bundes [also im *Neuen Testament*] versprochen wird"[193]. Und er beruft sich zur Beglaubigung seines Chiliasmus auf „gewisse Schwärmer des dreizehnten und vierzehnten Jahrhunderts, [die] vielleicht einen Strahl dieses neuen ewigen Evangeliums aufgefangen haben und nur darin irrten, daß die den Ausbruch desselben so nahe verkündigten"[194].

In der Tat entstammt der Begriff des *Ewigen Evangeliums* der Theologie des visionären kalabresischen Mönches *Joachim di Fiore* (um 1135-1202), der der Kirche als Häretiker gilt, dessen Visionen aber in den auf ihn folgenden Jahrhunderten in den mönchischen Orden auf starke Resonanz stießen.

Joachim hatte das kirchlich anerkannte augustinische Schema der Heilsgeschichte verworfen, demzufolge die auf Christi Entrückung folgende Weltzeit bis zu seiner (zeitlich immer unbestimmter werdenden) Wiederkunft durch die Spannung zwischen *Civitas terrena* (oder *Diaboli*) und *Civitas Dei* gekennzeichnet ist, die erst durch Christi Wiederkehr am ‚Ende der Zeiten' definitiv zugunsten letzterer aufgelöst wird. Die Geschichte, als Zeit zwischen den beiden Heilsereignissen, bleibt von der Spannung durchzogen, also in sich qualitativ gleich, alle Einrichtungen, die von Gott eingesetzte Kirche nicht ausgenommen, bleiben durch die Schwäche der in ihnen wirkenden Menschen kompromittiert. (Diese Überzeugung dürfte, beiläufig, mit ein Grund für die übermäßige Nachsicht der Kirchenoberen für den in unserer Zeit ans Licht gezogenen systematischen sexuellen Missbrauch in ihrer Institution sein).

---

[192] Ebd., S. 561; § 85
[193] Ebd., S. 561; § 86
[194] Ebd., S. 561; § 87

Dieser Sicht auf die Geschichte setzt Joachim in einer komplizierten Interpretation von *Offenbarung* 14,6 ein Stufenmodell geistlich-geschichtlichen Fortschritts entgegen, indem er den beiden theologisch unterschiedenen Epochen, der durch das *Alte Testament* repräsentierten Ordnung des Gesetzes und der durch das Wirken Jesu eingeleiteten Epoche des Evangeliums, noch bis zur Wiederkunft Christi (oder an deren Stelle) ein drittes Zeitalter setzt, die Ära des *Ewigen Evangeliums* oder des *Heiligen Geistes*, in der die Kirche als mächtige priesterliche Organisation sich transformiert in eine rein von den evangelischen Idealen erfüllte mönchische Gemeinschaft.

Auf diese Weise nimmt Joachim das Heilsgeschehen in den Geschichtslauf selbst hinein, konzipiert ein zeitliches *Eschaton*, und er prophezeit dies erhoffte *Dritte Zeitalter* des allgemeinen Lebens aus echt christlichem Geiste gerade für das Ende des 13. Jahrhunderts. Dieses Denkmodell greift Lessing auf, und von hier aus wird sein Vorwurf verständlich, die mittelalterlichen Schwärmer seien zu ungeduldig in Bezug auf die Verwirklichung gewesen; am schwärmerischen Ziel geschichtlicher Vollendung selbst aber hält er fest.

Es ist der Heidegger-Schüler *Karl Löwith* (1897-1976) gewesen, der in seiner bedeutenden Schrift *Wissenschaft und Heilsgeschehen. Die theologischen Voraussetzungen der Geschichtsphilosophie*[195] das heilsgeschichtliche Drei-Stufen-Schema des Joachim di Fiore als Vorläufer der geschichtsphilosophischen Entwürfe von *Hegel*, *Comte* und *Marx* identifiziert hat, wobei der säkularisierte eschatologische Gehalt von Joachims Spekulation insbesondere in Marx' überspannter Idee eines gesellschaftlichen ‚Kommunismus' manifest wird[196]. Wir können, ohne der Frage tiefer nachzugehen, die Hypothese formulieren, dass zumindest für die beiden deutschen Autoren auch Lessings geschichtsphilosophischer Entwurf einen theoretischen Beitrag geleistet haben dürfte.

Doch zurück zu Lessings Text selbst und zu den theoretischen Schwierigkeiten, in die ihn seine Konzeption führt. Obwohl Lessing, im Unterschied zu dem seine Zukunftshoffnung aus der eigenwilligen Interpretation einer Stelle aus dem eschatologischen Zentrum der Bibel, der *Apokalypse des Johannes*, ableitenden Joachim, auf den intrinsischen Fortschritt des Verstandes setzt, kann sein Konzept nicht mehr als rationalistisch bezeichnet werden, sondern stellt einen Schritt in Richtung auf den deutschen Idealismus mit seiner zur Unbedingtheit neigenden, antipragmatischen Haltung dar, wie sie in Kants

---

[195] Ersch. Stuttgart 1953; Erstausgabe 1949 in englischer Sprache unter dem Titel *Meaning in History*.

[196] Heute vermögen wir nur noch müde bzw. melancholisch zu lächeln, wenn wir uns der auf abbröckelnde DDR-Mauern gepinselten Losung erinnern: *Der Marxismus ist allmächtig, weil er wahr ist!*

Moralphilosophie oder auch in Schillers und Fichtes Denken Ausdruck findet (für Schelling und Hegel wäre hier zu differenzieren).

Allerdings vermag Lessing, gegen Ende des 18. Jahrhunderts und mit der Erfahrung des Scheiterns der schwärmerischen Hoffnungen der mittelalterlichen Gottbegeisterten vor Augen, nicht mehr auf schnelle Einlösung seines Ideals zu hoffen. Er sieht auch deutlich die psychologische Motivation hinter der Prophetie der joachitischen Schwärmer: „Der Schwärmer tut oft sehr richtige Einblicke in die Zukunft"– lassen wir dies dahingestellt sein –, „aber er kann diese Zukunft nur nicht erwarten. Er wünscht diese Zukunft beschleuniget []. Denn was hat er davon, wenn das, was er für das Bessere erkennt, nicht noch bei seinen Lebzeiten das Bessere wird? Kömmt er wieder? Glaubt er wiederzukommen?"[197].

Von solcher Ungeduld weiß Lessing sich frei, er weiß ‚Gottes Mühlen mahlen langsam‘, und er schickt sich in die Unkalkulierbarkeit historischer Prozesse – anders als etwa Marx, der das kommunistische Himmelreich auch schon vor der Tür sah (dabei ist doch das einzige, was vor der Türe steht, nur die Füße derer, die uns hinaustragen werden!). Lessing konzediert darum: „Geh deinen unmerklichen Schritt, ewige Vorsehung!"[198]

Doch kann auch er sich nicht freimachen von dem Verlangen, mit dem ersehnten *„dritten Zeitalter"*[199] in persönliche Berührung zu kommen, denn er fügt sogleich hinzu: „Nur lass mich dieser Unmerklichkeit wegen nicht an dir verzweifeln"[200]. Und um sich gegen Verzweiflung hinsichtlich der Erreichbarkeit des großen Ziels abzuschirmen, gilt es auch, dem sich jedem Beobachter im Lauf seines Lebens aufdrängenden Gefühl standzuhalten, statt der erhofften Zunahme an Humanität und Geistigkeit gebe es ständig Rückschritte (die Kriege und Katastrophen reißen nicht ab!): „Lass mich an dir [d. h. der das Gute wirkenden göttlichen Vorsehung] nicht verzweifeln, wenn selbst deine Schritte mir scheinen sollten, zurückzugehen! – Es ist nicht wahr, dass die kürzeste Linie immer die gerade ist"[201].

Erst hier, nachdem er seinen optimistischen Plan breit entwickelt und ihn derart enttäuschungsfest gemacht hat, stellt sich Lessing die eigentliche Frage nach der Vermittlung des gegenwärtigen mangelhaften Zustands mit dem angepeilten Ideal. Das pauschale Vertrauen in die Güte der Vorsehung kann ja philosophisch nicht genügen, es muss das *Wie* des Fortschritts aufgezeigt

---

[197] Ebd., S. 562; § 90
[198] Ebd.; § 91
[199] Ebd.; § 89
[200] Ebd.; § 91
[201] Ebd.

werden. Und ebenso wenig vertrauen kann Lessing, wie es die mittelalterlichen Spiritualen um Joachim taten, auf das unmittelbar von Gott veranlasste Erscheinen eines neuen *Dux* – manche sahen ihn im *Heiligen Franziskus* (gest. 1226) und hofften darauf, dass dieser den als ‚Antichrist' wahrgenommen Stauferkaiser *Friedrich II* (1194-1250) überwinden werde, sodass nach einer bestimmten, aus der Apokalypse gewonnenen symbolischen Berechnung, exakt im Jahr 1260 die herbeigesehnte neue Ära, dass gottselige *Dritte Reich* (*n. b.!*) heraufgeführt und Joachims Ziel verwirklicht würde, die „verhärteten Herzen durch heftigen Lärm aus ihrem Schlaf zu wecken und [] durch diese neue Exegese zur Verachtung der Welt zu führen"[202].

Um nicht, wie die Schwärmer, ungeduldig auf den – versicherungstechnisch gesprochen - *Erlebnisfall* zu spekulieren und dennoch den persönlichen Kontakt zur Zeit geistlicher Vollkommenheit herzustellen, verfällt Lessing auf eine ebenso originelle wie problematische Lösung.

Im Gegensatz zu dem schwärmerischen Glauben an ein durch Bibelexegese vorhersagbares unmittelbares Eingreifen Gottes ist Lessing sich, wie zitiert, klar über die Langwierigkeit geschichtlicher Prozesse und moralischen Fortschritts – selbst, wenn die Vorsehung im Hintergrund lenkend wirkt. Diese Einsicht beinhaltet auch die Preisgabe der joachitischen Hoffnung auf das Erscheinen des großen Menschen, des *Dux*, der das Steuer der Weltgeschichte in Richtung ihrer geistig-geistlichen Vollendung herumreißt.

Lessing bedarf eines anderen Agens der Entwicklung, und wohl ohne sich dessen bewusst zu sein, greift er – wie die Aufklärung generell – auf das bereits zitierte, von dem Vorsokratiker *Xenophanes von Kolophon* (um 580-485 v. Chr.) formulierte und uns völlig geläufige Prinzip des zeitlichen Fortschritts der Erkenntnis zurück, das Xenophanes, noch in antikem Geist, in die Worte gefasst hatte: „Wahrlich nicht von Anfang an haben die Götter den Sterblichen alles enthüllt, sondern allmählich finden sie suchend das Bessere"[203]; es ist das Prinzip, das erst zwei Jahrtausende später von der neuzeitlichen Naturwissenschaft – unter teilweiser aprioristischer Verkennung der Geschichtlichkeit von Erkenntnis – in die bis heute andauernde Praxis umgesetzt wurde. (Ein Indiz dafür, dass das Bewusstsein solcher Geschichtlichkeit der Erkenntnis erst mühsam erworben werden musste, stellt die geschichtsfeindliche Kanonisierung des Aristoteles in der mittelalterlichen Philosophie dar. Für uns Heutige hingegen ist diese Realität so selbstverständlich, dass wir schlechterdings

---

[202] Joachim di Fiore: *Concordia veteris und novi Testamenti*; zit.: Löwith, a. O., S. 138
[203] DK 21 B 18 – Vergleiche dazu die Xenophanes-Interpretation des Verfassers in: Schönknecht 2017, Kap. II 1, insbesondere II 1.5.1.

keinen überhistorischen Wahrheitsanspruch mehr anzuerkennen vermögen, den der Religion eingeschlossen).

Lessing jedenfalls ist sich dieser Historizität der Realisierung eines jeden Gutes völlig bewusst, und dies bedeutet die Einsicht in die durch Menschen geleistete Vermittlung des providentiellen Zwecks: „Und wie? Wenn es nun sogar so gut als ausgemacht wäre, daß das große langsame Rad, welches das Geschlecht seiner Vollkommenheit näher bringt, nur durch kleinere schnellerer Räder in Bewegung gesetzt würde, deren jedes sein einzelnes eben dahin liefert?"[204]

Das ist der springende, wenn auch etwas kryptisch formulierte Punkt: Geschichtlicher Fortschritt ist nur durch Menschen möglich, deren Leistungen sich entlang dem Zeitstrahl akkumulieren und durch die sich, wie beim Zahnradgetriebe, die ins System eingespeiste Energie in die Bewegung des großen Ganzen umsetzt.

Dieser pragmatisch ohne weiteres nachvollziehbare Gedanke erweist sich aber als problematisch in der Anwendung auf die geistig-sittliche Sphäre. Eine erworbene moralische Haltung, sei es bloßes Verantwortungsbewusstsein, sei es gar die so seltene echte christliche Nächstenliebe, lässt sich nicht einfach tradieren wie ein beliebiger Wissensinhalt, wie etwa das Wissen, dass die Erde – entgegen dem Augenschein – um die Sonne kreist. Das Problem wäre sonst längst gelöst. Und mehr noch: wie kann die Menschheit zur Vollkommenheit gelangen, wenn die gewaltige Zahl der nicht mehr Lebenden gar nicht daran teilhaben kann, wenn, in Leibniz' Worten, die Zahl der Verdammten viel größer als die der Geretteten ist?! Hier taucht bereits schemenhaft das Problem des Verhältnisses von Geschichte und Theodizee auf, welche bei Lessing ansatzweise, dann bei Hegel explizit miteinander identifiziert werden: Hegel bezeichnet seine philosophische Betrachtung der Weltgeschichte als eine Theodizee[205].

Um der Schwierigkeit Herr zu werden, greift Lessing zu einer Strategie, die – juristisch gesprochen – einem philosophischen Offenbarungseid gleichkommt. Er vertritt nämlich die Auffassung, dass „eben die Bahn, auf welcher das Geschlecht zu seiner Vollkommenheit gelangt, [] jeder einzelne Mensch (der früher, der später) erst durchlaufen haben [muß]"[206]. Da dies – wie ein jeder leicht im Blick auf sich selbst feststellen kann – „in einem und demselben

---

[204] a.O., S. 562; § 92
[205] Vgl.: *Die Vernunft in der Geschichte* (Hg. J. Hoffmeister, Hamburg ⁵1955), S. 48; vgl. auch unten, Kap. VI 2.
[206] Ebd.; § 93

Leben"[207] nicht möglich ist, sieht Lessing keine andere Lösung, als die alte Theorie der *Seelenwanderung*, der *Metempsychose*, wieder auszugraben: „Aber warum könnte jeder einzelne Mensch auch nicht mehr als einmal auf dieser Welt vorhanden gewesen sein?"[208], und in einem *Ad se ipsum* definiert er auch gleich den persönlichen Stand der Dinge: „Warum könnte auch ich nicht hier bereits einmal alle die Schritte zu meiner Vervollkommnung getan haben, welche bloß zeitliche Strafen und Belohnungen den Menschen bringen können?"[209] – sodass, müsste man hinzufügen, nur noch der letzte Schritt, der zu einem rein sittlichen Leben, aussteht.

Nun, auf Lessings Frage ließe sich antworten, dass die bloß zeitlichen Strafen und Belohnungen, Peitsche und Zuckerbrot sozusagen, also die Empfänglichkeit für Stimuli negativer oder positiver Art, gar keinen sittlichen Gehalt haben und dass sie, insofern sie einer elementaren menschlichen Disposition entsprechen, auf einer Skala zunehmender Moralisierung – falls solche Vorstellung überhaupt Sinn ergibt – keinen Platz finden, vielmehr, als stets wirksam, zeitlosen Charakter haben und somit zur aufklärerischen Kernidee moralischer Autonomie nicht das geringste beitragen.

Aber darum soll es jetzt nicht gehen, sondern um den grundsätzlichen Widerspruch im Gedanken der *Seelenwanderung*. Lessing spürt selbst das Problematische dieser Lösung und versucht abzulenken: „Ist diese Hypothese darum so lächerlich, weil sie die älteste ist?"[210] In der Tat geht die Lehre auf Platon und weiter auf die Pythagoreer zurück, die sie ihrerseits aus alt-indischen Quellen rezipierten. Aber nicht ihr Alter macht diese Theorie lächerlich, sondern ihre *logische Inkonsistenz* – abgesehen davon, dass Lessing mit ihr den christlichen Grundkonsens aufkündigt. Lessing fragt: „Warum sollte ich nicht so oft wiederkommen, als ich neue Kenntnisse, neue Fertigkeiten zu erlangen geschickt bin?"[211] und empfindet es nicht als Widerspruch, dass „ich es vergesse, daß ich schon da gewesen"[212], im Gegenteil: „Wohl mir, daß ich es vergesse"[213].

Doch hier liegt eben das Problem: Die Konzeption einer Identität, d. h. einer Fortdauer der *Person*, losgelöst von der Einheit des Bewusstseins, ist ein Widerspruch in sich, ja ist blanker Unsinn. Die Einheit des (Ich-) Bewusstseins

---

[207] Ebd.
[208] Ebd.; § 94
[209] Ebd., S. 563; § 96
[210] Ebd.; § 95
[211] Ebd.; § 98
[212] Ebd.; § 99
[213] Ebd.

macht die Person aus, und mit dem Verschwinden dieser Einheit, verschwindet auch mein Ich, meine Person. Wenn Lessing mit den Pythagoreern die Idee einer die Verkörperung überdauernden persönlichen oder unpersönlichen Seelensubstanz wieder aufgreift – „Alles, was Seele ist, ist unsterblich", hatte Platon im *Phaidros*[214] dekretiert – fällt er hinter den durch Descartes definierten Stand des neuzeitlichen Bewusstseins in den Mythos zurück. Man kann es wenden, wie man will: ein vollständiger Bruch des Bewusstseins löscht die Person aus. Was immer da wieder ersteht, bin nicht ich, sondern ein Anderer, ein *anderes Ich*. – Wir werden übrigens dem Gedanken der Wiedergeburt in säkularisierter, explizit atheistischer Form, jedoch mit gleicher logischer Inkonsistenz behaftet, in Nietzsches Philosophem der *Ewigen Wiederkunft des Gleichen* erneut begegnen[215].

Wir können die Überlegungen zu Lessings Religionsphilosophie nicht abschließen, ohne eine kritische Überlegung zu der für Lessings Auffassung zentralen Unterscheidung zwischen Offenbarungs- und Vernunftwahrheiten anzustellen. So wertvoll Lessings Gedanke ist, dass die als göttliche Offenbarung überlieferten metaphysisch-sittlichen Inhalte der jüdisch-christlichen Religiosität im Grunde apriorische Gehalte der Vernunft darstellen, sowohl was den Gottesbegriff als auch was den des Menschen betrifft, bleibt doch die Idee einer Offenbarung selbst eine Art fragwürdiger Überbau, ein mythisches Konstrukt. Denn Offenbarung lässt sich nicht wirklich denken, vielmehr werden mit dem Begriff intellektuelle Leistungen zu einem Übervernünftigen überhöht, mit philosophischem Terminus: sie werden hypostasiert. Der Glaube an Offenbarung hebt sich schließlich auf in die unvordenkliche Selbstgewissheit des Wahrheit produzierenden Denkens.

---

[214] A. O., Steph. 245c
[215] Vgl. unten, Kap. X 3.

V. Paradigmenwechsel: Natur als Garant von Sinn: Kants *Idee zu einer allgemeinen Geschichte in weltbürgerlicher Absicht*

1. Theoretischer Rahmen von Kants Geschichtsphilosophie

Die religionsphilosophisch gefärbten Geschichtsentwürfe von Herder und Lessing hatten als transzendentes Subjekt der Geschichte die göttliche Vorsehung selbst unterstellt und damit das Theodizee-Problem, als prädestiniertes Einfallstor für Kontingenz, implizit mit erledigt. Die von beiden Autoren mit unterschiedlicher Akzentuierung bemühte Reifungs- bzw. Erziehungsanalogie implizierte zudem die Auffassung der Geschichte als eines durch ein inneres religiöses Prinzip gesteuerten Fortschrittsprozesses, der Entfaltung eines im Ursprung angelegten Keims.

Dem Menschheitspathos und rhetorischem Überschwang dieser Autoren gegenüber kehrt Kant in seiner *Idee einer allgemeinen Geschichte in weltbürgerlicher Absicht* den Skeptiker heraus[216]. Schon die Bezeichnung seines Entwurfs als (bloße) *Idee* bekundet Kants scharfes methodisches Bewusstsein und seine Zurückhaltung bezüglich dessen, was sich aus der Geschichte an philosophischer Substanz gewinnen lässt. Von einem göttlichen Träger des Geschichtslaufs ist in dem kurzen, in neun Thesen („*Sätze*") samt Erläuterungen gegliederten und im Jahr 1784, also vier Jahre nach Lessings *Erziehung des Menschengeschlechts* publizierten Text nirgends die Rede, sodass auch die Theodizee-Problematik ganz zurücktritt. Nicht um das überschwängliche Ziel einer Vervollkommnung der Menschheit geht es Kant anscheinend, vielmehr schränkt er seine Perspektive auf einen irgendwie politisch definierten Horizont ein, den er im Titel mit dem zunächst kryptischen Begriff des *Weltbürgerlichen* bezeichnet.

Gegenüber der *erscheinenden* Geschichte, wie sie sich als Produkt menschlicher Handlungen darbietet, ist Kant sogar ausgesprochen skeptisch. Weder, wie im Tierreich, sich *instinktmäßig* vollziehend, noch nach – prinzipiell möglicher – *vernünftiger Verabredung* ablaufend, „scheint auch keine planmäßige

---

[216] Zit. nach: *Werke in zwölf Bänden*, Bd. XI: *Schriften zur Anthropologie, Geschichtsphilosophie, Politik und Pädagogik I*, TWA 10 (Frankfurt/M. 1964), S. 31-50.

Geschichte (wie etwa von den Bieren oder den Bibern) von ihnen [d.h. den Menschen] möglich zu sein"[217].

Im Gegenteil: „Man kann sich eines gewissen Unwillens nicht erwehren, wenn man ihr Tun und Lassen auf der großen Weltbühne aufgestellt sieht; und, bei hin und wieder anscheinender Weisheit im einzelnen, doch endlich alles im großen aus Torheit, kindischer Eitelkeit, oft auch aus kindischer Bosheit und Zerstörungssucht zusammengewebt findet: wobei man am Ende nicht weiß, was man sich von unserer auf ihre Vorzüge so eingebildeten Gattung für einen Begriff machen soll"[218]. Was Kant dennoch hoffen lässt, dass die geschichtsphilosophische Untersuchung, „wenn sie das Spiel der Freiheit des menschlichen Willens *im großen* betrachtet, sie einen regelmäßigen Gang [in der Geschichte] entdeckt"[219], ist die Kant eigene philosophische Überzeugung, dass „die menschlichen Handlungen" – als *Erscheinungen* der *Freiheit des Willens* – „eben so wohl als jede andere Naturgegebenheit nach allgemeinen Naturgesetzen bestimmt [sind]"[220], eine Überzeugung, für die Kant empirische Bestätigungen sieht. Zwar „scheinen die Ehen, die daher kommenden Geburten, und das Sterben, da der freie Wille des Menschen auf sie so großen Einfluß hat, keiner Regel unterworfen zu sein, nach welcher man die Zahl derselben zum voraus durch Rechnung bestimmen könne"[221]. Aber dennoch „beweisen die jährlichen Tafeln [d. h. Statistiken] derselben in großen Ländern, daß sie eben so wohl nach beständigen Naturgesetzen geschehen, als die so unbeständigen Witterungen []"[222].

---

[217] a.O., S. 34 – Die uns heute befremdende Rede von einer planmäßigen Geschichte von Bienen und Bibern hat nichts mit den sich zu Kants Zeit erst entwickelnden Evolutionstheorien zu tun. Lamarck etwa gelangte zu seiner Auffassung von Evolution ab ca. 1800; zu Kants Verhältnis zum Evolutionismus vgl. G. Irrlitz: *Kant-Handbuch* (Stuttgart 2002, S. 376 passim). Kant bedient sich vielmehr hier des Terminus *Geschichte* im antiken Sinne, etwa von Plinius' großem Werk *Historia naturalis*, einer Kompilation aller auf den Bereich Natur bezogenen Kenntnisse der damaligen Zeit. Der erstmals von Herodot für seine *Neun Bücher zur Geschichte* gebrauchte Ausdruck *Historia* (gr.: *istoría*) bedeutete ursprünglich *Erkundung, Kunde, Bericht* im allgemeinen, ohne spezifisch *historische* Perspektive. Die eingetretene Bedeutungsverschiebung ergibt sich wohl aus dem Sachverhalt, dass ein Bericht seinen Gegenstand *per se* als irgendwie abgeschlossen präsentiert.
[218] Ebd. – Die von Kant mit dem Ausdruck *Weltbühne* benutzte Theatermetapher war eine beliebte rhetorische Figur im Barock. Vgl. dazu etwa die Descartes-Darstellung des Verfassers (2022), Kapitel III 3.
[219] Ebd., S. 33
[220] Ebd.
[221] Ebd.
[222] Ebd. – Diese Aussage ist ein interessantes Beispiel für die wissenschaftlich-empirische Untermauerung einer philosophischen These durch frühe Statistik, wenn auch deren Interpretation als Ausdruck natürlicher Gesetzmäßigkeit irreführend ist; der weitere Gang der Wissenschaft hat uns die Kant noch nicht zugängliche Bedeutung

Das bisher Ausgeführte deutet die Richtung an, die Kant in seiner Argumentation einzuschlagen gedenkt. Er hofft, für seine bisher noch der theoretischen Fundierung entbehrende Geschichts*teleologie* – der objektiv zu verstehende Ausdruck „in weltbürgerlicher *Absicht*" deutet das teleologische Moment an – am Begriff der Natur und der Naturgesetzlichkeit den theoretischen Garanten zu finden: „Es ist hier keine Auskunft für den Philosophen, als daß, da er bei den Menschen und ihrem Spiele im großen gar keine vernünftige *eigene Absicht* voraussetzen kann, er versuche, ob er nicht eine *Naturabsicht* in diesem widersinnigen Gange menschlicher Dinge entdecken könne; aus welcher, von Geschöpfen, die ohne eigenen Plan verfahren, dennoch eine Geschichte [d.h. die theoretische Konstruktion einer solchen] *nach einem bestimmten Plane der Natur* möglich sei"[223].

Vergegenwärtigen wir uns nach dieser Darlegung des kantischen Ansatzes kurz dessen entwicklungsgeschichtlichen Ort.

An die Stelle der Idee des personalen Gottes, über den Leibniz – im Wettstreit mit den Theologen – noch in einer Unbefangenheit räsonierte, als stünde er mit ihm in direktem Austausch, hatte insbesondere Herder, aber teilweise auch Lessing, den Begriff der Vorsehung gesetzt, der die traditionellen göttlichen Attribute der Allmacht und der Allwissenheit pragmatisch auf den Zeitlauf bezieht. Für Kant ist ein Operieren mit dem Begriff *Gott* wie auch mit dem der *Vorsehung* systematisch ausgeschlossen, hatte er doch, wenige Jahre vor Abfassung des Aufsatzes, im Dialektik-Teil der 1781 in erster Fassung erschienenen *Kritik der reinen Vernunft*, Gott (samt allen ihm zugeschriebenen Attributen) zum Reflexionsprodukt der auf Vollständigkeit der Ursachen ausgehenden transzendentalen Subjektivität degradiert[224] und als seienden Gegenstand aus der theoretischen Philosophie eliminiert, was ihm seitens des Lessing-Freundes *Moses Mendelssohn* (1729-1786) den zweideutigen Titel eines ‚Alles-Zermalmers der Metaphysik' eingetragen hatte.

An die systematische Stelle Gottes in den vorhergehenden optimistischen geschichtsphilosophischen Entwürfen (Bossuet, Herder, Lessing) tritt also die Natur, und wenn Kant, wie zitiert, von einer Naturabsicht und einem Plan der Natur spricht, stattet er die Natur mit Gottesprädikaten aus und überhöht sie metaphysisch. Kant greift hier hinter den mechanistischen Naturbegriff Descartes' und Newtons auf die teleologische Naturauffassung des Aristoteles zurück. Das wird ganz deutlich, wenn er davon spricht, die Natur habe,

---

sozialer wie mentaler, d. h. sozialpsychologischer Faktoren auf derartige sich selbst geschichtlich verändernde Regelmäßigkeiten verstehen gelehrt.
[223] Ebd., S. 34 (Hervorh. Vf.)
[224] Vgl. z.B. KrV, A 571-583: *Von dem transzendentalen Ideal*

bezüglich des Menschen, etwas „gewollt"[225] und sich eines bestimmten „Mittels [] bedient"[226]. Wenn Kant formuliert, „die Natur macht nämlich nichts überflüssig"[227], ist das bester, wörtlicher Aristoteles, denn der hatte in seiner kosmologischen Abhandlung *De caelo* dekretiert: „Gott und die Natur machen aber nichts zwecklos"[228], und Aristoteles verdanken wir überhaupt die bis heute nachwirkende Hypostasierung von Natur zu einer metaphysischen Entität[229].

Natürlich kann Kant als dem Christentum verpflichteter Denker die aristotelische Identifizierung von Gott und Natur nicht übernehmen, das spinozistische *Deus sive Natura* ist ihm verwehrt, und er hätte es auch von sich gewiesen. Systematisch ist das Konzept insofern brüchig, als Kant einerseits Naturgesetzlichkeit als geschichtssteuernde Instanz beansprucht, andererseits an der Idee des freien Willens festhält. Aristoteles sah den Gegensatz zwischen Freiheit und Notwendigkeit noch nicht, Spinoza erklärte die Freiheit zu bloßem Schein und etablierte einen universellen Determinismus[230].

In gewissem Sinne fällt der Aufklärer Kant mit seinem aristotelisch angehauchten Naturbegriff hinter den von der christlichen Religion verwirklichten Grad der Aufklärung zurück, denn diese sah die Natur als bloß Geschaffenes, als Gottes Geschöpf und erschloss damit, nach den Jahrhunderten mittelalterlicher Indifferenz, den neuzeitlichen Weg von der *substantialistischen* zur *funktionalistischen* Betrachtung der Natur[231], wie ihn beispielhaft und bahnbrechend Descartes entwickelte[232].

---

[225] Ebd., S. 36

[226] Ebd., S. 37

[227] Ebd., S. 36

[228] a.O., 271a

[229] Vielleicht gäbe es ohne diese Strategie des Aristoteles und deren Rezeption durch Kant gar nicht die ‚grüne' Umweltbewegung, die ihren ganzen Schwung aus dem Pathos dieses die Natur überhöhenden teleologischen Begriffs zieht.

[230] Kants Argument impliziert das Risiko, die Freiheit des Willens zum bloßen Phänomen herabzusetzen, wie es ja auch in seiner Aussage anklingt, Freiheit sei als objektive Realität nicht erweisbar. Schopenhauer wird daraus die radikale Konsequenz direkter Bestreitung der Willensfreiheit ziehen; für diesen ist sie bloße Erscheinung, ‚Schleier der Maja' (vgl. unten, Kapitel VIII).

Kants Begriff der Natur in der zitierten Aussage darf aber weder deterministisch noch aristotelisch im Sinne eines *tertium non datur* interpretiert werden. Vielmehr bedeutet Natur hier nichts anderes als den Inbegriff aller durch Erfahrung zu gewinnende Gehalte – und erfahrbar werden Dinge, wenn sie unsere Erwartung von Ordnung und Struktur erfüllen. Selbst wo Chaos und Kontingenz konstatiert werden, erfolgt dies aus einem Erwartungshorizont von Ordnung und Regel heraus.

[231] Vgl. zu dieser begrifflichen Opposition Ernst Cassirer: *Substanzbegriff und Funktionsbegriff* (1910).

[232] Ich verweise wiederum auf meine Schrift *Descartes – Denker der Moderne* (2022).

Denn im Grunde ist nichts falscher oder sagen wir: metaphysischer, als der Natur Zwecke zu unterstellen, wie Aristoteles es generell und Kant jedenfalls in der vorliegenden Schrift tut. Der unvoreingenommenen Beobachtung zeigen sich die natürlichen Dinge, also alles das, was nicht Produkt menschlichen Denkens und Handelns ist, alles Außerkulturelle, zu einem Teil aufs äußerste organisiert und ausdifferenziert, wie das organische Leben, wogegen sich anderen Phänomenen, wie den gewaltigen Naturkatastrophen, den geographischen Zonen mit lebensfeindlichen Bedingungen, den ungeheuren kosmischen Prozessen, den Grausamkeiten im Tierreich, nicht der geringste Sinn qua Vernunft abgewinnen lässt, ebenso wenig wie dem Verschwinden der Ordnungsstrukturen auf quantenphysikalischer Ebene. Wir können uns diesen Phänomenen lediglich beschreibend nähern, ohne jedoch Zweckmäßigkeit zu finden.

Wenn Kant die Gültigkeit des Zweckbegriffs für die Naturtheorie damit zu belegen glaubt, dass er, bezogen auf tierisches Leben, feststellt: „Ein Organ, das nicht gebraucht werden soll, eine Anordnung, die ihren Zweck nicht erreicht, ist ein Widerspruch in der teleologischen Naturlehre"[233], unterliegt er einer *Petitio principii*: Freilich geht der teleologische Ansatz nur auf das offenbar als zweckmäßig Erscheinende und ignoriert das nicht als zweckvoll Interpretierbare. Das rechtfertigt jedoch nicht den Schluss, Natur funktioniere durchgehend, zweckhaft, ja zwecksetzend. Gerade das von Kant gewählte Beispiel sticht nicht. Es gibt, wie wir heute wissen, im Tierreich Fälle der Anpassung, in denen ein Organ durch zufällige Änderungen in den Umweltbedingungen, also evolutionär bedingt, über Generationen verteilt, abstirbt, weil es funktionslos geworden ist. Bei solch funktionaler Anpassung durch Schwund hat aber die Idee einer planmäßig schaffenden Natur keinen Sinn, da ihr ja zufällige Umstände, Kontingenzen, zugrunde liegen. Diese Umstände auch noch in die Teleologie aufnehmen zu wollen, wäre eine mystifizierende Überhöhung der Natur zu einer physisch-metaphysischen Entität – eine Überhöhung, die allerdings bis heute unvermindert anhält (und die sich etwa bis in die banale Produktwerbung hinein findet).

Jedoch so weit die Erfahrung reicht, ist *Natur* nichts weniger als eine mit Willen und Umsicht planende Entität. Sie ist nichts *an sich*, ist nichts weiter als der Inbegriff der erscheinenden ‚natürlichen' Ereignisse, wie geordnet oder chaotisch, menschlich gesprochen: wie ‚nützlich' oder ‚schädlich', ‚sinnvoll' oder ‚sinnlos' sie auch immer sich präsentieren mögen. Kant verstößt mit

---

[233] a.O., S. 35

seiner Überhöhung der Natur zum absoluten Subjekt-Objekt gegen das von ihm selbst in der Vernunftkritik ausgesprochene Metaphysikverbot.

Allerdings kann man im Rahmen unseres Themas diesem teleologischen Naturbegriff einen strategischen Sinn nicht absprechen: Er fängt zum einen den durch den *Theodizee-Gedanken* auf Gott gewälzten Rechtfertigungsdruck auf und entlastet Gott, indem er die Ursachen des Schlechten und Fragwürdigen auf die nicht unter moralischer Prärogative stehende, moralisch nicht zu belangende Natur projiziert; zum anderen mindert er auch das Moment der *Kontingenz*, d. h. den Verdacht, die Wirklichkeit sei nur der Reflex „einer zwecklos spielenden Natur [] und des trostlosen Ungefähr [] anstelle des Leitfadens der Vernunft"[234].

Wie aber, nach Kant, die *Teleologie*, d. h. die auf die Natur projizierte Vernünftigkeit, einen Sinn in den anscheinend ordnungslosen, von bloßer Willkür der Subjekte geprägten zeitlichen Ablauf der menschlichen Begebenheiten bringt, davon soll im folgenden Abschnitt die Rede sein.

2.   Anthropologie als Leitfaden

Nach der Erörterung der Problematik des theoretischen Rahmens eines *Planes der Natur*, in den Kant seine Idee einer jenseits bzw. hinter allen partikulären geschichtlichen Ereignissen sich vollziehenden allgemeinen Geschichte stellt, können wir uns den von Kant ausgemachten Bestimmungstücken dieser allgemeinen Geschichte selbst zuwenden. Da das Subjekt-Objekt der Geschichte, wenn auch diesem selbst unbewusst, der Mensch ist, wird das geschichtlich Mögliche durch die Möglichkeiten bzw. die Grenzen des Menschen selbst definiert.

Die Frage nach dem Menschen und seinen Möglichkeiten ist für Kant keine Frage unter anderen, sondern er sieht in ihr die zentrale Frage der Philosophie; wie für die mittelalterlichen Philosophen Gott im Zentrum ihres theoretischen Interesses stand, so in der Neuzeit der Mensch – und Kant war dies bewusst. In diesem Sinne definierte er in seiner Einleitung zur Logik-Vorlesung[235] die Aufgabe der Philosophie mittels dreier, durch die *Conditio humana* oktroyierter Grundfragen:

1. Was kann ich wissen?
2. Was soll ich tun?

---

[234] Ebd., S. 35
[235] *Logik*, Einl. III; zit. R. Eisler: *Kant-Lexikon* (Hildesheim 2002), S.420

3. Was darf ich hoffen?

Die erste der Fragen konstituiert Kant zufolge die theoretische Philosophie, d. h. die Metaphysik bzw. die Erkenntnistheorie, die zweite die praktische oder Moralphilosophie, die dritte, über die irdische Existenz hinaus fragende, umreißt die Religionsphilosophie. Alle drei Fragen aber koinzidieren in einer zentralen vierten, der Frage nämlich: *Was ist der Mensch?*

In diesem Sinne also ist Philosophie für Kant in erster Linie *Anthropologie*, und so ist es konsequent, dass er auch die Antwort auf die Frage nach Sinn und Ziel der Geschichte, die für ihn im Geiste der Aufklärung grundsätzlich positiv konnotiert ist, an eine Bestimmung der Natur des Menschen knüpft – Natur hier verstanden im Sinne der elementaren, unaufhebbaren und sich folglich auch durch jeden denkbaren Geschichtsverlauf durchhaltenden Merkmale des *ánthropos*.

Der Plan, den die Natur mit dem Menschen geschichtlich verfolgen kann, ist also begrenzt durch die von der Natur in den Menschen gelegten Eigenschaften. Da zeigt sich Kant von einem messerscharfen Realismus, meilenweit entfernt vom Herderschen oder Lessingschen Chiliasmus einer in Nächsten- und Gottesliebe vereinten Menschheit, eines „menschenliebendsten Deismus"[236].

Denn die menschlichen Defekte, die Kant in seiner Hermeneutik der erscheinenden Geschichte zu Tage gefördert hat, Torheit, kindische Eitelkeit, Bosheit usw. sind ja prinzipiell unaufhebbar und konditionieren folglich auch das geschichtlich Mögliche. Eine schlichte Aufzählung der Namen Stalin, Hitler, Putin, Trump enthebt uns der Notwendigkeit weiterer Erklärung!

Andererseits impliziert die Idee einer nach einem Plan der Natur verlaufenden Geschichte der „Menschengattung"[237], in irgendwie fortschrittlichem Sinne, dass der gegenwärtige Punkt auf der Zeitachse, an dem der Denker selbst steht, kein Nullpunkt ist, an dem alles vollkommen neu beginnt – dies führte in die Utopie –, sondern der Durchgangspunkt eines in Gang befindlichen Prozesses, und es bedarf somit auch einer Hermeneutik des eigenen geschichtlichen Standorts.

In diesem Sinne hatte ja Herder die Folge verschiedener antiker Völker und des Mittelalters als Vorstufen der allgemeinen Liebesordnung und Lessing die Epochen des *Alten* und des *Neuen Testaments* als Vorstufen des *Ewigen Evangeliums* angesetzt.

---

[236] Herder, a.O., S. 56
[237] a.O., S. 40 – Dieser den Menschen aus naturphilosophischer Perspektive visierende Begriff wird bei Marx Karriere machen. Bei diesem ist ständig von der menschlichen Gattungsnatur und dgl. die Rede.

Kant nun fasst den geschichtlichen Standort in die Bestimmung: „Wir sind im hohen Grade durch Kunst und Wissenschaft *kultiviert*. Wir sind *zivilisiert*, bis zum Überlästigen, zu allerlei gesellschaftlicher Artigkeit und Anständigkeit. Aber, uns für schon *moralisiert* zu halten, daran fehlt noch sehr viel"[238].

Kant erkennt also das durch die Entwicklung von Wissenschaft und Künsten erreichte kulturelle Niveau an. Seine Rede von einer zum Übermaß geratenen Zivilisierung zeigt den schlichten, an Rousseau'scher Natürlichkeit orientierten Menschen, der die gehaltlosen Überfeinerungen der späten Rokoko-Gesellschaft mit ihrem Hang zum Niedlichen und Zierlichen sowie deren zeremoniös entartete Verhaltensregeln als bloße Äußerlichkeiten durchschaut und ablehnt. Wollte man diesen Aspekt der „Zivilisiertheit" auf unsere eigene Zeit beziehen, wäre deren Verfall zu konstatieren, denn das einst nicht ohne Grund *Höflichkeit* genannte Moment der ‚Umgangsformen', deren soziale Funktion ja die Regelung des Verhaltens zwischen Freien und Gleichen war, ist völlig geschwunden und in alberne Kumpelhaftigkeit umgeschlagen, zudem in die willkürliche Verletzung von Anstandsregeln, wofür das vor einigen Jahren auf einer Baleareninsel von Jugendlichen veranstaltete öffentliche Wett-Onanieren nur ein extremes Beispiel ist.

Dagegen findet das von Kant beklagte Moment der Überfeinerung der Sitten in den wirtschaftlich hochentwickelten Industrieländern sein fragwürdiges Äquivalent in einer ins Absurde gesteigerten Warenvielfalt und in einer ebenso absurden Ich-Zentriertheit der auf den Status von ‚Konsumenten' reduzierten und sich in ihren Konsumansprüchen als unbegrenzt berechtigt empfindenden Individuen. Diese Absolutsetzung der eigenen Befindlichkeit, der eigenen ‚subjektiven' Anmutungen, hat dann ihren politischen Reflex in Verweigerungshaltungen und Willkürakten gegenüber Gesellschaft und Staat, wie sie sich in Form der Proteste gegen die Corona-Regelungen manifestiert haben.

Bleibt noch das dritte von Kant zur Bestimmung des historischen Ortes herangezogene Kriterium der *Moralisierung*, und hier tut sich, wie für alle der Aufklärung zugehörigen Denker, auch für ihn die Lücke zwischen *Sein* und *Sollen* auf, die es ihrer Meinung nach zu schließen gilt. Und Kant wäre nicht der Begründer einer (Deutscher) *Idealismus* genannten philosophischen Richtung, wenn er diese Differenz nicht beklagen würde und nicht „durch fortgesetzte Aufklärung [als] Anfang zur Gründung einer Denkungsart [die] Gesellschaft endlich in ein *moralisches Ganze* verwandelt"[239] sehen möchte. Wie das

---

[238] Ebd., S. 44
[239] Ebd., S. 38 (Hervorh. Vf.)

Denken *Platons*, des Urvaters alles philosophischen Idealismus, ganz um den Gedanken der Implementierung der *Idee des Guten* im Menschen zentriert war, kreist auch Kants gesamte, unter dem Motto *Was soll ich tun?* stehende praktische Philosophie mit dem *kategorischen Imperativ* als theoretischem Zentrum um die Konzeption einer Moraltheorie, die den neuzeitlichen Aspekt der Freiheit und Autonomie des Individuums mit dem von dessen notwendig primärem Bezug auf das intersubjektive Ganze verbindet.

Aber Kant ist Realist genug, den Gedanken der sittlichen Vervollkommnung des Menschen nicht, wie Herder und Lessing, zum geschichtsphilosophischen Prinzip zu erheben. Sein Blick auf die moralische Natur des Menschen bleibt ein skeptischer und fasst sich in dem metaphorisch formulierten, gleichwohl ins Schwarze treffenden Urteil zusammen: „Aus so krummem Holze, als woraus der Mensch gemacht ist, kann nichts ganz Gerades gezimmert werden"[240]. Und deshalb gilt für Kant, entsprechend der in unserem Text eingesetzten naturrechtlichen Diktion: „Der Mensch ist ein Tier, das, wenn es unter anderen seiner Gattung lebt, einen Herrn nötig hat"[241]. Und zwar deshalb, weil „jeder derselben [] immer seine Freiheit missbrauchen [wird], wenn er keinen über sich hat, der nach den Gesetzen über ihn Gewalt ausübt"[242].

Angesichts dieser klaren, durch alle Erfahrung bestätigten Einsicht Kants erscheint die heute mitunter zu hörende Ansicht, es seien nur die Gesetze, die die Menschen voneinander trennten und man brauche nur diese zu beseitigen, um die Menschen in zwangloser Kommunikation miteinander zu vereinigen, als pure Romantik. So vertritt etwa die österreichische Philosophin *Isolde Charim* allen Ernstes die Auffassung, durch Abschaffung der StVO und „Deregulierung" des Straßenverkehrs könne man die Straßen der Stadt zur „Begegnungszone" machen, „und heraus [käme] eine konfliktfreie, gemeinsame Nutzung des öffentlichen Raums, ein *shared space*"[243].

Charims Auffassung, die durch die Deregulierung erhöhte Unsicherheit der Verkehrssituation führe zu allgemeiner Rücksicht, ist entgegenzuhalten: Die erhöhte Rücksicht einiger (mit Vorsicht und Wohlwollen gesagt: zum Beispiel der Frauen) provoziert andere (wahrscheinlich die Männer), sich auf Kosten ihrer Mitmenschen rücksichtslos die Vorfahrt zu erzwingen, was in der

---

[240] Ebd., S. 41
[241] Ebd., S. 40
[242] Ebd., S. 41
[243] *Ich und die Anderen. Wie die neue Pluralisierung uns alle verändert.* Wien 2018, S. 168 – Zu einer ausführlichen Kritik von Charims Ansichten vgl. meinen Aufsatz *Sind wir alle Migranten?*, in: Schönknecht: *Einblicke und Ausblicke* (Berlin 2020), S. 119ff.

Folge zur Repristination gesetzlicher Regeln zwänge. Solche Naivitäten wie diejenige Charims liegen allerdings Kant fern!

3.   Politik als Fortschrittsmotor

Worin sieht nun Kant die positiven Möglichkeiten der Geschichte, wenn nicht in einer generellen Versittlichung des Menschen? Hier kommt erstmals der zweite Aspekt seiner praktischen Philosophie zum Zuge: Anstelle der Ethik wird im Anschluss an die angelsächsische und französische Staats- und Gesellschaftstheorie die politische Idee zum Träger des Fortschritts. Wenn auf die Verwirklichung eines humanen Ganzen durch Versittlichung nicht zu hoffen ist, muss die politische Gestaltung an deren Stelle treten. Hier ergibt sich der Anschluss an bestehende politische Strukturen, die entsprechend weiterentwickelt werden müssen. Doch setzt Kant nicht melioristisch an bestimmten staatlichen und institutionellen Formen an, sondern argumentiert grundsätzlich von seinen zum Teil im Vorhergehenden entwickelten naturphilosophisch-anthropologischen Voraussetzungen her, indem er die nach seiner Auffassung in diesen Voraussetzungen notwendig implizierten Konsequenzen ausbuchstabiert.

Hier erweist sich nun die zweideutige, durch die Spannung von Willensfreiheit und Naturnotwendigkeit bestimmte Natur des Menschen als historisch produktiv. Kant fasst diese Natur unter die großartige Formel der *„ungeselligen Geselligkeit* der Menschen"[244]. Hatte die metaphorische Rede vom Menschen als ,krummem Holze, aus dem nichts Gerades gezimmert werden kann', noch eine moralische Konnotation, ist die jetzige Formulierung frei von jeder Wertung, bloß anthropologisch-deskriptiv. Dieser „Antagonism"[245] ungeselliger Geselligkeit bestimmt den Menschen konstitutionell, ist also nicht aufhebbar, und er ist empirisch real, jeder kennt ihn aus eigener Erfahrung: „Der Mensch hat eine Neigung, sich zu *vergesellschaften*; weil er in einem solchen Zustande sich mehr als Mensch, d. i. die Entwicklung seiner Naturanlagen, fühlt. Er hat aber auch einen großen Hang sich zu *vereinzelnen* [sic!] (isolieren); weil er in sich zugleich die ungesellige Eigenschaft antrifft, alles bloß nach seinem Sinne richten zu wollen, und daher allerwärts Widerstand erwartet, sowie

---

[244] a.O., S. 37
[245] Ebd.

er von sich selbst weiß, daß er seiner Seits zum Widerstande gegen andere geneigt ist"[246].

Was folgert aber Kant aus dieser zweifellos zutreffenden Beschreibung? Verurteilt er, der einen Großteil seiner philosophischen Arbeit der Moralphilosophie und der Propagierung eines zweifellos hypertrophen Pflichtbegriffs gewidmet hat, diese Lage der Dinge und ruft zu ihrer Überwindung auf? Das kann er nicht, denn er sieht diese menschliche Verfassung als naturgegeben, also als konstitutionsbedingt an, und die Forderung ihrer Überwindung wäre philosophisch inkohärent, widersprüchlich.

Aber er sieht auch gar keinen Grund zur Kritik, denn „dieser Widerstand ist es nun, welcher alle Kräfte des Menschen erweckt, ihn dahin bringt, seinen Hang zur Faulheit zu überwinden, und, getrieben durch Ehrsucht, Herrschsucht oder Habsucht, sich einen Rang unter seinen Mitgenossen zu verschaffen, die er nicht wohl *leiden*, von denen er aber auch nicht *lassen* kann. Da geschehen nun die ersten wahren Schritte aus der Rohigkeit zur Kultur []"[247].

Diese produktive Seite der menschlichen Ambivalenz ist es, die Kant geradezu begeisterte Zustimmung abnötigt: „Dank sei also der Natur für die Unvertragsamkeit, für die mißgünstig wetteifernde Eitelkeit, für die nicht zu befriedigende Begierde zum Haben, oder auch zum Herrschen! Ohne sie würden alle vortreffliche Naturanlagen in der Menschheit ewig unentwickelt schlummern. Der Mensch will Eintracht; aber die Natur weiß besser, was für seine Gattung gut ist: sie will Zwietracht"[248].

Und wie um das Lob des Antagonismus in der *Conditio humana* zu vollenden und zugleich gegen gnostische Folgerungen und Tendenzen zur Theodizee abzuschirmen, nennt Kant diese Lage der Dinge kurzerhand die „Anordnung eines weisen Schöpfers; und nicht etwa die Hand eines bösartigen Geistes, der in seine herrliche Anstalt gepfuscht oder sie neidischerweise verderbt habe"[249].

Kants gesamte Argumentation geht von seinem naturphilosophischen Prinzip aus, dass „*alle Naturanlagen eines Geschöpfes bestimmt [sind], sich einmal vollständig und zweckmäßig auszuwickeln*"[250]. Während aber im Tierreich jedes Exemplar die Anlagen seiner Gattung in vollem Maße realisiert, erfolgt bei

---

[246] Ebd., S. 37f. – Einige Jahrzehnte später wird diese Konstellation bei Hegel auf begrifflich vertiefter Grundlage unter dem Titel eines *Kampfes um Anerkennung* wiederkehren (vgl. zu Hegel das folgende Kapitel).

[247] Ebd., S. 38 (Hervorh. Vf.)

[248] Ebd., S. 38f.

[249] Ebd., S. 39

[250] Ebd., S. 35

Menschen die Entwicklung der „auf den Gebrauch seiner Vernunft abgezielten [Naturanlagen]"[251], d. h. seiner Intelligenz, in vollständiger Form *nur in der Gattung nicht aber im Individuum*"[252]. Der Mensch ist also von sich her auf Geschichte angelegt, ein geschichtliches Wesen – so wie es der erwähnte Xenophanes bereits begriffen hatte.

Damit aber angesichts der beschriebenen ‚ungeselligen Geselligkeit', d. h. der konfliktuosen Natur des Menschen, diese Anlagen sich nicht destruktiv gegeneinander wenden oder sich wechselseitig blockieren – man darf hinzufügen: wie in der bisherigen Geschichte –, bedarf es institutioneller Maßnahmen, solche Auswüchse aufzufangen; die ‚Unverträglichkeit' kann zwar nicht beseitigt, aber sie muss – und dies ist das Prinzip des Politischen – neutralisiert werden – das war bereits die große Einsicht von *Thomas Hobbes* (1588-1679). Da aber der Mensch ein Tier ist, dass einen Herrn nötig hat, aber jeder denkbare Herr selbst ein solches Tier und damit der Bändigung bedürftig ist, scheint hier ein unauflösbarer praktischer Zirkel vorzuliegen, an dem sich auch die Denker vor Kant schon abgearbeitet haben. Abweichend von Hobbes, für den das politische Problem mit der Etablierung des Souveräns – gleichgültig ob Person oder Gremium – gelöst war, aber in sachlicher Nähe zu Locke und Rousseau, sieht Kant die Lösung in der *„Erreichung einer allgemein das Recht verwaltenden bürgerlichen Gesellschaft*"[253].

Denn „nur in der Gesellschaft, und zwar derjenigen, die größte Freiheit, mithin einen durchgängigen Antagonismus ihrer Glieder, und doch die genauste Bestimmung und Sicherung der Grenzen dieser Freiheit hat, damit sie mit der Freiheit anderer bestehen könne"[254], also in einer *„vollkommen gerechten bürgerlichen Verfassung*"[255], kann die „höchste Absicht der Natur, nämlich die Entwickelung aller ihrer Anlagen, in der Menschheit erreicht werden"[256]. (Wie schwierig solche Abgrenzung des nach dem Prinzip allgemeiner Freiheit Erlaubten von dem diese Freiheit Korrumpierenden und damit zu Verbietenden im Einzelfall sein kann, davon zeugt die Existenz von Verfassungsgerichten).

Wenn Kant dieses Problem als das *„zugleich schwerste, und das, welches von der Menschengattung am spätesten aufgelöset wird*"[257], bezeichnet, so dürfen wir in dem nur wenige Jahre vor der französischen Revolution entstandenen Text

---

[251] Ebd.
[252] Ebd.
[253] Ebd., S. 39
[254] Ebd.
[255] Ebd.
[256] Ebd.
[257] Ebd., S. 40

Kants Beitrag zur republikanischen Idee sehen. Darauf deutet auch Kants Überlegung hin, dass dies „*Problem der Errichtung einer vollkommenen bürgerlichen Verfassung [] von dem Problem eines gesetzmäßigen äußeren Staatenverhältnisses abhängig [ist], und ohne dass letztere nicht aufgelöset werden [kann]*"[258].

Denn die Überführung des Naturzustands, d. h. des Kampfes aller gegen alle, in den gesetzlichen Zustand hilft nicht wirklich, solange unter den Staaten selbst noch der Naturzustand „ungebundener Freiheit"[259] fortbesteht, was sich nach der französischen Revolution eben darin zeigte, dass die absolutistischen Staaten Europas gegen das republikanische Frankreich zu Felde zogen – und wie es sich in unserer Zeit etwa im russischen Angriff auf die Ukraine manifestiert(e). Personale Souveränität, Autokratie verträgt sich nicht mit republikanischer Ordnung, ihr Nebeneinander bedeutet die Perpetuierung des Naturzustands, der sich manifestiert in der „niemals nachlassenden Zurüstung zu [Kriegen], durch die Not, die dadurch endlich ein jeder Staat, selbst mitten im Frieden, innerlich fühlen muß"[260] – nämlich durch den Verbrauch des gemeinschaftlich produzierten Reichtums für den Ausbau des Militärs statt zur Verbesserung des Lebens der Bürger.

Zwangsläufig ergibt sich so, „nach vielen Verwüstungen, Umkippungen [d. h. Umstürzen], und selbst durchgängiger innerer Erschöpfung ihrer Kräfte"[261], den Menschen die Einsicht, die ihnen ihre „Vernunft auch ohne so viel traurige Erfahrung hätte sagen können [], nämlich: aus dem gesetzlosen Zustand der Wilden hinaus zu gehen, und in einen *Völkerbund* zu treten; wo jeder, auch der kleinste, Staat seine Sicherheit und Rechte, nicht von eigener Macht, oder eigener rechtlichen Beurteilung, sondern allein von diesem großen Völkerbunde (*Foedus Amphictyonum*), von einer vereinigten Macht, und von der Entscheidung nach Gesetzen des vereinigten Willens, erwarten könnte"[262]. Nun, einen solchen Völkerbund gibt es – Kant sei Dank – inzwischen, wenn ihm auch oft noch die Machtmittel fehlen, seine Entscheidungen durchzusetzen und er sich als ‚zahnloser Tiger' erweist!

In der Erreichung dieses Zustands allgemeiner, auch die Nationen bindender Freiheit unter Gesetzen sieht Kant den „verborgenen Plan der Natur"[263] mit dem Menschen und das Ziel der Geschichte. Ironisch befindet er, als erklärter Gegner der utopischen Idee einer unmittelbaren universellen

---

258 Ebd., S. 41
259 Ebd.
260 Ebd., S. 42
261 Ebd.
262 Ebd. (Hervorh. Vf.)
263 Ebd., S. 45

Harmonie der Menschen, zum eigenen Entwurf: „Man sieht: die Philosophie könne auch ihren *Chiliasmus* haben; aber einen solchen" – und hier scheint Kant sich direkt gegen Konzeptionen wie die Herders und besonders Lessings zu wenden – „der [] nichts weniger als schwärmerisch ist"[264].

Wie sehr Kant Recht hatte mit seiner geschichtsphilosophischen Konzeption und deren Anspruch auf Sachgehalt, das sehen wir heute, wo die Idee einer Freiheit unter Gesetzen wieder bedroht ist, einerseits durch Diktatur und blanken Imperialismus wie in Russland, andererseits durch repressiv herrschende soziale oder religiöse Ideologien wie in China und im Iran. Es bleibt aber unerschüttert die „Hoffnung [auf einen solchen] allgemeinen *weltbürgerlichen Zustand*"[265] und die Wahrheit von Kants Überzeugung, dass „ein philosophischer Versuch, die allgemeine Weltgeschichte nach einem Plane der Natur, der auf die vollkommene bürgerliche Vereinigung in der Menschengattung abziele, zu bearbeiten, als möglich [angesehen werden müsse]"[266], und mehr noch, als „für diese Naturabsicht *beförderlich*"[267].

Lassen wir die Zuschreibung des Geschichtsziels an die Natur, auf die Kant so viel Wert legt, auf sich beruhen, es ist letztlich unerheblich, ob ich dieses *Telos* in einer Absicht der Natur fundiert sein lasse wie Kant oder es, wie Hegel, unter dem Titel einer *Vernunft in der Geschichte* in der die Geschichte durchwaltenden Vernunft oder Geistigkeit begründe: Natur wie Vernunft sind nur erdachte, transzendente Substrate für die auf Verbesserung, auf Realisierung eines Guten zielenden kommunikativen Prozesse der Menschen.

Das Ziel einer das Recht verwaltenden bürgerlichen Gesellschaft selbst als Voraussetzung für ein gutes und gerechtes Leben der Menschen tritt durch die philosophische Reflexion überhaupt erst zu Tage und erhält bleibende Aktualität – bis es hoffentlich dereinst eingelöst sein wird. Nirgends anders als in der Philosophie vermag sich der Sinn von Geschichte, der in gewissem Maße den Sinn unseres Daseins überhaupt bestimmt, zu artikulieren. Dies wird das folgende Kapitel über Hegel zeigen.

---

[264] Ebd.
[265] Ebd., S. 47
[266] Ebd.
[267] Ebd. (Hervorh. Vf.)

VI. Systematische Eliminierung von Kontingenz: G. W. F. Hegel

1. Geschichte als Substanz der Wirklichkeit

Die diversen im Vorhergehenden dargestellten geschichtsphilosophischen Versuche, d. h. die Versuche, der Geschichte, der Gesamtheit der *überlieferten* Ereignisse, integralen Sinn abzugewinnen und damit, den Autoren selbst vielleicht unbewusst, die schwindende Kontingenzvermeidungskapazität der Religion zu kompensieren, fassen sich zusammen und kulminieren, wie weithin bekannt, in den geschichtsphilosophischen Spekulationen von *G. W. F. Hegel* (1770-1831). Bei Hegel gewinnt Geschichte eine ganz neue Valenz, sie rückt vom bloßen Gegenstand der Erkenntnis auf zu deren *Medium*. Fortan wird gelten, dass Erkenntnis *im Lichte der Geschichte* erfolgt, dass Erkenntnis selbst geschichtlich geprägt ist, was seinen Ausdruck in Hegels berühmter Sentenz findet, jedes Individuum sei ein *Sohn seiner Zeit*[268] – und die Richtigkeit des Gedankens verifiziert sich unmittelbar an ihm selbst durch die Tatsache, dass Hegel die Töchter ignoriert! Fortan ist das *Vergangene* nicht einfach das immer Wahre, wie es der Aristoteles für die mittelalterliche Philosophie war, aber auch nicht bloß das Unwahre, spurlos Überwundene wie die Aufklärung glaubte. Es ist vielmehr, in systematischerer Weise als bei Herder und Lessing, eine als Stimulus der ,Auseinander-Setzung' notwendige, integrale Vor- und Durchgangsstufe.

Um den Fortschritt zu dokumentieren, den Hegels Ansatz für die noch junge Disziplin Geschichtsphilosophie bedeutet, hier ein Abriss wesentlicher Bestimmungen, ausgehend von Hegels ebenfalls allgemein bekannter Definition von *Weltgeschichte* – Hegel nimmt sogleich Geschichte in diesem weitesten Sinne. Im *zweiten Entwurf* der *Philosophischen Weltgeschichte* von 1830 formuliert Hegel: „Die Weltgeschichte ist der Fortschritt im Bewußtsein der Freiheit"[269].

Der Zugewinn an Konkretheit gegenüber dem Kantischen Konzept einer allgemeinen Geschichte in weltbürgerlicher Absicht fällt sogleich auf. Hegel bedarf für den Prozess nicht mehr des übergeordneten Agenten *Natur* (als aufklärerischem Äquivalent für den bei Bossuet, Herder und Lessing den Prozess vorantreibenden christlichen Gott), sondern verlegt das Bewegungsprinzip in

---

[268] *Grundlinien der Philosophie des Rechts. Vorrede* (Hg. J. Hoffmeister), Hamburg 1955, S. 16

[269] *Die Vernunft in der Geschichte* (Hg. J. Hoffmeister), Hamburg 1955, S. 63

den *Geist*, welchen er in seiner Selbstmanifestation als menschliches Individuum und Kollektiv als *Bewusstsein* bezeichnet – und erfasst damit erstmals die Essenz, die wesentliche *Form* des Geschichtsprozesses. Mit anderen Worten: Der Mensch wird nicht mehr primär, wie in Kants Metapher vom ‚krummen Holz', als das unveränderliche Substrat der Geschichte, gesehen, sondern als *Bewusstsein* und *Selbstbewusstsein* partizipiert er produktiv am geschichtlichen Prozess, wird zum Produzenten seiner selbst, wandelt sich im allgemeinen Wandel der (je spezifischen) Kultur, produziert den Geist der Zeit ebenso, wie er durch ihn produziert wird. Es ist diese *Selbstproduktion* des Menschen, die Marx zu der bewundernden Feststellung veranlasste, Hegel habe (in der *Phänomenologie des Geistes*) das Wesen der menschlichen Arbeit erfasst – um seinerseits den Begriff der Arbeit sogleich materialistisch auf die Produktion von Gütern zu verengen und jede andere Tätigkeit, speziell die geistige, als eigentlich unproduktiv in den Überbau abzuschieben – ein Fehler, der Marx dann historisch auf die Füße fiel!

Hegel konkretisiert seine Bestimmung der Weltgeschichte als Fortschritt im Bewusstsein der Freiheit durch den Entwurf einer Gliederung des Geschichtsgangs in drei aufeinanderfolgende Stufen zunehmenden Freiheitsbewusstseins. Diese Stufen sieht er repräsentiert durch drei historisch-geographisch unterschiedene Lebensformen oder Kulturen: die orientalische, die klassisch-griechische und die christlich-germanische Welt.

In ihnen stellt sich das Freiheitsbewusstsein nach Hegel wie folgt dar: „Die *Orientalen* [] wissen nur, dass *Einer* frei ist; die *Griechen* [] wussten nur das *Einige* frei sind, nicht der Mensch als solcher. Dies wußten Platon und Aristoteles nicht"[270] – also nicht einmal die ohne Zweifel tiefschürfendsten Denker der Antike und Begründer der Philosophie selbst; in der Tat fehlt bei ihnen eine Kritik an der Sklavenhaltung ebenso wie die Idee einer *allgemeinen* Freiheit unter Gesetzen, wie sie uns bei Kant begegnet war. Daraus schließt Hegel: „Erst die *germanischen* Nationen sind im Christentum zum Bewusstsein gekommen, daß der *Mensch als Mensch frei* ist, die Freiheit des Geistes seine eigene Natur ausmacht"[271].

Diese Gliederung erscheint außerordentlich grob, holzschnittartig. Denn was bedeutet *Orient*? Der Ausdruck umfasst ja *zeitlich* Jahrtausende und *geographisch* alles, was außerhalb Europas und Amerikas ist: alles vom Nahen Osten über Ägypten, Arabien, Persien bis Japan China, Indien usw. Doch müssen wir Hegel Recht geben: dass persönliche Freiheit dort ein Wert gewesen wäre,

---

[270] Ebd., S. 62
[271] Ebd. (Hervorh. Vf.)

dass es den Begriff davon überhaupt gegeben hätte, ist nicht überliefert. Es dominierten Gottkönigtum oder einfach Despotismus. Wer beispielsweise die Annalen der assyrischen Könige liest, wird sich entsetzen über die als Ruhmestaten gepriesenen vorsätzlichen Grausamkeiten[272]. Tendenzen zu Autokratie und Theokratie finden sich bis heute, personale, sich demokratischer Legitimation verweigernde Herrschaft behauptet sich. Das Scheitern praktisch aller Versuche, im Geltungsbereich des Islam dauerhaft eine Demokratie zu etablieren, die diesen Namen verdient, ist ebenso Ausdruck des fehlenden Begriffs persönlicher Freiheit wie die dort herrschende generelle Bevormundung der Frau (in von Land zu Land variierender Radikalität).

Die Praxis der Instrumentalisierung von Menschen für von einzelnen Mächtigen definierte nationalistische oder Parteiziele – womöglich noch unter Rechtfertigung mit der vom Westen entlehnten Idee humanen Fortschritts oder auch deren Verspottung – zeigt gerade wieder in China ihr hässliches Gesicht! Und dennoch brüstet sich ein kriminelles Regime wie das derzeitige russische unter Putin nicht der begangenen Grausamkeiten und Verstöße gegen das Menschen- und das Völkerrecht, sondern versucht sie zu verschleiern und zu leugnen – ein Beleg für die universelle *Geltung*, wenn auch nicht *Respektierung* von Werten wie Freiheit, Menschlichkeit und Selbstbestimmung, auch da, wo sie faktisch mit Füßen getreten werden.

Die Griechen betreffend, ist Hegels Urteil sogleich nachvollziehbar: Sklaverei und Unterdrückung auf der einen Seite, auf der anderen die ersten Ansätze zu Demokratie und bürgerlicher Freiheit, lokal begrenzt und maximal zwei Jahrhunderte dauernd. Und auch die römische Republik war, trotz Bürgerrechten, bloß ein Ständestaat, bis sie ohne großen Widerstand in Kaisertum und Weltmachtstreben überging, die allerdings eine historisch positive, weil integrative Funktion hatten.

Aber was bedeutet die Zuschreibung der Vollendung des Freiheitsbewusstseins an die germanisch-christlichen Nationen? Hier sprechen der Deutsche und der evangelische Christ aus Hegel. In der Tat ist ja die Idee der unauf-

---

[272] So lesen wir in den Annalen des Königs Sanherib über seine Niederschlagung der zweiten kilikischen Revolte (705-696 v.Chr.): „Ich ließ Kirua die Haut abziehen [] Wie ein Löwe wütete ich [] ich dezimierte das feindliche Heer mit Pfeil und Speer. Alle ihre Körper durchbohrte ich wie ein Sieb [] Mit den Leichen ihrer Krieger füllte ich die Ebene, wie Gras. Ich schnitt ihnen die Eier ab, riß ihre Schwänze aus wie Gurkenschößlinge und hackte ihre Hände ab []" (zit. R. Schrott: *Homers Heimat. Der Kampf um Troja und seine realen Hintergründe*. Frankfurt/M. 2010, S. 261ff.) – Die uns Heutige besonders schaurig und abstrus anmutende Verstümmelung der Leichen folgte übrigens einer absurden Logik. Dieser sog. *Maschalismos* sollte die Rückkehr der Geister der Feinde als schadenbringende Wiedergänger verhindern.

hebbaren persönlichen Freiheit des Menschen mit der Abweisung jedes institutionellen Letztanspruchs eine protestantische, aus einer entsprechenden Interpretation der *Evangelien* resultierende Errungenschaft, dem Katholizismus mit seinem Primat der gottgesetzten Institution Kirche eher fremd.

Dennoch muss man die Freiheitsidee als genuin christlich betrachten. Sie erwächst aus der Überzeugung, dass das menschlich Primäre und Entscheidende der Gottesbezug des *Einzelnen* ist. Dies bedeutet *negativ*, dass keine weltliche Ordnung und Macht ein unbedingtes Anrecht auf den Menschen hat, eine Überzeugung, die bei den frühen Christen zur Verweigerung des römischen Kaiser-Kults mit den bekannten Konsequenzen führte[273].

Hier liegt gewiss ein Beitrag des Christentums zur Weltkultur, der bleibend ist, auch wenn einst der der hypertrophen Religiosität des Hellenismus geschuldete fromme Kult um die Gestalt Jesu mit seinen Wunderbarkeiten, der ‚Auferstehung' insbesondere, schwinden sollte[274].

Für das Griechentum der Polis-Epoche – und das gilt *mutatis mutandis* auch für die römische Welt – war eine solche Freiheit undenkbar, erfüllte sich der Daseinszweck des Menschen doch gerade in der Zugehörigkeit zur Polis, zum Staat, die das höchste Recht über den Einzelnen ausübten. Sokrates' widerstandslose Annahme des ungerechten Todesurteils ist ein berühmtes Beispiel für diese Auffassung, wogegen seine Berufung auf sein *Daimonion*, auf die (göttliche) Stimme seines Inneren, d.h. des Gewissens, auf das historische Aufbrechen dieser Schranke vorausdeutet.

An dieser Stelle ist vor einem Missverständnis zu warnen. Die von Hegel konstruierte Stufenfolge im Freiheitsbewusstsein: *Einer* (Orient) – *Einige* (Griechenland) – *Alle* (christliche Welt) bezeichnet nicht einfach eine quantitative Zunahme von Freiheit in der Welt – dies gewiss auch, sondern eine qualitative

---

[273] Eine erste Andeutung zu einer so verstandenen Freiheit findet sich noch vor der Ausarbeitung der Evangelien bei dem hellenisierten jüdischen Philosophen *Philon von Alexandria* (ca. 20/10 v. Chr. - 45/50 n. Chr.). Ihm zufolge hat der Mensch „in seinem gotthaften Pneuma [d.h. Geist] eine von ihm selbst nicht erkannte Tiefe der Seele, die uns zu eigen, aber nicht in unsere unumschränkte Verfügung gegeben ist" (zit. W. Warnach: Art. *Freiheit* [II]. HWPh 2, Sp. 1075); diese Tiefe führt den Menschen über alle endlichen Verhältnisse hinaus, lässt ihn im Unendlichen wurzeln und entzieht ihn in letzter Instanz auch der Verfügung der weltlichen Macht. Die Gegnerschaft christlicher Kirchen gegen die Todesstrafe wie auch das Motiv der Gewissensfreiheit sind Manifestationen solcher Auffassung.

[274] Einen Eindruck von der Vielfalt und Komplexität religiösen Vorstellens und Empfindens in der Epoche des Hellenismus und der Verwandtschaft des Christentums mit Vorstellungen anderer Kulte vermittelt aktuell Angelos Chanotis: *Die Öffnung der Welt. Eine Globalgeschichte des Hellenismus* (Darmstadt 2022), insbesondere Kap. 15: *Von städtischen Kulten zum Megatheismus: Religionen in einer kosmopolitischen Welt*.

Änderung eben des *Bewusstseins*, d. h. dessen, was der Mensch unter Freiheit versteht bzw. ob Freiheit ihm überhaupt etwas bedeutet. Dieser qualitative Aspekt wird deutlich in Hegels Aussage: „Die Weltgeschichte ist nichts als die Entwicklung des *Begriffes* der Freiheit"[275]. Zusammen mit der schon zitierten Aussage, dass ‚der Mensch als Mensch frei ist, die Freiheit seine eigene Natur ausmacht', bedeutet dies, dass die Weltgeschichte der Prozess ist, in dem sich herauskristallisiert, was der Mensch *an sich* ist bzw. worin das, was er *an sich* ist, als Inhalt seines Bewusstseins *für ihn* wird, ihm ‚zu Bewusstsein kommt'.

Auf die vorchristliche Welt bezogen, kann gefolgert werden: Wo der Begriff der Freiheit der Person nichts bedeutet, kann auch kein Mangel, zumindest kein Entzug von *Rechten*, empfunden werden. Dem Menschen neuerer Jahrhunderte, d. h. der Moderne, ist Freiheit zur ‚zweiten Natur' geworden: sie wird nur wahrgenommen im Fall ihrer Bestreitung und Bedrohung – wie wenn dem Fisch sein Lebenselement Wasser entzogen wird und er aufs Trockene gerät. Aus dieser Selbstverständlichkeit von Freiheit allerdings erwächst für den Westen die Gefahr ihrer Absolutsetzung, das Wegwerfen geordneter Freiheit unter Gesetzen aus blindem Subjektivismus, wie jüngst in der Corona-Krise sichtbar geworden am begriffslosen Gebaren und dem verwilderten Individualismus der Impf-Verweigerer oder auch am Barbarismus der mutwillig bedeutende Kunstwerke zerstörenden, sich selbst hysterisch zur ‚Letzten Generation' stilisierenden ‚Klima-Aktivisten'.

Hegel jedenfalls huldigt der Freiheitsidee bis ans (unerwartet früh eingetretene) Ende seines Lebens – und zwar nicht nur, indem er an jedem 14. Juli ein Glas Champagner auf die Französische Revolution leert! Die letzte, am 11. November 1831 von ihm gehaltene Vorlesung schließt er mit den Worten: „Die Freyheit ist das Innerste, aus ihr ist es, daß der ganze Bau der geistigen Welt hervorsteigt"[276].

2.   Geschichte und Geist

Mit der Bestimmung der Weltgeschichte als *Entwicklung des Begriffs der Freiheit* hat Hegel nicht nur ein starkes Zeichen gegen eine mögliche Interpretation der

---

[275] *Vorlesungen zur Philosophie der Geschichte.* WW IX, S. 546 (zit. H. Lübbe: *Freiheit und Terror*, in: Simon, J., Hg.: *Freiheit – Theoretische und praktische Aspekte des Problems.* Freiburg/München 1977, S. 115).

[276] Aus der Nachschrift von *David Friedrich Strauß* (1808-74) zur *Vorlesung über die Geschichte der Philosophie und Rechtsphilosophie* (zit. W. Jaeschke: *Hegel-Handbuch* [], Stuttgart/Weimar 2003, S. 57).

Wirklichkeit als *kontingent* gesetzt; vielmehr fasst sich darin die menschliche Wirklichkeit in ihrer zeitlichen Erstreckung zu einem sinnvollen Ganzen zusammen, und zwar zu einem Ganzen, das *wirklich ist* und in dem nicht, wie bei Herder und Lessing, das Wesentliche, die Erfüllung des Geschichtsziels, noch aussteht und die Gegenwart negativ konnotiert ist. Hegels berühmte, oft missverstandene Äußerung in der Vorrede zur *Rechtsphilosophie*: „Was vernünftig ist, das ist wirklich; und was wirklich ist, das ist vernünftig"[277], reflektiert diese Überzeugung, die nicht als kritiklose Rechtfertigung von Absolutismus und politischer Willkür interpretiert werden darf, sondern im Lichte der im vorhergehenden Kapitel dargestellten welthistorischen Konzeption der Freiheit zu sehen ist.

Aber Hegel geht in der Abwehr von Kontingenz noch einen entscheidenden Schritt weiter, und dieser erschließt sich in einer Reflexion auf seinen Begriff des *Begriffs*. Denn der Begriff (hier: *Freiheit*) hat für Hegel die doppelte Seite, dass er zum einen dem Bewusstsein angehört, *subjektiv* ist, wie in der Rede vom *Bewusstsein* von Freiheit oder dass ich mich als frei *weiß*, zum anderen die *objektive* Seite, dass er, einmal entwickelt, ein *Gegebenes*, ein *Intersubjektives*, darstellt, auf welches das Subjekt sich positiv oder negativ, reflektierend und bewertend beziehen kann.

Den Begriff *Freiheit* hatten, in der Logik Hegels, die Orientalen nicht, er war dort weder subjektives Erlebnis (außer bei dem *Einen*, dem *Fürsten*), noch allgemeiner Gedanke (‚Begriff'), sodass er auch kein Kriterium abgeben konnte; es *gab* ihn nicht, er war nicht expliziert.

Zur Bezeichnung dieser Doppelnatur des Begriffs als subjektiv *und* objektiv zugleich – dies gilt natürlich für jeden Begriff, nicht nur für den der Freiheit – greift Hegel auf den für die europäische *Geistesgeschichte* (n. b.!) durch das Christentum zentral gewordenen Begriff des *Geistes* (gr. *pneuma*; lat. *spiritus*, *mens*; franz. *ésprit*; ital. *spirito*, *mente*; engl. *spirit*, *mind*) zurück. In der philosophischen Tradition seit Descartes ebenso wie erneut in der aktuellen *Philosophy of Mind*, wurde dieser Begriff vornehmlich im Sinne von *mens* oder *mind*, also in der Beschränkung auf die eine Seite, das subjektive Bewusstsein, benutzt; Hegel weitet den Sinn spekulativ auf die Subjekt-Objekt-Einheit aus, sodass das Bewusstsein je nur eine beschränkte, einseitige, eben subjektive Auffassung der Wahrheit darstellt, dazu bestimmt, sich durch sich selbst zu immer stärkerer Allgemeinheit zu klären, d.h. „die Substanz des Geistes, die Freiheit [ist]"[278], als die eigene Substanz zu erkennen und sich anzueignen. Hegel

---

[277] a.O., S. 14
[278] *Enzyklopädie* § 382 Zusatz (TWA 10, S. 26)

erhebt damit den Geist (für sein Jahrhundert) zum „regierenden Fundamentalbegriff" (Odo Marquardt[279]).

Kritisch sei vorweg bemerkt, dass es sich bei Hegels Neufassung des Geistbegriffs um dessen Ontologisierung und damit logisch um eine Hypostasierung handelt: die dem Menschen im Selbstbewusstsein zugänglichen geistigen Momente des Denkens, Vorstellen, Empfindens, Wollens usw. werden von Hegel zur selbstständigen Entität überhöht. Der Geist wird so zur Selbstdarstellung, Selbstverwirklichung der *absoluten Idee, vulgo*: Gottes, stilisiert, wie es exemplarisch der Titel von Hegels epochalem frühen Hauptwerk, der *Phänomenologie des Geistes* (1807), zum Ausdruck bringt, in dem Hegel auch den programmatischen Gedanken artikuliert, die *Substanz*, d. h. das Absolute, schlechthin Reale, das Aristoteles *ousía* nannte, sei „ebenso sehr als *Subjekt* aufzufassen und auszudrücken"[280].

Hegels Formulierung „Erste und einfachste Bestimmung [des Geistes ist], dass er Ich ist"[281] macht deutlich, dass der Geistbegriff seit je in Analogie zum erstmals durch Descartes freigelegten Begriff des *Ich* bzw. *Bewusstseins*[282] gebildet wurde, welcher im Folgenden knapp analysiert werden soll. Dabei ist die von Hegel (unter dem Einfluss Fichtes) vertiefte Auffassung des Ich zu beachten. Kant hatte das Ich bestimmt als „transzendentales Subjekt der Gedanken"[283] und „ursprüngliche synthetische Einheit der Apperzeption"[284], als „die einfache und für sich selbst an Inhalt gänzlich leere Vorstellung: Ich"[285], d. h. als die in sich selbst unaufgehellt bleibende Instanz der Integration der Perzeptionen oder auch als das *„Ich denke,* [das] alle meine Vorstellungen begleiten *können* [muß]"[286] und das eben aufgrund seiner Inhaltslosigkeit und Allgemeinheit auch die „ärmste"[287] Vorstellung ist.

Dagegen legt Hegel die Struktur des Ich bzw. (Selbst)Bewusstseins als eine Doppelung frei, die er in die Formel vom „Beisichselbstsein des Ich in seiner Unterscheidung"[288] fasst.

Diese, man könnte sagen: schwebende, latente Natur des Ich, in einem und demselben Akte seiner selbst und dessen Anderen bewusst zu sein, bezeichnet

[279] Vgl. O. M.: Art. *Geist* (VII). HWPh 3, Sp.182 passim
[280] *Phänomenologie des Geistes* (Hg. Hoffmeister), Hamburg ⁶1952, S. 19 (Hervorh. Vf.)
[281] *Enzyklopädie* § 381 Zusatz (TWA 10, S. 21)
[282] Vgl. dazu Schönknecht: *Descartes – Denker der Moderne.* Norderstedt 2022
[283] KrV, B 404
[284] Ebd., B 135
[285] Ebd., B 404
[286] Ebd., B 131
[287] KrV, Ausg. R. Schmidt (Hamburg 1956), S. 804
[288] *Enzyklopädie* § 381 Zusatz (TWA 10, S. 21)

dessen „Unendlichkeit oder Idealität"[289]. *Unendlich* ist es, insofern es als solches *reine Form*, gänzlich unbestimmt ist und unendlicher Bestimmung fähig ist; seine *Idealität* liegt darin, dass das Andere seiner selbst, der „ihm gegenüber stehende unendlich mannigfaltige Stoff"[290], ins Ich als die allgemeine Form aufgenommen und, wie Hegel sprachmächtig formuliert, „von der Allgemeinheit des Ich zugleich vergiftet und verklärt [wird]"[291].

Das bedeutet, dass das, was Ich in sich aufnimmt – der ,Stoff', wie Hegel sagt –, von diesem angeeignet wird und, auf diese Weise *idealisiert*, seine spezifische subjektive *Färbung* erhält (um eine andere, von Husserl benutzte Metapher zu gebrauchen).

Ich gebe ein Beispiel, sagen wir: das Haus gegenüber meinem Zimmerfenster: Ich nehme es schlicht wahr als Haus, mit seinen haustypischen Elementen, als durchfensterten Kubus mit der Art seines Dachs, der Eingangstür mit der vorgesetzten Treppe oder dgl., Elementen also, ohne deren Vorhandensein es eben kein Haus und nicht als solches erkennbar wäre. Und *als Haus*, d. h. als Behausung, mit dem Zwecke des Benutzens, Bewohnens, nimmt es jeder der gemeinsamen Zivilisation Angehörige wahr, insofern er selbst des Wohnens bedürftig ist. Aber ich nehme noch anderes, das Haus Betreffende zur Kenntnis, weiß es, habe es erfahren: Als Nachbar kenne ich den ein oder anderen der Bewohner, weiß zum Beispiel auch, dass das große Atelierfenster ins Dach gefügt wurde, weil die Hausherrin der Malerei frönt und dass das große Blumenbeet im Garten neben seinem dekorativen Selbstzweck die Funktion hat, der Dame Anschauungsmaterial für ihre Stillleben zu bieten.

Dies alles weiß ein beliebiger Passant, der beim Spaziergang das Haus betrachtet, wahrscheinlich nicht. Aber er nimmt anderes wahr: ist er architektonisch bzw. kunsthistorisch bewandert, entdeckt er vielleicht in der Erscheinung des Gebäudes einen Anklang ans *Bauhaus* und beurteilt, ob dieser Anklang gelungen oder verfehlt ist: *Bauhaus* (und jeder andere Baustil desgleichen), das ist nur eine Stilidee, in einigen Köpfen sowie die nach dieser Idee ,stilisierten' Objekte. In dieser *Idealität*, als gedanklicher Gehalt, ist die Idee, der Begriff *subjektiv*, als in Objekten und Berichten sich niederschlagende Tradition ist er *objektiv*, gegeben und offen für Aneignung.

Wer über wenig Bildung verfügt, sodass der Begriff *Bauhaus* ihm nichts sagt, wird auch keine derartige Beziehung entdecken, aber ihm wird, wenn er nicht stumpfsinnig ist, anderes auffallen: gute oder schlechte Qualität der

---

[289] Ebd.
[290] Ebd.
[291] Ebd.

Ausführung, Harmonie oder Disharmonie der zusammengestellten Farben, aus dem baulichen Zustand wird er rückschließen auf die Entstehungszeit oder auf den Grad des Interesses, das die Besitzer der Immobilie entgegenbringen usw. Kurz gesagt: im Bewusstsein jedes Betrachters ist das Haus, zum Bilde ‚verklärt‘, aber spezifisch unterschieden, jeder hat sein eigenes Bild, seine ‚Idee‘ von ihm – das zugrunde liegende griechische Wort *idéa* bedeutet eben ‚Gestalt‘, ‚Abbild‘ einer Sache; unterschiedlich aber sind diese Bilder, weil mit Subjektivität, mit den jeweils beigebrachten Voraussetzungen, sozusagen infiziert (‚vergiftet‘).

So trägt jeder Mensch eine Welt von ‚Stoff‘, im Bewusstseinsbilde und subjektiv getönt, lebendig und in permanenter Veränderung begriffen, mit sich herum, wozu eben auch ein Bild der Welt als ganzer gehört, eine Einsicht, die sich in der Entstehung von Begriffen wie *Weltbild* oder *Weltanschauung* konkretisiert hat und die jedem, der über das Minimum an Intelligenz oder Sensibilität – zwei korrelierte Begriffe – verfügt, zu Bewusstsein bringt, dass das eigene Weltbild nur eins unter zahlreichen möglichen ist – ein Bewusstsein, das die Basis von *Toleranz* bildet.

Aber diese innere Welt eines jeden, wenn wir es so nennen wollen, ist dennoch keine *rein* subjektive, jeder ist ja ‚Sohn (bzw. Tochter) seiner (bzw. ihrer) Zeit‘, ist Römer oder Grieche, mittelalterlicher Frommer, Sohn der Renaissance oder der Reconquista, der Aufklärung oder des Industriezeitalters, ist Muslim oder Christ, Katholik oder Protestant, Calvinist, Pietist, Agnostiker, Astronom usw., d. h. sein Subjekt ist, bei aller Lebendigkeit und Geistigkeit, durchsetzt mit Objektivationen, Gerinnungsformen und Gestalten ehemaliger Subjektivität, einer je subjektiv eingefärbten Welt geistiger Gehalte bzw., wie Hegel mit logischer Akzentuierung sagt: *Begriffe*. Es sind *vorgefundene* Begriffe, mit denen wir uns die Wirklichkeit auslegen und deren Bestand sich, bedingt durch die aktuellen Denkvollzüge und deren Resultate, in beständiger Transformation befindet.

Die Einheit der sich auf das gegebene Objektive hin überschreitende, dieses aneignende und sich ihrerseits in neue Objektivationen entäußernde *Subjektivität* mit dem *Objektiven* nennt Hegel *Geist* und erhebt diesen zum Prinzip der Wirklichkeit. In dieser absoluten Betrachtung hat der Geist nicht mehr die Form menschlicher Endlichkeit, ist nicht durch mannigfach beschränkte Subjektivität ‚infiziert‘, sondern wirkt höherstufig, als allgemeines Medium des *Seinsvollzugs* – wobei eben der *Volkszugscharakter* das für Hegel entscheidende Moment am Sein ist, das in letzter Instanz auf den Vorsokratiker Heraklit verweist und Hegel von der parmenideischen Seinskonzeption trennt, besser gesagt, dass der Geist, insofern er im Anderen seiner bei sich selbst bleibt, diesen

Gegensatz zwischen Sein und Werden aufhebt. So entäußert sich der Geist, als die Erscheinungsform der absoluten Idee, als Natur und Weltgeist, als Weltgeschichte und in den Volksgeistern, wird ,objektiv', gegenständlich in Form von Staat und Recht und manifestiert sich in den von Hegel *absoluter Geist* genannten, ,rein' geistigen Vollzügen wie Religion, Kunst und Philosophie – deren systematischer Darstellung in einer Fülle von Gestalten wir der universellen Gebildetheit Hegels verdanken.

Dabei erfolgt die Bewegung in den einzelnen Vollzugsreihen, dieses Setzen von Objektivität und deren subjektive Aufhebung in neue Form, grundsätzlich spannungsvoll, *dialektisch*, wie Hegel es in Aufnahme eines antiken Terminus nennt. Die Bewegung wird als *Entwicklung* gedacht, die, in subjektiver Sicht, dem Prinzip zunehmender Einholung des *An-sich-Seins* in *Für-sich-Sein* und, objektiv betrachtet, der Herausarbeitung des *An-und-für-sich-Seins* folgt. So kulminiert etwa die *Phänomenologie des Geistes* mit dem Resultieren des Christentums als der *offenbaren* Religion, also dem, was Religion ,eigentlich' bedeutet (weshalb Hegel es später auch als ,absolute' Religion bezeichnet); überboten wird dies nur noch durch das seiner Absolutheit inne seiende *absolute Wissen*. Als grundsätzlich dem Prinzip der Entwicklung verpflichtet, das den logischen und den temporalen Aspekt integriert, ist Hegels Philosophie im Innersten *historisch* angelegt. Der Vollzugscharakter des Geistes impliziert, als *Denken* überhaupt, das temporale Moment (auf das Descartes in seiner Konzeption des *Cogito* noch nicht reflektiert hatte), sodass die Hegelsche Philosophie *intrinsich* geschichtlich ist und zugleich *Historizität* als allgemeinen Seinscharakter herausstellt. So bedarf es, paradox gesagt, nur des Zerschneidens der Bindung dieser Philosophie an das Absolute, um sie zur absoluten Philosophie zu machen und das von Descartes gestartete ,Projekt der Moderne' (Habermas) zu vollenden.

Im Sinne der *dialektischen* Natur der Entwicklung ist auch der die Weltgeschichte konstituierende *Fortschritt im Bewusstsein der Freiheit* nicht ein sanftes Dahingleiten eines ruhigen Flusses, sondern ein äußerst spannungsvoller Vorgang. Hegel fasst die Weltgeschichte im vollen Bewusstsein ihrer Schrecken auf und befindet: „Die Geschichte ist nicht der Boden für das Glück. Die Zeiten des Glücks sind in ihr leere Blätter"[292].

Ja, schlimmer noch: Wir müssen „die Geschichte als diese Schlachtbank betrachten, auf welcher das Glück der Völker, die Weisheit der Staaten und die Tugend der Individuen zum Opfer gebracht worden [sind]"[293] – letztere

---

[292] *Die Vernunft in der Geschichte* (Hg. Hoffmeister) Hamburg 1955, S. 92
[293] Ebd., S. 80

Bestimmung weist auf die Erfahrung, dass es den Rechtschaffenen meist schlechter ergeht als den Skrupellosen. Diese abgründige Natur der Geschichte verbietet es, dass der Betrachter „am ruhigen Ufer steht und von da aus sicher des fernen Anblicks der verworrenen Trümmermasse genießt"[294]. Ein rein ästhetisches Verhältnis zur Geschichte, wie es Goethe im Osterspaziergang im *Faust* in unüberbietbarem Sarkasmus vorführt[295] und wie es später Nietzsche systematisch zu legitimieren sucht[296], verbietet sich also für Hegel – und wir können diesen Vorbehalt nach zwei Weltkriegen und bis in unsere Gegenwart fortdauernden Konflikten aller Art ohne weiteres nachvollziehen.

Und doch insistiert Hegel darauf – die Rede vom Fortschritt im Bewusstsein der Freiheit verdeutlicht es –, den gesamten, auch alle geistige Entwicklung umfassenden Prozess als die „reiche Produktion der schöpferischen Vernunft zu begreifen, welche diese Weltgeschichte ist"[297], dieser „allgemeine Geist [und] geistige Wirklichkeit in ihrem ganzen Umfange *von Innerlichkeit und Äußerlichkeit*"[298].

Es liegt auf der Hand, dass in dieser Interpretation der Weltgeschichte als dem Zu-sich-selbst-Kommen des Geistes für *Kontingenz* kein Raum ist; *Zufall* wäre nur ein den Endzweck nicht kompromittierendes Unbestimmtes, Unbestimmbares.

Als im Absoluten gründend, schließt die Freiheit „die unendliche Notwendigkeit in sich, [] sich zum Bewusstsein [] und damit zur Wirklichkeit zu bringen"[299], womit sie sich als *des Geistes Substanz* [und dessen] Zweck in dem geschichtlichen Prozesse"[300] erweist. In einer Randbemerkung zu dieser Stelle klärt Hegel auch sein differenziertes Verhältnis zum Lessingschen Chiliasmus, wenn er, ebenso an Lessing anknüpfend wie ihn einschränkend, notiert: „Erziehung des Menschengeschlechts – zu was? – zur Freiheit"[301]! Und Hegel ist sich bewusst, dass diese in metaphysischem Sinne realisierte Freiheit (sie hat sich ja als Sinn der Weltgeschichte ergeben) es in empirischem Sinne keineswegs ist, denn er hebt „die Wichtigkeit des unendlichen Unterschieds

---

[294] Ebd.
[295] Dort legt Goethe einem der lustwandelnden (Spieß)Bürger die Worte in den Mund: „Nichts Bessers weiß ich mir an Sonn- und Feiertagen als ein Gespräch von Krieg und Kriegsgeschrei, wenn hinten, weit in der Türkei, die Völker aufeinander schlagen" (*Faust I*, V. 860ff.)
[296] Vgl. dazu unten, Kap. X.
[297] a.O., S. 48
[298] *Grundlinien der Philosophie des Rechts* (Hg. Hoffmeister) Hamburg 1955, S. 288 (Hervorh. Vf.)
[299] *Die Vernunft in der Geschichte* (Hg. Hoffmeister) Hamburg 1955, S. 63f.
[300] Ebd., S. 64
[301] Ebd.

zwischen dem Prinzip, dem, was nur erst *an sich*, und zwischen dem, was wirklich [d.h. hier: *faktisch*] ist"[302], hervor. Erziehung zur Freiheit bleibt *beständige* Aufgabe und ist nur ein Synonym für ‚Erziehung zum Denken' – und was wäre heute, angesichts der Menge öffentlich zur Schau gestellten Irrationalismus', nötiger als dies?![303]

So illusionslos Hegel die empirische Geschichte mit ihren Manifestationen von Schrecken auch zur Kenntnis nimmt, in spekulativer Betrachtung enthüllt sie sich ihm als Realisierung der geistigen Substanz, als Vernunft und Freiheit. Dieses aufs Ganze bezogen positive Urteil kennzeichnet Hegels Denken letztinstanzlich als *Optimismus*; wie bei Leibniz überwiegt auch für Hegels nüchternen Blick das Gute in der Welt deren Schlechtes. So erstaunt es nicht, dass er auch das von Leibniz *aufgeworfene* und von Kant mit erkenntniskritischem Argument *verworfene* Problem der *Theodizee* wieder aufgreift und es im Leibnizschen Sinne, wenn auch mit tiefer angelegter Argumentation beantwortet – „gleichsam eine Versöhnung zwischen Leibniz' *Theodizee* und Voltaires *Candide*"[304] stiftend.

Gilt bei Hegel für die Natur, dass sie „vom Geiste gesetzt und dieser das absolut Erste [ist]"[305], so gilt dies verstärkt für die Weltgeschichte, in der sich der Geist ja von seinem An-sich zum An-und-Für-sich durcharbeitet, seiner selbst als des Absoluten inne wird. Nirgends als in der Weltgeschichte, mit der „ganzen Masse des konkreten Übels [vor Augen]"[306], liegt „eine größere Aufforderung zu solcher [den menschlichen Geist mit dem Negativen] *versöhnenden* Erkenntnis"[307], und insofern sieht Hegel in seiner Geschichtsbetrachtung „eine Theodizee, eine Rechtfertigung Gottes []"[308]; diese Aussöhnung aber wird erreicht „durch die Erkenntnis des Affirmativen, in welchem jenes Negative zu einem Untergeordneten und Überwundenen verschwindet"[309].

---

302 Ebd., S. 63

303 Diese Überlegung deckt sich übrigens mit einer Reflexion Hegels zur Idee der Bildung. In der *Vernunft in der Geschichte* führt er diesbezüglich aus: „Der gebildete Mensch ist der, der allem seinem Tun den Stempel der Allgemeinheit aufzudrücken weiß, der seine Partikularität aufgegeben hat, der nach allgemeinen Grundsätzen handelt. Die Bildung ist *Form des Denkens*; näher liegt hierin, daß der Mensch sich zu hemmen weiß, nicht bloß nach seinen Neigungen, Begierden handelt, sondern sich sammelt" (a.O., S. 65, Hervorh. Vf.)

304 Jaeschke, a.O., S. 341

305 *Enzyklopädie* § 81 Zusatz (TWA 10, S. 24)

306 *Die Vernunft in der Geschichte*, a.O., S. 48

307 Ebd. (Hervorh. Vf.)

308 Ebd.

309 Ebd.

Wenn Hegel allerdings diese begrifflichen Erwägungen dahingehend konkretisiert und zusammenfasst, dass „[die Vernunft] dabei, daß einzelne Individuen gekränkt worden sind, [] nicht stehen bleiben [kann]"[310], weil die „besonderen Zwecke sich in dem Allgemeinen [verlieren]"[311], schreckt man aus heutiger Perspektive vor solcher Argumentation als einer Frivolität zurück. Mit den beiden Weltkriegen des 20. Jahrhunderts, dazu den Millionen vorsätzlich gemordeter Menschen vor Augen, erscheint jede Relativierung des Negativen um willen eines höheren Zwecks, jede *Mediatisierung* individuellen Leids, als Obszönität.

Wenn so auch Hegels Rede von der „*Weltgeschichte*, als dem *Weltgerichte*"[312] eine bedrückende Zweideutigkeit enthält, bleibt doch Hegels Vertrauen in die Vernunft ein wesentlicher Hinweis: „Die Vernunft als die Rose im Kreuze der Gegenwart zu erkennen und damit *dieser sich zu erfreuen*, diese vernünftige Einsicht ist die *Versöhnung* mit der Wirklichkeit"[313]. Vernunft hat gewirkt und vermag weiterhin zu wirken, die Zukunft ist (bisher) nicht vollständig durch die Vergangenheit determiniert. Allerdings muss der Vernunft zur Geltung verholfen werden; dies ist die Forderung an einen jeden von uns.

3.   Hegel ein Abschluss

Die Philosophiegeschichtsschreibung hat seit je darauf hingewiesen, dass sich im Denken Hegels die wesentlichen Momente des von Descartes eröffneten Ganges neuzeitlichen Philosophierens zusammenfassen und vollenden. Dies lässt sich auch an den im Vorhergehenden behandelten, thematisch begrenzten, aber in der Sache erheblichen geschichtsphilosophischen Entwürfen aufzeigen.

Mit *Bossuet* verbindet Hegel der Gedanke einer Vollendung der abendländischen Geschichte im christlichen Geiste, wenn auch nicht dessen Exaltation der katholischen Kirche, mit *Voltaire* verbindet ihn die Idee des Vernunftfortschritts, den er allerdings, im Gegensatz zu und tiefer blickend als Voltaire, in der offenbaren christlichen Religion selbst angelegt sieht. Was *Herder* und *Lessing* betrifft, kommt bei Hegel deren tastende Suche nach einem inneren Prinzip, einer Logik der geschichtlichen Entwicklung ans Ziel, und Hegel nimmt ebenfalls deren Motiv der geschichtlichen Versittlichung der Menschheit auf,

---

[310] Ebd.
[311] Ebd., S. 48f.
[312] *Grundlinien der Philosophie des Rechts*, a. O., S. 288
[313] Ebd., S. 16 (Hervorh. Vf.)

allerdings objektiv gewendet, als im Staatsrecht institutionalisierte Freiheitsgarantie und unter Verzicht auf das chiliastische Moment.

Der Vergleich von Hegels Entwurf mit dem von *Kant* ist erhellend, insofern das bei Hegel formulierte metaphysische Prinzip, dass „der Mensch als Mensch frei ist"[314] in Kants Idee eines „allgemeinen weltbürgerlichen Zustands"[315] mit politischer Akzentuierung antizipiert ist. Entscheidender aber ist der Unterschied, dass Kant die wirkende Kraft des Prozesses in einen Plan der Natur setzt, während Hegel sie in dem ins Bewusstsein sich umsetzenden Geist sieht, der in dieser und aller Umsetzung „ewig bei sich selber ist"[316] und der damit die Manifestation der (absoluten) Idee ist: „Gleich dem Seelenführer Merkur ist die Idee in Wahrheit der Völker- und Weltführer, und der Geist, sein vernünftiger und notwendiger Wille ist es, der die Weltbegebenheiten geführt hat und führt"[317].

Einen interessanten und sachlich weiterführenden Vergleichspunkt ergibt ein erneuter Blick auf *Herder*, denn von diesem übernimmt Hegel, geistphilosophisch modifiziert und begrifflich vertieft, aber dabei doch sich an dessen Schematik anlehnend, die Lebensalter-Analogie der Geschichte. Wie bei Herder repräsentiert der alte Orient den „Kindesgeist"[318] der Menschheit, und was Herder in idyllischen Bildern ausgemalt hatte, wird von Hegel als „die sogenannte Einheit des Geistes mit der Natur"[319] gefasst, Einheit, insofern in „dieser ersten patriarchalischen [n. b.!] Welt das Geistige ein Substanzielles [ist], an dem das Individuum nur als Akzidenz hinzukommt"[320]. Unter Auslassung der systemsprengenden Stufen der Ägypter und Phönizier geht Hegel über zur „*griechischen Welt* [als] dem Jünglingsalter des Geistes"[321], in dem der Geist erstmals in ein Verhältnis zu sich selbst tritt und worin sich die „*Römer-Welt*" vorbereitet als „das Mannesalter des Geistes, wo das Individuum seine Zwecke für sich hat, aber diese nur erreicht im Dienste eines allgemeinen, des Staates"[322]. Mit dem Christentum, für Hegel wie für Herder Spitze der Entwicklung, „ist der göttliche Geist in die Welt gekommen, hat in dem Individuum seinen Sitz genommen, das nun vollkommen frei ist, substantielle Freiheit

---

[314] *Die Vernunft in der Geschichte*, a.O., S. 62
[315] *Idee zu einer allgemeinen Geschichte* [], TWA 10, S. 47
[316] *Die Vernunft in der Geschichte*, a.O., S. 22
[317] Ebd.
[318] Ebd., S. 156
[319] Ebd.
[320] Ebd.
[321] Ebd.
[322] Ebd.

hat"[323] – auf den Sinn derartiger Bestimmungen bin ich im Vorhergehenden eingegangen.

Hier ist es nun, dass Hegel die von Herder konzipierte und von ihm selbst aufgenommene Lebensalter-Analogie *ad absurdum* führt: „Wenn man auch hier den Geist mit dem Individuum vergleichen könnte, so würde dieses Zeitalter das Greisenalter des Geistes heißen müssen"[324]. Da es aber „das Eigentümliche des Greisenalters [ist], daß es nur in der Erinnerung, der Vergangenheit, nicht in der Gegenwart lebt [], so ist hier der Vergleich unmöglich"[325]. Was Hegel dabei offenbar entgeht, ist die Tatsache, dass das ausgefallene letzte Glied die gesamte Lebensalter-Analogie der Geschichte kompromittiert und letztendlich die Interpretation der Geschichte mittels eines einzigen Prinzips, nämlich der Entwicklungslogik des von Hegel ja in der Tat als *absolutes Individuum* verstandenen ‚Geistes', obsolet wird. Was als Charakteristik der Geschichte bleibt, ist die Fülle der kulturell und zivilisatorisch eigentümlichen Gestalten, mit je eigenen begrifflichen Schwerpunkten, die sich in den Kontaktzonen aneinander bis zur Auflösung abarbeiten – ein Prozess, dessen Ende offen ist, wenn auch bisher alles auf die der Freiheitsidee als politische Ordnung korrespondierende Demokratie hinauszulaufen schien.

Demnach sollte in Verbindung mit der aus der Freiheitsidee entsprungenen neuzeitlichen Wissenschaft und ihrer Rationalität sowie der darauf gestützten industriell organisierten Reproduktion des Lebens in einer auf das Prinzip des Privateigentums gegründeten Wirtschaft der Weg der Menschheit schließlich zu einer einheitlichen demokratischen Weltzivilisation führen, was den in gewissem Sinn in der Nachfolge Hegels stehenden amerikanischen Soziologen und Politiktheoretiker *Francis Fukuyama* (geb. 1952) dazu bewog, nach dem Zerfall des Ostblocks in übereiltem Optimismus von einem *Ende der Geschichte* zu sprechen, eine Prognose, der er wenig später eine pessimistische Korrektur folgen ließ, indem er, angesichts der fortschreitenden Biotechnologien und um die Aufnahmebereitschaft des Buchmarktes nicht zu enttäuschen, geradezu das *Ende der Menschheit* ankündigte[326]. Als Spezialist für Endstadien dürfte Fukuyama der Stoff für neue Bücher nicht ausgehen.

---

[323] Ebd., S. 157
[324] Ebd., S. 156
[325] Ebd., S. 156f.
[326] Vgl. F. Fukuyama: *Das Ende der Geschichte* (*The End of History and the Last Man*, 1992); *Das Ende des Menschen* (*Our Posthuman Future: Consequences of the Biotecnology Revolution*, 2002)

VII. Schellings Auflösung von Hegels Vermittlungen

1. Hegels *absolute Vermittlung*

Die oben zitierte Rede Hegels vom göttlichen Geiste, der im Individuum Platz genommen und es damit vollständig frei gemacht habe, macht eines deutlich: Hegel glaubte, im *Metaphysicum* des *Geistes* die Extreme von *Subjekt* und *Objekt*, von *Endlichkeit und Unendlichkeit*, *Immanenz und Transzendenz*, *Freiheit und Notwendigkeit*, *Zeit und Ewigkeit*, *Menschlichem und Göttlichem*, von *Religion und Philosophie* miteinander vermittelt und so den festen Ankerpunkt für die Philosophie wie für die Idee der Freiheit gefunden zu haben.

Was Hegel nicht oder vielleicht nicht klar genug sah, ist der Umstand, dass Freiheit, mit anderem Begriff: die Subjektivität, nur sich selber will. Statt mit Hegel zu sagen, das Christentum habe die Freiheit hervorgebracht, wäre vielleicht eher, Hegel *ex negatione* bestätigend, zu formulieren: Die *Freiheit*, das in den Individuen wirksame, durch die *Conditio humana* bedingte und sich bereits auf den elementarsten Stufen der Reproduktion des Lebens zur Geltung bringende Freiheitsverlangen, im präzisen Hegelschen Sinne: das Verlangen der Subjektivität nach dem *Bei-sich-selbst-Sein*, nach der (je nur phasenweise) möglichen Vermittlung, Neutralisierung der Innen-Außen-Spannung, hat sowohl die Herrschafts- wie die Freiheitsordnungen (beide sind ja komplementär, zwei Seiten derselben Medaille) hervorgebracht – und zwar jeweils in zeit- und kulturspezifischen, durch den Stand der Produktionsmittel und den Grad an Einsicht in die Wirklichkeit bedingten Formen, zu denen eben auch das Christentum als eine der im Hellenismus entstandenen religiösen Varianten solcher Vermittlung gehört.

Ein zweiter Punkt ist, dass die Freiheit sich auch gegen ihre eigenen Ermöglichungsbedingungen zu wenden vermag. Diese Wendung begann schon zu Lebzeiten Hegels und manifestierte sich philosophisch in der Destruktion, d. h. im Zerbrechen seines mit höchster logischer Subtilität konstruierten Systems von Vermittlungen. Der Vorgang ist von hoher geschichtlich-philosophischer Bedeutung, weshalb auch der geschichtliche Umbrüche sensibel erfassende, an früherer Stelle bereits erwähnte *Karl Löwith* diesem Vorgang mit seiner Schrift *Von Hegel zu Nietzsche. Der revolutionäre Bruch im Denken des 19. Jahrhunderts* (1941) eine umfangreiche Untersuchung gewidmet hat.

Die im Titel meiner Abhandlung gewählte Formulierung *Rückkehr der Kontingenz* bedeutet im philosophischen Sinne das Zerbrechen der Vermittlungen, die Hegel zu einer die Wirklichkeit in ihrer Totalität durchdringenden Vollendung geführt hatte.

Die Natur solcher Vermittlung lässt sich an Hegels berühmtem Erstlingswerk, der *Phänomenologie des Geistes* von 1807 (mehrere frühe systematische Ansätze waren fragmentarisch geblieben), aufzeigen. In ihm erfolgt eine umfassende Bestandsaufnahme der formalen Möglichkeiten des Verhaltens der *Cogitatio* zu *Gegenständen*, und zwar in der Weise, dass *Wirklichkeit* und *Wahrheit*, um die es dem Geist ja grundsätzlich zu tun ist, stets als eine solche Konstellation sich ergibt. Die Gesamtheit der Möglichkeiten lässt Hegel nach einer ihm zufolge notwendigen inneren Ordnung in dialektischem Aufstieg zu immer größerer Allgemeinheit sich entwickeln, ein Aufstieg, der damit zugleich kontinuierliche Aufhebung der Schranken, der Beschränkt*heit* der jeweils vorhergehenden Auffassung ist. Der Weg führt so, in gröbster Vereinfachung von Hegels Argumentation, von der Stufe des *Bewusstseins* mit den Etappen der elementaren geistigen Handlungen *sinnliche Gewissheit*, *Wahrnehmung* und *Verstand* über die Stufen von *Selbstbewusstsein*, *Vernunft*, *Geist* zum *absoluten*, mit keiner Schranke mehr behafteten *Wissen*, dem sich zugleich der gesamte Kursus als Vorgang der Selbstbefreiung des Geistes und die christliche Religion als die Religion solcher Freiheit oder *absolute* Religion bekundet.

Dabei entwickelt Hegel für die einzelnen Stufen eine Fülle konkreter Bestimmungen und integriert eindrucksvoll logisches, geschichtliches und geistesgeschichtliches Material. So erscheint etwa, um wenigstens ein Beispiel zu geben, noch auf der Stufe des *Bewusstseins*, das die Weltgeschichte durchziehende Verhältnis von *Herrschaft und Knechtschaft* als durch sich selbst zur Auflösung treibende *Dialektik*, insofern das zunächst als Abhängigkeit des Knechts vom Herrn *erscheinende* Verhältnis im Fortgang des Bewusstseins sich in sein Gegenteil verkehrt und als die gemeinsame Abhängigkeit der Subsistenz beider von der Arbeit des Knechtes sich enthüllt, deren sich der Herr bloß *bemächtigt* hatte. Damit ist wohl zum ersten Mal, seitdem in der Antike Aristoteles die Existenz von Sklaverei *theoretisch* als sozial unverzichtbar gerechtfertigt hatte, das Herr-Knecht-Verhältnis angemessen kritisch analysiert und somit dem Prozess rechtlicher Regelung überstellt, wie sie sich etwa heute in der rechtlichen Gleichstellung von Arbeit und Kapital und im Recht auf gewerkschaftliche Organisation manifestiert.

Evidentermaßen, das sei hier ergänzt, liegt diese Hegelsche Konzeption auch dem *Marxschen historischen Materialismus* zugrunde, mit seiner prognostisch angelegten teleologischen Konstruktion der Geschichte als einer am Ende die Antagonismen auflösenden und sich im Kommunismus vollendenden Folge von Klassenkämpfen, die zudem noch das rousseauistische Moment eines vermeintlich naturgemäßen Zustands unmittelbarer gesellschaftlicher Versöhnung enthält. Marx transformierte damit den religiösen Chiliasmus

Herders und Lessings in einen säkularen Chiliasmus und verdarb den Hegelschen Gedanken durch diese teleologische Projektion wie auch dadurch, dass er die Formen rationaler Vermittlung der Widersprüche – Philosophie, Religion, Rechtssystem – zum ohnmächtigen, die Herrschaftsverhältnisse bloß konservierenden Reflex, zum die ökonomische *Basis* bloß ‚widerspiegelnden' *Überbau*, herabsetzte. Die katastrophalen Folgen dieser Fehlbeurteilung sind bekannt.

Entscheidend ist nun, dass für Hegel alle Wirklichkeit *cogitativ vermittelte* Wirklichkeit ist, so dass es keinen Sinn hat, von einer Wirklichkeit an sich zu sprechen, die nicht an Formen geistiger Repräsentation und Objektivierung gebunden ist, eine Idee, die schon Descartes vorschwebte, die von Kant mit seiner kritischen Transzendentalphilosophie für den Bereich der Empirie und Naturwissenschaft realisiert wurde und die Hegel zur geschichtlichen Dialektik ausbaut.

In diesem Sinne heißt es in der *Phänomenologie* im Kapitel *Gewissheit und Wahrheit der Vernunft* von dieser Bewusstseins-Formation: „Aber als Vernunft, seiner selbst versichert, hat es [das sich als Vernunft manifestierende Selbstbewusstsein] die Ruhe gegen sie [d. h. die es auf der Stufe der Unmittelbarkeit vermeintlich negierende Welt] empfangen und kann sie ertragen; denn es ist seiner selbst als der Realität gewiss, oder daß alle Wirklichkeit nichts anderes ist als es; *sein Denken ist unmittelbar selbst die Wirklichkeit*: es verhält sich also als *Idealismus* zu ihr. Es ist ihm, indem es sich so erfasst, als ob die Welt erst jetzt ihm würde []"[327].

Als philosophische Position dürfte diese Gewissheit der Vernunft, „daß Selbstbewußtsein und Sein *dasselbe* Wesen ist"[328], die Kantische Transzendentalphilosophie reflektieren und überbieten (denn für Kant blieb ja das Ding-an-sich, in Hegels Worten: „das sogenannte Ding-an-sich der leeren Abstraktion"[329], als ein *Jenseits* des Denkens bestehen). Veranschaulichen lässt sich der Sinn der Rede am beliebigen Urteilsakt: Qualifiziere ich ein Ding als schön oder hässlich, groß oder klein, gelungen oder misslungen usw., so *ist* mir das Ding, die Person oder was immer als Substrat zugrunde liegt, eben ein solches – und für ein anderes Ich ist es eben ein Nicht-solches, aber doch auch irgendwie durch es Qualifiziertes. Als was wir die Dinge sehen, was wir ihnen zuschreiben, das *sind* sie uns. Aus der Gewissheit der Realität der je eigenen, aber als objektiv erlebten Vernunft erwachsen bei ansonsten beschränkten Köpfen

---

[327] A.O., S. 176 (Hervorh. Vf.)

[328] Ebd., S. 178

[329] *Wissenschaft der Logik*, Vorrede zur zweiten Ausgabe (Hg. Lasson, Hamburg 1967), Bd. I, S. 15

(und niemand ist von solchen Schranken frei, denn jeder ist ein – kontingent! – durch Zeitstelle, Herkunft, Intelligenz, Bildungsweg usw. *Bestimmter*) die heftigsten Diskussionen, ja womöglich ideologische oder gar ‚heiße' Kriege – die Geschichte wie die Erfahrungen eines jeden sind voller Beispiele.

Hegel geht nun in seiner *Wissenschaft der Logik* (1812) so weit, die eigentlich dem Bewusstsein angehörenden Formen von dessen Vermittlung mit der Wirklichkeit zu einem eigenen Reich begrifflicher Beziehungen zu erheben und diesem alle Realität zuzusprechen – weshalb für ihn auch Logik und Metaphysik zusammenfallen. Das drückt sich in so seltsam erscheinenden Formulierungen aus, wie der, dass *„das reine Sein und das reine Nichts dasselbe* [sind]"[330] (insofern beide Hypostasen in ihrer Allgemeinheit, völligen Unbestimmtheit gar nicht unterscheidbar sind) oder der anderen, der zufolge „die Wirklichkeit die *Einheit des Wesens und der Existenz* [ist]"[331]. Sind diese Bestimmungen auch nichts weniger als sinnlos, wie der Hegels Reflexionsniveau nicht gewachsene Schopenhauer vermeinte, sondern haben tiefen spekulativen Gehalt, bleiben sie doch dem im Dualismus von Denken und Sein verhafteten Bewusstsein kryptisch.

2.   Schellings Destruktionsversuch

Einen anderen Weg als Hegel verfolgt von Anfang an, und zunächst beiden noch unbewusst, Hegels Jugendfreund *F. W. J. Schelling* (1775-1854), wie Friedrich Hölderlin Kommilitone aus dem Tübinger theologischen Stift, der bereits im Jahre 1798, also im Alter von 23 Jahren, auf Initiative Goethes als außerordentlicher Professor nach Jena berufen worden war, damit in der akademischen Karriere den fünf Jahre älteren Hegel weit hinter sich gelassen hatte und bald als erster Philosoph in deutschen Landen galt. Hegel, der auf Anregung Schellings selbst Anfang des Jahres 1801 nach Jena gezogen war, dort mit diesem sogar kurzzeitig die Wohnung teilte und in seiner sog. *Differenzschrift*[332] Schellings *Identitätssystem* als *J. G. Fichtes* (1762-1814) transzendentalphilosophischem Ansatz beim *Ich* überlegen beurteilte, wurde dagegen erst 1805, also im Alter von 35 Jahren, die Genugtuung einer außerordentlichen Professur zuteil, ebenfalls in Jena und, wie bei der vorhergehenden Privatdozentur, zunächst noch ohne Gehalt! Bei seiner erstmaligen Berufung auf eine ordentliche Professur, 1816 nach Heidelberg, war er bereits 46 Jahre alt und hatte das

---

[330] *Wissenschaft der Logik* (Hg. G. Lasson, Hamburg 1967), Bd. I, S. 67
[331] Ebd., Bd. II (ersch. 1966), S. 156
[332] *Differenz des Fichteschen und Schellingschen Systems der Philosophie* (1801)

mehrjährige ‚Zeitungsjoch' als Redakteur der Bamberger Zeitung und den ‚Schul-Katzenjammer' als Rektor des Nürnberger Gymnasiums hinter sich.

Da hatte Schelling die Lehrtätigkeit an der Universität Würzburg schon seit zehn Jahren aufgegeben und lebte, 1807 vom bayerischen König geadelt, ein komfortables Leben als Privatgelehrter und Generalsekretär der Akademie der bildenden Künste in München – allerdings verspürte er schmerzlich das Fehlen des akademischen Gedankenaustauschs. Und doch ist es diese Phase ohne universitäre Verpflichtungen, die 1820 mit Schellings Berufung an die Universität Erlangen nochmals eine Wendung nimmt und eine zweite akademische Karriere einleitet, in der sich Schellings Übergang aus der Phase seiner frühen Philosophie, dem *Identitätssystem*, zur Spätphase, der *spekulativen Religionsphilosophie*, vollzieht, und deren „Gelenksstück"[333] die sog. *Freiheitsschrift* von 1809 darstellt.

Von Anfang an – und das scheidet ihn von Hegel – empfindet Schelling einen starken Widerstand dagegen, *Sein* in Vernunft bzw. Geist aufzuheben. Das zeigt sich etwa daran, dass seine frühen Schriften der Naturphilosophie gelten und die Natur als *Absolutum*, als absolute Produktivität exponieren, die die Realität über die Stufen des Anorganischen und des Organischen hervorbringt, wobei das Organische wieder im endlichen Geist des Menschen kulminiert. In dieser Überordnung eines Objektiven übers Subjektive zeigt sich Schellings Nähe zum Spinozismus.

Baruch Spinoza (1632-1677) war der erste, der, bei grundsätzlicher Übereinstimmung mit Descartes' Verwerfung des (auch mittelalterlichen) Aristotelismus mit seiner Materie-Form-Ontologie, auf hohem philosophischen Niveau Kritik an Descartes übte mit seinem unorthodoxen Argument, der *Dualismus* von *Res cogitans* und *Res extensa* gelte nur *sub specie temporis*, in Gott jedoch, als der unendlichen Substanz, dem Ein und Alles, *sub specie aeternitatis* also, sei er aufgehoben. Spinoza artikulierte diese Überzeugung als metaphysisches Prinzip *Deus sive Natura*, als Identität von Gott und Natur, welches als Ausdruck seines *Pantheismus* interpretiert wurde und in der Folge in Deutschland bei Denkern wie Goethe, Herder, Schleiermacher und besonders unter den Romantikern, zu denen auch Schelling zu zählen ist, begeisterte Aufnahme fand.

Während für Hegel durchgehend wie an früherer Stelle aufgewiesen, der Primat des Geistes über die Natur gilt – „vielmehr ist die Natur *vom Geiste gesetzt* und dieser das *absolut Erste*"[334], hatte er dekretiert –, folgte Schelling von einem frühen Punkt seiner philosophischen Entwicklung an, Spinozas Identi-

---

[333] Baumgartner/Korten: *Schelling*. München 1996, S. 11
[334] *Enzyklopädie* § 31 Zusatz (TWA 3, S. 24)

fizierung von Gott und Natur „ganz, und er hat – trotz aller Wandlungen seines Denkens – Spinoza nie mehr preisgegeben"[335].

Systematisch bedeutet dies, dass Schelling beharrlich nach einer Realität außerhalb der *Cogitatio*, des Geistigen, sucht, die diesem vorgeordnet ist, ja dieses überhaupt erst erzeugt. Das beginnt in der frühen Phase mit der Absolutsetzung der Natur, die er als „allgemeinen Organismus"[336] auffasst, in den die Vernunft „inkarniert"[337] sei, wodurch sich die Rangordnung von Geist und Natur gegenüber Hegel praktisch umkehrt. Dieser Zug zur Setzung eines Außergeistigen, Vorrationalen als des Unbedingten setzt sich fort nach Schellings um 1806 einsetzender, unter dem Einfluss des katholischen Theosophen *Franz von Baader* (1765-1841) stehenden Wendung zur Religionsphilosophie und des durch die Rezeption des Mystikers *Jakob Böhme* (1575-1625) angeregten, für die Romantik kennzeichnenden „<*Weges zu den Müttern*>"[338], also der Hinwendung zu den „rätselvollen, irrationalen Mächten des Grundes"[339] der Welt bzw. des Seins.

So lässt Schelling in der *Freiheitsschrift* die Dinge nicht, wie es christlicher Tradition entspricht, aus Gott hervorgehen, sondern aus dem, „was in Gott nicht *Er Selbst* ist"[340], was nichts anderes bedeutet als das Widergöttliche (moralphilosophisch gesagt: das ‚Böse') in Gott selbst zu verlegen und Gott als seiner selbst nicht mächtig anzusetzen, eine Position, die man zu Recht als Ausdruck „christlicher Gnosis"[341] bezeichnet hat. Für die Welt als den Inbegriff des erfahrbaren Seienden bedeutet dies, Schelling zufolge, dass zwar „nach der ewigen Tat der Selbstoffenbarung [Gottes] in der Welt, wie wir sie jetzt erblicken, alles Regel, Ordnung, Form [ist]"[342], dass „aber immer noch im Grunde das Regellose [liegt], als könnte es einmal wieder durchbrechen"[343]. Diesem ontologischen Befund Schellings korrespondiert erkenntnismetaphysisch die These, dass die Wirklichkeit – von Hegel, wie zitiert, als die *Einheit von Wesen und Existenz*, also als geistig gehaltvoll bestimmt – uns in letzter Konsequenz in ihrem Sein verschlossen bleibt: „Dieses ist an den Dingen die unergreifliche Basis der Realität, der nie aufgehende Rest, das, was sich mit

---

[335] H. Fuhrmans: Einleitung zur *Freiheitsschrift*, a. O., S. 13
[336] *Über den Ursprung des allgemeinen Organismus*. Werke (Hg. M. Schröter) I, S. 559 ff; zit. F. Kaulbach: Art. *Natur* 5.3. HWPh 6, Sp. 475.
[337] Kaulbach, ebd.
[338] zit. Fuhrmans, a.O., S. 18
[339] Ebd.
[340] Schelling, a.O., S. 71
[341] Fuhrmans, a.O., S. 33
[342] Schelling, a.O., S. 72
[343] Ebd.

der größten Anstrengung nicht in Verstand auflösen lässt, sondern ewig im Grunde bleibt"[344]. Ja, Schelling überbietet diese auf die kantische Restriktion der Erkenntnismöglichkeiten zurückgehende metaphysische These der Unergründlichkeit der Realität, indem er das Irrationale zur Ursache der Ratio erhebt: „Aus diesem Verstandlosen ist im eigentlichen Sinne der Verstand geboren"[345].

Wir werden dieser Auffassung im Denken Schopenhauers und Nietzsches wieder begegnen[346], und sie ist, beiläufig gesagt, auch die implizite Voraussetzung alles Materialismus wie auch der aktuellen Hirnphysiologie. Überhaupt würde wohl jeder wissenschaftlich Aufgeschlossene Schellings Behauptung unterschreiben, und damit Hegels These vom Primat des Geistes Lügen strafen. Aber bereits Descartes hatte dieser Ansicht vom Primat des Geistlosen vor dem Geist ein schwer widerlegbares Argument entgegengesetzt. In seinen *Meditationen über Erste Philosophie* (1641) hatte er zwei sogenannte ‚Gottesbeweise‘ geführt, ein Terminus, der in der Folge von Kant mit der Kritik aller Gottesbeweise perhorresziert wurde[347], aber im Grunde nicht mehr bedeutete als einen Argumentationsgang, einen *logos* zugunsten der Existenz eines unbedingten Seienden. In der dritten *Meditation* entwickelt Descartes als Zentrum der Argumentation den Gedanken, dass „in einer bewirkenden und hinreichenden Ursache ebenso viel [Realität] enthalten sein muss wie in der Wirkung eben derselben Ursache"[348]. Mit anderen Worten: Das *Geistige* muss potentiell im *Geistlosen angelegt* sein, was aber, will man nicht in Sophismen verfallen, bedeutet, dass letzterer Begriff, also, wie Schelling sagt, das Verstandlose, sich an sich selbst aufhebt, anders gesagt, dass es ein seinerseits Gesetztes sein muss, auch wenn dieser ursprüngliche Akt der Setzung sich dem empirischen Aufweis entzieht.

Es besteht, wie angedeutet, eine systematische Verwandtschaft von Schellings Konzeption zu Kants Vernunftkritik: Kant hatte die *Grundlage* aller Erkenntnis, das *Subjekt* (vgl. lat. *sub-iectum* – ‚unter-liegend‘) von Verstand und Vernunft, in die *Instanz* des ihm zufolge fälschlich als „einfache Substanz"[349] gedachten Ich verlegt; dessen bereits erwähnte eigentümliche Leistung der

---

[344] Ebd.
[345] Ebd.
[346] Vgl. unten, Kap. VIII und X.
[347] Vgl. *Kritik der reinen Vernunft* B 620ff.
[348] AT VII, S. 40; Ausg. Wohlers (Hamburg 2008), S. 21 – Zur ausführlichen Interpretation des Arguments vgl. vom Vf.: *Descartes – Denker der Moderne* (Norderstedt 2022), Kap. X 3.
[349] Vgl. KrV, B 471 passim

„ursprünglichen synthetischen Einheit der Apperzeption"[350] hatte er als an sich selbst unerkennbar bezeichnet, da sie als „Vehikel"[351] der Kategorien Erkenntnis erst produziert und somit aller Erkenntnis vorhergeht. Dieser Gedanke, der bei Kant, aufs *Objekt* der Erkenntnis bezogen, auch in der These von der Unerkennbarkeit des *Dings an sich/der Dinge an* sich auftritt und den methodischen Sinn der Restriktion der Erkenntnisbemühungen auf das Erfahrbare hat, wird von Schelling hypostasiert, *ontologisiert* zum ‚Regellosen des Grundes', also zu einem metaphysischen *Ding*, zum *Ding an sich*. Sachlich bedeutet dies nichts anderes, als dass Schelling als Wurzel aller Dinge (wie einst der archaische Dichter *Hesiod*, Zeitgenosse des Homer) das *Chaos* ansetzt[352]. Auch diesem Gedanken werden wir bei Nietzsche wieder begegnen.

Für unser Thema bedeutet dieser Befund, dass mit Schellings Argument vom ‚Regellosen im Grunde' *Kontingenz* zum Signum des Daseins selbst wird, denn der Hervorgang des *Geregelten* (Geordneten, Zweckmäßigen usw.) aus dem *Regellosen* kann ersichtlich nicht selbst einer Regel folgen – denn wie sollte das Regellose sich zur Regel zusammenfassen? Der Vorgang muss deshalb als Sprung, Abreißen oder dergleichen, kurz als *kontingentes* Ereignis aufgefasst werden – ganz, wie wenn der Ziegel vom Dach sich löst und einen Passanten erschlägt! Schellings Füllung dieser Lücke im Sein durch den Ordnung schaffenden, d. h. einem Prinzip *außerhalb* seiner selbst konfrontierten Gott ist ein Rückfall in den Mythos, ins vorphilosophische religiöse *Vorstellen*.

Während Hegel das Sein in den Geist, ins Göttliche setzt, spaltet Schelling dieses Totum auf. Hegels Vermittlung von Geist, Denken, Absolutem einerseits und dem, was wir Wirklichkeit, Realität nennen andererseits, wird von Schelling wieder aufgebrochen[353]. Es ist vielleicht kein Zufall, dass die Abfassung der *Freiheitsschrift* 1809, also zeitnah auf das Erscheinen der *Phänomenologie* folgt, die Schelling (natürlich) kannte, entschuldigt er sich doch im Brief an Hegel vom 2.11.1807, erst deren (allerdings programmatische) *Vorrede*

---

[350] Ebd., B 135 passim
[351] Ebd., B 407
[352] Zu Hesiod vgl. vom Vf.: *Mythos – Wissenschaft – Philosophie* (2017), Bd. 1, Kap. 8.
[353] Damit wird auch Hegels Bestimmung der Wirklichkeit als der Einheit von Wesen und Existenz hinfällig. Diese Bestimmung war im übrigen implizit auch bereits von Goethe in Frage gestellt worden. Dieser lässt in der *Natürlichen Tochter* Eugenie fragen: „Der Schein, was ist er, dem das Wesen fehlt? / Das Wesen, wär' es, wenn es nicht erschiene?" (a.O., II 5). Der zweite Teil des Verspaars kann m. E. durchaus als vorsichtige Distanzierung Goethes von der bei Hegel noch festgehaltenen, auf die Scholastik zurückgehenden spekulativen Verbindung der beiden Sphären aufgefasst werden.

gelesen zu haben[354] und verwahrt sich gegen Hegels darin implizit erhobenen Vorwurf des Formalismus bezüglich seines eigenen philosophischen Ansatzes[355]. Zudem stellt er kritisch fest, dass er Hegels entschiedene Aufwertung des *Begriffs* gegenüber der seiner Auffassung nach sachlich gleichrangigen *Anschauung* (auch dies ein kantisches Residuum bei Schelling) nicht nachzuvollziehen vermöge. Es ist bezeichnend für die zwischen den Freunden eingetretene Entfremdung *in philosophicis*, dass der Briefwechsel zwischen ihnen nach dieser Beschwerde Schellings abbricht.

Es scheint ganz so, als habe Hegel mit seiner alle Motive des Idealismus seit Kant zusammenfassenden Schrift Schelling philosophisch das Wasser abgegraben und dieser verzweifelt versucht, Hegels universeller Vermittlung mit der *Freiheitsschrift* eine theoretische Alternative entgegenzusetzen, die die von Hegel intendierte philosophische *Versöhnung* des Denkens mit der Wirklichkeit durch Ansetzung eines irrationalen Seinsgrundes konterkariert – ohne es jedoch zu vermögen, diesen Gedanken systematisch auszuarbeiten – was vielleicht auch unmöglich ist!

Denn nach Veröffentlichung der Schrift verstummt Schelling philosophisch für viele Jahre fast gänzlich, während Hegels Philosophie ihren Siegeszug durch Deutschland antritt. Dessen Krönung ist Hegels Berufung als Nachfolger *Fichtes* an die Universität Berlin im Jahr 1818, wo er binnen kurzem zur maßgebenden philosophischen Autorität Deutschlands wird. Dies muss übrigens der verbissene Hegel-Gegner *Arthur Schopenhauer* (1788-1860) bitter erfahren, als er im März 1820, selbst gerade in Berlin habilitiert, in krasser Fehleinschätzung der eigenen Möglichkeiten seine Vorlesung um die gleiche Stunde ansetzt, zu der Hegel liest und nicht, wie erhofft, Hegels Schüler *ihm* zuströmen, sondern er vor fast leerem Auditorium lesen muss; obwohl Schopenhauer mehr als ein Jahrzehnt lang formell dem Berliner Dozenten-

---

[354] Die *Phänomenologie* beginnt mit einer umfangreichen, die methodische Idee und den philosophischen Ansatz explizierenden *Vorrede*, der Hegel noch eine relativ kurze, ebenfalls programmatische *Einleitung* folgen lässt.
[355] Vgl.: *Briefe von und an Hegel* (Hg. J. Hoffmeister, Hamburg ³1969), Bd. I, S. 194. – Jaeschke datiert in seinem *Hegel-Handbuch* den Brief wohl versehentlich ein Jahr später, auf den 2.11.1708 (a.O., S. 27). – Der mit implizitem Bezug auf Schelling kritisierte „einfarbige Formalismus" besteht, Hegel zufolge, darin, dass in dessen neuem Ansatz des objektiven Idealismus, der im transzendentalen Ich realisierten Identität von Subjekt und Objekt, der Reichtum der Wirklichkeit nicht zu organischer Entwicklung aus dem Begriff gelangt, sondern „die Eine unbewegte Form vom wissenden Subjekte [nur] an dem Vorhandenen herumgeführt, das Material in dies ruhende Element [bloß] von außenher eingetaucht [wird]" (a.O., S. 18).

kollegium angehört, bleibt dies die einzige von ihm in Berlin und überhaupt gehaltene Vorlesung![356]

Auch Schellings Verhältnis zu dem Jugendfreund Hegel endet in (nicht offen ausgetragener) philosophischer Gegnerschaft. Hegel selbst berichtet von einem im Oktober 1812 erfolgten Besuch Schellings bei ihm in Nürnberg, bei dem man allerdings ‚Philosophica' ausgespart habe[357], und Zeitgenossen des späteren Schelling attestieren diesem „gehässige" Polemik gegenüber Hegel[358].

Und doch scheint Schellings weiteres Denken durch den Dissens mit Hegel konditioniert, und der von Hegel stets zurückgewiesene Gedanke der Existenz eines dem Denken *Inkommensurablen* lässt ihn nicht los. In seiner später wieder aufgenommenen Lehrtätigkeit, zunächst an der Universität Erlangen (1820/21), dann in München (1827-41) und schließlich in Berlin (1841-46) liest Schelling nahezu ausschließlich über seine beiden späten religionsphilosophischen Konzeptionen, die *Philosophie der Mythologie* und die *Philosophie der Offenbarung*. Im Rahmen dieser Darlegungen führt er auch die Differenzierung von *Negativer* und *Positiver Philosophie* ein, eine Dualität, die in gewissem Sinn die für sein frühes Identitätssystem programmatische Konzeption des ‚Ideal-Realismus' reflektiert. *Negativ* ist ihm eine Philosophie, die sich ausschließlich im Rahmen logischer Bestimmungen bewegt und vom *Sein*, von der *Wirklichkeit* der Dinge abstrahiert, und als eine solche erscheint ihm Hegels Philosophie. Schelling spricht solchem Denken nicht die Berechtigung ab, hält es aber für ergänzungsbedürftig durch eine *positive* Philosophie, die als „<höherer Empirismus>"[359] von der Tatsache des Seins ihren Ausgang nimmt und die dem *Sein* zugehörigen Bestimmungen entwickelt.

Dieser *höhere Empirismus*, diese Überzeugung Schellings von der „Unvordenklichkeit der Existenz"[360] sowie der in der *Freiheitsschrift* vorgetragene Gedanke vom ‚Regellosen im Grunde', dem Chaos als Wurzel der Dinge, als dem, was in Gott nicht er selbst ist, kehrt in der *Philosophie der Mythologie* wieder in Schellings Unterscheidung, Gott habe „ein Verhältnis nicht nur zum Seyenden in der Idee, sondern auch zum Seyenden, das außer der Idee ist []"[361]. Dies kulminiert in Schellings apodiktischer Feststellung: „[] *denn was existiert, ist*

---

[356] Vgl. K.-J. Grün: *Arthur Schopenhauer* (München 2000), S. 25

[357] *Briefe* I, a.O., S. 420

[358] Vgl. W. Jaeschke: *Hegel-Handbuch* (Stuttgart 2003), S. 51

[359] zit. Baumgartner/Korten, a.O., S. 153 (Hervorh. Vf.)

[360] Jantzen: [Schellings] *Philosophie der Mythologie*, in: *Kröners Lexikon phil. Werke* (1988), S. 546

[361] *Philosophie der Mythologie* (Darmstadt 1966) Bd. I, S. 571 (Heidegger wird sich in seiner Spätphilosophie die altertümliche Schreibung von ‚Sein' mit ‚y' zu eigen machen!)

außerhalb der Idee"[362]. Dabei ignoriert Schelling allerdings, dass diese Aussage selbst *Idee*, *Gedanke*, mithin *Gesetztes* ist und sich damit tendenziell selbst aufhebt. In gewissem Sinn restituiert Schelling mit der Anerkennung eines unvordenklichen Seins das Kantische, dem Denken als inkommensurabel angenommene Ding-an-sich.

Um Schellings Befund denkgeschichtlich einzuordnen, bedarf es eines erneuten Blicks auf Hegel. Dieser hatte in der *Phänomenologie des Geistes* das *absolute Wissen* als Resultat einer Folge intrinsisch, logisch verbundener und dialektisch, d. h. durch die Tätigkeit des Denkens selbst, ineinander übergehender *Gestalten des Bewusstseins* entworfen. Dies erfolgte in der Form, dass sich, im Prozess der geistigen Aneignung des Vorgegebenen, dem synthetisierenden *Cogito*, dem „fürsichseienden Ich"[363] oder „einfachem Werden"[364], die Wirklichkeit selbst sich ändert und damit auch das, was ihm selbst als das Wahre *erscheint*: „In der Veränderung des Wissens" durch die negative, denkend-unterscheidende Tätigkeit des Bewusstseins „ändert sich [diesem] in der Tat auch der Gegenstand selbst"[365]. Die „dialektische Bewegung, welche das Bewusstsein an ihm selbst, *sowohl an seinem Wissen als an seinem Gegenstande ausübt*, insofern ihm der neue wahre Gegenstand daraus entspringt, ist eigentlich dasjenige, was Erfahrung genannt wird [] Dieser neue Gegenstand enthält die Nichtigkeit des ersten, er ist die über ihn gemachte Erfahrung"[366].

Am Ende und „*Ziel*"[367] dieses schon allein durch die dem Denken inhärente zeitliche Dimension notwendig *geschichtlichen* Erfahrungsprozesses steht für Hegel „das absolute Wissen oder der sich als Geist wissende Geist"[368], der im Rückblick auf die überwundenen, in der Erinnerung aufgehobenen Stufen seines Gangs die „*begriffene* Geschichte"[369] darstellt und – dies ist entscheidend – sich als „vollständige Weltlichkeit des Bewusstseins"[370] manifestiert.

Es ist aber Kennzeichen dieser *vollständigen Weltlichkeit*, nicht nur auf die Fülle jeweils spezifisch begrenzter Gestalten des Bewusstseins zurückzublicken, sondern eben darin *eine imaginierte Totalität des Seins sich gegenüber zu wissen*. Ich und Welt – das wird Horizont und Bezugsrahmen des Bewusstseins, und zwar bis heute! Schellings Insistieren auf der Unhintergehbarkeit der

---

[362] Ebd. (Hervorh. Vf.)
[363] a.O., S. 21
[364] Ebd.
[365] Ebd., S. 72
[366] Ebd., S. 73 (Hervorh. Vf.)
[367] Ebd., S. 564
[368] Ebd.
[369] Ebd. (Hervorh. Vf.)
[370] Ebd., S. 31

Existenz zeigt sich so als Signum des Bewusstseins der Moderne. *Absolutes Wissen*, wie Hegel es nennt, bedeutet: ganz zu sich selbst gekommenes Wissen, das *notwendig* eine Welt, das Sein als solches, als außer sich seiend freisetzt.

Für Hegel ist das Sein als solches nichts als „das unbestimmte Unmittelbare"[371], die allgemeine Voraussetzung des Denkens und als solches logisch Unbestimmte mit seinem Gegenpol, dem Nichts, identisch: „Nichts ist somit dieselbe Bestimmung oder vielmehr Bestimmungslosigkeit und damit überhaupt dasselbe, was das reine *Sein* ist"[372]. Dagegen wird Sein für Schelling zur absoluten Substanz, zumindest zum unhintergehbaren Faktum.

Schellings Position, die den Gegensatz von Sein und Geist fixiert, Ersteres Letzterem vorordnet und zum *Absolutum* erhebt, ist also selbst eine *historische Formation* des Bewusstseins, eine äußerste *logische* Möglichkeit, nämlich die, wie gesagt, der Moderne angehörige. Bezeichnet man diese Formation, wie Löwith in seiner erwähnten Schrift, als *existenzphilosophisch* – und Schellings Rede ‚Was existiert, ist außerhalb der Idee', lädt gewissermaßen dazu ein – muss man die *Existenzphilosophie*, das Wort im weitesten Sinn verstanden, als die der Moderne gemäße Philosophie ansetzen[373].

Die von Hegel aufgewiesene Dialektik vollzieht sich damit auch an seiner eigenen Philosophie. In ihrer Vollendung schlägt die Vermittlung von Geist und Sein in die Absolutsetzung des Seins um. Hegels schon (mehrfach) zitiertes Diktum, ein jedes Individuum sei Sohn seiner Zeit, impliziert ja, dass die Zeit gleichermaßen nicht nur über jedes Individuum, sondern auch über jede individuelle philosophische Konzeption hinwegschreitet. Hegel selbst war sich dessen nur zu bewusst, zitiert er doch mitunter das biblische Wort, „daß die Füße derer, die dich hinaustragen, schon vor der Türe stehen"[374].

---

[371] *Wissenschaft der Logik* (Ausg. G. Lasson, Hamburg 1967) I. Buch, 1. Abschn., S. 67

[372] Ebd., S. 67

[373] In diesem Sinne führt Löwith aus: „Die Polemik, mit der Schelling seine <positive> Philosophie eröffnete, richtete sich gegen Hegels Ontologie als eine bloß <negative>, welche nur das mögliche Sein begreife, aber nicht auch das wirklich Seiende, das dem Denken zuvorkommt. Mit diesem letzten Ereignis in der Geschichte der klassischen deutschen Philosophie beginnt die <Existenzphilosophie>, welche Marx und Kierkegaard auf dem Standpunkt der Äußerlichkeit und Innerlichkeit gegen Hegel entwickelt haben" (a.O., S. 130). - Jenseits der Alternative Hegel – Schelling interpretieren wir *Sein* unangestrengt als den umfassendsten Begriff, der all das umschließt, was dem Denken je als real Gegenstand wird – das Denken selbst natürlich eingeschlossen. Auch der Traum, so abstrus sein Inhalt sein mag, ist als Sache natürlich ein Seiendes, d.h. im persönlichen Erleben ein jeweils Gewesenes bzw. in Zukunft Mögliches.

[374] *Phänomenologie des Geistes*, a. O., S. 58; zit. Matth. 8,22

In Hegels Denken koinzidieren so Vollendung und Überschreitung. Was von Hegel bleibt und was der späte Schelling und alle spätere Philosophie rezipiert haben, ist dessen Einsicht in die *Geschichtlichkeit* unseres Denkens und unserer Auffassung von Wahrheit. „Die *Zeit* ist der *Begriff* selbst, der *da* ist", heißt es prägnant im letzten Kapitel der *Phänomenologie des Geistes*[375], und als Begriff vollzieht diese ruhelose Macht der Zeit ihre Dialektik an allem, was sich seiend dünkt.

---

[375] a. O., S. 558

VIII. *Nemo contra Deum nisi Deus ipse*: Schopenhauers Kampf gegen Kontingenz durch ihre Bejahung

1.   Wissenschaftsgeschichtlicher Exkurs

Bevor mit *Arthur Schopenhauer* (1788-1860) der Denker eingeführt wird, dessen Philosophie erstmals ganz im Zeichen der *Kontingenz des Seins* steht und mit dem Kontingenz zur allgemeinen philosophischen Voraussetzung wird, empfiehlt sich ein Blick auf den Prozess der Ablösung der Naturwissenschaften von den theologischen Voraussetzungen, in die sie über Jahrhunderte so vollständig eingebettet waren, dass von eigenständiger Wissenschaft keine Rede sein konnte. Diese Überlegungen sind insofern hier angebracht, als Schopenhauer, obwohl spekulativer Philosoph, unter voller Anerkennung naturwissenschaftlicher Wahrheit denkt und sich von dieser den Rahmen des Philosophierens vorgeben lässt. Zudem wird der Prozess der *Säkularisierung des Bewusstseins* – dies nur ein anderer Ausdruck für das Werden von Kontingenz – am Beispiel der Naturforschung anschaulicher als an den komplexen begrifflichen Bestimmungen der Philosophen.

Gehen wir aus von *Galileo Galilei* (1564-1642), dem Begründer der neuzeitlichen Physik. Für Galilei ist die Welt als Kosmos die „Offenbarung [Gottes] in seinem Werk"; von einer Kontingenz der Welt kann somit noch keine Rede sein. Galileis Polemik richtet sich nicht gegen die religiöse Zuschreibung als solche, sondern gegen die unangemessen und unmathematisch an Aristoteles orientierte Methodik der Erschließung dieses Werks[376] durch die scholastische Naturphilosophie.

Für die heutige Philosophie und Wissenschaft ist das Sein der Welt hingegen kontingent. Mag der einzelne Wissenschaftler privatim an Gott als den Schöpfer glauben, besteht doch zwischen dem Bild der Weltschöpfung, wie es die biblische *Genesis* beschreibt und dem der modernen Physik keinerlei Beziehung.

Das ist im ausgehenden Mittelalter, als der naturwissenschaftliche Geist zu erwachen begann, noch ganz anders. Da versucht etwa *Thierry von Chartres* (1100-1150), das biblische Sechstagewerk unter Beibehaltung der Tagesgliederung mit der vorsokratischen Elemente-Spekulation des Empedokles und dem für die mittelalterliche Kosmologie verbindlichen aristotelisch-ptolemäischen, geozentrisch gedachten Sphärenkosmos zu verbinden, indem er Gott zugleich

---

[376] Vgl. Ernst Cassirer: *Wahrheitsbegriff und Wahrheitsproblem bei Galilei* (1937), in: E. C.: *Aufsätze und kleine Schriften.* ECW 22 (Hamburg 2006), S. 51

mit Himmel und Erde die Materie schaffen lässt, die sich in der Folge selbsttätig in die vier Elemente aufspaltet, welche sich dann entsprechend ihrer unterschiedlichen Schwere ringförmig um die zentrale Erde (als schwerstes Element) herum lagern. Andere hoch- bzw. spätmittelalterliche Philosophen wie *Robert Grosseteste* (1168-1253) und *Nicolaus von Oresme* (um 1320/25-1382) entwickeln ähnliche Mischtheorien[377].

Für *Descartes* (1596-1650) ist die Schöpferfunktion Gottes bereits reduziert auf die Erschaffung einerseits der *Materie* und andererseits der deren Transformation in die physikalische Realität steuernden *Naturgesetze*. Vom Anthropomorphismus des Sechstagewerks ist natürlich bei ihm keine Rede mehr; dieses Ordnungsmuster hatte ja nur Sinn unter Voraussetzung der von Kopernikus endgültig beseitigten Geozentrik. Aber noch *Isaac Newton* (1643-1726) mag nicht vollständig auf ein Repräsentat Gottes in der physikalischen Realität verzichten und erklärt *Raum* und *Zeit* zu den Formen göttlicher Anwesenheit.

Erst *Immanuel Kants* (1724-1804) kritische Philosophie setzt dieser Vermischung von Unendlichem und Endlichem, von Transzendenz und Immanenz ein definitives Ende, ein geistiger Schritt, der Kant nicht ganz zu Unrecht seitens *Mendelssohn* den bereits zitierten Titel des *Alles-Zermalmers der Metaphysik* einbringt. Erst mit Kant zerreißt das Band zwischen Schöpfer und Geschaffenem in der *theoretischen* Dimension endgültig, insofern der Endlichkeit des Denkens Aussagen über Unendliches systematisch untersagt und die Verbindung beider Sphären auf den *praktischen* Akt des religiösen *Glaubens* beschränkt wird.

Daran kann auch *Hegels* gewaltiger, bereits dargestellter Versuch, die metaphysische Totalität über den Endliches und Unendliches integrierenden Begriff des *Geistes* und die Idee einer *Dialektik des Endlichen* wieder herzustellen, auf die Dauer nichts ändern. Signum des modernen Bewusstseins wird das *Auseinanderdriften der Seinstotalität, einerseits* in eine Sphäre der Endlichkeit, der Immanenz, d. h. die empirisch zugängliche Welt, die unter der rastlosen und anscheinend zeitlich grenzenlosen Forschungstätigkeit der Wissenschaften und dem von diesen immer weiter differenzierten Bild ebenso unerschöpflicher Komplexität wie grenzenloser raum-zeitlicher Erstreckung – aus den bescheidenen 6000 Jahren des Alters der Welt in der Bibel sind inzwischen

---

[377] Zur vorsokratischen Naturphilosophie vgl. Schönknecht 2017, Bd. II, zu Aristoteles ebd., Bd. III; zur mittelalterlichen und frühneuzeitlichen Kosmologie vgl. Schönknecht 2022, Kap. VII 2.2.

unvorstellbare 13 Milliarden Jahre geworden –, selbst die Form der *Quasi-Unendlichkeit* annimmt[378].

Dem steht, *auf der anderen Seite*, gegenüber eine antithetisch zur sich aufblähenden Empirie immer ausgedünnter und blasser werdende, jeder überprüfbaren Erkenntnis entzogene, sich damit als *objektiv nichtig* erweisende Sphäre der Transzendenz, deren Ausfüllung der spekulativen Willkür des Einzelnen überlassen bleibt, welcher sich aus dem residualen Angebot der Religionen und deren Surrogaten das ihm *Genehme* auswählt oder die Existenz der Transzendenzsphäre rundweg bestreitet.

Mit dieser Sachlage gewinnt *Kontingenz* eigentliche Realität: Hinter der quasi-unendlichen Welt der Empirie steht objektiv – *nichts*; sie hängt, absolut betrachtet, in der Luft, im Leeren, ist ohne sie tragenden *Grund*, d. h. *grundlos*. Die Überzeugung von einer solchen Grundlosigkeit der Welt, die man durchaus mit dem seit Ende des 18. Jahrhunderts gebräuchlich werdenden Begriff *Nihilismus* bezeichnen könnte, wird sich als Zentrum von Schopenhauers Philosophie erweisen.

2.   Die Welt als Wille und Vorstellung

Arthur Schopenhauer ist wohl der erste neuere Philosoph, der das menschliche Dasein bewusst der Kontingenz ausliefert – allerdings ohne diesen zu seiner Zeit philosophisch noch unterminologischen Ausdruck zu verwenden.

Um diese These zu verstehen, genügt ein Blick auf seinen philosophischen Ansatz. Der besteht im Grunde aus einem einzigen, bereits im früh verfassten Hauptwerk – Schopenhauer war bei dessen Veröffentlichung im Jahr 1818 gerade 30 Jahre alt – formulierten und systematisch entfalteten Gedanken, den Schopenhauer lebenslang keiner Revision unterzieht, für den vielmehr, wie der kongeniale *Thomas Mann* in seinem tief schürfenden Essay *Schopenhauer* mild ironisch feststellt, „alles weitere, in einem zweiundsiebzigjährigen Leben Geschriebene nur beharrlich zusammengetragener Beleg und insistierende Stütze ist"[379].

Dieser eine Gedanke findet komprimierten Ausdruck bereits in dem zunächst kryptisch wirkenden Titel der Schrift: *Die Welt als Wille und Vorstellung*. Und wie recht Thomas Mann hat, zeigt sich daran, dass Schopenhauer im Jahre

---

[378] Zu der durch die Naturwissenschaften bewirkten Entgrenzung des Weltbilds vgl. unten, Kap. X 2.3.

[379] Thomas Mann: *Schriften und Reden zur Kunst, Literatur und Philosophie* (Frankfurt/M./Hamburg 1968) Bd. 2, S. 285

1840, also 22 Jahre nach Erscheinen des Hauptwerks, einen Band *Ergänzungen* zu *Die Welt als Wille und Vorstellung* folgen lässt, der im Aufbau dem Vorgängerband genau folgt (und diesen noch an Umfang übertrifft). Auch die im Jahr 1851 als letzte größere Schrift in zwei Bänden erscheinenden *Parerga und Paralipomena* nehmen immer wieder Bezug auf das Hauptwerk und bleiben im Horizont des ursprünglichen Denkrahmens.

Deutlich wird zugleich der umfassende Anspruch, den Schopenhauer mit dem Werk verbindet. Dessen Gegenstand ist kein geringerer als die *Welt* selbst, jene Realität also, die alles umfasst, was menschlichem Auffassen und Denken irgend zugänglich ist, ja mehr noch, die, dem berühmten Eingangssatz von Ludwig Wittgensteins *Tractatus* zufolge, „alles [ist], was der Fall ist" – und dies in seiner Totalität dürfte doch wohl menschliches Auffassungsvermögen überschreiten.

Natürlich visiert auch Schopenhauer, wie Philosophie überhaupt, die Welt nicht *in extenso*, in der unendlichen Vielfalt ihrer Aspekte und Verhältnisse, sondern versucht sie ‚auf den Begriff zu bringen', was allerdings durch deren Unübersichtlichkeit eben die philosophische Problematik ausmacht.

Obwohl Schopenhauers Titel also einen bedeutenden Anspruch erhebt, drückt er doch zugleich eine *Beschränkung* aus. Denn das philosophische Fragen nach der Welt wird ja notwendig über deren Betrachtung hinaus getrieben zu der Frage nach der *Bedingung der Möglichkeit* der Welt selbst. Der Grund von Schopenhauers Beschränkung wird uns noch beschäftigen, und zwar in Verbindung mit der Überlegung, dass *Welt* zwar ein Wort ist, das uns allen leicht und in den unterschiedlichsten Kontexten über die Lippen kommt, das aber in philosophischer Hinsicht ein *problematischer* Begriff ist. Und wir werden auch zu fragen haben, ob Schopenhauer seinem Anspruch, uns gültig mitzuteilen, was denn die Welt wirklich ausmacht, gerecht geworden ist.

Worin Schopenhauer dieses *Was* der Welt, mit geläufigerer Bezeichnung: ihr *Wesen* sieht, drücken die beiden anderen Komponenten des Titels aus: die Welt ist ihm (einerseits) *Wille* und (andererseits) *Vorstellung*.

Diese beiden Leitbegriffe bestimmen auch den Aufbau der in vier „Bücher" gegliederten Schrift. Buch eins und drei widmen sich unter jeweils spezifischem Aspekt der *Welt als Vorstellung*, Buch zwei und vier der *Welt als Willen*. Wir klären den Sinn der beiden Formen nacheinander.

Die Essenz dessen, was Schopenhauer unter *Welt als Vorstellung* versteht, formuliert er sogleich zu Beginn des ersten Buches. Dort heißt es prägnant: „<Die Welt ist meine Vorstellung:> – dies ist eine Wahrheit, welche in Beziehung auf jedes lebende und erkennende Wesen gilt; wiewohl der Mensch allein sie in das reflektirte [*sic!*] abstrakte Bewusstsein bringen kann: und tut er dies wirklich; so ist die philosophische Besonnenheit bei ihm eingetreten. Es wird ihm dann deutlich und gewiß, daß er keine Sonne kennt und keine Erde; sondern immer nur ein Auge, das eine Sonne sieht, eine Hand, die eine Erde fühlt; daß die Welt, welche ihn umgiebt, nur als Vorstellung da ist, d. h. durchweg nur in Beziehung auf ein Anderes, das Vorstellende, welches er selbst ist. – Wenn irgend eine Wahrheit *a priori* ausgesprochen werden kann, so ist es diese: denn sie ist die Aussage derjenigen Form aller möglichen und erdenklichen Erfahrung, welche allgemeiner als alle anderen, als Zeit, Raum und Kausalität ist []"[380].

Um Schopenhauers Überantwortung des menschlichen Daseins an *Kontingenz* zu belegen, genügt im Grunde bereits dieser die Schrift eröffnende Text. Denn in ihrem vollen Ernst genommen, bedeutet die von Schopenhauer eigens durch Anführung hervorgehobene Aussage *Die Welt ist meine Vorstellung*, dass die Welt an sich, außer meiner Vorstellung *nichts* ist, zumindest nichts, was sich wissen ließe: Denn der Mensch *kennt* „keine Sonne [] und keine Erde", „sondern immer nur" die Sinnesorgane – im Beispiel Auge und Tastsinn –, die ihm dergleichen vermitteln. Und es bedeutet, wie zitiert, „daß die Welt, welche ihn umgibt, nur als Vorstellung da ist, d. h. durchweg nur in Beziehung auf ein Anderes, das Vorstellende, welches er selbst ist".

Und wie ernst es Schopenhauer mit dieser *Nichtigkeit* unseres Wissens von der Welt ist, belegt der in strenger Analogie zum Anfang des ersten Buchs formulierte Schluss der Ausführungen des vierten Buchs, der allerdings einige beim gegenwärtigen Stand unserer Überlegungen noch schwer verständliche Aussagen enthält. Dort heißt es, das *Nichts* verklärend: „Wir bekennen es vielmehr frei: was nach gänzlicher Aufhebung des Willens übrig bleibt, ist für alle Die, welche noch des Willens voll sind, allerdings *Nichts*. Aber auch umgekehrt ist Denen, in welchen der Wille sich gewendet und verneint hat, diese unsere so sehr reale Welt mit all ihren Sonnen und Milchstraßen – *Nichts*"[381].

Ich will der Interpretation dieser seltsamen Aussagen nicht vorgreifen, sie werden an späterer Stelle gewürdigt werden. Aber wir können doch bereits hier feststellen: Mit seiner These der *Welt als Vorstellung* untergräbt Schopenhauer im Ansatz das uns Menschen eigene Vertrauen in die generelle Zuverlässigkeit unserer Sinne (mögen sie uns auch tatsächlich in Grenzfällen täuschen) als – für das unbefangene Auffassen – primäre Quelle des Welt- und

---

[380] *Die Welt als Wille und Vorstellung* (Zürich 1991) Bd. I, S. 31 (§ 1) – Zitiert wird nach der Ausgabe: Arthur Schopenhauer: *Werke in fünf Bänden* (Hg. L. Lütkehaus), Zürich 1991. Diese folgt Schopenhauers uns heute in manchem befremdender Orthographie und Interpunktion; ich habe dies so übernommen.
[381] Ebd., S. 528 (Hervorh. Vf.)

Wirklichkeitsbezugs. Das bedeutet, wie sich noch zeigen wird, nichts anderes, als dass Schopenhauer uns die Welt fremd machen, sie uns *entfremden* will – und auch dies unterminiert das Selbstverständnis des Daseins, d. h. bringt einen *Zuwachs an Kontingenz*[382].

Dass Schopenhauer dies tatsächlich im Sinn hat und es ihm nicht primär um eine nüchterne erkenntnistheoretische Erwägung geht, belegt seine Feststellung, dass bei demjenigen, der sich diese Einsicht bewusst gemacht hat, „die *philosophische Besonnenheit* [] eingetreten [ist]"[383]. Denn dieser Ausdruck bezeichnet ja primär nicht den Besitz einer Orientierung gebenden Theorie der Welt, sondern die aus Reflexion resultierende Haltung innerer Distanz gegenüber der Welt und dem Leben, das in der Unmittelbarkeit seiner ungeordneten Manifestationen das Individuum – zumal das junge – leicht in Verwirrung stürzt und in seinen Strudel hineinzieht.

Auf die sich hier aufdrängende Frage, wie Schopenhauer zu seiner seltsam erscheinenden These der Welt als Vorstellung gelangt ist, gibt er selbst die Antwort, wenn er in der seiner Schrift als „Anhang" beigegebenen *Kritik der Kantischen Philosophie* „[bekennt], das Beste meiner eigenen Entwickelung, nächst dem Eindruck der anschaulichen Welt, sowohl dem Werke Kants, als den heiligen Schriften der Hindu und dem Platon zu verdanken"[384].

Für den vorliegenden Aspekt interessiert zunächst der Beitrag Kants, und dessen exzeptionelle Bedeutung dokumentiert Schopenhauer sowohl dadurch, dass er den ersten Band von *Die Welt als Wille und Vorstellung* mit einer fast 200 Druckseiten umfassenden *Kritik der Kantischen Philosophie* abschließt, als auch durch seinen explizit vorgetragenen Anspruch, „daß meine Philosophie nur das zu-Ende-denken der seinigen [d.h. derjenigen Kants] sei"[385].

---

[382] Im übrigen müsste man, wenn man am Realitätsgehalt des sinnlich Erfahrbaren zweifelt, ebenso an der Realität der Sinnesorgane selbst zweifeln, die ja schließlich auch nur durch Erfahrung gegeben sind. Dass das Auge Organ des Sehens ist, erfahre ich durch einen gewissen ‚inneren Sinn' (Kant) und natürlich dadurch, dass ich sie schließe und wieder öffne!

[383] Hervorh. Vf.

[384] Ebd., S. 533

[385] *Parerga und Paralipomena*, Bd. I, S. 134 (Ausg. Lütkehaus, vgl. Lit.-Verz.))

3.   Mit Kant gegen Kant:
Kant als Schopenhauers zentrale Referenz

Kant hatte in seiner in der *Kritik der reinen Vernunft* entwickelten Transzendentalphilosophie *Wirklichkeit* als das Produkt der konstruktiven Tätigkeit des transzendentalen Ich als „ursprünglicher synthetischer Einheit der Apperzeption"[386] konzipiert. Ausgestattet mit den *apriorischen*, aller ‚Erfahrung' vorhergehenden, vielmehr diese erst ermöglichenden Formen der Anschauung, *Raum* und *Zeit*, sowie dem ebenso apriorischen Satz der zwölf *Kategorien*[387], organisiert der *Verstand* aus dem Chaos der sinnlichen Empfindungen die geordnete Welt der Erfahrung. Wir erreichen mit unserer intellektuellen Tätigkeit, mit Wahrnehmung und Denken, nicht, wie es uns doch scheint, die Wirklichkeit als solche, sondern deren durch unsere apriorische, vor aller Tätigkeit in uns liegenden Auffassungsformen bedingtes Bild, über dessen Angemessenheit wir nicht urteilen können.

Erkennen erfolgt also im Zusammenwirken der beiden *Stämme* der Erkenntnis, von Sinnlichkeit und Verstand: „Gedanken ohne Inhalt [d.h. Begriffe ohne sinnliche Daten] sind leer, Anschauungen ohne Begriffe sind blind"[388], lautet die berühmte Formel Kants. Eine nicht-sinnliche bzw. überkategoriale Erkenntnis etwa im Sinne einer „intellektuellen Anschauung"[389], ist Kant zufolge nicht möglich; menschliches Erkennen ist nicht *intuitiv*, sondern bleibt, als in der zeitlichen Dimension sich vollziehend, unaufhebbar *diskursiv*.

Kant war sich der Befremdlichkeit dieses philosophischen Ansatzes wohl bewusst und versuchte ihn mit der Kompromissformel von „empirischer Realität" und „transzendentaler Idealität"[390] zu mildern. Seine Position bedeutet allerdings, dass „alle Erscheinungen [] insgesamt *als bloße Vorstellungen*, und *nicht als Dinge an sich selbst*, an[zu]sehen [sind]"[391].

Hinzugefügt, weil für das Verständnis von Schopenhauers Kant-Rezeption relevant, sei noch ein Blick auf Kants Gliederung des Hauptteils seines Werks, der *Transzendentalen Elementarlehre*: die Formen der Anschauung, Raum und Zeit, behandelt er unter dem Titel einer *transzendentalen Ästhetik*, den die Struktur des begrifflichen Erkennens auf Basis der Kategorien entwickelnden Teil nennt Kant *transzendentale Analytik*. Diesem schließt sich mit der

---

[386] A. O., B 135
[387] Vgl. ebd., B 106
[388] Ebd., B 75
[389] Ebd., B 68 passim
[390] Vgl. ebd., B 44
[391] Ebd., A 369 (Hervorh. Vf.)

transzendentalen Dialektik ein dritter System-Teil an, der die für Kant im Lichte des transzendentalen Ansatzes sichtbar gewordenen begrifflichen Fehler der früheren, als dogmatisch gekennzeichneten metaphysischen Systeme kritisch diskutiert und destruiert – ein berühmtes Beispiel ist Kants Kritik aller *Gottesbeweise*.

Kants Auffassung ist in ihren Grundzügen nicht schwer zu widerlegen. Nicht nur ist an Hegels Vorwurf zu erinnern, wonach Kant die geordnete Welt in ein Chaos von Empfindungen auflöse und die gesamte Verantwortlichkeit für Ordnung der leistenden Subjektivität aufbürde. Zudem fasst Kant das Subjekt auf als rein durch Rezeptivität Bestimmtes, dessen einzige Aktivität in der Produktion von Vorstellungen besteht. Aber schon die Betrachtung einer einfachen Handlung, sagen wir: das Backen und Verzehren eines Brotes, sprengt die ganze Konstruktion. Hier macht die Unterscheidung von *bloßer Vorstellung* und *An sich-Sein* keinen Sinn, es gibt an einer Handlung keine transzendentale Idealität, sie ist unmittelbar sie selbst und nicht Vorstellung eines sie Transzendierenden. Das Brot sättigt mich nicht nur in der Vorstellung, sondern real, an sich – sonst wäre ich längst verhungert und mein Vorstellen hätte ein Ende.

Dass die hier vorgetragene Auffassung das von Kant Intendierte trifft, belegt eines der seltenen von ihm selbst angeführten konkreten Beispiele, und zwar im Kontext der Darstellung des Prinzips der *Apprehension*, d. h. des sukzessiven Aufbaus des Gegenstands der Vorstellung in seiner Mannigfaltigkeit. Da heißt es von der als Beispiel gewählten Wahrnehmung eines Hauses: „Nun ist aber, sobald ich meine Begriffe von einem Gegenstande bis zur transzendentalen Bedeutung steigere, das Haus gar kein Ding an sich selbst, sondern nur eine Erscheinung, d. i. Vorstellung, deren transzendentaler Gegenstand unbekannt ist"[392].

An diesem Beispiel des Hauses als eines nach bestimmten *Begriffen* (z. B. Funktionalität, ästhetische Anmutung, Stabilität und dergleichen) konzipierten und hergestellten und im übrigen auch zerstörbaren Dings zeigt sich das Paradox der Zuschreibung eines transzendentalen An sich, d. h. einer Wahrnehmen, Denken und Hantieren transzendierenden Gegenständlichkeit. Auf dieser Ebene konkreter Anschauung erweist sich das Ding an sich, mit den Worten Hegels, tatsächlich als „<Gedankending … der leeren Abstraktion selbst>, als <abstrakter, von allem Inhalt abgeschiedener Schatten>"[393].

Das angebliche *Ding an sich* erweist sich so nur als *Hypostasierung*, als *Verdinglichung* der Erfahrung, dass die Dinge sich auf Grund ihrer Komplexität

---

[392] Ebd., B 235f.
[393] Zit. Ch. Seidel: Art. *Ding an sich*. HWPh 2, Sp. 253

und Veränderlichkeit definitiver, *unbedingter* Erkenntnis entziehen. Die hier zur Bezeichnung der logischen Inkonsistenz von Kants Theorem vom Ding an sich herangezogenen Begriffe verdanken sich im übrigen dem von Kant in der *transzendentalen Dialektik* selbst entwickelten kritischen Begriffswerkzeug, dem unverzichtbaren logischen *Organon* der Neuzeit, wenn man so will!

Kants Transzendentalismus taugt letzten Endes nur als Theorie der Naturwissenschaften, die mittels des kategorialen Systems eine vorher unbekannte Wirklichkeit zu Tage fördern, deren Realitätsstatus unaufhebbar der einer Theorie ist.

Bevor wir uns der Schopenhauerschen Kant-Rezeption als wesentlichem Ausgangspunkt von dessen eigener Philosophie zuwenden, sei noch in sehr vereinfachter Form auf eine Zweideutigkeit in Kants Verwendung des *Ding an sich*-Begriffs hingewiesen. Kant benutzt den Ausdruck im Singular, aber auch, wie im oben angeführten Zitat, im Plural. Im letzteren Fall meint der Begriff die unseren Vorstellungen von Dingen *verursachend* zugrunde liegenden, jedoch ‚an sich' transzendent und unerkennbar bleibenden Realia. In der singularischen Rede von – mit bestimmtem Artikel – *dem* Ding an sich ist jedoch der fundamentale Seinsgrund und absolute Ursprung aller unserer Vorstellungen, *vulgo*: Gott gemeint.

Von einem solchen übersinnlichen, sich hinsichtlich seiner Realität jeglicher *Erfahrungsmöglichkeit* entziehenden *Ideal der reinen Vernunft* – die Rede von einer *religiösen Erfahrung* ist ein hölzernes Eisen! – gilt jederzeit Kants Verdikt über die *Unmöglichkeit synthetischer Urteile a priori* (außerhalb der Mathematik) bzw. der zitierte komplementäre Satz, dass an der Produktion ausweisbarer Erkenntnis die beiden Stämme *Sinnlichkeit* und *Verstand* beteiligt sein müssen.

Es bedurfte dieser Bemerkungen zu Kant, um den nun zu behandelnden Ansatz Schopenhauers entsprechend darstellen und würdigen zu können.

Eine der für Schopenhauers Anknüpfung an Kant bestimmenden Aussagen lautet: „*Kants größtes Verdienst ist die Unterscheidung der Erscheinung vom Dinge an sich.* – auf Grund der Nachweisung, daß zwischen den Dingen und uns immer noch der Intellekt steht"[394].

Diese Unterscheidung von *Erscheinung* und *Ding an sich* macht Schopenhauer sich vollumfänglich zu eigen, entwickelt aber diesen Dualismus in einer sehr von Kant abweichenden Form. Von den drei Sektionen der *Transzendentalen Elementarlehre* beurteilt er allein die *transzendentale Ästhetik*, also Kants Darlegung der Apriorität der Anschauungsformen *Raum* und *Zeit* als „überaus

---

[394] *Die Welt als Wille und Vorstellung* Bd. I, S. 534 (Ausg. Lütkehaus, vgl. Lit.-Verz.)

verdienstvolles Werk, [das] allein hinreichen könnte, Kants Namen zu verewigen"[395].

Dagegen verwirft Schopenhauer die *transzendentale Logik* mit ihrem Zentrum der Kategorienlehre, die er nicht als umfassende Analyse des logischen Feldes, der logischen Möglichkeiten des Verstandes auffasst, sondern als „Theorie des Erkennens" engführt[396], als Ausdruck eines „ungeheuren Widerspruchs"[397] im ganzen und zahlreicher Widersprüche im einzelnen, was hier nicht dargestellt werden kann. Und dass auch die *transzendentale Dialektik* als Kritik der Anmaßung unbedingter Erkenntnis von Schopenhauer abgelehnt werden muss, wird sich aus der weiteren Darstellung ergeben.

Von der transzendentalen Logik behält Schopenhauer lediglich die Kategorie der *Kausalität* bei, die zusammen mit den „Anschauungsformen des Raumes und der Zeit"[398] den apriorischen Set des Verstandes bilden, mit dem „unser Intellekt [die] bloße [Sinnes-]Empfindung in eine Vorstellung um[wandelt], welche nunmehr als Gegenstand in Raum und Zeit dasteht"[399].

Die prägnantesten Eigentümlichkeiten ergeben sich aus Schopenhauers Interpretation des Ding an sich-Begriffs, aus der die charakteristischen Züge seiner eigenen Philosophie hervorgehen. Dabei spielt Kants oben angeführte Differenzierung zwischen den Dingen an sich (im Plural) als den transzendenten Ursachen unserer Vorstellungen und dem Ding an sich (im Singular) als dem letzten Seinsgrund die entscheidende Rolle. Denn die Dinge an sich betreffend, sieht Schopenhauer in Kants Ansetzung einer die *Empfindungen* hervorrufenden „äußeren Ursache"[400] eine Systemwidrigkeit, da, nach Kants „eigener und richtiger Entdeckung", das Gesetz der Kausalität uns *a priori* bekannt, folglich eine Funktion unseres Intellekts, also *subjektiven* Ursprungs [ist]"[401] und demzufolge nicht dem transzendenten Objekt zugeschrieben werden kann.

Schopenhauer entzieht also der durch die *Aprioria Raum, Zeit* und *Kausalität* erzeugten Welt der Vorstellung auch noch ihr transzendentes Substrat, lässt diese Welt gleichsam im Leeren schweben. Wir werden sehen, dass dies eines der Motive ist, mit denen Schopenhauer von Kants rationalistischer Intention, dem Denken durch die kategoriale Analyse des Verstandes und Aufzeigen

---

[395] Ebd., S. 558

[396] Vgl.: „Daß ich die ganze Lehre von den Kategorien verwerfe und sie den grundlosen Annahmen, mit denen Kant die Theorie des Erkennens belastete, beizähle, geht aus der oben gegebenen Kritik derselben hervor []" (Ebd., S. 576).

[397] Ebd., S. 561

[398] Ebd., S. 560

[399] Ebd.

[400] Ebd., S. 556

[401] Ebd.

seiner Grenzen eine sichere Operationsbasis zu schaffen, in Richtung auf einen philosophischen *Irrationalismus* abbiegt.

Ein zweites Motiv der Kritik Schopenhauers ist Kants Behandlung der Problematik des Dings an sich im Singular, also des als Einheit angenommenen Grundes allen Seins, auf dessen behaupteter Unerkennbarkeit Kants Verdikt einer affirmativen Metaphysik beruhte. Schopenhauer ist nicht gesonnen, sich diesem Metaphysikverbot zu unterwerfen, d. h. auf die Identifizierung eines Dinges an sich zu verzichten. Er sieht diesbezüglich bei Kant ein „etymologisch"[402] bedingtes Missverständnis, insofern dieser den Ausdruck *metaphysisch* – ‚jenseits des Physischen' als: *außerweltlich seiend* aufgefasst habe: „In Wahrheit aber verhält sich die Sache so: Die Welt und unser eigenes Daseyn stellt sich uns notwendig als ein Räthsel dar. Nun wird ohne Weiteres angenommen, daß die Lösung dieses Räthsels nicht aus dem gründlichen Verständniß der Welt selbst hervorgehen könne, sondern gesucht werden müsse in etwas von der Welt gänzlich Verschiedenem (denn das heißt <über die Möglichkeit aller Erfahrung hinaus>); und daß von jener Lösung Alles ausgeschlossen werden müsse, wovon wir irgendwie *unmittelbare* Kenntniß [] haben können"[403].

Diese Aussage ist so verstehen, dass die Lösung des Rätsels von Welt und Dasein – und diese Rätselhaftigkeit ist der stärkste Ausdruck von *Kontingenz* – aus deren Betrachtung selbst hervorzugehen hat, und zwar durch Auffindung eines – im Gegensatz zur Vermitteltheit unserer Vorstellungen – *unmittelbar* Bekannten, eben nicht nur *Vorgestellten*, sondern in sich Gewissen und Realen – wir hören den späten Anklang ans cartesianische *Cogito*! Dieses unmittelbar Bekannte hätte demnach auch als das so brennend ersehnte *Ding an sich* zu gelten.

Worin Schopenhauer dieses Ding an sich finden wird, ist nach dem bisher Ausgeführten und in Rücksicht auf den Titel des Hauptwerks nicht schwer zu vermuten. Es ist, als Gegenpol zur bodenlosen, substanzlosen Sphäre der Vorstellung und des Intellekts, die Welt oder Sphäre des *Willens*: „Ding an sich aber ist allein der Wille"[404], so wird Schopenhauer nicht müde, uns einzuschärfen, und zwar mit dem kennzeichnenden Zusatz, dass der Intellekt, als bloße „Funktion des Gehirns [], als ein Sekundäres, ein Resultat des Lebens-

---

[402] Ebd., S. 546
[403] Ebd.
[404] Ebd., S. 163

prozesses, auftritt"[405], und zwar „im Gegensatz des Willens, der allein das Primäre und überall das Ursprüngliche ist"[406].

Die folgenden Ausführungen werden die Stichhaltigkeit der Argumente prüfen, mit denen Schopenhauer seine Wahl des Willens als Ding an sich begründet, und sie werden verdeutlichen, dass es Schopenhauer nicht wie Kant und den weiteren maßgebenden Philosophen der Vergangenheit um die theoretische Grundlegung der Philosophie als universeller Wissenschaft des Bewusstseins zu tun ist, sondern geradezu um deren Depotenzierung, um die Propagierung einer *pessimistischen Lebensphilosophie* als Ausdruck seiner persönlichen, durchweg negativ getönten *Weltanschauung*, die als solche heute kaum noch anschlussfähig ist.

4.   Der Wille als *Ding an sich*

Wie gelangt Schopenhauer zu der Bestimmung des Willens als Ding an sich? Er gelangt dazu durch eine – man könnte sagen – Umkehrung des cartesianischen *Cogito*. Wie Descartes fragt er nach einem ersten unmittelbar Bekannten, einer ersten, nicht hintergehbaren Evidenz. Aber statt auf das *Ich denke* bzw. *Ich bin als Denkender (Sum cogitans)* des Descartes bzw. das Kantischen *Ich denke, das alle meine Vorstellungen muss begleiten können*, stößt Schopenhauer auf den *Leib* als dieses Erste, Gewisse, Unhintergehbare.

Das scheint ein flagranter Widerspruch zu seiner Konzeption der Welt als Vorstellung, denn schließlich begegnet mir auch mein Leib wie die anderen Dinge der für Schopenhauer bloß so genannten *Außenwelt* über die sinnliche Perzeption, als Vorstellung – und deren Inhalt kommt ja angeblich keine unabhängige Realität zu. Aber mit dem Leib hat es für Schopenhauer eine eigene Bewandtnis, „dieser Leib [ist] auf zwei ganz verschiedene Weisen gegeben: einmal als Vorstellung in verständiger Anschauung, als Objekt unter Objekten, und den Gesetzen dieser unterworfen; sodann aber auch zugleich auf eine ganz andere Weise, nämlich als jenes Jedem unmittelbar Bekannte, welches das Wort Wille bezeichnet"[407].

Der erste Teil der Aussage bietet nach dem bisher Ausgeführten keine Schwierigkeit, der zweite ist einigermaßen kryptisch. Die unmittelbare Bekanntschaft mit dem eigenen Leib mag man zugeben: wie wir die Außenwelt – einschließlich unseres Körpers – mit den Sinnen, vor allem mit dem

---

[405] *Parerga und Paralipomena*, Bd. II, S. 249 (Ausg. Lütkehaus, vgl. Lit.-Verz.)
[406] Ebd.
[407] *Die Welt als Wille und Vorstellung*, Bd. I, S. 151 (Ausg. Lütkehaus, vgl. Lit.-Verz.)

Gesichtssinn – erfassen (wenn wir auch nicht, wie beim Haus, beim Möbelstück oder Auto zwecks genauerer Inaugenscheinnahme um ihn herum gehen können!), so ist mir mein Leib – dieser Ausdruck ist für das Gemeinte dem mehrdeutigen Wort *Körper* vorzuziehen – durch das gegeben, was Kant den inneren Sinn nannte, dessen Funktion sich für ihn nicht wesentlich von der der äußeren Sinne unterschied, insofern er eben dem Bewusstsein (dem ‚ich denke‘) Wahrnehmungen und Empfindungen vermittelt, wenn auch nicht über äußere Dinge, sondern über die eigene leiblich-seelische Beschaffenheit und Befindlichkeit. So empfinden wir sowohl leibliche Zustände: Schmerz, Hunger, Müdigkeit, sexuelle Begierde u.a., wie auch unsere Gefühle: Freude, Angst, Sympathie, Hass und dergleichen, und zwar ‚unmittelbar‘, ohne zwischengeschaltete Reflexion – allerdings geklärt durch unsere Geistigkeit, die es uns – im Gegensatz zu den Tieren – erlaubt, derartige Zustände zu *benennen*, was uns wiederum ermöglicht, uns zu ihnen zu *verhalten*.

Wir erleben aber auch unsere körperlichen Handlungen ‚von innen heraus‘, spüren etwa beim Wurf des Balles, ob wir die Hand an der richtigen Stelle des Armschwungs geöffnet haben, ob der Anstellwinkel, die Körperposition beim Abwurf, die von der Muskulatur freigesetzte Schwungkraft usw. optimal waren oder nicht – all das vermittelt uns der innere Sinn – und die ganze Trainingswissenschaft im Sport wie auch noch vieles andere hängt von der Existenz dieses inneren Sinnes ab![408]

Schopenhauer hütet sich allerdings, sich des Begriffs *innerer Sinn* systematisch zu bedienen, denn das würde ihn auf die Bewusstseinsphilosophie zurückwerfen, von der er sich, wie die zahlreichen Aussagen über den Primat des Willens vor dem Intellekt verdeutlichen, gerade lösen will.

Vielmehr bezeichnet Schopenhauer dieses unmittelbare Bekanntsein eines jeden mit seinem Leibe mit dem zunächst für den Sachverhalt ungewöhnlich erscheinenden Wort *Wille*. Denn unter Willen verstehen wir ja traditionell das den einzelnen voluntativen Akten, d. h. den Entscheidungen, Absichten, Vorsätzen, Stellungnahmen, zu Grunde liegende *dezisionistische* Vermögen, in letzter Instanz die auf der logischen Möglichkeit der Bejahung und Verneinung basierende Fähigkeit, zuzustimmen oder abzulehnen.

Im Schopenhauerschen Kontext ergibt der Begriff *Wille* dann einen Sinn, wenn er verstanden wird als die die Einheit von Leib und Bewusstsein kennzeichnende *Selbstbejahung*, *Affirmation*. Dieses elementare Jasagen zu sich selbst, zum eigenen *Da-Sein*, das sich manifestiert in der alltäglichen Aktion

---

[408] Vgl. dazu etwa Dreyfus/Taylor: *Die Wiedergewinnung des Realismus* (Frankfurt/M. 2016); ferner vom Vf.: *René Descsartes – Denker der Moderne* (Norderstedt 2022), S. 501ff.

des Sich-Ernährens, der dazu aufgewendeten Arbeit, dem instinktiven Widerstand gegen äußere Bedrohungen dieses Daseins und, gattungsbezogen, im Drang zur geschlechtlichen Reproduktion, ist für Schopenhauer, wenn er sich auch dieser Ausdrücke nicht direkt bedient, der Sinn dessen, was er *Wille* nennt.

Wir sehen also bereits, dass Schopenhauers Weg zum beabsichtigten Nachweis des Willens als Ding an sich über die Aufwertung der Leiblichkeit führt. Aber auf dieser Ebene bleibt der Wille immer in der Form der Erscheinung oder Eigenschaft eines Substrats und gelangt nicht zu der dem Ding an sich doch notwendig zugehörigen Würde eines *ontologisch* Ersten.

Diesen Nachweis des ontologischen Primats des Willens führt Schopenhauer mittels eines brachialen Argumentes (d. h. er führt ihn *nicht*!) Aus der anfechtbaren Annahme, dass „jeder wahre Akt seines [d. h. des Menschen] Willens sofort und unausbleiblich auch eine Bewegung seines Leibes [ist]"[409], folgert er im Umkehrschluss, dass „die Aktion des Leibes nichts anderes [ist], als der objektivirte [*sic*!], d. h. in die Anschauung getretene Akt des Willens"[410].

Damit hat Schopenhauer den entscheidenden und fragwürdigen Schritt vorbereitet, demzufolge nicht mehr nur die *Aktion* des Leibes, seine von der Intention ausgelöste Bewegung, Manifestation des Willens ist, sondern „daß der ganze Leib nichts, als der objektivirte [*sic*!], d. h. zur Vorstellung gewordene Wille ist"[411], ein Gedanke den Schopenhauer auch so ausdrückt, dass „der Leib [] die *Objektität* [*sic*!] des *Willens* [zu nennen ist]"[412]. Dieser im Gegensatz zum geläufigen Terminus *Objektivität* gebildete Begriff der *Objektität*, der soviel bedeutet wie Verkörperung und Erscheinungsform, ferner der

---

[409] a.O., S. 151

[410] Ebd. – Mit der Konstruktion solchen Automatismus zwischen Willensregung und leiblichem Akt stellt Schopenhauer die Wirklichkeit schlicht auf den Kopf. Die Tatsache, dass zahlreiche körperliche Bewegungen, z. B. Reflexbewegungen, Bewegungen im Schlaf sowie der große Bereich des Stoffwechsels – der Fluss des Blutes, die Kontraktion von Herz, Atmung und Darm, also alle Bewegungen unterhalb der Bewusstseinsschwelle – sich unwillkürlich vollziehen, versucht Schopenhauer noch mit der Formel vom ‚wahren Akt‘ des Willens abzufangen. Aber eine solche Unterscheidung zwischen ‚wahren‘ und, wie man sagen müsste, uneigentlichen Willensakten, lässt das Willenskonzept inkonsistent werden. Vielmehr verhält es sich so, dass sich *kein* Willensakt, *kein* Entschluss, *unmittelbar* leiblich manifestiert: Was wäre denn beispielsweise das leibliche Korrelat des Vorsatzes, immer wahrhaftig und gerecht zu sein oder der Absicht, es im Leben zu etwas zu bringen und dgl.? Allenfalls in den *appetitiones* finden solche Automatismen statt, aber die sind kaum als Willensakte zu qualifizieren.

[411] Ebd., S. 152

[412] Ebd.

Begriff des Intellekts qua *Hirnphänomen* sowie der Ausdruck *Quietiv* sind wohl die hauptsächlichen von Schopenhauer geprägten philosophischen Termini.

Doch dies nur nebenbei. Entscheidend ist die logisch fragwürdige Hypostasierung des Willens vom Modus menschlicher Intentionalität zum absoluten Subjekt.

Schopenhauer hatte Kants Metaphysik-Verbot als Folge einer *„petitio principii"*[413] kritisiert, insofern ihm nämlich das oben dargestellte etymologische Missverständnis zugrunde liegen sollte. Es zeigt sich nun, dass seine Erhebung des Willens zum *Absolutum* selbst Resultat einer *petitio* ist, nämlich einer *Subreption*, einer Erschleichung des seiner ganzen Willens-Metaphysik zu Grunde gelegten Prinzips mittels der Hypostasierung und Verabsolutierung eines Erfahrungsinhaltes.

Von der These des Leibs als Verkörperung des Willens her ist es dann für Schopenhauer ein leichtes, die Urheberschaft des Willens verallgemeinernd auf das gesamte Reich unserer Weltvorstellung auszudehnen. Das erfolgt zunächst für den Bereich des Lebendigen, also der Tiere und Pflanzen, denn die von keinem ‚Bewusstsein' abhängende Selbstbehauptung sowie der intrinsische Werdeprozess, also die *Vitalität*, kennzeichnen auch diese.

In diesem Sinn führt Schopenhauer aus: „Wir werden demnach nicht dabei stehen bleiben, die Thiere, wie in ihrem Handeln, so auch in ihrem ganzen Daseyn, Korporisation und Organisation als Willenserscheinungen zu erkennen; sondern werden diese uns allein gegebene unmittelbare Erkenntniß des Wesens an sich der Dinge auch auf die Pflanzen übertragen []"[414]. In Parenthese: die uralte, vorphilosophische Dreifachgliederung des Reiches des Lebendigen, die auch der erste echte Naturforscher Aristoteles heuristisch aufgegriffen hatte, behält auch Schopenhauer noch bei – und wir tun es bis heute.

Aber Schopenhauers Voreingenommenheit für den Willen als Ding an sich lässt es nicht einmal beim Lebendigen bewenden, vielmehr „bleibt uns [] noch der letzte Schritt zu thun übrig, die Ausdehnung unserer Betrachtungsweise auch auf allgemeine Kräfte, welche in der Natur nach allgemeinen, unveränderlichen Gesetzen wirken"[415]. Um das Gemeinte beispielhaft zu erläutern, zählt Schopenhauer eine ganze Reihe von Phänomenen auf, nennt unter anderem „den gewaltigen, unaufhaltsamen *Drang* [], mit dem die Gewässer der Tiefe zueilen, die *Beharrlichkeit*, mit welcher der Magnet sich immer wieder zum Nordpol wendet, die *Sehnsucht*, mit der das Eisen zu ihm fliegt"[416] und

---

413 Ebd., S. 546
414 Ebd., S. 172
415 Ebd., S. 173
416 Ebd. (Hervorh. Vf.)

noch manches andere, um dann zu folgern, dass all dies „hier wie dort den Namen *Wille* führen muß, welcher Das bezeichnet, was das Seyn an sich jedes Dinges in der Welt und der alleinige Kern jeder Erscheinung ist"[417].

Durch Schopenhauers Anwendung von der Vital- und Gefühlssphäre entnommenen Begriffen wie *Drang, Beharrlichkeit, Sehnsucht* auf Prozesse der unbelebten Natur dürfen wir uns nicht täuschen lassen. Schopenhauer intendiert damit keineswegs die mythisierende Vermenschlichung von Naturvorgängen, er benutzt die Ausdrücke vielmehr ironisch und zielt, wie noch gezeigt werden wird, im Gegenteil ab auf die *Entsubjektivierung* der menschlichen Sphäre. Dennoch bleibt Schopenhauers Willensmetaphysik der Hintergrundideologie einer romantischen Naturphilosophie verhaftet, wie deutlich wird, wenn er von der „*unbewußten Allwissenheit* der großen Mutter [Natur]"[418] spricht, in der der Wille sich als „Wille zum Leben"[419] objektiviert habe und die „sich durch die beiden Reiche der bewußtlosen Wesen [d. h. leblose Dinge und Pflanzen] und dann durch die lange Reihe der Tiere, rüstig und wohlgemuth, gesteigert hat"[420], um zu kulminieren im mit Vernunft ausgestatteten Menschen, in dem die Natur zum Bewusstsein ihrer selbst gelangt, einem Bewusstsein, dass „hier zum ersten Male [] *dem Tode* gegenübersteht, und [dem sich] neben der Endlichkeit alles Daseyns auch die Vergeblichkeit des Strebens mehr oder minder aufdringt"[421], eine Erfahrung, aus der „das dem Menschen allein eigene *Bedürfnis einer Metaphysik* [entsteht]"[422].

Das Zitat weist voraus auf Schopenhauers Interpretation des menschlichen Daseins im Lichte seiner Willensmetaphysik, mit der ich mich weiter unten auseinandersetzen werde. Für den vorliegenden Aspekt des Zusammenhangs von Willensmetaphysik und Naturbegriff ist anzumerken, dass Schopenhauer, im Sinne einer bereits angesprochenen, bis zu Aristoteles zurückreichenden und bis heute lebendigen klassisch-romantischen Tradition, den eigentlich nur den Phänomenbereich der nicht auf menschliche Praxis zurückgehenden Erscheinungen umgrenzenden Begriff der *Natur* zu einer Entität *sui generis*, zu einem lebendigen, ja teleologischen Zusammenhang stilisiert.

---

[417] Ebd.
[418] a.O., Bd. II, S. 184 (Hervorh. Vf.)
[419] Ebd.
[420] Ebd., S. 184f.
[421] Ebd., S. 185
[422] Ebd.

Das diesbezügliche Philosophem des Aristoteles: „Gott und die Natur machen aber nichts zwecklos"[423] hatte ich bereits zitiert. Kant hatte, noch unter christlichem Vorzeichen, diese Verbindung von Gott und Natur gelöst, aber an der Natur als in sich organischem, teleologisch gerichtetem Zusammenhang festgehalten, ohne jedoch Gottes Realität zu bestreiten, deren Thematisierung lediglich vom Feld philosophischer Theorie allgemein auf das Feld der Religionsphilosophie und Glaubenspraxis eingeschränkt wurde. Schopenhauer hält nun an der teleologischen und organologischen Interpretation der als Totalität betrachteten Natur fest – so spricht er von der „unleugbaren Zweckmäßigkeit aller organischen Naturprodukte"[424] –, abstrahiert aber aus dieser Totalität den als allgemeines Prinzip der Bewegung fungierenden *Willen*, der seinerseits keinerlei teleologische Qualität aufweisen soll, spricht Schopenhauer doch ausdrücklich (und in vielfältiger Variation) vom „Willen, welcher rein an sich betrachtet, erkenntnißlos und nur ein blinder, unaufhaltsamer Drang ist"[425]. Schopenhauer wehrt sich explizit dagegen, dass sein Begriff des Willens als Ding an sich als eine Art göttlicher Instanz aufgefasst wird und distanziert sich sarkastisch vom Willens-Begriff des *Theismus*, der „kindischer Weise, diesen Willen nach außen verlegt und ihn erst mittelbar, nämlich unter Dazwischentretung der Erkenntniß und der Materie, nach menschlicher Art, auf die Dinge einwirken läßt; während bei mir der Wille nicht sowohl auf die Dinge, als in ihnen wirkt; ja, sie selbst gar nichts anderes, als eben seine Sichtbarkeit sind"[426].

Es ist diese Wirksamkeit des metaphysischen Prinzips, des Dings an sich qua Wille, im Inneren der Dinge selbst, „bei dem Thatsächlichen der äußeren und inneren Erfahrung"[427], die Schopenhauer darauf insistieren lässt, dass seine Metaphysik „*immanent, im Kantischen Sinne des Worts*"[428] sei und deshalb nicht unter das Kantischen Verbot einer die Erfahrung überfliegenden Metaphysik falle. Schopenhauer versteht seinen Ansatz als *Immanenzphilosophie*.

Dessen ungeachtet bleibt in Schopenhauers Konzeption ein unaufhebbarer Widerspruch zwischen dem teleologisch angelegten Naturbegriff und dem hinter bzw. in dessen Erscheinungen angeblich blind wirkenden Willen, denn

---

[423] *Vom Himmel* (Ausg. O. Gigon, Zürich/München ²1983), S. 64 – Vgl. zum erwähnten Zusammenhang oben, Kap. V: *Paradigmenwechsel: Natur als Garant von Sinn. Kants* Idee zu einer allgemeinen Geschichte in weltbürgerlicher Absicht.

[424] a.O., Bd. I, S. 217

[425] Ebd., S. 361

[426] *Parerga*, Bd. I, S. 133

[427] a.O., Bd. II, S. 744

[428] Ebd., vgl. auch a.O., Bd. I, S. 217; II, S.201ff.

es ist schlechterdings nicht nachvollziehbar, wie aus sinnlosem Drang sinnhafte Ordnung entsteht. Der Verweis auf das erfahrbare Vorhandensein solcher Ordnung entspricht dem Zirkelschluss: Wenn A, dann B; nun aber B, folglich auch A!

An sich ist Schopenhauers Entscheidung, den Begriff des Willens zum Absoluten zu erheben, strategisch klug, insofern die Vorgängerphilosophie des Deutschen Idealismus mit dem Begriff des Ich qua Selbstbewusstsein die kognitive Dimension ins Zentrum gerückt und damit den voluntativen Aspekt weniger beachtet hatte. Erst Schelling exponierte in seiner Freiheitsschrift den Willen als *Metaphysicum*, als er feststellte: „Es gibt in der letzten und höchsten Instanz gar kein anderes Sein als Wollen. Wollen ist Ursein, und auf dieses allein passen alle Prädikate desselben: Grundlosigkeit, Ewigkeit, Unabhängigkeit von der Zeit, Selbstbejahung. Die ganze Philosophie strebt nur dahin, diesen höchsten Ausdruck zu finden"[429].

Schopenhauer kennt diese Textstelle natürlich, und offenbar war er auch von anderer Seite auf die Affinität seines Ansatzes zu dem Schellingschen hingewiesen worden, denn er wehrt sich gereizt dagegen, „hinsichtlich meines Grundgedankens, die Prioritätsklage [zu] vernehmen"[430]. Damit hat er insofern recht, als Schelling die Absolutheit des Willens noch an den Idealismus bindet, dem „wir [] den ersten vollkommnen [sic!] Begriff der formellen Freiheit verdanken"[431] sowie an die Überzeugung, „daß alles Wirkliche (die Natur, die Welt der Dinge) Tätigkeit, Leben und Freiheit zum Grund habe oder im Fichteschen Ausdruck, daß nicht allein die Ichheit alles, sondern auch umgekehrt alles Ichheit sei"[432], während Schopenhauer seinem *Willen als Ding an sich*, wie aufgezeigt, gerade die Ichhaftigkeit und der vom Willen ins Werk gesetzten Welt, „seinem finsteren Willensreich"[433], die Realität von Freiheit bestreitet. Im Grunde enthält Schopenhauers Rede vom blinden Willen eine *contradictio in adiecto*: Was blind wirkt, verdient nicht die Bezeichnung ‚Wille', sondern die des ‚Triebes' bzw., im physikalischen Feld, der ‚Kraft'.

Der Leser wird sich vielleicht die Frage stellen: Was haben diese Ausführungen mit dem Thema *Kontingenz* zu tun? Es besteht hier durchaus ein Zusammenhang, und zwar der folgende: Kontingenz ist, und hier hat die viel

---

[429] a.O., S. 62 – Dies entspricht Schellings oben angesprochener Priorisierung des Seins vor dem es begreifenden Denken, denn im Kontext der abendländischen Tradition muss Sein als Ereignis gedacht werden, und dies bedarf, wie bereits Aristoteles lehrte, des bewegenden Impulses, also eines Willensakts.
[430] *Parerga I*, S. 134
[431] a.O., S. 62
[432] Ebd.
[433] Th. Mann, a.O., S. 218

strapazierte Formel Sinn, kein *Ding an sich*, sie ist nur mit Bezug auf Bewusstsein. Das Naturereignis, etwa der Ausbruch eines Vulkans – und das sieht auch Schopenhauer so – folgt bestimmten Gesetzen, besser gesagt: es lässt sich durch physikalische Formeln beschreiben und möglicherweise sogar prognostizieren. Sind die diversen Parameter (Druck des Magmas im Erdinneren, Widerstand des die Öffnung blockierenden Materials usw.) erfüllt, kommt es unweigerlich zum Ausbruch. Kontingent ist dieser nur als unerwartet und vielleicht – je nach Wissens- und Forschungsstand – auch unerwartbar. (Und in diesem historischen Prozess, ausgehend von bloßer Wahrnehmung der Phänomene hin zu deren Verständnis und ggf. auch Kontrolle, liegt der in seiner Realität zweifellose wissenschaftliche Fortschritt).

Mit seinem Gedanken eines ,an sich blinden Willens' aber projiziert Schopenhauer die Kontingenz in das Ding an sich.

Daran ändert auch nichts, dass Schopenhauer an anderen Stellen betont: „Der Wille ist frei, er ist allmächtig"[434]. Ist der Wille frei, so ist er kein Drang, und ist er allmächtig, so ist er auch seiner selbst mächtig – und wir fallen wieder auf Spinozas Begriff von Gott als der *causa sui* zurück, was Schopenhauer jedoch ausdrücklich zurückweist. Ist aber der Wille seiner selbst nicht mächtig, wie es die Rede vom *dunklen Drang* nahelegt, stellt sich die Frage nach dem Willen *hinter* dem Willen und wir landen im schon von Aristoteles als logisch verfehlt zurückgewiesenen infiniten Regress[435].

Vor allem aber ist es unsinnig, zumindest redundant, in ihren Ursachen physikalisch gut beschriebenen natürlichen Phänomenen (Gravitation, Magnetismus, Ausdehnung unter Hitzeeinwirkung und Kontraktion bei Kälte etc.) eine dies alles veranlassende bzw. in diesen Phänomenen wirksame Entität namens Willen als Inbegriff der wirkenden Ursachen zu substruieren bzw. zu implantieren. Das trägt zum Verständnis nichts bei.

Schopenhauer führt aus: „In jedem Dinge erscheint der Wille gerade so, wie er sich selbst an sich und außer der Zeit bestimmt"[436]. ,Außer der Zeit': wir erinnern uns, dass Raum und Zeit (zusammen mit der Kausalität) für Schopenhauer bloß subjektive Bedingungen des Vorstellens sind. Aber was das Sich-selbst-Bestimmen des Willens in den Dingen betrifft: dieser Frage der Umsetzung, Vermittlung des Unendlichen ins Endliche, des Unbedingten ins Bedingte, hatte Hegel, den Schopenhauer nicht müde wird als Scharlatan zu

---

[434] WWV I, S. 455
[435] Vgl. z.B. *Metaphysik* 994a
[436] a.O., S. 455

denunzieren[437], größte Anstrengung gewidmet; *Phänomenologie des Geistes* und *Wissenschaft der Logik* führen uns diese Schwierigkeit vor Augen, insofern ihre Lektüre für einen jeden herausfordernd ist. Zu dieser Frage der Selbstbestimmung, der Selbstverendlichung des Unendlichen in die begrenzten Gestalten der empirischen Wirklichkeit weiß Schopenhauer nichts zu geben als den Hinweis auf die platonischen Ideen, die er als Gattungen auffasst, zu denen sich die Individuen als mehr oder weniger zufällige Vereinzelungen verhalten sowie durch die These, dass Individuation nur Schein sei.

5.   Leben als Leiden? – Moralphilosophische Voraussetzungen von Schopenhauers Willensmetaphysik

Schopenhauers metaphysische Positionierungen sind aber gar nicht aus sich selbst verständlich. Ihre Intention wird nur deutlich im Blick auf Schopenhauers existenzielle bzw. moralphilosophische Auffassungen – er selbst sieht sich in der Tradition der französischen Moralisten wie *Montaigne, La Bruyère, La Rochefoucauld* u. a. – und diese Auffassungen sind außerordentlich negativ gefärbt und haben Schopenhauer die Charakterisierung als *pessimistischer Philosoph* eingetragen, als der er allgemein bekannt ist.

Schopenhauers Pessimismus bezieht sich zum einen auf die seines Erachtens defiziente moralische Verfassung der menschlichen Individuen, und damit steht er in der maximal zurückreichenden moralphilosophischen Tradition, die von der Zuschreibung des *Sündenfalls* in der *Genesis* bis zu Kants bereits zitierter Feststellung reicht, der Mensch sei ein krummes Holz, aus dem sich nichts Gerades zimmern lasse. Bei Schopenhauer mischt sich in diese ja nicht unrealistische Haltung ein guter Schuss *Menschenverachtung*, etwa wenn er den ‚normalen‘ Menschen in Abhebung vom schöpferischen Genie als „Fabrikwaare [*sic!*] der Natur"[438] und die Menschen, „im Ganzen genommen, [als] nichtswürdig"[439] bezeichnet. Ausdruck von Elitarismus ist auch die Aussage, dass eine „reine und deutliche Erkenntnis des Wesens aller Tugend" – d.h. die Unterscheidung des Guten vom Bösen – „der Mehrzahl der Menschen stets

---

[437] Als ein Beispiel von vielen vgl. die Vorrede zu *Über die vierfache Wurzel des Satzes vom Grunde*, wo Hegel als „plumper Scharlatan" bezeichnet wird und Schopenhauer beklagt, „die Köpfe der jetzigen Gelehrtengeneration [seien] desorganisiert durch Hegel'schen Unsinn" (*Kleinere Schriften*, S. 10).
[438] a.O., Bd. I, S. 255
[439] Ebd., S. 456

unzugänglich bleibe"[440]. Angesichts solcher Äußerungen ist Thomas Manns Rubrizierung von Schopenhauers Philosophie als „pessimistischer Humanismus"[441] *cum grano salis* zu nehmen – wenn Mann sich über Schopenhauers „Misanthropie"[442] auch keine Illusionen macht.

Den tiefsten Grund solcher die Defizienz aber sieht Schopenhauer in dem im Vorhergehenden bereits angesprochenen, allem Organischen inhärierenden *Willen zum Leben* selbst, in der Bejahung und Behauptung des eigenen Daseins.

Da Schopenhauer ja den Willen zum Ding an sich, also zum Absoluten erhebt, bringt sich dieser auch total und ubiquitär zur Geltung. Das Agieren des Willens ist nach Schopenhauers Begriff gleichbedeutend mit der Überwindung von Widerstand. Das lässt sich auch ohne weiteres nachvollziehen für den Bereich des Lebendigen – und dieser, obwohl angeblich nur für unser Vorstellen da, bildet für Schopenhauers Denken den Hauptbezugspunkt: Die Logik des Natürlichen ist in seinen Augen wesentlich das Fressen und Gefressenwerden, und hier setzt das Objekt der Begierde seiner eigenen Vernichtung und Auslöschung den größtmöglichen Widerstand entgegen. Wille steht hier gegen Wille, einer von beiden muss unterliegen, sei es, dass der Aggressor sein Ziel erreicht, sei es, dass er zurückgeschlagen wird und ihm die Beute entwischt. Da aber Schopenhauers philosophischem Narrativ zufolge – und für Schopenhauers Philosophie hat der Begriff der *narratio* guten Sinn, ist sie doch im ganzen eine groß angelegte Erzählung vom Willen als Ding an sich – da also der Wille im Grunde nur „*Einer* und untheilbar"[443] ist, findet Schopenhauer für dieses Gegeneinander der Individualwillen, für diese „dem Willen wesentliche Entzweiung mit sich selbst"[444], die suggestive Formulierung, „daß der Wille zum Leben durchgängig an sich selber zehrt"[445].

Und um die Logik des Willens noch über die Sphäre des Lebendigen hinaus zu treiben, sucht Schopenhauer Hilfe bei der frühneuzeitlichen Mystik und stellt fest: „Kein Körper ist ohne Verwandtschaft, d. i. ohne Streben, oder ohne Sucht und Begier, wie Jakob Böhme sagen würde"[446]; vom *Drang* der Gewässer nach der Tiefe war bereits die Rede!

---

[440] Ebd., S. 459
[441] a.O., S. 282
[442] Ebd.
[443] a.O., Bd. I, S. 174
[444] Ebd., S. 208
[445] Ebd.
[446] Ebd., S. 403

In diesem Sinne gilt für die Sphären von Organischem und Anorganischem gleichermaßen, dass „jedes nur besitzt, was es dem Anderen entrissen hat, und so ein steter Kampf auf Leben und Tod unterhalten wird" – Hinweise auf Thomas Hobbes' *Bellum omnium contra omnes* finden sich zahlreich bei Schopenhauer. Doch während für Hobbes das Konstrukt des *Naturzustands* als des Krieges aller gegen alle nur bezüglich des Menschen von theoretischem Interesse ist und als Argument für die Notwendigkeit einer die Gewalt monopolisierenden Instanz, *vulgo*: des Staates, fungiert, der den allgemeinen Krieg zum Wettbewerb unter Gesetzen entspannt, weitet Schopenhauer das *Bellum omnium* metaphysisch aus auf die Dinge als solche.

In diesem Sinne beschreibt er die Wirklichkeit als einen Kampf, „aus welchem eben hauptsächlich der Widerstand, durch welchen jenes, das innerste Wesen jedes Dinges ausmachende Streben überall gehemmt wird, vergeblich drängt, doch von seinem Wesen nicht lassen kann, sich durchquält [?!], bis diese Erscheinung untergeht, wo dann andere ihren Platz und ihre Materie gierig ergreifen"[447].

Welch glänzendes Beispiel ist dieser Text für den angesprochenen narrativen Charakter von Schopenhauers Willensmetaphysik! Und wie sehr deutet die dramatisierende Verlebendigung von Naturprozessen auf die implizite moralphilosophische Tendenz des Autors hin!

Doch jetzt zu einem anderen zentralen Aspekt von Schopenhauers Philosophieren: Das Korrelat der Willensrealität und ihrer Inkarnation im *Egoismus* ist für den Philosophen zwangsläufig das *Leiden*. So ubiquitär der Wille, so ubiquitär und total auch das Leiden. Nun ist die Realität des Leidens in der Welt evident. Sprichwörtlich ist die Grausamkeit der Natur, und in der Menschenwelt potenzieren sich die Leiden: lebensbedrohlicher Mangel, Gewalterfahrung physischer wie seelischer Art, zwischenmenschliche Konflikte, Krankheit, Tod sind überall, durchziehen Natur und Geschichte, das Leben von Völkern wie das von Familien und damit das eines jeden Einzelnen – keiner von uns ist ohne Leiderfahrung, und nur ein geistig und existenziell Blinder würde sich nicht entblöden, dieses ubiquitäre Leid zu leugnen oder zu bagatellisieren.

Und dennoch wäre es absurd, Leiden zur *exklusiven* Wirklichkeit zu stilisieren, so als gäbe es keinerlei Freude und für andere unschädliche oder sogar förderliche Formen der Genugtuung. Die Sorge der Eltern für und um den Nachwuchs, die in ihrem Gelingen mit der Ertüchtigung der Kinder und der Zufriedenheit und Freude der Eltern doppelten Nutzen stiftet, ferner das

---

[447] Ebd.

Selbstwert vermittelnde Engagement im Beruf sowie schließlich das in allen Kulturen präsente, neben manchen Auswüchsen auch vielfältiges Gute hervorbringende gesellige Leben sind die am nächsten liegenden, allgemeinsten Beispiele.

Aber genau solche Verabsolutierung des Leidens unternimmt Schopenhauer, und wenn an der von ihm für sich selbst in Anspruch genommenen Genialität etwas daran ist, so gilt das für seine Erfindungskraft sowohl hinsichtlich des Willens wie auch darin, Dasein so monomanisch wie monokausal auf Leiden zu reduzieren.

Denn nach Schopenhauer gilt es zu verstehen, „wie wesentlich *alles Leben Leiden* ist"[448] – Leiden ist ihm nicht nur, wie ausgeführt notwendiges, unabänderliches Ingredienz des Lebens, sondern geradezu dessen *Wesen*. Um das darzutun, greift Schopenhauer zu teilweise grotesken Argumenten. Zu einem davon dient ihm der *Tod*, der zwar Aufhebung alles Leidens, aber aus der Perspektive des sich selbst wollenden Lebens auch das größte Übel ist, indem er es vernichtet, aufhebt. Aus diesem Zusammenhang formt Schopenhauer das das Leben auf ein kontinuierliches Sterben reduzierende Argument, dass „jeder Atemzug den beständig eindringenden Tod ab[wehrt]"[449] und versteigt sich zu dem dramatisierenden Gleichnis, wonach der Tod „nur eine Weile mit seiner Beute [spielt], bevor er sie verschlingt"[450].

In die gleiche Richtung einer Totalisierung des Leidens geht auch die Identifizierung des dem Willen eigenen Strebecharakters als *Leiden*. Da heißt es: „Denn alles Streben entspringt aus Mangel, aus Unzufriedenheit mit seinem Zustand, ist also Leiden, solange es nicht befriedigt ist; keine Befriedigung ist dauernd [], kein letztes Ziel des Strebens, also kein Maaß und Ziel des Leidens"[451].

In Analogie dazu verwirft Schopenhauer die Idee der *Freude*: „So auch ist jede lebhafte Freude ein Irrthum, ein Wahn, weil kein erreichter Wunsch dauernd befriedigen kann []"[452]. Gewiss ist jede Freude endlich – weil das Dasein selbst es ist! Hinter Schopenhauers Argument verbirgt sich aber die kleinbürgerliche Beschränktheit, die die Freude nur als Ergebnis von Wunscherfüllung auffasst – im Grunde eine sensualistische, um nicht zu sagen: konsumistische Vorstellung. Die Freude gelingender Kommunikation, geselligen Miteinanders, gemeinsamen Spiels usw. ist dem in sich selbst verkapselten Einzel-

---

[448] Ebd., S. 405
[449] Ebd., S. 406
[450] Ebd.
[451] Ebd., S. 404
[452] Ebd., S. 138

gänger Schopenhauer, der selbst der eigenen Mutter mit ablehnender Distanz begegnete, offenbar nicht zugänglich. Im übrigen ist ihre Endlichkeit kein Einwand gegen die Freude, sondern geradezu deren Voraussetzung. Ein unbegrenzt dauernder emotional gesteigerter Zustand könnte mangels Kontrast gar nicht als solcher empfunden werden. – Die fragwürdige Idee eines solchen auf Dauer gestellten euphorisierten Zustands wird uns beim Schopenhauer-Schüler Friedrich Nietzsche unter dem Titel des *Dionysischen* begegnen[453].

Schopenhauer betreibt die *Überdehnung* des Leidensbegriffs – in der Tat ins ‚Maßlose'! So wären selbst Philosophie und Wissenschaft Leiden, entspringen sie doch jeweils einem aktuellen Mangel an und dem Bedürfnis nach Einsicht! Aber schon *Heraklit*, wahrlich kein Vertreter billigen Optimismus' und ebenfalls nicht gerade ein Philanthrop, wusste: jedes Wissenwollen ist angetrieben von der Hoffnung des Findens, die als Möglichkeit auch das Glück des Gelingens in sich trägt, welches sich in Form der Zufriedenheit, erkannt zu haben, durchaus auf Dauer stellen lässt – in der zeitlichen Begrenzung, der das menschliche Dasein nun einmal unterliegt[454]. Und natürlich gilt solches geradezu lustvolle Gerichtetsein auf ein zu erreichendes, zu verwirklichendes Ziel der Möglichkeit nach für jede Form menschlicher Praxis.

Auf eine von Schopenhauer vorgenommene Differenzierung im Leidensbegriff will ich noch hinweisen, weil sie denkgeschichtlich folgenreich ist und auch weil sie sich mit unserem Thema der *Kontingenz* berührt, den Begriff in diesem Zusammenhang mit dem Bedeutungsakzent des Lebens als bloßer *Faktizität*, bar eines ihm inhärierenden Sinnes genommen. Zwar bleibt es dabei: Leben ist Wollen, „die Basis alles Wollens aber ist Bedürftigkeit, Mangel, also Schmerz, dem er [d. h. der Mensch] folglich schon ursprünglich und durch sein Wesen anheimfällt"[455]. Doch kann Schopenhauer, allein schon deshalb, weil er selbst das Leben eines ökonomisch gesicherten Rentiers führt, sich nicht verhehlen, dass die Interpretation des Lebens als durch Wollen verursachtes Leiden, sich nicht uneingeschränkt manifestiert, dass es Formen von *Saturiertheit* gibt, wie wir heute sagen würden, die sich dem Begriff des Leidens im Sinne des Hobbesschen *Bellum omnium* nicht fügen.

Will man dennoch an der Ubiquität des Leidens festhalten – und das ist Schopenhauers primäre Intention – bedarf es also einer subtileren, nicht-bellizistischen Leidensform, und diese findet Schopenhauer in der *Langeweile*. Das klingt bei ihm so (und die Gewundenheit der Formulierung deutet das

---

[453] Vgl. unten, Kap. X, insbesondere X 3.
[454] Vgl. zu diesem Motiv bei Heraklit meine Darstellung in: Schönknecht 2017, Kap. II 3.5.
[455] a.O., S. 406

Geschraubte des Gedankens an): „Fehlt es ihm hingegen an Objekten des Wollens, indem die zu leichte Befriedigung [!] sie ihm sogleich wieder wegnimmt, so befällt ihn furchtbare Leere und Langeweile: d. h. sein Wesen und sein Dasein selbst wird ihm zur unerträglichen Last. Sein Leben schwingt also gleich einem Pendel, hin und her, zwischen dem Schmerz und der Langeweile, welche beide in der That dessen letzte Bestandteile sind"[456]. Aus dem allgemein bekannten Phänomen der zeitlich begrenzten, Situationen der Unentschlossenheit kennzeichnenden Langeweile wird bei Schopenhauer sogleich ein Prinzip im Sinne dessen, was Heidegger später zum *Existenzial* hypostasieren wird.

Mit dem Hermeneutikum der Langeweile, das in gewisser Weise seine Auslegung des Daseins leitet, definiert Schopenhauer wirkungsvoll eine Form des Leidens des von Arbeit entlasteten Teils der Menschheit. Der Gedanke wird in der Existenzphilosophie Epoche machen, zunächst bei Kierkegaard, für den Langeweile aber gerade aus der *Kontingenz des Daseins*, der metaphysischen Ort- und Heimatlosigkeit des modernen Menschen, aus der Entfremdung zum religiös vorgestellten Absoluten, also zu Gott, resultiert, die dem Dasein die Bedeutung im transzendenten Sinne nimmt, was Kierkegaard in die Sentenz fasst: „Ich stecke den Finger ins Dasein – es schmeckt nach – Nichts"[457].

Und Heidegger würdigt das Motiv im für sein Denken zentral wichtigen Aufsatz *Was ist Metaphysik?* (1929), wo er ausführt: „Die tiefe Langeweile, in den Abgründen des Daseins wie ein schweigender Nebel hin- und herziehend, rückt alle Dinge, Menschen und einen selbst mit ihnen in eine merkwürdige Gleichgültigkeit zusammen. Diese Langeweile offenbart das Seiende im Ganzen"[458] – Das Seiende im Ganzen? Als solches Ganzes erscheint es nur einem Dasein, welches den metaphysischen Rückhalt verloren hat. Im Unterschied zum misanthropischen Schopenhauer allerdings sieht Heidegger noch eine andere, positive Quelle solcher ‚Offenbarung' des Seienden, und zwar eine, die die andere, die Langeweile, aufzuwiegen bzw. zu neutralisieren vermag, nämlich „die Freude an der Gegenwart des Daseins [] eines geliebten Menschen"[459] – eine Aussage, die für den mit Heideggers Biographie Vertrauten nicht einer gewissen Pikanterie entbehrt!

Schopenhauers Intention, gegen den Augenschein das Leiden als *Essenz* des Daseins zu exponieren, führt ihn schließlich zu einer metaphysischen

---

[456] Ebd., S. 406f.
[457] *Die Krankheit zum Tode* (Reinbek 1964), S.96 – Vgl. auch unten, Kap. IX 3.
[458] a.O., in: M. Heidegger: *Wegmarken* (Frankfurt/M. 1978), S. 110
[459] Ebd.

Verhältnisbestimmung der beiden Momente. Das Leiden soll Wesen des Daseins sein, aber der Augenschein bietet aufs Ganze ein gemischtes Bild, ein Alternieren von Freude und Leid, Gelingen und Misslingen, Gesundheit und Krankheit usw. Um dieses für ihn nur scheinbare Gleichgewicht pessimistisch zu Gunsten des Leidenspols zu verschieben, bedient sich Schopenhauer erneut der Unterscheidung von Vorstellung (oder Für uns) und An sich. Während aber in Kants Erkenntnismetaphysik die apriorischen Strukturen des Verstandes das Erkennen nur *einschränkten*, führen sie für Schopenhauer zu dessen *Korruption*: „Die *reale* Seite muss etwas von der *Welt als Vorstellung toto genere* Verschiedenes sein"[460]. Und als solche „[enthüllt sie sich bloß] dem Forscher"[461], während sich dem gewöhnlichen Menschen, „befangen im *principio individuationis*, getäuscht durch den Schleier der Maja"[462], die Wirklichkeit entzieht und verharmlost: „Denn, wie auf dem tobenden Meere, das, nach allen Seiten unbegränzt, heulend Wasserberge erhebt und senkt, auf einem Kahn ein Schiffer sitzt, dem schwachen Fahrzeug vertrauend; so sitzt, mitten in einer Welt voll Quaalen, ruhig der einzelne Mensch, gestützt und vertrauend auf das *principium individuationis*, oder die Weise wie das Individuum die Dinge erkennt, als Erscheinung"[463].

Die zitierte Passage bietet Schopenhauers Philosophie in der Nuss: Die geordnete Welt der Vorstellung, das ist der täuschend, verhüllend über die eigentliche Wirklichkeit gebreitete *Schleier der Maja*, und die eigentliche Wirklichkeit, die Welt des Willens, ist eine grausige, aus dem sinnlosen Sich-selber-Wollen des Willens geborene Welt der Qualen, des Leidens. Diese eigentliche Welt ist *toto genere*, ums Ganze, verschieden von der Erscheinungswelt, was bedeutet, dass ihre Realität der Menschheit nur momentweise und nur mittels ihrer genialsten Repräsentanten erfahrbar ist.

Schleier der Maja: das ist nicht nur Metapher, Vergleich, sondern bezeichnet die Nichtigkeit unserer ganzen Wahrnehmungswelt. Schopenhauer weiß sich darin einig mit der Philosophie der „Veden und Puranas", für die „die Lehre von der Maja [] eine Hauptlehre"[464] war: „Das Werk der Maja wird eben angegeben als diese sichtbare Welt, in der wir sind, ein *hervorgerufener Zauber*, ein bestandloser, an sich *wesenloser Schein*, der optischen Illusionen und dem Traume zu vergleichen, ein Schleier, der das menschliche Bewusstsein

---

[460] a.O., Bd. II, S.224
[461] a.O., Bd. I., S. 456
[462] Ebd., S. 457
[463] Ebd.
[464] Ebd., S. 536

umfängt, ein Etwas, davon es gleich falsch und gleich wahr ist, zu sagen, daß es sei, als daß es nicht sei"[465].

Das ist blanker *Mystizismus* oder *Irrationalismus*, und dass Schopenhauer glaubt, den Dualismus von *Erscheinung* und *Ding an sich* des Rationalisten Kant mit derartigem Mystizismus in Verbindung bringen und behaupten zu dürfen – „[Die] Darstellung dieser traumartigen Beschaffenheit der ganzen Welt ist eigentlich die Basis der ganzen kantischen Philosophie, ist ihre Seele und ihr allergrößtes Verdienst"[466] –, ist grotesk. Damit verkehrt Schopenhauer die Intention Kants, den Erkenntnisanspruch des Denkens kritisch zu begrenzen und vor dem spekulativen Überfliegen der Erfahrung zu bewahren, in ihr Gegenteil! Im übrigen: wenn das Leben, beim Menschen der Inbegriff wacher Vernunft, selbst ein Traum wäre – Schopenhauer zitiert zustimmend Calderóns *La vida es sueño* (1636) – woher käme uns denn der Begriffsgegensatz von Wachsein und Träumen?!

6.   System des *Irrationalismus* und *Nihilismus*

Der Titel des Kapitels kündigt ein strenges Urteil über Schopenhauers Denken an, dessen Berechtigung im Text selbst seine Begründung finden wird. Das vorhergehende Kapitel hat vielleicht schon angedeutet, dass für Schopenhauer der Sinn der These vom Willen als Ding an sich darin liegt, dass der Wille im eminenten Sinne *Alles* und alles *Wille* ist. Er ist für Schopenhauer nicht nur die Grundlage der Dinge oder die in allen Dingen wirkende Kraft, sondern er ist wirklich *Alles* – und ‚alles Andere' ist *Nichts*, wesenloser Schein, rein phänomenal.

Das klingt bei Schopenhauer so: „*Der Wille* als Ding an sich ist von seiner Erscheinung gänzlich verschieden und völlig frei von allen Formen desselben, in welche er eben erst eingeht, indem er erscheint, die daher nur seine *Objektität* betreffen"[467]. Dieses Eingehen des Willens in verschiedene Formen erfolgt aufgrund seines Erscheinens unter den im Verein mit dem Satz vom Grunde, d. h. dem Kausalprinzip, wirkenden subjektiven Erkenntnisbedingungen von *Zeit* und *Raum*, woraus „auch die durch diese allein bestehende und möglich gewordene *Vielheit*"[468] resultiert, die eben in *wesentlicher* Betrachtung nur eine scheinbare ist. Solches Eingehen des einen Willens in die Vielfalt seiner

---

[465] Ebd. (Hervorh. Vf.)
[466] Ebd. S. 537
[467] *Die Welt als Wille und Vorstellung*, Bd. I, S. 166
[468] Ebd. (Hervorh. Vf.)

Erscheinungen nennt Schopenhauer mit altem scholastischem Terminus das *principium individuationis* – der Begriff wurde bereits zitiert[469].

Man kann sich hier mit Recht fragen, wodurch dieses In-Erscheinung-Treten des Willens, sein Eingehen in die Bedingungen von Zeit und Raum, also das *principium individuationis*, seinerseits bedingt ist und ob Schopenhauer hier nicht unvermerkt ein zweites Ding an sich in Form der subjektiven Erkenntnisbedingungen konzipiert und damit erneut einer *Petitio principii* anheimfällt.

Doch lasse ich die Frage vorerst auf sich beruhen und weise vielmehr darauf hin, dass Schopenhauer die Scheinhaftigkeit der Vielfalt, die Unwesentlichkeit des Individuellen, als ein Sohn des 19. Jahrhunderts exponiert, einer Epoche, die den Wert der Individualität nicht genug zu rühmen wusste; Goethes Aphorismus: „Höchstes Glück der Erdenkinder sei nur die Persönlichkeit" (*West-östlicher Diwan*, Buch *Suleika*) ist nur eines von zahllosen Beispielen für die Hochschätzung des – zur Persönlichkeit geläuterten – Individuums – und das gilt bis heute.

Die Scheinbarkeit des Individuellen bei Schopenhauer betrifft notwendig auch das aus dem Gegeneinander der Einzelwillen resultierende *Leiden*, als dessen essentielles Korrelat. Auch es ist in gewissem Sinne unwirklich, obwohl es doch total ist. Denn unwirklich ist, wie gesagt, vor allem die Vielheit, in der uns die Dinge erscheinen.

Solche Verabsolutierung des Willens und Depotenzierung der Erscheinung manifestiert sich in höchst befremdlichen, nur vordergründig moralphilosophischen Urteilen Schopenhauers wie dem, „daß die Verschiedenheit zwischen Dem, der das Leiden verhängt, und Dem, welcher es erdulden muss, nur Phänomen ist und nicht das Ding an sich trifft, welches der in beiden lebende Wille ist"[470], eine Entdifferenzierung von Täter und Opfer, die in Schopenhauers unsäglicher Feststellung kulminiert: „Der Quäler und der Gequälte sind Eines"[471].

Über die möglichen Konsequenzen einer solchen Gleichsetzung von Täter und Opfer in politischen Kontexten ist kein Wort zu verlieren; sie ist eine Absolution für die Henker. Jedenfalls desavouiert diese Aussage Schopenhauers Thomas Manns Rubrizierung von dessen Philosophie als pessimistischer Humanismus endgültig und legt vielmehr deren nihilistische Implikationen frei.

Um solche im Grunde *antihumanistische* Tendenz zu verstehen, muss man sich klarmachen, zu welcher philosophischen Orientierung Schopenhauer sich

---

[469] Vgl.: „[] werde ich, mit einem aus der alten eigentlichen Scholastik entlehnten Ausdruck, Zeit und Raum das *principium individuationis* nennen" (ebd.)
[470] Ebd., S. 459
[471] Ebd.

in Gegnerschaft setzt. Dies ist nicht primär der (mechanistische) Materialismus, über dessen Plumpheit sich Schopenhauer zu verschiedenen Gelegenheiten mokiert. Vielmehr richtet Schopenhauer sich implizit gegen den letztlich in der religiösen Tradition Europas wurzelnden Rationalismus und vor allem Idealismus sowie deren sowohl mit ethischen wie mit rein logischen Argumenten verteidigten Primat des Geistes vor dem Körperlichen, wie es am prägnantesten in Descartes' Fundierung der Philosophie im *Cogito* sowie in Hegels Geist-Philosophie zum Ausdruck gelangt.

Diese Werthierarchie will Schopenhauer umkehren, und zwar, indem er als Basis von allem den diesseits des Körper-Geist- bzw. des Leib-Seele-Dualismus angesiedelten Willen etabliert und von dort eine funktionelle Deszendenz mit den Stationen *Wille – Leib – Gehirn / Sinne – Intellekt – Bewusstsein* entwirft. Von Schopenhauers Deutung des Leibes als *Objektität*, Verkörperung des Willens war schon die Rede, ebenso von der für dieses Modell gleichfalls grundlegenden „subordinierten Stellung des Intellekts gegen den Willen"[472], also dem Primat des Willens, als dem Ding an sich, vor dem ihn (bloß) begreifenden Intellekt.

Doch auch die anderen Komponenten unterliegen dem funktionellen Primat der Leiblichkeit. Dazu gehört die im Eingangskapitel vorgestellte These Schopenhauers, dass die Welt als Vorstellung „durchaus vermittelt [ist] durch einen Leib"[473], d. h. durch die zweifellos der Leiblichkeit angehörenden Sinnesorgane, die sich beim Menschen zwar *spezifisch*, aber nicht *wesentlich* von den anders gebauten Sinnen von Tieren unterscheiden und allein deshalb keinen Anspruch auf Objektivität erheben können[474]: Wir kennen keine Sonne und keine Erde, sondern nur ein Auge, das eine Sonne sieht, sowie eine Hand, die eine Erde fühlt: dies war das für Schopenhauers Idee der *Welt als Vorstellung* zentrale Argument[475]. Und ein verschieden gebautes Auge ‚sähe' eben auch etwas Verschiedenes, d. h. würde eine verschiedenartige Erscheinung, eine andere Vorstellung von Wirklichkeit erzeugen (wie sich etwa durch den fehlenden Farbsinn bei manchen Tierarten verdeutlichen lässt). Doch kann man durchaus einwenden, dass Auge und Hand uns ja auch nur als

---

[472] Ebd., S. 381
[473] Ebd., S. 150
[474] Dass Schopenhauer keinen wesentlichen Unterschied zwischen der Sinnlichkeit des Menschen und der der Tiere sieht, belegt seine Bemerkung: „Die Thiere haben Verstand, ohne Vernunft zu haben, mithin anschauliche, aber keine abstrakte Erkenntniß: sie apprehendieren richtig []" (a.O., Bd. II, S. 70)
[475] Vgl. oben, Kap. VIII 2

Erscheinungen bekannt sind und wir über ihre Natur und Leistungen *a limine* auch nichts wissen können.

Und was im Übrigen den Ausdruck *Welt* anbelangt, so ist *Welt* gar nicht primär Vorstellungsinhalt, nichts sinnlich Erscheinendes, auch wenn wir uns beim Hören des Worts *alles Mögliche* (und zwar *sensu stricto*) vorstellen können, sondern, wie Schopenhauer von Kant hätte lernen können, *Begriff*, nämlich der *per se* nie erfahrungsmäßig einholbare „*Inbegriff* aller Erscheinungen"[476], der „Begriff der absoluten Totalität existierender Dinge"[477]. Dieser begriffliche Aspekt interessiert Schopenhauer nicht, doch hätte er Kant wohl den Ausdruck ,existierende Dinge' bestritten, weil es eine von ihrem Erscheinen unabhängige Existenz der Dinge für ihn eben nicht gibt.

Das letzte und gleichsam schwächste, schlechthin *ephemere* Glied in der absteigenden Folge der Leibesfunktionen ist für Schopenhauer das *Bewusstsein*, also dies nach wie vor geheimnisvolle Etwas, das weder Körperorgan noch bloße Idee, sondern der Spiegel ist, in dem uns Welt und Selbst erscheinen bzw. das mit dem Selbst zusammenfällt. Von ihm kann Schopenhauer sagen, dass es „im Tode allerdings [] unter[geht]"[478] – und wer wollte es ihm bestreiten?! „Das Bewußtseyn nämlich", so begründet er dies, „beruht zunächst auf dem Intellekt; dieser aber auf dem physiologischen Prozess. Denn er [d.h. der Intellekt] ist augenscheinlich die *Funktion des Gehirns* und daher bedingt durch das Zusammenwirken des Nerven- und Gefäßsystems; näher, durch das vom Herzen aus ernährte, belebte und *fortwährend erschütterte* Gehirn, durch dessen künstlichen und geheimnisvollen Bau, welchen die Anatomie beschreibt, aber die Physiologie nicht versteht, das Phänomen der objektiven Welt und das Getriebe unserer Gedanken zu Stande kommt. Wie nun also der Intellekt, physiologisch, mithin in der empirischen Realität, d. i. in der Erscheinung, als ein Sekundäres, als ein Resultat des Lebensprozesses auftritt; so ist er auch psychologisch sekundär, im Gegensatz des Willens, der allein das Primäre und überall das Ursprüngliche ist"[479].

Die Schopenhauer zu Beginn des vorliegenden Kapitels zugeschriebene These, dass der Wille in eminentem Sinne *Alles* ist, drückt sich auch in seiner Behauptung aus, dass „sogar der *Organismus* selbst eigentlich nur der im Gehirne anschaulich und objektiv, mithin in dessen Formen Raum und Zeit, sich darstellende Wille [ist]"[480] – was nichts anderes bedeutet, als dass auch der

---

[476] KrV B 391
[477] Ebd., B 447
[478] *Parerga und Paralipomena*, Bd. II, S. 249
[479] Ebd.
[480] Ebd. (Hervorh. Vf.)

Leib, von dem doch die weiteren von Schopenhauer ausgemachten Entitäten – Gehirn, Sinne, Intellekt, Bewusstsein – funktionell abhängen sollen, auch kein Ding an sich selbst ist, sondern die Selbstprojektion des Willens in Erscheinung. Und an anderer Stelle heißt es noch radikaler: „Alles Objektive ist Vorstellung, mithin Erscheinung, ja bloßes *Gehirnphänomen*"[481].

Aufgrund des zitierten Textmaterials können wir nun den bereits angedeuteten Widerspruch in Schopenhauers Ansatz präzisieren. Es handelt sich um das bereits im 19. Jahrhundert durch den bekannten Philosophiehistoriker *Eduard Zeller* (1814-1908) aufgewiesene sogenannte *Hirnparadoxon*. Nach Zellers klassischer Formulierung strandet Schopenhauers philosophischer Ansatz „in dem greifbaren Zirkel, dass die Vorstellung ein Produkt des Gehirns und das Gehirn ein Produkt der Vorstellung sein soll"[482].

Dieser Widerspruch lässt sich auch so ausdrücken, dass die begreifende Instanz, der Intellekt oder das Bewusstsein, von dem Begriffenen, dem Gehirn, funktionell abhängig, also determiniert sein soll. Aber was durch ein Anderes determiniert, in seiner Wirklichkeit begrenzt wird, kann nicht wiederum dieses Andere definitorisch umgrenzen – ebenso wenig wie eine kleinere Kugel die größere einschließen kann. Ich kann nicht, wie etwa ein zeitgenössischer Hirnforscher es tut, sinnvoll die in Schopenhauers Denkrichtung liegende Behauptung formulieren: „Ich bin mein Gehirn"[483]. Wären Ich und Gehirn wirklich identisch, könnte Ersteres sich nicht von Letzterem *unterscheiden*. Das Possessivpronomen im Ausdruck „mein Gehirn" drückt diese Unterscheidung unmissverständlich und unwiderleglich aus. Aber Naturwissenschaftlern – und Hirnphysiologen sind Naturwissenschaftler – sind solche Argumente in der Regel zu wenig handfest, zu dialektisch, und motivieren sie nicht dazu, sie nachzudenken.

Wie ungelöst die Problematik der Relation zwischen dem inzwischen in wesentlichen physiologischen Funktionen – in einem von Schopenhauer nicht geahnten Maße – durchschauten Gehirn einerseits und den Phänomenen von Geist und Bewusstsein andererseits ist, geht aus der Tatsache hervor, dass sich zu deren Verständnis ein eigener philosophischer Forschungsbereich konstituiert hat, was sich in Darstellungen mit Titeln wie dem oben genannten

---

[481] *Die Welt als Wille und Vorstellung*, Bd. II, S. 227 (Hervorh. Vf.)

[482] Zeller 1873, zit. Grün, a.O., S. 79

[483] Vgl. H. Kruse: *Ich bin mein Gehirn. Nichts spricht gegen den materialistischen Monismus*, in: Ch. Geyer (Hg.): *Hirnforschung und Willensfreiheit. Zur Deutung der neuesten Experimente*. Frankfurt/M. 2004, S. 223.

Hirnforschung und Willensfreiheit, oder *Geist und Gehirn*[484] oder auch *Bewusstsein: Philosophie, Neurowissenschaften, Ethik*[485] niederschlägt. Ein solches Forschungsfeld hätte sich kaum entwickelt, wenn sich die Relation zwischen Gehirn und Denken (Bewusstsein) auf die Formel einer einfachen Abhängigkeit des Letzteren von Ersterem reduzieren ließe.

Schopenhauers Gedanke enthält jedoch auch einen ihm selbst nicht bewussten Aspekt von Wahrheit. Der Irrtum liegt zunächst darin, der Leiblichkeit als bloßer Erscheinung einen diese konstituierenden, an sich unerkennbaren Willen zu substruieren. Damit zeigt sich Schopenhauer, wenn auch in Opposition, so doch als Epigone des Idealismus und seines Ding an sich *qua* Geist (nur dass an die Stelle des Geistes der Wille getreten ist) – und zugleich als *Philosoph eines Übergangs*. Mit seiner Ansetzung des Willens als blinden Drangs, als wesenlosen ,Dinges an sich' bereitet er die *Eliminierung der Ding an sich-Idee als solcher* vor. Keine rationale Betrachtung der Welt, d. h. der endlichen Dinge, die wir unter diesem Begriff subsumieren – der von der Astrophysik in durchaus bewunderungswürdiger Weise auf einen *Urknall* als Ursprungsrealität zurückgeführte Kosmos ist auch nur eines dieser Dinge – enthüllt uns ein Ding an sich, ein *Absolutes*. Das Sein der Welt (eingeschlossen die Existenz von Organismen, menschenartigen wie tierischen und pflanzlichen), begegnet als *reine Faktizität* und zeigt sich damit, bezogen auf menschliches Auffassen, als *kontingent*. Allerdings: aus Schopenhauers Voraussetzung eines „sinnlosen Treibens des Willens"[486] lässt sich ,in alle Ewigkeit' kein *kosmos*, d. h. keine ,wohlgelungene Ordnung', besser gesagt: überhaupt keine Ordnung deduzieren – die These von der *Welt als Wille* hebt sich an sich selbst auf.

Kontingenz, hatten wir gesagt, ist kein Ding an sich, aber, so ist zu ergänzen, sie ist die Wahrheit der Erscheinungen. Betrachten wir exemplarisch nur den großen, einen beträchtlichen Raum unserer Weltvorstellung füllenden Bereich des Organischen mit seinen ,Übergängen' aus dem Nicht-Organischen zum Leben, d. h. zu den durch Selbst-Reproduktion gekennzeichneten Gestalten, und innerhalb dieser wieder zu den begrifflich klar gegeneinander abgehobenen und dabei doch physiologisch unscharf ineinander übergehenden Gruppen von Pflanze, Tier und Mensch: man mag die funktionellen Verwandtschaften noch so subtil herausarbeiten, man mag, wie besonders wirkungsvoll *Charles Darwin*, eine Theorie entwickeln, die mit Faktoren wie Variation und Selektion die Möglichkeit des Reichtums der Gestalten, ihr Entstehen wie ihr

---

[484] Vgl. Th. Zoglauer: *Geist und Gehirn. Das Leib-Seele-Problem in der aktuellen Diskussion*. Göttingen 1998
[485] Vgl. Herrmann/Pauen/Rieger/Schicketanz (Hg.), Paderborn 2005
[486] Grün, a.O., S. 109

Vergehen, zu erklären sucht, so entzieht sich doch dies alles eines deduktiven Ausweises der Notwendigkeit. Ein jeder Übergang zu neuer Qualität bleibt ein Sprung, präsentiert sich als bloß *faktisch*, als im logischen wie metaphysischen Sinne: *kontingent*.

Und so kontrastieren im Bereich der Natur – dem Bereich, der in der Gegenwart die maximale Aufmerksamkeit und Zuwendung genießt – der bewunderungswürdigen Feinheit, der, tautologisch ausgedrückt, höchst subtilen Organisation physiologischer Organismen einerseits, andererseits auf der Ebene von Kosmologie, Geologie und Meteorologie zerstörerischste, von Fall zu Fall virulent werdende Latenzen, wie die sich in Erdbeben manifestierende Plattentektonik, die zu Vulkanismus ausartenden Unregelmäßigkeiten der das heiße Erdinnere nur unvollständig abschirmenden Erdkruste sowie die von der im zeitlichen Verlauf variierenden Sonneneinstrahlung getriebene, gelegentlich in gewaltige Turbulenzen und Wettercluster ausbrechende Interaktion der irdischen Lufthülle mit den Land- und Wassermassen des Erdballs.

Alle diese Phänomene beruhen auf dem einen großen Naturgesetz, erkenntnistheoretisch gesprochen: auf der einen Voraussetzung, durchgängiger und lückenloser funktioneller Interdependenz der Phänomene und sind als solche erforschbar – um sich dann auf der Ebene der Quantentheorie doch im Ungefähren zu verlieren!

Jedenfalls führt von all diesen Bedingtheiten kein gedanklicher Weg zu einem *Unbedingten* – und nichts anderes als solche Inkohärenz bedeutet im Grunde *Kontingenz*!

Den allgemeinen Funktionalismus in der Natur durchschaut Schopenhauer durchaus, und er gesteht den Naturwissenschaften, im Gegensatz zu seiner ständigen Rede von bloßer Erscheinung, Wahrheitswert zu, wie aus seiner Bemerkung hervorgeht, dass „seine Betrachtungsweise zunächst <zoologisch, anatomisch, physiologisch [ist], und erst durch die Verbindung mit jener erstern [sic!] und von dem dadurch gewonnenen hohen Standpunkt aus philosophisch [wird]>"[487].

Schopenhauer erliegt aber einem doppelten Irrtum, zum einen dadurch, dass er auch das *Denken* diesem allgemeinen Funktionalismus unterwirft, den es doch selbst erst aufdeckt, zum anderen dadurch, dass er glaubt, die Kontingenz noch an ein allgemeines Substrat binden zu müssen, ein Substrat, wie die Materialisten es in der ‚Materie' und die Idealisten im ‚Geist' fanden, ein Substrat, das dann auch bei ihm, wie in der tradierten Metaphysik, die Form der absoluten Substanz annimmt, jenen an sich selbst unbegreifbaren Drang, den

---

[487] Grün, a.O., S. 79

er mit dem ihm einzig angemessen erscheinenden Analogon aus der Erfahrungswelt als *Wille* bezeichnet. In der neueren Naturphilosophie kehrt diese Vorstellung eines universellen, alle Dinge hervortreibenden Drangs wieder unter dem Titel Energie[438].

Schopenhauer vollzieht also eine fragwürdige Hypostasierung der Kontingenz zu einer metaphysischen Entität. Diese Kritik in einen allgemeineren denktheoretischen Kontext eingeordnet, müssen wir feststellen: Die *Religionen* erklären den Ursprung und Grund der Existenz der Welt, allerdings nur in anthropomorphen Bildern, deren zentrales die Gottesvorstellung ist; die *Wissenschaften* setzen das Sein der Welt voraus und legen Funktionszusammenhänge zwischen den Elementen der Welt frei; die *Philosophie*, als das zur Wissenschaft entfaltete, zu sich selbst gekommene menschliche *Selbstbewusstsein*, sieht sich der Faktizität oder Kontingenz der Welt konfrontiert und konstatiert die Unmöglichkeit sowohl deduktiver wie empirisch-induktiver, apriorischer wie aposteriorischer Letztbegründung.

Ich habe das vorliegende Kapitel unter den Titel eines *Systems des Nihilismus und Irrationalismus* gestellt. Dieser Titel rechtfertigt sich bereits durch Schopenhauers dargestellte Fundierung der auf bloße Erscheinung reduzierten empirischen Wirklichkeit in einem als subjektloser Drang vorgestellten Willen. Die Berechtigung des Titels erschöpft sich jedoch nicht in der metaphysisch-fundamentalphilosophischen Seite von Schopenhauers Konzeption, sondern prägt auch den Aspekt seines Philosophierens, den man traditionell als praktische Philosophie oder Ethik zu rubrizieren pflegt, der aber gerade bei Schopenhauer die Form der Absage an mögliche Praxis annimmt.

Auch wenn sich in seinem Werk Titel finden wie die umfangreiche Abhandlung *Die beiden Grundprobleme der Ethik*, gibt es Ethik im klassischen Sinne einer Lehre vom guten bzw. menschlich richtigen (gerechten) Leben bei Schopenhauer nicht wirklich. Das liegt zum einen an dem behaupteten Primat des Willens oder Leibes vor dem Intellekt – von Thomas Mann in die noch pointiertere Formulierung vom „Primat des Triebes vor dem Geist"[489] gebracht –, ein Primat, der für Schopenhauer, aufgrund des im Menschen als Egoismus und blinder Lebensdrang wirkenden Willens, Freiheit im Sinne der Nicht-Determiniertheit unserer Akte ausschließt, zum anderen an der dadurch bedingten Ubiquität und Totalität des Leidens. Unter diesen beiden Voraussetzungen ist aber zugleich „eine Verbesserung und Höherführung der Welt" - eben „als

[488] Vgl. z. B. Karl Sumereder: *Alles beruht auf Energie.* Genius-Lesestücke Nov.-Dez. 2014 (www.genius.co.at)

[489] *Freud und die Zukunft*, zit. M. Fleischer: *Schopenhauer* (Freiburg, o. J.), S. 171

Erscheinung eines an sich bösen und schuldhaften Prinzips", des Willens – „grundsätzlich ausgeschlossen"[490]. Schopenhauers Philosophie „[zielt] auf Erlösung, nicht auf Befreiung"[491].

7. *Nihilismus* als Determinismus und Quietismus

Dass Schopenhauer das Handeln des Menschen als durch den sich gleichsam hinter dem Rücken des Bewusstseins über das Medium der Leiblichkeit manifestierenden Willen determiniert ansieht, dürfte aus dem Vorhergehenden bereits deutlich geworden sein.

Denn Schopenhauers gesamte Philosophie kann man als *Programm der Entsubjektivierung*, der Depotenzierung vernünftiger Subjektivität, der Minimierung von deren Bedeutung zugunsten von objektiven Faktoren und Determinanten und damit als Gegenprogramm zum durch Descartes auf den Weg gebrachten Rationalismus und Idealismus vom 17. bis zum frühen 19. Jahrhundert auffassen. Schopenhauer, könnte man sagen, überträgt die parallel mit der sich entwickelnden Naturwissenschaft wachsende Überzeugung von der kausalen Determiniertheit der Naturprozesse, die Descartes mit seiner mechanistischen Interpretation tierischen Lebens bereits auf das Animalische ausgeweitet hatte, nun auch auf menschliches Leben und entscheidet damit (für sich) die uralte, bereits auf die Anfänge christlicher Theologie zurückgehende Frage nach der Freiheit des menschlichen Willens, dem *liberum arbitrium*, sowie dessen Fähigkeit, aus eigener Kraft das Gute zu bewirken, im negativen Sinne.

In der Theologie handelte es sich um den Dissens zweier Schulen. Auf der einen Seite stand der im Platonismus wurzelnde *Augustinismus*, der die Freiheit des Menschen zum Guten bzw. die Freiheit des Willens, den *liberum arbitrium*, durch die Erbsünde korrumpiert sah, eine Auffassung, die sich im Protestantismus fortsetzte und ihren schärfsten Ausdruck fand in der Gnadenwahllehre *Johannes Calvins*, der, mit der gewichtigen Formulierung Robert Spaemanns zu sprechen, „den Verlust des *liberum arbitrium* und die Herrschaft des hedonistischen Kalküls als postlapsarisches Gesetz für jeden Menschen statuierte"[492].

Dem Augustinismus stand gegenüber der entspanntere, im Aristotelismus wurzelnde *Pelagianismus* als die das Gute jederzeit als möglich ansetzende

---

490 Th. Mann: *Schopenhauer*, a.O., S. 279
491 Ebd.
492 Vgl. R. Spaemann: Art. *Freiheit*, HWPh 2, Sp. 1089

Theorielinie, die über Thomas von Aquin zum „indeterministischen Freiheits-begriff einer *libertas indifferentiae*"[493], d. h. einer Willkürfreiheit, des spanischen Jesuiten *Molina* (1535-1600) und dessen Ordensbruder *Franziskus Suárez* (1548 - 1617), des bedeutendsten frühneuzeitlichen Scholastikers, fortwirkte. Dessen *Disputationes metaphysicae* waren Descartes, dem Zögling des Jesuitenkollegs *La Flèche*, natürlich bekannt[494] und sie haben seine für die Philosophie der Neu-zeit maßgebend werdende Überzeugung bestärkt, dass der menschliche Wille frei ist. In diesem Sinne heißt es bei Descartes eindeutig, aber dennoch vorsich-tig, Verdinglichung der Fähigkeit des Menschen zu wollen, zur Instanz eines ‚Willens' vermeidend: Dies Freiheitsvermögen „besteht lediglich darin, daß wir uns zu dem, was uns vom Verstand vorgelegt wird, um es zu behaupten oder zu bestreiten, bzw. anzustreben oder zu vermeiden, so verhalten können, *daß wir empfinden*, keine äußere Kraft bestimme uns zur Entscheidung"[495].

Vor allen Dingen betont Descartes den von Schopenhauer so beharrlich be-strittenen Vorrang des Denkens, insofern für ihn das Erwägen des Tunlichen und Untunlichen, des Richtigen und Falschen, der Entscheidung begründend vorangeht, wogegen die *libertas indifferentiae*, „jene Indifferenz [], die ich er-fahre, wenn kein Grund mich mehr zu der einen Seite als zu der anderen drängt"– also die Situation von Buridans Esel! – „der niedrigste Grad der Frei-heit [ist]"[496].

Vor diesem Hintergrund kann Descartes feststellen: „Je mehr ich zu der einen Seite neige – entweder weil ich auf dieser Seite den Grund des Wahren und Guten evident einsehe, oder weil Gott mein innerstes Denken so angelegt hat – desto freier wähle ich"[497]. Das augustinische Problem der durch Sünde verspielten Freiheit betreffend, bemerkt Descartes, gleichsam Theologie und Philosophie versöhnend: „Und tatsächlich vermindern weder die göttliche Gnade noch die natürliche Erkenntnis jemals die Freiheit, sondern vergrößern und kräftigen sie vielmehr"[498].

Immanuel Kants Denken steht, bedingt durch die fortgeschrittene Entfal-tung der Naturwissenschaft, bereits viel stärker unter der Voraussetzung einer *durchgängigen* Naturkausalität als das des Descartes, der noch annahm, alle na-turwissenschaftlichen Probleme innerhalb weniger Jahrzehnte einer Lösung

---

[493] Ebd.

[494] Vgl. dazu T.M. Schmaltz: Art. *Suàrez, Francisco*, in: L. Nolan (Hg.): *The Cambridge Descartes Lexikon*. Cambridge 2016, S. 697ff.

[495] *Meditationes de prima philoscphia* (Hg. Wohlers; Hamburg 2008), S. 117 (Hervorh. Vf.)

[496] Ebd.

[497] Ebd.

[498] Ebd.

zuführen zu können, zumindest mit Hilfe einiger Assistenten![499] Dadurch wird für Kant das Freiheitsproblem wesentlich virulenter, sodass dessen Behandlung sein gesamtes Werk durchzieht und die bemerkenswerte Anzahl von Schriften zur praktischen und Moralphilosophie sich aus der Relevanz dieser Thematik für ihn erklärt. Gegenüber dem durchgehenden Naturmechanismus, von dem auch der Mensch als sinnliches Wesen nicht ausgenommen ist, gilt es für Kant, um willen von Autonomie und Sittlichkeit, die Möglichkeit der Freiheit des Willens zu reflektieren. Kant kommt zu dem Resultat, dass Freiheit nicht als objektive Realität erweisbar ist, insofern die Erfahrung, ihrer Natur nach, immer wieder auf Bedingtheiten stößt. Und doch ist Freiheit ein *Postulat der Vernunft*. Denn die Vernunft ist das Vermögen des *Unbedingten* – insofern sie nämlich über diesen Begriff verfügt. Als praktische Vernunft denkt der Wille sich als über Bedingtheit erhaben, also als frei, woraus Kant folgert: „Ich sage nun: ein jedes Wesen, das nicht anders als *unter der Idee der Freiheit* handeln kann, ist darum in praktischer Rücksicht wirklich frei"[500].

Vor dem Hintergrund von Kants kategorischem Imperativ drückt sich die Realität von Freiheit auch mit der berühmt gewordenen Formel aus: „Du kannst, denn du sollst!" – die aber nicht, wie oft vermeint, von Kant selbst stammt, sondern von seinem Bewunderer wie Kritiker *Friedrich Schiller* (1759-1805)[501].

Für diesen Kant so teuren Begriff des Sollens, der sich als Pflichtgedanke ausspricht, hat Schopenhauer nur Spott übrig: „Wir werden [bezüglich des Problems der Willensfreiheit] überhaupt nicht von dem Sollen reden: denn so redet man zu Kindern und zu Völkern in ihrer Kindheit, nicht aber zu Denen, welche die ganze Bildung einer mündig gewordenen Zeit sich angeeignet haben. Es ist doch wohl handgreiflicher Widerspruch, [wie Kant] den Willen frei zu nennen und doch ihm Gesetze vorzuschreiben, nach denen er wollen soll: – <wollen soll!> – hölzernes Eisen! In der Folge unserer ganzen Ansicht aber ist der Wille nicht nur frei, sondern sogar allmächtig: aus ihm ist nicht nur sein Handeln, sondern auch seine Welt; und wie er ist, so erscheint sein Handeln, so erscheint seine Welt: seine Selbsterkenntniß sind Beide und sonst nichts, und sie sind er selbst: nur so ist er wahrhaft autonomisch []"[502].

---

[499] Vgl. dazu das Descartes-Buch des Vf., a. O., Kap. XII 6.
[500] *Grundlegung zur Metaphysik der Sitten* (Stuttgart 1974), S. 105
[501] Und zwar aus dem Gedicht *Die Philosophen* – Übrigens schreibt auch Schopenhauer in seiner Preisschrift *Über die Freiheit des menschlichen Willens* (1839) diese Wendung („du kannst, denn du sollst") Kant zu (zit.: www. syberberg.de/Kant.pdf).
[502] *Die Welt als Wille und Vorstellung*, Bd. I, S. 358f.

Bei Schopenhauer liegt ein bewusstes Missverstehen von Kants Intention vor. Für diesen war das ‚wollen sollen' keineswegs ein ‚hölzernes Eisen', sondern bezeichnete exakt die Pflicht des Einzelwesens zur Orientierung am Guten, entsprechend dem Eingangssatz zur *Grundlegung der Metaphysik der Sitten*[503] und in bester Übereinstimmung mit der Tradition seit Platon. Schopenhauer dagegen versteht den Willen allerdings in einem Sinne, der das Sollen ausschließt, nämlich in dem uns schon bekannten Sinn der alles Geschehen bewirkenden *Kraft* oder *Drangs*, zu welchem das Einzelwesen, das Individuum, sich nur als dessen Erscheinung verhält, wie Schopenhauer ja nicht müde wird zu behaupten, mit der Folge, dass es gleichsam vom Wesen zum Schein, von der Substanz zum Akzidenz (des Willens als absoluter Substanz) depotenziert wird. Die Differenz zwischen *Sein* und *Sollen*, an der die ganze Moral hängt, wird so von Schopenhauer eingeebnet.

Auf der Basis seines Theorems vom Primat des (überpersönlich gedachten) Willens vor dem Intellekt und unter Einbeziehung des Konzepts der dem Individuum selbst verborgenen, weil in seinem dem Bewusstsein unzugänglichen „intelligiblen Charakter"[504] liegenden Motiven, entwickelt Schopenhauer sein System des Determinismus, also der Einbeziehung des Menschen als ganzen in die Kausalität der Natur, die Kant nur für dessen sinnliche Seite konstatiert, dagegen die moralische Seite ausgenommen hatte. So ist der Mensch als Wollender und Handelnder für Schopenhauer keineswegs frei, sondern trotz gegebener „Wahlentscheidung"[505] – Schopenhauer bestreitet nicht, dass wir unsere Entscheidungen zuvor mittels der Vernunft erwägen – doch letztlich „nur [] Kampfplatz des Konflikts der [dem Individuum selbst verborgenen] Motive"[506], genießt „keineswegs [] Freiheit des einzelnen Wollens, d. h. Unabhängigkeit vom Gesetze der Kausalität"[507] und ist auch nicht ausgestattet mit dem *„liberum arbitrium indifferentiae"*[508], wie *Cartesius* annahm[509] – wie wenig Descartes von dieser reinen Willkürfreiheit hielt, habe ich im Vorhergehenden erwähnt. Für Kant würden die aus solcher Willkür resultierenden, sich nicht am Sittengesetz orientierenden, sondern impulsgesteuerten Akte den Menschen tatsächlich auf das Niveau der Naturkausalität zurückwerfen.

---

[503] Vgl.: „Es ist überall nichts in der Welt, ja überhaupt auch außer derselben zu denken möglich, was ohne Einschränkung könnte für gut gehalten werden, als allein ein *guter Wille* []" (a.O., S. 28).
[504] a.O., S. 395
[505] Ebd., S. 393
[506] Ebd.
[507] Ebd.
[508] Ebd., S. 382
[509] Vgl. ebd., S. 390

Schopenhauers deterministisches Programm fasst sich in folgenden Überlegungen zusammen: „Wie die Begebenheiten immer dem Schicksal [n.b.!], d. h. der endlosen Verkettung der Ursachen, so werden unsere Thaten immer unserem *intelligiblen Charakter* gemäß ausfallen: aber wie wir jenes nicht vorher wissen, so ist uns auch keine Einsicht *a priori* in diesen gegeben"[510]. Indem Schopenhauer menschliches Handeln mittels des Begriffs des erfahrungstranszendenten ‚intelligiblen Charakters' in strenge Analogie zur Naturkausalität setzt, schafft er Freiheit aus der Welt und restituiert in der Tat den Schicksalsgedanken – wenn auch nicht in der für die Antike kennzeichnenden religiösen Überhöhung. Die Interpretation menschlichen Entscheidungshandelns als *Kampf der Motive*, der vorhergesehen und dessen Ausgang „abgewartet werden [muß]"[511], ist eine Einladung zum Fatalismus!

Was unser Thema der *Kontingenz* anbelangt, so scheint zwar der Determinismus, die Behauptung bruchloser Notwendigkeit alles Tuns und Geschehens, deren genaues Gegenteil zu sein, insofern er den Zufall ausschließt. Da aber, wie ausgeführt, Kontingenz ein relationaler, die Beziehung des Bewusstseins auf ihm begegnende Sachverhalte bezeichnender Begriff ist, so behauptet er auch hier sein Recht. Wo die Wirklichkeit, wie in Schopenhauers Konzeption, sowohl auf der Ebene äußerlichen Sich-Ereignens wie auf derjenigen innerlicher Selbstbegegnung, als Komplex unüberschaubarer Zwangsläufigkeiten begegnet, wird das einzelne Ereignis zum kontingenten, jeder Einflussnahme entzogenen, nur passiv, d. h. leidend hinzunehmenden *Zustoßen*.

Ganz im Gegensatz zum Optimismus des Begründers der neuzeitlichen Geschichtsphilosophie *Giambattista Vico* (1668-1744), der die Geschichte deshalb für verstehbar hielt, weil der Mensch sie selbst mache, wird die Wirklichkeit bei Schopenhauer schlechthin unverstehbar, gewinnt als bar jeder nachvollziehbaren Logik außer derjenigen unaufhörlichen Leidens, wieder den antiken Verhängnischarakter. Dem entspricht, dass Schopenhauer den philosophischen *Optimismus*, der ja nicht nur der Leibnizschen *Theodizee* und ihrer These der besten aller Welten zugrunde liegt[512], sondern der als (mitunter bis zur Gedankenlosigkeit und zum Leichtsinn gesteigertes) Jasagen zum Leben und als Glaube an die Möglichkeit, in der Welt zu wirken, ein generelles Kennzeichen der Moderne ist, als eine „ruchlose Denkungsart"[513] betrachtet.

Trotz seines durchgängigen Pessimismus und Determinismus mag Schopenhauer nicht auf eine Anweisung zum rechten Leben verzichten. In welche

---

[510] Ebd., S. 395 (Hervorh. Vf.)
[511] Ebd.
[512] Vgl. oben, Kap. III 2.
[513] a.O., S. 424

Richtung diese Anweisung gehen wird, lässt sich im Grunde schon aus dem bisher Ausgeführten folgern. Wenn der Wille alles und die von ihm produzierte Realität *Leiden* ist, kann es im Grunde nur um Leidensmilderung durch Dämpfung der Willensimpulse gehen.

Und genau darauf zielt Schopenhauers Therapievorschlag ab. Von Ethik mag man, wie schon gesagt, bei ihm nicht sprechen, da nicht gemeinschaftliches Leben ermöglicht werden soll – und Ethik setzt immer gemeinsames Sein voraus, ein schlechthin vereinzelter Mensch bedürfte ihrer nicht. Für Schopenhauer ist die Realität primär vom Willen ins Werk gesetzte, sich selbst wollende und bejahende Leiblichkeit, deren „Grundthema [] die Befriedigung der Bedürfnisse [ist]"[514].

Das betrifft gleichermaßen Mensch, Tier und Pflanze, ja selbst noch die stoffliche Welt, machen sich doch „überall die mannigfaltigen Naturkräfte und organischen Formen die Materie streitig, an der sie hervortreten wollen"[515]. Und es ist „jene *Eris*, der Kampf aller Individuen, der Ausdruck des Widerspruchs, mit welchem der Wille zum Leben im Innern behaftet ist, und der durch das *principium individuationis* zur Sichtbarkeit gelangt []. In diesem ursprünglichen Zwiespalt liegt eine unversiegbare Quelle des Leidens"[516].

Die Erwähnung der *Eris*, der griechischen Göttin des Streits und der Zwietracht, weist zurück auf den Mythopoeten *Hesiod*, der in seinem Kurzepos *Werke und Tage* der Eris ein Denkmal setzte[517] sowie auf den Vorsokratiker *Empedokles*, den Begründer der Elemente-Lehre, der mit der Eris das Prinzip der Dissoziation der Stoffe bezeichnete. Allerdings sah Empedokles auch die Notwendigkeit des entgegengesetzten Prinzips, das die Getrennten zu Einheit zusammenfügt und das er in Analogie zur Eris als *Philia*, ‚Freundschaft', bezeichnete. Dieses verbindende Prinzip fällt aber bei dem Bewunderer des Hobbes, Schopenhauer, ersatzlos aus, es bleibt nur die Eris, der Zwist, als Bestimmendes[518].

---

[514] Ebd., S. 425
[515] Ebd., S. 403
[516] Ebd., S. 433
[517] Vgl. a. O., V. 17ff.
[518] Zu Hesiod vgl. vom Vf.: *Mythos – Wissenschaft – Philosophie* (Marburg 2017), Kap. I 8, zu Empedokles' Theorie ebd., Kap. II 6.3. – Friedrich Nietzsche wird das Motiv der *Eris* aufgreifen in Form von Hesiods Unterscheidung einer ‚schlechten' von einer ‚guten' Eris und die gute Eris bejahen als die Allegorie für den aus dem menschlichen Konkurrenzdenken resultierenden Wettstreit, auf dem jeweils eigenen Gebiet, welches es auch sei, der Beste zu sein – eine Bejahung, die sich lesen lässt sowohl als Kritik an Schopenhauers Lebensverneinung wie an der Tendenz zur Selbstverkleinerung, auf die Nietzsche das Christentum reduziert (vgl. den Traktat *Homers Wettkampf* aus den *Fünf Vorreden*, Schlechta III, S. 293ff.)

Für den Menschen erweist sich nach Schopenhauer mit dem allen das Leben als „eine Kreisbahn aus glühenden Kohlen, mit einigen kühlen Stellen, welche Bahn wir unablässig zu durchlaufen hätten"[519]. Nun, das Krasse dieser Darstellung entbehrt nicht einer gewissen Komik, denn neben der darin enthaltenen Übertreibung zeigt der Blick auf die Geschichte, wie ungleich das Leiden stets zwischen Herren und Knechten verteilt war, was Schopenhauer jedoch ignoriert. Und eine handelnde Veränderung dieser Situation zum Besseren, wie sie die einsetzende demokratische und soziale Bewegung betreiben, erwägt Schopenhauer nicht einmal, wie schon Thomas Mann beobachtet hatte. (Eine völlige Überwindung des Leidens ist natürlich unmöglich, da weder die konstitutionellen Leidensquellen wie Krankheit und Tod noch die aus der ‚ungeselligen Geselligkeit' des Menschen resultierenden subjektiven und intersubjektiven Ursachen sich beseitigen lassen). – In Parenthese: ältere Absolventen des Gymnasiums erinnern sich vielleicht an die von Lehrern gern erzählte Anekdote, Schopenhauer habe am wohlgedeckten Tisch über das Elend des Lebens philosophiert – da ist in der Tat etwas dran!

Nun aber zur Leninschen Frage *Was tun?* Und da gibt Schopenhauer eine Antwort, die unter der von ihm gemachten Annahme des Determinismus, des Unvermögens zur freien Entscheidung, paradox erscheint. Sie besteht nämlich in der Strategie, den treibenden Lebenswillen in sich selbst still zu stellen. Schopenhauer ist überzeugt: Die „*Verneinung des Willens zum Leben* [ist] der einzige in der Erscheinung hervortretende Akt seiner [d. h. des Willens] Freiheit"[520].

Der Gedanke erscheint ungeheuer, abstrus: statt tätiger Gestaltung des Lebens zur Förderung von Humanität und Mehrung von Glück durch Kooperation, statt Freude am Gelingen im persönlichen Leben, in Familie und Gesellschaft – das genaue Gegenteil: Nein-Sagen zum Leben, nicht und nichts mehr wollen: ein befremdlicheres philosophisches Programm ist kaum denkbar! Dieses Nein zum Leben ist der Punkt, an dem der Schopenhauerianer *Nietzsche* später seinen Meister bekämpfen und ihm den Vorwurf des Nihilismus und der Dekadenz machen wird. Schopenhauers Nein wird Nietzsche in ein ebenso unbedingtes Ja zum Leben umkehren und damit sich wider Willen als durch Schopenhauer konditioniert erweisen. Doch dazu an späterer Stelle.

Es bedarf nach Schopenhauer also der Ruhigstellung, ja der „Mortifikation des Willens"[521], und zwar mittels eines „*Quietivs*"[522]. Ein solches bietet in

---

[519] a.O., S. 489
[520] Ebd., S. 512 (Hervorh. Vf.)
[521] Ebd., S. 492
[522] Ebd., S. 488 (Hervorh. Vf.)

unvollkommener, weil bloß zeitweiliger Form die Hingabe an die *Musik*, an die Kunstform, die, philosophisch betrachtet, im Gegensatz zu den anderen Künsten nicht bloß „Abbild der Ideen [,] sondern Abbild des Willens selbst [ist]"[523] – der Schopenhauer-Bewunderer *Richard Wagner* verstand deshalb sein Komponieren als Umsetzung Schopenhauerscher Philosophie in Töne, und in der Tat hat seine Musik Affinität zur Vorstellung des ziellos und ubiquitär schweifenden Willens sowie Züge des Quietativen, waches Bewusstsein Dämpfenden![524]

Das eigentliche, dauerhafte Quietativ bietet aber erst die direkte Verneinung des ja als konstitutiv gedachten – und hier liegt das Paradox – Lebenswillens selbst: „Der Wille wendet sich nunmehr vom Leben ab: ihn schaudert jetzt vor dessen Genüssen, in denen er die Bejahung desselben erkennt. Der Mensch gelangt zum Zustande der freiwilligen Entsagung, der Resignation, der wahren Gelassenheit und gänzlichen Willenslosigkeit"[525]. Entsagung, Resignation, Willenlosigkeit, bei völligem Verzicht auf eingreifendes Handeln: das sind die Aspekte, die Schopenhauers Denken die Prädikate einer Rentner- und Philisterphilosophie eingetragen haben, und das nicht zu Unrecht! Denn zum Überfluss ist dieser Weg dem normalen Menschen gar nicht gangbar, dazu bedarf es „der Heiligkeit, Selbstverleugnung, Ertödtung des Eigenwillens, Askesis"[526], Haltungen, die sich manifestieren nicht nur in der „*Erkenntnis des fremden Leidens*"[527], sondern in der Befähigung zu umfassenden Mitleid, zu jener „reinen Liebe (*agape, caritas*), [die] ihrer Natur nach Mitleid ist"[528] – einer Haltung allerdings, von der Schopenhauer sich verbittet, dass man sie von dem, der sie propagiert, selbst fordert: „Es ist daher so wenig nötig, daß der Heilige ein Philosoph, als daß der Philosoph ein Heiliger sei"[529]. Und es sei „überhaupt [] eine seltsame Anforderung an einen *Moralisten*, daß er keine andere Tugend empfehlen soll, als die er selbst besitzt"[530]. Schopenhauer wirft also die von Kant als zentral wichtig betrachtete Allgemeingültigkeit der moralischen Prinzipien kurzerhand wieder über Bord, und in dieser Haltung hat auch die oben berichtete Anekdote über seine Inkonsequenz ihren Anlass und ihr philosophisches Fundament!

---

[523] Ebd., S. 341
[524] Zu Wagner vgl. unten, Kap. X 1.2.
[525] Ebd., S. 488f.
[526] Ebd., S. 493
[527] Ebd., S. 484
[528] Ebd.
[529] Ebd., S. 494
[530] Ebd.

Innerhalb der menschlichen Bedürfnisstruktur, gegen die das Individuum sich zu wenden hat, gibt es eine Komponente, durch die sich Schopenhauer offenbar in besonderem Maße herausgefordert fühlt: die Sexualität. Diese ist im übrigen das einzige Bedürfnis, dessen Preisgabe nicht zur Selbstvernichtung des Individuums führt, das bei radikaler Durchführung des Verzichts allerdings das Dasein der Gattung auslöscht, was Schopenhauer, wie sich zeigen wird, durchaus als Logik seines Ansatzes betrachtet.

Die Sonderrolle des Sexus manifestiert sich im theoretischen Zusammenhang darin, dass Schopenhauer den Geschlechtstrieb als „entschiedenste Bejahung des Willens zum Leben"[531] interpretiert, und soweit dies die Funktion der Prokreation betrifft, ist ihm darin recht zu geben. Einer gewissen Komik entbehrt allerdings nicht die Erhebung der „Genitalien [zum] eigentlichen *Brennpunkt* des Willens"[532] und zum „entgegengesetzten Pol des Gehirns, des Repräsentanten der Erkenntniß"[533], ein Gegensatz, der für Schopenhauer darin liegt, dass die Geschlechtlichkeit „das lebenerhaltende, der Zeit endloses Leben zusichernde Princip"[534] darstelle, wogegen „die Erkenntniß die Möglichkeit der Aufhebung des Wollens, der Erlösung durch Freiheit, der Ueberwindung und Vernichtung der Welt [giebt]"[535].

Thomas Mann sah in dieser von Schopenhauer konstruierten Polarität, in der sich, in spezifischer Ausprägung, der die christliche Kultur durchziehende Antagonismus von Geist und Fleisch erneuert, den Ausdruck „seines Extremismus, einer grotesk-dualistischen Kontrasthaftigkeit seiner Natur"[536] und identifizierte in dieser „Kontrastwelt mit den Polen des Gehirns und der Genitalien"[537] ein „romantisches"[538] Relikt. Unverhohlen ironisch ist auch das Urteil *Nietzsches*, der, ohne direkt auf die vorliegende Stelle Bezug zu nehmen, trocken anmerkt, Schopenhauer habe „die Geschlechtlichkeit in der Tat als persönlichen Feind behandelt"[539].

In einer etwas weiter gespannten Perspektive enthüllt sich Schopenhauers Fassung der Sexualität als außerordentlich *reduktiv*, insofern er sie aus dem Lebenskontext, in den sie gehört, isoliert. Denn der Sexus als Funktion des Fortpflanzungstriebs und als dieser Trieb selber ist ja nur Moment des *Eros*,

[531] Ebd., S. 427
[532] Ebd., S. 429
[533] Ebd.
[534] Ebd.
[535] Ebd.
[536] *Schriften und Reden zur Literatur* [], a.O., S. 284
[537] Ebd., S. 285
[538] Ebd., S. 284
[539] *Zur Genealogie der Moral*, Schlechta II, S. 847.

der erotischen *Liebe* und als solcher integrales Moment der Lebensgemeinschaft zwischen Mann und Frau und deren Verwirklichung als *Familie* durch Erzeugen von *Nachwuchs*.

Reduktivität hatte bereits Hegel Kants Definition der Ehe als Kontrakt zum wechselseitigen Gebrauch der Geschlechtsorgane (*sic!*) vorgeworfen, und sie setzt sich fort in Freuds naturalistischer Interpretation des Sexualtriebs als Zentraltrieb bzw. Triebzentrum, als das Leben durchherrschender Drang zum ‚Lustgewinn aus Körperzonen' – die Analogie zu Schopenhauer ist evident und Thomas Mann weist zu Recht darauf hin[540]. Es ist dies eine Verkürzung, die sich bis in die Hypersexualisierung und die konsumistische Auffassung des Sexuellen in der gegenwärtigen Massenkultur fortsetzt, mit ihren Christopher Street Days, ihrem Genderwahn, den in Fernsehshows vollzogenen Ehestiftungen und anderen Absurditäten.

Im Grunde geht aber solche dualistische Fehlinterpretation von *Sexus-Eros* auf Platon zurück, der uns zwar in seinem *Symposion* eindrucksvoll die Macht des Eros über das menschliche Gemüt demonstriert, aber dessen Reduktion auf den Sexus in der griechischen Praxis der *Päderastie* Platon auch nur seine Entsinnlichung zu einer pädagogischen Liebe zum Geistigen im Knaben entgegenzusetzen wusste. Es bedurfte der Ära des Christentums, um sehr allmählich, über Abwege, wie den mönchischen Asketismus und Umwege, wie das mittelalterliche Frauenlob, eine tiefere Auffassung des Erotischen als einer Praxis der Zärtlichkeit, mitfühlender Rücksicht und wechselseitiger Erfreuung der Geschlechter zu gewinnen.

Zum Abschluss unserer Betrachtungen zur Stellung Schopenhauers im Prozess der Rückkehr der Kontingenz will ich meine Wahl des Terminus *Nihilismus* für Schopenhauers Philosophieren, unter den ich das vorhergehende sowie vorliegende das Kapitel gestellt habe, erläutern, und die Ausführungen über Schopenhauers Auffassung des Sexus bieten einen geeigneten Ansatzpunkt dafür.

Bei Schopenhauer begegnen wir dem Nihilismus tatsächlich im elementarsten Sinne dieses Begriffs, nämlich als Voreingenommenheit und Plädoyer für das Nichts, das Nichtsein. Diese Haltung scheint absurd, gilt doch das *Sein* durch die ganze Geschichte des Denkens hindurch, von Parmenides über Platon und Aristoteles bis zum diesbezüglich behandelten Schelling und weiter bis zu Heidegger als Letztgegebenes und schlechthin Irreduzibles. Sein *ist*, und kann nicht *nicht* sein, das ist logisch ebenso unanfechtbar, wie es *consensus omnium* ist. Und doch steht Schopenhauers Philosophie unter der Prärogative:

---

[540] Vgl. a.O., S. 218 passim

Sein soll nicht sein, und sein gesamtes Denken zielt auf deren Umsetzung; ich hatte im Eingangskapitel zu Schopenhauer schon einige Zitate gebracht, die dessen Sympathie für das Nichts belegten[541].

Dieser Haltung entspricht *praktisch*, wie im vorliegenden Kapitel ausgeführt, die Verneinung des ja durchweg Leiden schaffenden Willens zum Leben, und das kann konkret, über bloße Rhetorik hinausgehend, nur eines bedeuten: die „freiwillige, vollkommene Keuschheit [als] der erste Schritt in der Askese oder der Verneinung des Willens zum Leben [] Die Natur, immer wahr und naiv, sagt aus daß, wenn diese Maxime [der Keuschheit] allgemein würde, das Menschengeschlecht ausstürbe"[542]. Dem ist nicht zu widersprechen, allerdings auch nicht der von Schopenhauer weislich unterschlagenen Konsequenz, dass es bei allgemeiner Verwirklichung dieser Maxime auch keine Schopenhauersche Philosophie gäbe, wodurch die Argumentation sich selbst aufhebt.

Den naheliegenden Einwand, mit der Selbstauslöschung des Menschengeschlechts – welch seltsames Ideal! – sei ja nicht das Sein als solches aufgehoben, kontert Schopenhauer mit dem Argument: „Mit gänzlicher Aufhebung der Erkenntniß" – d. h. der *Welt der Vorstellung* – „schwände dann auch von selbst die übrige Welt in Nichts; da ohne Subjekt kein Objekt"[543]. Denn: „Kein Wille, keine Vorstellung, keine Welt. Vor uns bleibt allerdings nur das Nichts"[544] – *quod erat demonstrandum!*

Mit solchen Überspanntheiten präsentiert sich Schopenhauer als Hohepriester eines weltflüchtigen *Irrationalismus* und *Eskapismus*, und man könnte ihn als tragikomische Gestalt der Denkgeschichte abtun. In der Tat ist er, ganz im Gegensatz zu seinem philosophischen Erben Nietzsche, heute weitgehend in Vergessenheit geraten, die philosophische Szene nimmt kaum noch Notiz von ihm. Und doch muss dies nicht so bleiben, ist die Philosophiegeschichte doch voll von Begräbnissen und Auferstehungen!

Eine Möglichkeit dieser Art sei zum Schluss noch angedeutet. Und zwar belässt Schopenhauer es nicht bei der Propagierung der Mortifikation des Willens zum Leben, der durch das Verhängnis des *principium individuationis* die Wesen gegeneinander treibt und darum überwunden werden muss – wobei man sich nach dem Sinn der ganzen Mühe insofern fragt, als ja dem Einzelnen ohnehin baldiges Ende, Aufhebung des eigenen Individuums und Eingehen in das Nichts des Todes bevorsteht, und andererseits der Wille, als Ding an

---

541 Vgl. oben, Kap. VIII 2.
542 a.O., Bd. I, S. 490
543 Ebd.
544 Ebd., S. 527

sich, ja nicht aufhebbar ist und folglich nicht aufhört, den Widerspruch zu re-produzieren.

Schopenhauer entnimmt seine Antwort der indischen Weisheit, deren Einfluss auf ihn selbst er ja festgestellt hatte und die „als Belohnung [der Askese] Wiedergeburt in besseren, edleren Gestalten, als Brahmane, als Weiser, als Heiliger [verheißt]"[545] sowie in Aussicht stellt: „<Du sollst *Nirwana* erlangen, d. i. einen Zustand, in welchem es vier Dinge nicht giebt: Geburt, Alter, Krankheit und Tod>"[546] – eine Verfassung, die, insoweit sie erlangbar sein soll, das Paradox eines seienden Nichtseins beinhaltet. Aber Schopenhauer ist überzeugt: „[Diese] Urweisheit des Menschengeschlechts wird nicht von den Begebenheiten in Galiläa verdrängt werden" – der antijüdisch-antichristliche Zungenschlag ist nicht zu überhören – „Hingegen strömt Indische Weisheit nach Europa zurück und wird eine Grundveränderung in unserem Wesen und Denken hervorbringen"[547].

Tatsächlich hat es ja gegen Ende des 20. Jahrhunderts, getrieben vom unersättlichen Verlangen der westlichen emanzipierten Zivilisation nach *Zufuhr von Sinnpotentialen*, Tendenzen zur Einführung sogenannter indischer Weisheit im Westen gegeben, die aber zu heiterer Folklore und Gymnastik verkamen, man denke nur an Bhagwan oder die Yoga-Bewegung. Die geistig-religiöse Strenge musste unter den Bedingungen westlicher Lustorientierung sofort zerbröseln.

Aber Schopenhauer hat noch einen weiteren Vorschlag *in petto*, den er ebenfalls an indische Vorstellungen anknüpft, mit dem er sich aber auch in der Tradition christlicher Mystik sieht. Er zitiert eine kryptische Stelle aus dem *Veda*: „<Wie in dieser Welt hungerige [*sic!*] Kinder sich um ihre Mutter drängen, so harren alle Wesen des heiligen Opfers>"[548].

Was aber bedeutet das? Worin besteht das ‚heilige Opfer'? Schopenhauer ist sich sicher, die Bedeutung erfasst zu haben: „Opfer bedeutet Resignation überhaupt, und die übrige Natur hat ihre Erlösung vom Menschen zu erwarten, welcher Priester und Opfer zugleich ist"[549]. *Erlösung vom Menschen? Priester und Opfer zugleich?* Schopenhauers Philosophie ziele „auf Erlösung, nicht auf Befreiung", hatte, wie zitiert, Thomas Mann zutreffend geurteilt. Jetzt zeigt sich: nicht nur Erlösung *des* Menschen, sondern auch oder vielmehr primär: *vom* Menschen; Erlösung des Menschen von sich selbst und der Natur vom

---

[545] Ebd., S. 461
[546] Ebd. (Hervorh. Vf.)
[547] Ebd., S. 462
[548] Ebd., S. 490
[549] Ebd.

sich ihr aufdrängenden Menschen als Lösung aller Probleme? Ob sich Schopenhauer mit dieser Sicht in Übereinstimmung mit Mystikern wie *Angelus Silesius* und *Meister Eckart* befindet, wie er glaubt, darf ebenso bezweifelt werden wie sein Anspruch, mit dem Gedanken „die schwierige Bibelstelle Röm.8,21–24"[550] ausgelegt zu haben, in der es unter anderem heißt: „Denn das ängstliche Harren der Kreatur wartet darauf, daß die Kinder Gottes offenbar werden" (V. 19).

Wie dem auch sei … Demjenigen, der die öffentlichen Diskurse ein wenig verfolgt, dürften die in jüngerer Zeit selbst in seriösen Zeitungen publizierten Äußerungen aufgefallen sein, denen zufolge der Mensch es ist, der die geordnete, ruhig sich selbst reproduzierende Biosphäre aus dem Gleichgewicht bringt, ein Sachverhalt, aus dem logisch zu folgen scheint, dass der Mensch sich gefälligst selbst beiseite schafft, um der geschundenen Natur die Chance zur Erholung zu geben. Vielleicht geht die Ära der Anthropozentrik, ja des Menschen überhaupt, zu Ende – Schopenhauer würde mit seinem Programm der Verneinung des Willens zum Leben gewiss seinen atheistischen Segen dazu geben!

---

[550] a.O., Bd. 1, S. 491

IX. Wege aus der Kontingenz? – Die Ansätze von Karl Marx und Sören Kierkegaard

1. Standortbestimmung

Vergewissern wir uns nach den umfangreichen Ausführungen zu Schopenhauer des aktuellen Standes unserer Überlegungen zum Thema Kontingenz.

Schelling hatte mit seiner These der Unvordenklichkeit des Seins die Kontingenz in die Wurzel der Wirklichkeit selbst projiziert: *Im Grunde* ist alles zufällig, inkommensurabel für Vernunft. Darin hatte Schopenhauer ihn beim Wort genommen und die atheistische Konsequenz gezogen, indem er einen blind wirkenden Trieb, den er *Willen* nennt, zum Ding an sich, zum Absoluten erhob.

Aber letztlich doch der Tradition verbunden, scheute Schelling vor der letzten Konsequenz zurück. In seinem Spätwerk machte er sich unausgesprochen Hegels These von der substantiellen Realität der Geschichte zu eigen und konstruierte diese, da der zur Vermittlung von Endlichem und Absolutem wie kein anderer geeignete Begriff des *Geistes* durch Hegel okkupiert war, religionsphilosophisch, unter Reaktivierung des Theologumenons von *Gott*, als die *Selbstverwirklichung Gottes*.

Die Wirklichkeit wie Hegel als *Phänomenologie des Geistes* oder wie Schelling als die Selbstverwirklichung Gottes zu interpretieren, unterscheidet sich nur in Nuancen; in beiden Fällen liegt eine Entfaltung oder ein Werdeprozess des Absoluten zugrunde. Während aber in Hegels *Phänomenologie*, in Vollendung und zugleich Überbietung der Kantischen Vernunftkritik, das geschichtliche Moment in die logisch-dialektische Entfaltung des Geistes eingebunden bleibt, wird es von Schelling verselbstständigt: die Zeit wird Dimension des absoluten Prozesses. Bei Schelling ist Gott *ganz*, als alles, was er sein kann, als *wirklicher* Gott nicht am Anfang – wie es christlicher Tradition entspricht –, sondern am Ende – und dieses substantiell erfüllte Ende steht noch aus, ist latent, *in suspenso*. Damit ist, im Unterschied zu Hegels Auffassung, die Gegenwart nicht die Erfüllung der Zeit, sondern wird, im Sinne des Herderschen und Lessingschen Chiliasmus, zur bloßen Durchgangsstation nivelliert, sie ist als eine zu überschreitende negativ konnotiert.

Das ist der Ansatzpunkt für den großen denkerischen Umbruch im 19. Jahrhundert, dem Karl Löwith seine erwähnte Untersuchung *Von Hegel zu Nietzsche* gewidmet hat. Interessanterweise berücksichtigt Löwith Schellings Bedeutung kaum und Schopenhauers Rolle in dem Traditionsbruch entgeht ihm völlig; wir haben insofern Löwith komplettiert!

Löwith konzentriert seine Aufmerksamkeit einerseits auf Goethe und Hegel als Vollender der europäischen Bildungswelt, andererseits auf den weltanschaulich radikal gegenwartskritisch ausgerichteten Linkshegelianismus sowie auf die drei wirkmächtigsten Gestalten dieser *kulturkritisch* der eigenen Zeit die Substanz bestreitenden Tendenz, auf *Karl Marx* (1818-1883), den Dänen *Sören Kierkegaard* (1813-1855) und *Friedrich Nietzsche* (1844-1900). Die beiden Letztgenannten sind auch für unser Thema der *Kontingenz* relevant bzw. entscheidend. Löwith betrachtet den ‚revolutionären Bruch‘, den der Untertitel beschwört, auch zu Recht als mit der Gestalt Nietzsches vollendet; die dafür aus der Perspektive unserer Thematik sprechenden Gründe werde ich entwickeln.

Dem Linkshegelianismus ist von den genannten drei Denkern vom Ansatz her lediglich Karl Marx zuzurechnen, der aber aufgrund seiner denkerischen und historischen Bedeutung über diesen hinauswuchs und als Begründer des ‚*Marxismus*‘ nicht nur schulbildend wurde, sondern einer breitest rezipierten Weltanschauung und einer weltweit wirkenden sozialrevolutionären Bewegung seinen Namen aufprägte – ein historisch wohl einmaliges Phänomen. Die sonst mit den Namen großer Philosophen verbundenen ‚-ismen‘ wie Platonismus, Aristotelismus, Thomismus, Kantianismus, Hegelianismus fungierten stets bloß innerphilosophisch zur Bezeichnung großer Systementwürfe und brachten es kaum in die Feuilletons; der Terminus *Marxismus* dagegen eroberte die Politik und die politische Alltagssprache und ist bis heute dort präsent.

Der Anblick des um das Jahr 1990 erfolgten welthistorischen Scheiterns dieser ideologischen Bewegung des marxistischen Kommunismus in Gestalt des Sowjetimperialismus, das Zusammenbrechen des einen der beiden Pole der politischen Welt, war für den Philosophen ergreifend, insofern er hier die Verwandlung von Politik in Historie *ad oculos* demonstriert bekam und dieser Vorgang nicht aus Quellen rekonstruiert werden musste. Ähnlich musste Hegel empfunden haben, als er am 13. Oktober 1806, am Vorabend der Schlacht von Jena und Auerstedt, seinen Eindruck von dem seine Truppen inspizierenden Napoleon Bonaparte in die Worte fasste: „Den Kaiser – diese Weltseele – sah ich durch die Stadt zum Rekognoszieren hinausreiten; – es ist in der Tat eine wunderbare Empfindung, ein solches Individuum zu sehen, das hier auf einem Pferde sitzend, über die Welt übergreift und sie beherrscht"[551].

---

[551] Brief an Niethammer vom 13.10.1806, in: *Briefe von und an Hegel*, Bd. I (Hamburg 1952), S. 120. – Ganz anders als Hegel empfand und beurteilte der allerdings des Begriffs des Politischen ermangelnde Tolstoi das Phänomen Napoleon. Hinter den Elogen der Historiker von historischer Größe und Genie vermag er, „das uns von Christus

Während Hegel von der personalen Verkörperung solch weltbewegender Macht fasziniert war, beeindruckte uns beim Fall des Sowjetimperialismus dessen sichtbarer, eine dramatische Phase sozialer Disgregation und psychischer Traumatisierungen eröffnender Zusammenbruch. Doch dies nur nebenbei.

Während Marx also dem Linkshegelianismus entstammt, sind Kierkegaard und Nietzsche eigenständige Gestalten, allerdings untereinander und mit Marx verbunden durch die polemische Stellung gegenüber der herrschenden Philosophie und der geistigen und moralischen Signatur ihrer Gegenwart überhaupt.

Die von allen dreien exekutierte Kritik der Gegenwart ist die Bestreitung von deren substantieller Wirklichkeit, die Behauptung ihrer bloßen, gehaltlosen Faktizität und fundamentalen Korrekturbedürftigkeit. Eine derartige Beschreibung der *Objektivität*, die ja deutlich an Schellings Seinsthese erinnert, bedeutet, aufs *Subjekt* bezogen, zweierlei: zum einen die Intention, das Individuum seiner Gegenwart zu entfremden, ihm die Wirklichkeit verdächtig zu machen; begrifflich gesagt: die Hegelsche Bestimmung der Wirklichkeit als *Einheit des Wesens und der Existenz* zu konterkarieren, einen Bruch zwischen Wirklichkeit und Wesentlichkeit zu implementieren[552].

Dieser Intention aber korrespondiert die weitere, dem Subjekt selbst das Gewicht der Überwindung dieser Wesenlosigkeit aufzubürden – denn das Wesentliche, das, was Platon das *Gute* nannte, soll ja doch *werden*, Wirklichkeit erlangen. Diese beiden korrelierten Aspekte zeigen sich *unisono* bei den drei Denkern, sofern sie sich sonst stehen mögen, ja in ihren Ansätzen implizit

---

gegebene Maß des Guten und Bösen anlegend", in Napoleon nur das von seinem Machtverlangen getriebene Individuum zu sehen, den Schlächter der Soldaten und Plünderer Moskaus, der nach dem Scheitern der russischen Expedition „allein und in einem Schlitten, in Pelz gehüllt und die Gefährten ihrem Schicksal überlassend, in aller Eile entflieht". Tolstoi resümiert: „Größe ist nur dort, wo es Einfachheit, Güte und Wahrheit gibt" (*Guerra e Pace*, a. O., S. 1068 ff.; dt. Übs. vom Vf.).

[552] Vorläufer der kulturkritischen Tendenz sind Rousseau mit seinem *Retour à la Nature!* und die Romantiker mit der Sehnsucht nach mittelalterlicher Geborgenheit des Menschen im Glauben und in einer theokratischen Ordnung. Aber der Bruch zwischen Ideal und Wirklichkeit trieb in seiner Unvermitteltheit die Romantiker zur Ironie. In der Tat haftet jedem Glauben, die eigene Kultur, die Lebensform im weitesten Sinne, von Grund auf erneuern zu können, ein romantischer, heute würden wir sagen: ein utopischer, illusionärer Zug an. Das ‚Unbehagen an der Kultur' lässt sich allenfalls durch Schaffung einer persönlichen Nische (nach Feierabend!) kompensieren. Allen Versuchen des ‚Aussteigens' haftet etwas Skurriles an. Andererseits bietet die Gesellschaft eine solche Fülle von Betätigungsfeldern, von Interpretationsmöglichkeiten des eigenen Lebens, dass jeder dort seine Befriedigung finden kann, wenn er die richtige Wahl trifft und sich nicht in Ablehnung versteift.

polemisch gegeneinander stehen, übrigens auch in Bezug auf den Kontext des Kontingenzproblems.

2.   Der sozialphilosophische Weg: Karl Marx und der Kommunismus

Karl Marx (1818-83), der bekanntlich Hegel vom ‚Kopf auf die Füße' stellen wollte, hält noch an dessen Idee der Kontinuität geschichtlichen Fortschritts fest (wir erinnern uns an die drei Stufen der Freiheit). Marx interpretiert diesen Fortschritt allerdings nicht mehr als einen des Bewusstseins (d. h. des ‚Kopfes'), sondern, Hegel auf die ‚Füße', d. h. auf die ‚materielle Basis' stellend, als Folge von Geschichte also solche konstituierenden sozialen Kämpfen, sog. ‚Klassenkämpfen', die dialektisch fortschreitend zu immer neuen Konstellationen der beiden jeweils involvierten Klassen von *Herr* und *Knecht* führen. In Marx' Gegenwart, der Epoche des ‚Kapitalismus', kulminiert dieser Prozess in der Konfrontation der *Bourgeoisie* als Kapitalbesitzer (‚Kapitalisten') und des ‚*Proletariats*', den rücksichtslos ausgebeuteten, nicht mehr als Personen mit berechtigten Ansprüchen wahrgenommenen, sondern auf ihre pure Arbeitskraft reduzierten Arbeitern.

Marx' Konstruktion der Geschichte ist äußerst grob und reduktiv, insofern sie die philosophische, insbesondere die rechtsphilosophische Arbeit für eine gerechte politische und soziale Ordnung sowie eine ethisch geleitete Lebensführung zum bloßen Reflex der sozialen Verhältnisse ohne eingreifende Wirkung herabsetzt. In Wirklichkeit durchdringen sich geistige und soziale Entwicklung dialektisch, stellen nur methodische Schwerpunktsetzungen des *einen* Kulturprozesses dar. Rom ist nicht durch Sklavenaufstände überwunden worden, sondern durch die Lehre, die die Sklaverei obsolet werden ließ sowie durch Einbrechen von Volksstämmen aus dem Norden, die ihrerseits die in Rom entwickelten Rechtsprinzipien und die neue Religion des Christentums assimilierten.

Zugleich wird diese Konstellation der Klassenfeindschaft von Proletariat und Bourgeoisie als die einer äußersten *Entfremdung* (ein Lieblingsbegriff des philosophischen Marxismus) nicht nur der Klassen gegeneinander, sondern, aufgrund der materiellen und moralischen Verelendung des Proletariats, auch des jeglicher menschlicher Würde beraubten Arbeiters von sich selbst interpretiert (sog. *Selbstentfremdung*). Die historische Dialektik liegt in dieser Epoche darin, dass diese Konstellation durch sich selbst – im Sinne des Slogans

172

„Proletarier aller Länder vereinigt euch!"[553] – zwangsläufig zu ihrer Umwälzung in einer ‚kommunistischen' Revolution treibt, in der – das ist Marxens verstecktes ‚Zurück zur Natur' – jegliche Entfremdung zwischen den Menschen zur Aufhebung bestimmt ist. Am Ende soll, nach einer Übergangsphase des ‚Sozialismus', eine in sich vollendete, weil *klassenlose*, nur noch die Produktivkräfte ungehemmt entwickelnde ‚kommunistische' Gesellschaft stehen, in der selbst der Staat, mangels zwischenmenschlichen Konfliktpotentials, soweit abstirbt, dass er von einer Köchin geleitet werden kann, wie Lenin sich ausgedrückt haben soll.

Marxens Ideologie ist zu bekannt und in ihrem romantisch-illusorischen Charakter allzu durchschaut, um weitere Worte darüber zu verlieren. Geistesgeschichtlich spielen sicher auch die im Umkreis des Christentums entwickelten chiliastischen Theorien hinein, von denen oben die Rede war.

Gegenüber der ‚kommunistischen' Euphorie zwangloser Einheit der Individuen bzw. von Individuum und Gesellschaft im realisierten Kommunismus behält Kants Diktum vom ungesellig-geselligen und aus krummem Holz gemachten Wesen des Menschen, als einer die veränderlichen geschichtlichen Bedingungen ignorierenden Konstante seine Gültigkeit!

Für unser Thema Kontingenz sind Marxismus und mit ihm der gesamte Linkshegelianismus insofern unergiebig, als – sehr vereinfachend gesprochen – die *Sinnfrage*, die Frage nach dem *Sinn* des Ganzen der Welt und der menschlichen Existenz – nicht als im Menschen als solchem angelegt, sondern als bloß durch die Religionen zwecks Verschleierung der miserablen irdischen Verhältnisse aufgeworfen interpretiert wird. Mit der totalen sozialen Integration der Menschheit im Kommunismus werden die Religionen und in eins damit die Sinnfrage (und natürlich auch die Philosophie) absterben. Programmatisch praktiziert sehen wir diese im Grunde selbst antiquierte Auffassung noch im China des Xi Jinping mit seiner Totalüberwachung der Bevölkerung und der Zwangssinisierung ethnisch-religiöser Minderheiten wie der Uiguren.

3. Der religionsphilosophische Weg: Sören Kierkegaard

3.1 Biographische Voraussetzungen Kierkegaards

Besonders die Antike erfreute sich an Anekdoten über skurrile Wesenszüge der ja an sich die Weisheit proklamierenden und gern für die eigene Person in

---

[553] Dies der letzte Satz des *Kommunistischen Manifests*

Anspruch nehmenden Philosophen – man denke nur an den in einer Tonne hausenden Kyniker *Diogenes von Sinope* (404-323 v. Chr.)[554].

Aber wohl selten verdankt sich ein bedeutendes philosophisches Konzept der Leistung einer so problematischen, ja neurotisch gestörten Persönlichkeit, wie es der Däne *Sören Kierkegaard* (1813-1855) war – und sein Verhältnis zur Kontingenz aufzeigen zu wollen, erfordert zunächst, sich seine dominanten Charakterzüge zu vergegenwärtigen. Kierkegaard hätte sich allerdings heftig gegen eine derartige Betrachtungsweise gewährt, diente ihm doch die eigene, als *schwermütig* empfundene Wesensart als *Hermeneutikum*, als Medium seiner Auslegung von Welt, Wirklichkeit und Menschen; er instrumentalisierte gleichsam die eigene Neurose philosophisch.

Entscheidend für Kierkegaards abnorme Entwicklung ist der Einfluss seines Vaters. Eine gewisse väterliche Einwirkung liegt ja in der normalen Logik des Heranwachsens und wäre für sich nichts Besonderes. Aber in Kierkegaards Fall hatte dieser Einfluss symbiotischen Charakter und war übermächtig, und er war deformierend.

Der Vater, *Michael Pedersen Kierkegaard* (1756-1838), ein sehr erfolgreicher Kaufmann in Strumpfwaren und Besitzer mehrerer Immobilien, darunter eines großen, von der Familie selbst bewohnten Hauses in bester Kopenhagener Innenstadtlage, ist selber eine in sich gekehrte und grüblerische Natur, was sich auf Sören überträgt, der ein sehr inniges, wenn auch durch tiefe Furcht vor der väterlichen Autorität gekennzeichnetes Verhältnis zu seinem Erzeuger hat. Sören hat zeitlebens seine ‚Neigung zur Schwermut‘, also seine Depressivität, als ein väterliches Erbteil angesehen – allerdings ohne dagegen anzugehen, diente sie ihm doch als willkommenes Mittel seiner literarischen Produktion, der er alles andere unterordnete – Kierkegaard, im Jahre 1840 zum cand. theol. promoviert, wollte Schriftsteller sein, und zwar ein *christlicher*.

Als ein stark dem Glauben zugewandter Mann war der Vater lebenslang mit einem starken Sündenbewusstsein belastet, und zwar nicht nur in dem allgemeinen Sinn, in dem jeder Christ sich als Sünder fühlt und weiß, dass er den Forderungen der Heiligkeit als hinfälliger Mensch gar nicht entsprechen *kann* (weshalb denn auch die Meister in dieser Disziplin nicht nur in der akkommodierenden katholischen Theologie mit einer ihnen eigens vorbehaltenen Sphäre – der sogenannten *Gemeinschaft der Heiligen* – geehrt werden).

Kierkegaards Vater fühlte sich, soweit man dies weiß, lebenslang durch zwei Handlungen bedrückt, die in seinen Augen den Charakter von

---

[554] Vgl. Diogenes Laertius: *Leben und Meinungen berühmter Philosophen*, VI 2 (Hg. K. Reich, Hamburg ²1967).

‚Todsünden' hatten – auch wenn man heute über dergleichen lächeln mag. Die erste ‚Sünde' bezog sich auf Folgendes: der alte Kierkegaard war in ärmlichen Verhältnissen in dem damals sehr dünn besiedelten Jütland aufgewachsen, wo er schon als kleiner Knabe in der endlosen Weite der jütländischen Heide Schafe hüten musste. An einem Tag besonderer Verzweiflung, getrieben von Hunger und Kälte und leidend an der ihn umgebenden Einsamkeit, schleuderte er eine Verwünschung gegen Gott, der einen kleinen Jungen derart leiden ließ, ohne ihm zu Hilfe zu kommen – es ist das Motiv Hiobs. Der Vater war lebenslang nicht fähig, sein Verhalten als Verzweiflungstat eines überforderten Kindes zu relativieren, sondern verbrachte sein Leben in *Furcht und Zittern*, um es mit einem späteren Buchtitel des Sohnes zu sagen, vor dem göttlichen Strafgericht. Ja, selbst den späteren beruflichen Erfolg, der ja nach Calvinscher Logik als Beweis von Gottes Wohlwollen hätte interpretiert werden müssen, fasste der Vater als Zeichen göttlichen Grolls auf, mit dem Gott ihn insgeheim versuchte, sich leichtfertig über seine Sünde hinwegzusetzen – eine hysterische, geradezu masochistische Interpretation.

Solche Selbstquälerei mag sich sowohl als Ausdruck einer die Reflexion blockierenden religiösen Obsession wie auch aus der Tatsache erklären, dass der Vater, dessen lebhafte Intelligenz und Phantasie Kierkegaard nicht genug zu rühmen weiß, dennoch nur über eine geringe formale Bildung verfügte, offenbar zu wenig, als dass sie ihm ein freieres Durchdenken eines solchen Vorgangs ermöglicht hätte.

So wie es dem Vater unendlich schwer fiel, über diese ihn fürs Leben traumatisierende kindliche ‚Versündigung' zu sprechen, so ließ sich auch der zweite ‚Fehltritt' nur aus Andeutungen und Beobachtungen erschließen. Michael Petersens erste Ehe war kinderlos geblieben, seine Frau bereits früh gestorben. Ein Jahr nach deren Tod heiratete er seine Magd, mit der er in der Folge sieben Kinder hatte (drei Mädchen und vier Jungen); der 1813 geborene Sören war das jüngste (Der Vater war da bereits 57 Jahre alt, also dem Alter nach eher Großvater als Vater, auch dies eine problematische Voraussetzung für das seelische Gedeihen eines Kindes!). Das ‚Fatale' war nur, dass das erste der Kinder bereits vier Monate nach der Eheschließung zur Welt kam, der Vater also extrakonjugalen Verkehr gehabt haben musste (möglicherweise schon vor dem Tod der ersten Frau?!) Michael Pedersen hat nie offen darüber gesprochen, „<nur gelegentlich einmal, im betrunkenen Zustand>", so eine vielsagende Tagebuchnotiz Kierkegaards, „<läßt er ein paar Worte fallen, die das

Furchtbare ahnen lassen>"[555] – dass das Verhalten ‚furchtbar' war, stellt auch der Sohn nicht in Frage.

Was auch damals nach bürgerlichen Maßstäben wohl bereits Privatsache und eine Bagatelle war – im Grunde zählt doch in diesen Dingen moralisch nicht ein Verhalten als solches (‚außerehelicher Sex' z.B.), sondern nur, ob man eine andere Person durch sein Verhalten seelisch verletzt – belastete Kierkegaards Vater als ‚Sünde des Fleisches' außerordentlich: „Für ihn war die Sexualität die Sünde an sich und zwar die Sünde *par excellence*"[556]. Und der heranwachsende Sohn war nicht die Person, derartiges ins Verhältnis zu setzen, im Gegenteil: In seinen Tagebüchern beschreibt Sören das Verhältnis zwischen Vater und Sohn aus der Perspektive der dritten Person und konstatiert bezüglich des Vorgangs, dass „<der Sohn im Verborgenen alles entdeckt und es doch nicht zu wissen wagt>"[557]; er „<getraut sich nie, den Vater oder einen anderen Menschen zu fragen>"[558]; seine Ahnung des Sachverhalts wird ihm seelisch zum „<großen Erdbeben>"[559]; die sexuelle Verklemmtheit ist damit gesetzt, allerdings, im Gegensatz zur gleichgerichteten Neurose Schopenhauers, mit religiöser Einfärbung.

Die Erschütterung über das halb Gewusste bringt Kierkegaard dem Vater nicht mitfühlend näher, wie es dem christlichen Prinzip der Menschenliebe entsprechen würde, sondern führt Mitte der 1830er Jahre zu Entfremdung, die in der Aussage gipfelt: „<Gibt es eine Qual der Sympathie, so ist es die, sich seines Vaters schämen zu müssen>"[560].

Und wie zum Trotz sagt Sören selbst für einige Zeit dem frommen Wandel, d.h. den geordneten Studien ab (er studierte seit 1830 an der Universität Kopenhagen auf innigen Wunsch des Vaters Theologie, ganz wie zuvor sein sieben Jahre älterer Bruder *Peter Christian*) und ergibt sich, zum Schmerz des Vaters, einem Leben als Gesellschaftsmensch und Flaneur. Er gilt als geistreicher Gesellschafter und ausgezeichneter Intellektueller (‚Dialektiker'), aber auch hier hält seine Depression ihn im Griff und erzeugt eine unaufhebbare innere Distanz zu anderen Menschen. Einmal notiert der stets ausgiebig Tagebuch Schreibende: „<Ich komme jetzt eben aus einer Gesellschaft, wo ich die Seele

---

[555] Zit.: P. P. Rohde: *Kierkegaard* (Reinbek 1965), S. 25f.

[556] Ebd., S. 27f.

[557] Zit.: L. Richter: Erläuterungen zu *Der Begriff Angst*, in: S. K.: *Der Begriff Angst* (Werke I), S. 154 – Ich zitiere Kierkegaard im Folgenden, falls nicht anders angegeben, nach der von L. Richter veranstalteten fünfbändigen Ausgabe der Werke (Werke I - V) in Rowohlts Klassikern (Auflage 1964ff.; vgl. auch das Lit.-Verz.)

[558] Zit. Rohde, a. O., S. 26

[559] Ebd.

[560] Aus: *Salomos Traum*, in: *Stadien auf dem Weg des Lebens* (zit: Rohde, a. O., S. 25)

war, die Witze strömten nur aus meinem Munde, alle bewunderten mich –
aber ich, ja, der Gedankenstrich müßte genau so lang sein wie die Radien der
Erde ---------------------------------- ging fort und wollte mich erschießen>"[561].

Der Wille zum Lebensgenuss führt Kierkegaard irgendwann gar in eines
der Kopenhagener Bordelle, wo er jedoch, wie später bei gleicher Gelegenheit
der ebenfalls neurotisch gestörte Friedrich Nietzsche, vor der Verwirklichung
seiner Intention zurückschreckt und, verfolgt vom als ,tierisches Kichern'
empfundenen Lachen der Prostituierten, entsetzt die Flucht ergreift. Die Sexualität wird für Kierkegaard, in Analogie zu deren bigotter Perhorreszierung
durch den Vater, zu einer Sünde wider den *Geist* im Menschen – der Reflex
davon wird sich im Lebensgang wie in seinem theologisch-philosophischen
Denken niederschlagen.

Aber die depressive Symbiose zwischen Vater und Sohn hält noch düste-
rere Aspekte als die schon angesprochenen für Sören bereit. Aller starke und
tiefe Glaube im Monotheismus scheint auf absurde Weise *egozentrisch*, der
Gläubige fühlt das Auge Gottes gerade auf der eigenen Person ruhen und betrachtet sich höchstpersönlich als Gegenstand göttlichen Handelns – und dies
nicht notwendig zum Heile. Die biblische Weisheit, dass Gott seine Sonne über
Gute und Böse scheinen lässt, die sich im Grunde an die antike Einsicht von
der Indifferenz der Götter gegenüber den irdischen und menschlichen Verhältnissen anlehnt – *Epikur* versetzte die Götter deshalb in die *Intermundien* –,
vermag ein derart Glaubender nicht zu realisieren. Für ihn hat alles, was ihm
zustößt, die Qualität göttlichen Handelns, immer heißt es für ihn: *tua res agitur*;
je grundloser und willkürlicher die Schicksalsschläge sind, umso hartnäckiger
integriert er sie in sein religiöses Koordinatensystem – so war es seit Hiob!

Dies war auch der Fall von Michael Pedersen. Er war allerdings, wenn wir
von seinen komfortablen wirtschaftlichen Verhältnissen absehen, tatsächlich
schwer von familiärem Unglück verfolgt, denn im Laufe seines Lebens starben
von seinen sieben Kindern fünf dahin, sodass zuletzt nur noch der jüngste,
aber gesundheitlich schwächelnde Sören sowie der ältere Bruder Peter Christian übrig bleiben, der allerdings auch zwischenzeitlich schwer erkrankte, jedoch wieder gesundete.

Der grüblerische und sich nach dem Auszug Sörens in dem großen Haus
vereinsamt fühlende Alte zog daraus den Schluss, dass ein göttliches Strafgericht über seinem Hause lag und es ihm bestimmt sei, alle seine Kinder zu
überleben, sodass es auch keinen Erben für sein Vermögen geben würde und
er sich auch in dieser Hinsicht vergeblich gemüht habe. Eigenartige Bedeutung

---

[561] Zit. Rohde, a. O., S. 34

bekam für ihn, der alles ins religiöse Schema eintrug, auch die Tatsache, dass keines seiner verstorbenen Kinder älter als 33 Jahre alt geworden war, also nicht das Alter Jesu überschritten hatte (n. b.!) In krauser Logik projiziert er diese Beobachtung in die Zukunft, auf die beiden noch lebenden Söhne: auch ihnen muss es bestimmt sein, vor Erreichen dieser Grenze zu sterben, und er, der Vater, wird allein zurückbleiben – das muss Gottes Vergeltung für seine Sünden sein.

Sören hatte bereits nach einem halben Jahr das Leben als Dandy und Kaffeehaus-Intellueller, während dessen er sogar in Opposition zum Christentum getreten war, wieder aufgegeben und war ins Elternhaus und in die symbiotische Geistesbeziehung mit dem Vater zurückgekehrt. Aber das mondäne Intermezzo hatte ihn keineswegs freier gemacht und gegen den väterlichen Rückfall in antiken Schicksalsglauben immunisiert; ihm war auch nicht, wie für einen Studenten der Theologie naheliegend, das Unchristliche derartiger Spekulationen zu Bewusstsein gekommen. Vielmehr fielen sie bei ihm auf fruchtbaren Boden, und selbst als im Jahr 1838 die düstere Prophezeiung des Vaters durch dessen Tod widerlegt wird, führt das nicht zur Revision: Sören übernimmt den Glauben an die göttliche Bestimmung eines frühen Todes für sich und seinen Bruder. Als dieser 1840 wider Erwarten das 34. Lebensjahr vollendet und damit das Alter Jesu überschreitet, überprüft Sören misstrauisch das im Kirchenbuch eingetragene Geburtsdatum des Bruders!

Dass sich hinter solcher Haltung eines gläubigen Determinismus auch eine hybride Parallelisierung des eigenen Schicksals mit demjenigen Jesu verbirgt, macht eine Bemerkung in seinen umfangreichen *Schriften über sich selbst* deutlich, in der es heißt: „Weit zurück in meiner Erinnerung, geht der Gedanke, daß da in jeder Generation zwei oder drei sind, die für die anderen geopfert werden, dazu gebraucht, in entsetzlichen Leiden zu entdecken, was den anderen zugute kommt; auf die Art verstand ich schwermütig mich selbst, daß ich dazu ersehen sei"[562].

Derart überträgt sich das Syndrom ‚ererbter' Sündhaftigkeit (vgl. den Terminus ‚Erbsünde') und tiefer Schuld gegen Gott vom alten Kierkegaard auf Sören und wird zur Grundstimmung seiner Persönlichkeit. Seine aus der Bewunderung für Sokrates gespeiste Affinität zu distanzierender Ironie wird sich nie auf sein eigenes Glaubensverhältnis beziehen, hier bleibt ein blinder Fleck.

---

[562] *Schriften über sich selbst*, zit. G. Rohrmoser: *Kierkegaard und das Problem der Subjektivität*, in: *Wege der Forschung: Sören Kierkegaard*. Darmstadt 1971, S. 40; vgl. auch Rohde, a. O., S. 67

Ungeachtet seiner von ihm selbst tief empfundenen Lebensproblematik verlobt sich Kierkegaard im Jahr 1840, im Alter von 27 Jahren und nachdem er in aller Eile das lange vernachlässigte Theologie-Examen abgelegt hat, mit der 18jährigen *Regine Olsen* (1822-1904), der Tochter eines höheren Kopenhagener Beamten. Doch unmittelbar nach dem Versprechen fühlt er, dass er für eine bürgerliche Existenz nicht geschaffen ist und tritt den Rückzug an, in voller Entschiedenheit und ungeachtet des Flehens des ihn liebenden Mädchens, sie doch nicht zu verlassen. Seine religiöse Neurose holt ihn ein: „<Aber im Inneren; am zweiten Tage sah ich, dass ich fehlgegriffen hatte. Ein Büßer [wofür?!], der ich war, meine *vita ante acta*, meine Schwermut, das war genug [] Ich habe in jener Zeit unbeschreiblich gelitten [nur er?!] Ich sehe, es muss zerbrechen. Mein Urteil ist und mein Gedanke war, daß es Gottes Strafe über mich war>"[563].

Dieser geradezu archaische, zumindest aber voraufklärerische Glaube an ein unmittelbar auf den Einzelnen bezogenes Handeln Gottes, offenbar eine Übernahme des väterlichen Schuldkomplexes, wird Kierkegaard lebenslang begleiten und seine Schriften bestimmen; diese Haltung macht es schwer, ihn als Philosophen ernst zu nehmen. Allenfalls lässt er sich als ein auf Verwirklichung des christlichen Glaubens in einer weitgehend entchristianisierten Welt zielender Religionsphilosoph verstehen.

Wie der Vater ist offenbar auch Sören durchdrungen von der alttestamentarischen Vergeltungslogik, der zufolge Gott „die Missetat der Väter heimsucht bis ins dritte und vierte Glied an den Kindern []"[564].

Ganz seiner religiösen Egozentrik hingegeben und unter Anwendung äußerst zweideutiger Mittel – so spielt er der Verlobten den skrupellosen Don Juan vor, um ihren Abscheu gegen ihn zu erregen – setzt Kierkegaard die Auflösung der Verlobung durch. Seine Rede von der *Vita ante acta*, also seinem Vorleben, das er der Verlobten nicht zumuten könne, enthält nichts substantiell Negatives – er selbst denkt wohl an die ‚Sünde' des Bordellbesuches! Was könnte es bei Kierkegaard wirklich an Sünden *ante acta* gegeben haben außer der Sünde der Hybris?! Und die ist nun wirklich nicht exklusiv!

Seinen Verrat an Regine – so muss man sein Verhalten nennen, auch wenn er es selbst nicht so sieht – wird Kierkegaard ausgiebig in seiner philosophischen Schriftstellerei verwerten; er trennt sich innerlich nie von ihr und betrachtet sie als ihm zugehörig. Sie wird ihm *ex negatione* wirklich zur Muse und das Verhältnis zu ihr zur Quelle der Inspiration, wie sich an dem ganz um den

---

[563] Zit.: Rohde, a. O., S. 53
[564] 2. Mose 20,4

Themenkomplex (erotischer) Liebe und (christlicher) Ehe zentrierten Erstlingswerk *Entweder – Oder* zeigt. Als Regine, um ihrem eigenen Leben, unter Verzicht auf den geliebten Mann, doch einen Sinn zu geben, im Jahr 1847 ihren langjährigen Verehrer Fritz Schlegel heiratet, ist Kierkegaard empört über ihre ‚Untreue' und fühlt sich als der eigentlich Betrogene! Von da an wird sein Urteil über Frauen immer negativer – auch dies ein Zeichen neurotischer Störung!

3.2   Das Kontingenz-Motiv bei Kierkegaard

In dem schriftstellerisch glänzenden Erstlingswerk *Entweder – Oder* zeichnen sich die Grundlinien von Kierkegaards philosophischem Ansatz ab, deren Darstellung uns erlauben wird, seinen spezifischen Beitrag zu unserem Thema *Rückkehr der Kontingenz* zu bestimmen. Vordergründig sind Gegenstand der weitläufigen Ausführungen die Phänomene von Liebe und Ehe, oder besser: die Spannung zwischen (erotischer) Liebe und (christlicher) Ehe, mit so eigenartig formulierten Kapiteln wie dem *Tagebuch des Verführers*, der Reflexion über die *Ästhetische Gültigkeit der Ehe* und der über das *Gleichgewicht des Ästhetischen und Ethischen in der Entwicklung der Persönlichkeit*.

Die Überschriften deuten bereits den Schwerpunkt von Kierkegaards Philosophieren an: Die klassischen philosophischen Themen, Metaphysik und Logik ebenso wie Naturphilosophie, politische Philosophie und Geschichtsphilosophie, ja selbst die autonome Ethik treten zurück zugunsten der Reflexion auf Dasein und Daseinssinn des Einzellebens, und damit wird Kierkegaard zum Begründer der sogenannten Existenzphilosophie. In Parenthese: Auch Marx zu den Existenzphilosophen zu rechnen, wie Löwith es tut, gibt eigentlich wenig Sinn, allenfalls dahingehend, dass bei beiden Denkern das menschliche Leben, bei Marx in seiner historisch-sozialen Formiertheit, bei Kierkegaard in seiner Selbstbezüglichkeit und seinem Sinnverlangen, als Letztgegebenes betrachtet wird, über das kein Denken hinausreicht. Dem Problem des individuell zu gewinnenden (oder zu verfehlenden) Lebenssinnes, das ja die Existenzphilosophie ausmacht, wird, wie bereits ausgeführt, vom Marxismus kein Sachgehalt zuerkannt, da ihm zufolge Klassenlage und Klassengegensätze, der Kampf um den gerechten Anteil am Sozialprodukt, Determinanten des Bewusstseins und damit sinnstiftend sind.

Während bei Marx aufgrund des geschichtsphilosophischen Hintergrunds die Kontingenzproblematik ausgeblendet bleibt, gewinnt sie in Kierkegaards Existenzdenken erstmals ihre eigentliche Dramatik, und zwar in der auf

Entweder – Oder folgenden religionsphilosophischen Wendung. In *Entweder – Oder* selbst wird systematisch die menschliche Existenz durch die von Kierkegaard als *Stadien* (vgl. auch die Schrift *Stadien auf des Lebens Weg*) bezeichneten Lebenshaltungen bzw. Bewusstseinsverfassungen des *Ästhetischen* und des *Ethischen* gekennzeichnet. Während der (im Kierkegaardschen Sinne) ästhetisch Lebende das Ziel im Lebensgenuss sieht – die Person A im *Tagebuch des Verführers* ist Repräsentant dieser Haltung – vollzieht der ethisch Geprägte (repräsentiert durch B) seine Lebensführung im Bewusstsein seiner Verantwortung vor Gott und den Menschen.

In dieser Konstellation ist es einem jeden möglich, aus eigener Kraft die natürliche Hinneigung auf das Ästhetische zugunsten des Ethischen zu überschreiten. In diesem Konzept reflektiert sich im Grunde der in der kantischen Moralphilosophie formulierte Anspruch, die Lebensführung unter den kategorischen Imperativ zu stellen. Das Ethische und das Religiöse sind in *Entweder – Oder* noch komplementär aufeinander bezogen, der affirmative Bezug auf den Glauben lässt die ethische Lebensführung gelingen.

Die Kontingenzproblematik bricht erst auf mit dem Auseinanderreißen von Ethischem und Religiösem, mit dem Ausspielen des Religiösen gegen das Ethische in Kierkegaards späteren Schriften.

Fällt die Verwirklichung des Ethischen noch in die Verfügung des Menschen – die Kant zugeschriebene Formel *du kannst, denn du sollst*, habe ich schon erwähnt –, ist das Religiöse, d. h. der christliche Glaube, nicht in die Verfügung gegeben. Dass der Glaube zu seiner Realisierung der göttlichen Gnade bedürftig ist, ist ein altes Theologumenon, das aber bei Kierkegaard ganz neue Schärfe gewinnt, ja eine Umbesetzung erfährt und damit in der protestantischen Theologie wirkmächtig geworden ist.

Dass sich seine Zeitgenossen ohne Hemmung als christlich bezeichnen, dass man im bürgerlichen Milieu glaubt, als Christenheit da zu sein, ist für Kierkegaard Ausdruck höchster Entfremdung, wie es für Marx der Anspruch der bürgerlichen Gesellschaft war, die Lösung der seit Platon anhängigen Frage nach dem politisch Guten, dem Gerechten, zu sein. Vor diesem Hintergrund erstaunt es nicht, dass sich Kierkegaards Polemik der reiferen Schriften speziell gegen Hegel richtet, der sowohl die These der welthistorischen Realität und Wirksamkeit des Christentums vertreten hatte, wie er auch in der auf Privateigentum basierenden bürgerlichen Gesellschaft mit ihren staatlich gesetzten Rechts- und Freiheitsgarantien die keiner Überwindung bedürftige, nicht mehr zu überholende politische Ordnung sah – und zwar zu Recht.

Gegen die Selbstverständlichkeit des Anspruchs der Zeitgenossen auf Christsein setzt Kierkegaard dessen rationale Unzugänglichkeit. Dazu zieht er gerade jene skandalösen, düsteren Aspekte des Christentums aus der Versenkung, in die die Aufklärung sie, als irrationale Residuen, verbannt hatte. Das ist in der im Anschluss an *Entweder – Oder* verfassten, ebenfalls 1843 publizierten kurzen Schrift *Furcht und Zittern*[565] die ja in der Tat furchteinflößende alttestamentarische Geschichte von Gottes Befehl an Abraham, als Zeichen des Gehorsams seinen Sohn Isaak zu opfern (*1. Mose 22*).

Ebenso wie *Entweder – Oder* erscheint auch *Furcht und Zittern* unter Pseudonym. Nannte sich der fiktive Herausgeber bzw. Verfasser in der früheren Schrift *Victor Eremita*, so heißt er jetzt *Johannes de Silentio* – in beiden Fällen wird durch das Pseudonym das Abseitsstehen des Verfassers, seine Distanz zur Kommunikationsgemeinschaft, betont. Das Motiv der Kontingenz begegnet hier in doppelter Weise. Zum einen zieht der Verfasser, wenn auch eher beiläufig, die von Schelling angestoßene Hypothese der Abgründigkeit bzw. Grundlosigkeit des Seins von Welt und Mensch in Erwägung. Zu Beginn des Kapitels *Lobrede auf Abraham* heißt es diesbezüglich: „Falls im Menschen kein ewiges Bewusstsein herrschte, falls allem nur eine wild gärende Macht zugrunde läge, die, sich in dunklen Leidenschaften windend, alles vollbrächte, was wäre dann groß und was wäre unbedeutend; wenn eine bodenlose Leere, die durch nichts zu sättigen ist, sich hinter allem verstecken würde, was wäre dann das Leben anderes als Verzweiflung? Falls es sich so verhielte, falls es kein heiliges Band gäbe, das die Menschheit verknüpfte, wenn so ein Geschlecht nach dem anderen erwachte wie das Laub im Walde, wenn ein Geschlecht das andere ablöste wie der Vogelsang im Walde, wenn das Menschengeschlecht durch die Welt ginge, wie das Schiff durchs Wasser zieht, wie der Wind durch die Wüste streift, ein gedankenloses und unfruchtbares Tun und Treiben, falls ein ewiges Vergessen immer hungrig auf seine Beute lauerte und keine Macht stark genug wäre, ihm diese zu entreißen – wie wäre dann das Leben leer und trostlos!"[566].

Doch scheint die durch Sinnlosigkeit des Ganzen, auf der Ebene des Seins herrschende Kontingenz Kierkegaard weniger bedrohlich. Im Menschen findet sich ja ‚ewiges Bewusstsein', d. h. Aufgeschlossenheit des Bewusstseins auf Zeit und damit auf ‚Überzeitliches' hin, und dieses garantiert, in Gestalt der Erinnerung, die Einheit des Menschengeschlechts im Lauf der Epochen.

Auf das wahrhaft Kontingente stößt der Mensch in der Begegnung mit dem Glauben, und um diesen Sachverhalt zu exponieren, bedient sich Kierkegaard, wie gesagt, gerade *der* biblischen Erzählung, deren Befremdlichkeit

---

[565] Band III der von L. Richter veranstalteten Ausgabe der Werke.
[566] a.O., S. 15

wohl unüberbietbar ist: der Erzählung von Abrahams Bereitschaft, im Gehorsam gegen Gottes Gebot seinen über alles geliebten Sohn Isaak, das Geschenk und die Freude seines Alters, zum Opfer zu bringen[567]. (Ein Schelm, wer – im biographischen Sinne – Böses über Kierkegaards Wahl gerade dieser biblischen Episode denkt!)

Ihre Einzigartigkeit erhält diese Geschichte durch ein doppeltes *skándalon*, zum einen die Grausamkeit der Forderung Gottes, zum anderen die Bereitschaft Abrahams, dem Befehl zu gehorchen und Isaak zu töten – bestünde der Inhalt der Religion nur in dieser einen Geschichte, wäre das Urteil über sie als ein System des Wahns eine ausgemachte Sache! Der eine wie der andere Aspekt sind *inkommensurabel*, d. h. unser Denken verfügt über keinen Maßstab vernünftiger Einordnung: „Das darf doch nicht wahr sein!", möchte man ausrufen. Erst religionsgeschichtliche Forschung hat einen Ansatz zur Rationalisierung der Erzählung gefunden, und dieser wird selbst von der auf unverkürzter Geltung des biblischen Wortes insistierenden Theologie akzeptiert; der Kommentar zur Stelle weist darauf hin, dass es „in der Umwelt Israels [] eine verbreitete Praxis [war], den Erstgeborenen zu opfern, um sich dadurch Kindersegen zu sichern" (so etwa bei den Phöniziern), dass aber „in Israel ein solches Opfer strikt abgelehnt [wurde]"[568].

Die Erzählung ist also im Kontext des kultur- und religionsgeschichtlichen Übergangs vom Menschen- zum Tieropfer zu verstehen: Im Moment der Opferhandlung schickt der sich im Gegensatz zu den anthrophagen Götzen verschiedener ‚heidnischer' Religionen als gnädiger Gott erweisende Gott Israels als Ersatz für Isaak einen Widder. Eine sachliche Parallele der Geschichte findet sich im griechischen Mythos, in der von den Tragikern gestalteten (und als unmenschlich verurteilten) Opferung der Iphigenie beim Aufbruch zur trojanischen Expedition in Aulis, wobei in der Fassung des Euripides Iphigenie im Augenblick der Opferung von der das Opfer fordernden Artemis zu den Göttern entrückt und an ihrer Stelle eine Hirschkuh getötet wird – die kulturgeschichtliche Parallele ist evident!

Wenn wir von den mythisierend-narrativen Personifizierungen abstrahieren, enthüllt sich der hier sich ereignende kulturelle Phasensprung. Einige Jahrhunderte später, im Hellenismus und der Spätantike, wird dann mit dem „Ende des Opferkults" überhaupt ein weiteres kulturelles Plateau erreicht[569].

---

[567] 1. Mose 22

[568] Vgl. *Stuttgarter Erklärungsbibel*, Kommentar zu 1. Mose 22,3-13.

[569] Vgl. dazu G. G. Stroumsa: *Das Ende des Opferkults. Die religiösen Mutationen der Spätantike* (Berlin ²2012)

Kierkegaard aber weist, obwohl er selbst im Text den Iphigenie-Mythos anspricht[570], eine jede historische Relativierung der biblischen Erzählung zurück, im Gegenteil, er spitzt die Dramatik aufs äußerste zu, um daran seine neue Konzeption des Religiösen zu entwickeln. Hatte in *Entweder – Oder* das *Religiöse* noch als Katalysator gedient, das *Ästhetische*, d. h. die natürliche Fixierung des Subjekts auf die Egozentrik des Lebensgenusses, zugunsten des *Ethischen*, also der Verwirklichung des Allgemeinen, zu überwinden – ein nicht gerade origineller Ansatz –, treten jetzt das Ethische und das Religiöse in scharfen Gegensatz zueinander. Zwar bleibt das Ethische die an den Menschen gestellte Forderung, aber das Religiöse geht qualitativ, als ein Stadium *sui generis*, darüber hinaus. Kierkegaard stellt klar: „Der ethische Ausdruck für das, was Abraham tat, ist, daß er Isaak morden wollte, der religiöse ist, daß er Isaak opfern wollte"[571]. Was ethisch ein Verbrechen ist, kann demnach religiös geboten sein. So stellt sich die Frage: „Gibt es eine teleologische Suspension des Ethischen?"[572] *Teleologisch*, das bedeutet hier natürlich: um des Religiösen willen, nicht jedoch, um einen beliebigen Zweck in der Sphäre des Ästhetischen zu realisieren. Die Antwort lautet: Es muss diese Suspension geben, denn „die Erzählung von Abraham enthält nun eine solche teleologische Suspension des Ethischen"[573].

In vollem Bewusstsein des menschlich (,ethisch') Verwerflichen der geforderten Handlung, so Kierkegaards Deutung, aber im unbedingten Vertrauen darauf, dass er der Stimme Gottes gehorche und nicht etwa der eines bösartigen Dämons seines Inneren, etwa einer geheimen Mordlust, bereitet sich Abraham auf das Opfer vor. Kierkegaard spielt Abrahams Befindlichkeit dabei in allen möglichen Facetten durch, darum der dessen innere Unruhe, sein Entsetzen ausdrückende Werktitel *Furcht und Zittern*.

Dass, wie Kierkegaard überzeugt ist, Abraham mit seinem Handeln „den Glauben repräsentiert"[574] und dass zudem „dieser normal [*sic*!] in ihm ausgedrückt ist"[575], ist dem Denken inkommensurabel; für den um ein Verstehen Bemühten ist, mit dieser Tat, Abrahams „Leben nicht nur das Paradoxeste [], das sich denken lässt, sondern so paradox, daß es sich überhaupt nicht denken lässt"[576]. Abraham „glaubte das Widersinnige"[577], und seine Haltung in dieser

---

[570] Vgl. a.O., S. 53 passim
[571] Ebd., S. 26
[572] Ebd., S. 49
[573] Ebd., S. 52
[574] Ebd.
[575] Ebd.
[576] Ebd.
[577] Ebd., S. 20

Geschichte entzieht sich, anders als beim tragischen Helden, der unter schwerem inneren Konflikt sich zu einer Grausamkeit entschließt, um eine noch grausamere Konsequenz zu vermeiden – Kierkegaard erwähnt selbst den Konflikt des Agamemnon in Euripides' *Iphigenie in Aulis* – jeglichem Verständnis: „Daher kommt es, daß ich einen tragischen Helden verstehen kann, aber Abraham verstehe ich nicht, wenn ich ihn auch in einem gewissen wahnwitzigen Sinne mehr als alle anderen bewundere"[578].

Zur Kennzeichnung der von Abraham in vollem Bewusstsein ihrer ethischen Unhaltbarkeit vollzogenen, sich allgemeinen Begriffen entziehenden Handlung führt Kierkegaard einen Terminus ein, der philosophisch Epoche machen wird, den Begriff des *Absurden*: Abraham vollzieht die nach menschlichen Maßstäben abscheuliche Tat, d. h. er „handelt kraft des Absurden"[579]. Und weiter: „[] doch ist die ganze irdische Erscheinung, die er abgibt, eine Neuschöpfung kraft des Absurden. Er verzichtete in unendlicher Resignation auf alles" – d. h. sowohl auf Isaak wie, ethisch gesprochen, auf Verständlichkeit und Berechenbarkeit seines Tuns – „und doch ergriff er alles wieder kraft des Absurden"[580]. Indem Abraham sich aber derart aus dem (ethischen) *consensus omnium* verabschiedet, wird er zum „Ritter der Unendlichkeit"[581], zum „Ritter des Glaubens"[582].

In Kierkegaards Interpretation der Abraham-Erzählung deutet sich (abweichend von *Entweder – Oder*) bereits der Aspekt an, unter dem die Kontingenz-Problematik bei ihm in Erscheinung tritt. Kierkegaard – so meine These – bewältigt die bei Schelling aufgebrochene Kontingenz nicht, sondern verschiebt sie vom *Sein* auf das *Dasein*, d. h. *subjektiviert* sie, gibt ihr eine existenzielle Färbung.

Zur Erinnerung: Hegel hatte die Kontingenz dadurch zu eliminieren geglaubt, dass er das, was ist, als Manifestation des *Geistes, der zum Geiste spricht*, interpretierte – denken wir nur an seine berühmte Sentenz: „Wer die Welt vernünftig ansieht, den sieht auch sie vernünftig an, beides ist in Wechselbestimmung"[583] –, sodass der ‚subjektive' Geist sich in seiner Welt als Moment der Selbstverwirklichung der *absoluten Idee* inne wurde. Das gleiche drückt auch die weniger bekannte, in der Prägnanz ihrer Formulierung aber nicht minder

---

[578] Ebd., S. 52
[579] Ebd.
[580] Ebd., S. 36
[581] Ebd., S. 37
[582] Ebd., S. 42
[583] Einleitung zu den *Vorlesungen über die Philosophie der Geschichte* (TWA 18)

eindrucksvolle Aussage aus: „Das Ansich regiert den Verlauf"[584]. Dem setzte Schelling die Unvordenklichkeit, d. h. die Kontingenz, die Inkommensurabilität des Seins als eines in Gott Fremden, Gott in den Prozess der Geschichte Zwingenden entgegen.

Kierkegaard folgt nun, seiner harschen Schelling-Kritik zum Trotz[585] und offenbar, ohne sich dieser Abhängigkeit bewusst zu sein, der Schellingschen Kontingenzthese, akzentuiert diese aber religions- bzw. existenzphilosophisch zur Kontingenz des *Daseins* in Form seiner wesentlichen Endlichkeit und Defizienz. Zwar sieht er den Menschen als „eine Synthese von Endlichkeit und Unendlichkeit"[586] – und dies ergibt sich zwingend daraus, dass der Mensch ja offenbar über den *Begriff* des Unendlichen verfügt. Aber er ist – und da liegt das Kontingente – eines affirmativen Verhältnisses zum Unendlichen in Gestalt der christlichen Wahrheit nicht mächtig. Im eisernen Griff der eigenen Lebensproblematik gefangen, aber denkerisch äußerst produktiv, interpretiert Kierkegaard das Dasein, dem sich die religiöse Sphäre noch nicht erschlossen hat, mit lauter Kategorien der Defizienz, des Leidens, die sich meist schon im Titel der Werke kundtun, wie etwa in *Furcht und Zittern*.

Nicht *Gaudium*, Freude über die Versöhnungstat Christi steht im Zentrum von Kierkegaards Interpretation des Christentums, sondern das Gegenteil, ein Leben in *Furcht und Zittern*, *Angst*, *Verzweiflung* im Kampf gegen das Versinken in Endlichkeit und um die Aneignung der das Verstehen überfordernden Wahrheit. Kein Wunder also, dass manche Forscher Kierkegaard selbst das Christsein absprechen, das er seiner Mitwelt bestritt. Jedenfalls kann gesagt werden, dass Kierkegaard, indem er die paradoxe Realisierung des christlichen Glaubens an die Selbstüberwindung des Verstandes bindet, wenn auch *per viam negationis*, dem Gesetz der Moderne unterliegt, in der der Mensch seinen Daseinssinn als eigene Tat begreift.

So auch in der 1844 erschienenen Schrift *Der Begriff Angst*[587]. Hier behauptet Kierkegaard Angst als ein ubiquitäres Merkmal menschlicher Existenz und sucht dies erneut mit Bezug auf eine alttestamentarische Erzählung aufzuzeigen, diesmal an dem Narrativ des *Sündenfalls* aus *Genesis* (1. Mose 3) sowie der These von der *Erbsünde*. Die unter dem vielsagenden Pseudonym *Vigilius*

---

[584] Einleitung zu den *Vorlesungen über die Philosophie der Geschichte* (TWA 18, S. 40)

[585] „Ich bin zu alt, um Vorlesungen zu hören, ebenso wie Schelling zu alt ist, sie zu halten. Seine ganze Lehre über Potenzen verrät die äußerste Impotenz", schreibt Kierkegaard in einem Brief an den Bruder Peter Christian vom Februar 1842 (zit. P.P. Rohde, a.O., S. 74)

[586] *Die Krankheit zum Tode* (Werke IV), a.O., S. 13

[587] *Der Begriff Angst. Eine simple psychologisch-hinweisende Erörterung in Richtung des dogmatischen Problems der Erbsünde.* Werke I, Hg. L. Richter (vgl. Lit.-Verz.).

Haufniensis (‚Kopenhagener Wächter') publizierte Schrift verknüpft durchgängig und nach allen Richtungen das Motiv der Sünde mit dem der Daseinsangst. Dass Kierkegaard für die Bezeichnung der biblischen Motive die theologiegeschichtlich radikalsten Ausdrücke wählt, erscheint nach allem Gesagten beinahe selbstverständlich. So bezeichnet er die Sünde der Stammeltern Adam und Eva, die ja eigentlich nichts ist als die erste Sünde des Geschlechts, die *Ursünde*, der zahllose weitere folgten (das *peccatum originale* mit dem Ausdruck des ebenso radikalen Augustinus), mit dem insbesondere durch Luther promulgierten Titel *Erbsünde*, der die gattungsmäßige Verwurzelung der Sünde und damit deren Unentrinnbarkeit, ihren Verhängnischarakter akzentuiert – der antike Schicksalsglaube lässt grüßen!

Die intrinsische Komik in der krausen, die Verhältnisse verkehrenden Logik der Geschichte vom Sündenfall entgeht dem sich seinen ausgeprägten Sinn für Humor und Ironie zugutehaltenden Kierkegaard vollständig: die Erzählung stellt bekanntlich die Mühsal des Lebens als Folge der Sünde dar. Aber ist es denn nicht so, dass die *Conditio humana*, der physiologisch implantierte Zwang und Drang zur Selbsterhaltung, im Verein mit der diese konterkarierenden Knappheit der Ressourcen – dass die Lebensmittel in der Regel der Natur mühselig abgerungen werden müssen, ist hinreichender Beleg dieser Knappheit – die Menschen in den als Sünde deklarierten Wettbewerb um die Subsistenzmittel treibt, ein Wettbewerb, der sich dann allerdings nur allzu leicht zur charakterlichen Konstitution verfestigt und die Deutung als *corruptio naturae humanae* nahelegt?

Sünde, wenn man diesem zweideutigen Begriff überhaupt Sinn zuschreiben will, ist nicht, wie die *Genesis* suggeriert, Ursache der *Conditio humana*, sondern deren Folge. Der ‚prälapsarische' Zustand erweist sich somit als in die Fiktion der Gottesnähe gefasstes rückprojiziertes Konstrukt unschuldigen Glücks in der Eintracht von Mensch und Natur.

Wie dem auch sei, unter Verwertung der Sündenlehre stellt Kierkegaard das gesamte Dasein unter das *Regime der Angst*. Der Angstbegriff strukturiert den Aufbau der gesamten Schrift. So exponiert das erste Kapitel die *Angst als Voraussetzung der Erbsünde* – diese Formulierung allein zeigt, dass Kierkegaard Angst zum Grundphänomen der Existenz macht, denn sie geht ja für ihn offenbar der nach theologischer Auffassung allererster menschlichen Handlung bereits bedingend vorher. Das zweite Kapitel *Angst als Erbsünde* identifiziert geradezu das konstitutive Moment Sünde mit der Angst. Zur Rechtfertigung des offensichtlichen Widerspruchs, dass die Angst Voraussetzung der Sünde wie auch diese selbst ist, wird Kierkegaard die Dialektik der hier waltenden Verhältnisse in Anspruch nehmen. Kapitel III *Angst als Folge derjenigen Sünde, welche das Ausbleiben des Sündenbewusstseins ist* macht wiederum die Angst von einer Voraussetzung zu einer Folge und unterwirft damit auch die säkulare Gesinnung, die mit dem Theologumenon einer konstitutiven Sündhaftigkeit nichts mehr anfangen kann (‚Sünde' wird dieser Gesinnung zum prinzipiell vermeidbaren, von Fall zu Fall vorkommenden Irrtum und Fehler), auf geradezu magische Weise dem Regime der Angst. Im vierten Kapitel *Die Angst der Sünde oder Angst als Folge der Sünde* wird jeder Ausweg aus Angst und Sünde versperrt und diese Verfassung zugleich als Verlust der Freiheit interpretiert. Kapitel V *Die Angst, die durch den Glauben erlöst* exponiert schließlich vollends Angst als Substitut des Glaubens und macht letzteren zur Funktion ersterer: Nicht der Glaube befreit von der Angst, wie es seit je theologischer Konsens ist, sondern in zweideutiger Weise werden sowohl Angst wie Glaube zu Agenzien der Erlösung oder Befreiung. Das bedeutet nichts anderes, als dass es Kierkegaard gar nicht um die Befreiung von Angst geht, sondern dass Angst als Grundverfassung der Existenz fixiert wird. Das korrespondiert vielleicht dem augustinischen *Es ist unruhig unser Herz, bis es ruhet in Dir, o Gott*. Kierkegaard jedenfalls, das lässt sich kaum bestreiten, instrumentalisiert die Angst zur Zerstörung jeder Art unbefangenen Lebens. Das Leben wird als Wiederholung des Leidens Christi konzipiert – man erinnert sich an das mittelalterliche Ideal der *Imitatio Christi* bei Autoren wie *Thomas a Kempis*. Je mehr der Christ leidet, umso mehr ist er für Kierkegaard Christ! Ob Kierkegaards normativ gemeinte Konzeption der Existenz, des Lebensvollzugs, als permanentes Leiden christlich zu nennen ist, darf in der Tat bezweifelt werden. Dass das Leben Leiden bereithält, ist die eine Sache, es als permanentes Leiden zu organisieren, ist etwas ganz Anderes.

Wie Schopenhauer von atheistischen Voraussetzungen aus das Leiden zur Substanz des Lebens überhaupt hypostasierte, stilisiert Kierkegaard es zum Wesen des religiösen als der einzigen von ihm als substantiell anerkannten Form des Lebensvollzugs. In beiden Fällen enthüllt der Gedanke weniger einen Sachverhalt als vielmehr neurotische Wesenszüge der Verfasser.

Wie extrem Kierkegaards Position ist, wird anschaulich daran sichtbar, dass er selbst das Spiel der Kinder noch im Zeichen der Angst interpretiert: „Die Angst, die mit der Unschuld gesetzt ist, ist also erstens keine Schuld" – wie könnte auch ein Affekt, ein spontan sich Meldendes, als solches eine Schuld sein?! –, „zweitens ist sie keine beschwerende Last, kein Leiden, das mit der Seligkeit der Unschuld nicht vereinbar wäre. Wenn man Kinder beobachtet, wird man diese Angst bestimmter angedeutet finden als ein Suchen nach dem Abenteuerlichen, dem Ungeheuren, dem Rätselhaften"[588]. Also: das stärkste Signal der Lebensbejahung, die schöpferische Neugier des jungen Menschen, wird von Kierkegaard noch unter sein Angst-Regime gezwungen!

Dem gleichen Muster wie *Der Begriff Angst* von 1844 folgt die 1849 unter dem Verfasser-Pseudonym *Anti-Climacus* erschienene Schrift *Die Krankheit zum Tode*[589]. In diesem Text interpretiert Kierkegaard auf der Basis einer Analyse der Struktur des menschlichen Selbst das Dasein außerhalb der religiösen Sphäre *toto genere* als *Verzweiflung*. Das Selbst oder Ich deutet der Autor in Weiterentwicklung der Bewusstseinstheorie des deutschen Idealismus als „ein Verhältnis, das sich zu sich selbst verhält"[590]. Da aber dieses Verhältnis, wie er in terminologischer Anlehnung an Fichte sagt, sich nicht „selbst gesetzt hat" – die Entstehung unseres Selbst, unserer personalen Identität ist ja, wie an früherer Stelle ausgeführt, unvordenklich – also durch ein Anderes gesetzt ist, kann „das Selbst nicht durch sich selbst dazu kommen [], in Gleichgewicht und Ruhe zu sein, sondern nur dadurch, dass es sich, indem es sich zu sich selbst verhält, zu dem verhält, welches das ganze Verhältnis gesetzt hat"[591], *vulgo*: zu Gott. Mit dialektischer Schärfe vertritt Kierkegaard die These der „Allgemeinheit [Gewöhnlichkeit] dieser Krankheit (Verzweiflung)"[592] und führt ihre diversen Modifikationen („Gestalten"[593]) vor, wie „Verzweifelt sich nicht bewusst zu sein, ein Selbst zu haben (uneigentliche Verzweiflung); verzweifelt nicht man selbst sein wollen; verzweifelt man selbst sein wollen"[594], die im Lauf des Gedankengangs in die verschiedensten Richtungen entfaltet werden, mit dem Resultat, dass diese so allgemeine *Erkrankung* zugleich *Sünde* ist. Die verschiedenen Modi von Verzweiflung wiederum kulminieren nämlich in der

---

[588] a.O., S. 41

[589] *Die Krankheit zum Tode. Eine christliche psychologische Entwicklung zur Erbauung und Erweckung von Anti-Climacus* (Bd. IV in Richters Ausgabe) – 1844 hatte Kierkegaard unter dem Pseudonym *Johannes Climacus* die im Umfang geringen, aber als sein philosophisches Hauptwerk betrachteten *Philosophischen Brocken* herausgegeben, denen er 1846 unter gleichem Pseudonym die umfangreiche zweibändige *Abschließende unwissenschaftliche Nachschrift zu den Philosophischen Brocken* folgen ließ. Ob und in welchem Sinne das für die *Krankheit zum Tode* gewählte Pseudonym *Anti-Climacus* auf eine Revision des in den *Brocken* vertretenen Standpunkts verweist, kann hier nicht untersucht werden.

[590] a.O., S. 13

[591] Ebd., S. 14

[592] Ebd., S. 21

[593] Ebd., S. 27

[594] Ebd., S. 13

„Sünde, das Christentum *modo ponendo* aufzugeben, es für Unwahrheit zu erklären"[595].

Mit dieser Bemerkung allerdings verfängt sich der religiöse Radikalismus in seiner Sonderlogik. Denn was außerhalb der religiösen Logik steht oder sich stellt, kann deren Urteil legitimerweise nicht unterworfen werden, das ist seit der Aufklärung Konsens. Die Bejahung eines solchen Urteils bedeutete die Rückkehr zur Inquisition. Und in der Tat zeigt Kierkegaard Verständnis für die in der frühen Neuzeit erfolgten drakonischen Bestrafungen von angeblich dämonisch besessenen Personen und der dazu herangezogenen Rechtfertigung, „dass der Dämonische doch zu guter Letzt seiner besseren Möglichkeit nach [d. h. der Unterwerfung unter die Glaubensforderung bzw. um willen seines Seelenheils] selbst wünschen müsste, dass alle Grausamkeit und Strenge gegen ihn angewendet würde"[596]. Nun ist ja bekannt, dass der Unterstellung des Dämonischen, etwa in den Hexenprozessen, bei den darüber Befindenden oft die Dämonisierung des Sexuellen zugrunde lag (was tiefenpsychologisch eine Erklärung finden würde).

Derartiges ficht Kierkegaard jedoch nicht an, im Gegenteil. Indem er in seiner Interpretation der Erzählung vom Sündenfall die Untrennbarkeit von Sünde und Sexualität konstatiert[597], revidiert er die von Luther bis Hegel reichende Bemühung, Sexualität in geordneter Form als integrales Moment in den Lebensvollzug einzuholen und erneuert deren Perhorreszierung, was ihn an katholische Positionen annähert und seinen Spott über die Institution katholische Kirche Lügen straft[598]. Ebenso sieht er keinen Anlass sich von der dem Augustinus zugeschriebenen Forderung (ob dieser sie wirklich formuliert hat, ist strittig) zu distanzieren, gegen Ketzer die Todesstrafe anzuwenden[599]. Das interpretiert Kierkegaard nicht als Haltung der Mitleidslosigkeit, was in seinen Augen ein Zeichen „unserer feigen Zeit"[600] mit ihrem „sentimentalen Mitleid"[601] wäre, sondern im Gegenteil als Zeichen eines tieferen Mitleids für das Ewige im Menschen, die Seele, die nicht verloren gehen soll oder, wenn sie es denn durch Ketzerei schon ist, zumindest nicht andere Seelen infizieren soll.

---

[595] Ebd., S. 116
[596] *Der Begriff Angst*, a.O., S. 111
[597] Ebd., S. 46
[598] Zu Kierkegaards Spott über den Katholizismus vgl. etwa seine Rede von den „katholisch-verdienstlichen Phantastereien" (*Der Begriff Angst*, a.O., S. 40).
[599] *Der Begriff Angst*, a.O., S. 111
[600] Ebd., S. 110
[601] Ebd.

Eine Kritik solch extremer Haltung Kierkegaards liefert übrigens der amerikanische Romancier *Saul Bellow* (1915-2005) in seinem unvergleichlichen Roman *Herzog*. Die vollkommen zutreffende Interpretation, dass Kierkegaard zufolge die Idee der Wahrheit ihre verbindliche Wirkung auf den Menschen der Moderne verloren habe und „dass der Schmerz und das Übel es uns von neuem lehren müssen, bevor die Menschheit zur Ernsthaftigkeit zurückfinde", beurteilt Moses Elkanah Herzog, der ebenso liebenswerte wie für den zeitgenössischen Intellektuellen typische Protagonist des Romans, als „ziemlich frivol"[602] – und damit ist Herzog recht zu geben!

3.3   Resümee zu Kierkegaard

Die Präsenz des Kontingenz-Motivs in Kierkegaards Denken lässt sich etwa wie folgt resümieren: der Begriff Kontingenz selbst kommt in seinen Schriften, soweit ich sehe, nicht vor, doch ist das Kontingente durchgehend und bedrohlich auf dem Grund der Existenz gegenwärtig. Es wird von Kierkegaard aktualisiert, indem er dem Dasein seine Selbstverständlichkeiten bestreitet und entzieht, und zwar dadurch, dass er es als *latent – im Grunde*, wie Schelling sagen würde – durch Angst und Verzweiflung determiniert sieht. Er glaubt damit die Tiefenschicht der Existenz freigelegt zu haben, die dieser selbst nicht unmittelbar zugänglich ist, womit er die Perspektive der späteren Tiefenpsychologie vorwegnimmt, deren Analysen in Freuds pessimistischem und dramatisierendem Diktum kulminieren, das Ich sei nicht Herr im eigenen Hause. Bezeichnenderweise bringen sowohl der Untertitel von *Der Begriff Angst* wie der von *Die Krankheit zum Tode* die psychologische Intention des Verfassers zum Ausdruck.

Es geht Kierkegaard jedoch nicht nur um Aufdeckung dieser Tiefenschicht, sondern um deren Bewältigung, Integration, man könnte sagen: nicht nur um die *Diagnose*, sondern auch um die *Therapie*.

Zur *Diagnose* gehört für Kierkegaard aber insbesondere die Erhellung der *geistigen Situation der Zeit*, um es mit einem bekannten Titel des von Kierkegaard beeinflussten *Karl Jaspers* (1883-1969) zu sagen. Einen Hinweis auf Kierkegaards diesbezügliche Auffassung gab der Schluss des vorhergehenden Kapitels. Wendungen wie die Rede von *unserer feigen Zeit* und ihrem *sentimentalen Mitleid* deuten Kierkegaards negative Sicht an. An anderer Stelle ist die

---

[602] Saul Bellow: *Herzog*, Milano 2022, S. 377 (zitiert aus der italienischen Ausgabe, vom Vf. übersetzt).

Rede davon, dass das gegenwärtige Leben „in Trivialität versunken ist"[603] und in *Die Wiederholung* heißt es noch grundsätzlicher: „[] ich stecke den Finger ins Dasein – es riecht nach – Nichts. Wo bin ich? Was will das sagen: die Welt? Was bedeutet dieses Wort? Wer hat mich in dieses Ganze hineingenarrt und läßt mich nun dastehen? Wer bin ich? Wie kam ich in die Welt hinein, warum wurde ich nicht befragt []?"[604]. Und: „Wieso wurde ich Teilhaber in der großen Unternehmung, die man *Wirklichkeit* nennt? [] Gibt es keinen Dirigenten?"[605] – Der hemmungslose Atheist Nietzsche wird dieser das Problem der Kontingenz ins Herz treffenden Frage des verstörten Christen Kierkegaard wenig später die brutale These als Antwort entgegensetzen: „Es fehlt ein Wesen, das dafür verantwortlich gemacht werden könnte, daß jemand überhaupt da ist, daß jemand so und so ist, daß jemand unter diesen Umständen, in dieser Umgebung geboren ist"[606].

In Verbindung des hier aufscheinenden Motivs des *Nichts* mit dem behandelten Motiv der *Angst* heißt es in der *Krankheit zum Tode*: „Alle Unmittelbarkeit [d.h. das nicht (religiös) reflektierte Bewusstsein] ist trotz ihrer illusorischen Sicherheit und Ruhe *Angst* und deshalb folgerichtig am meisten *Angst vor dem Nichts*"[607].

Diese Wendungen sind der vielleicht stärkste Ausdruck von Kontingenzbewusstsein, der sich bei Kierkegaard finden lässt. Hier scheint auf der Gedanke möglicher Sinnlosigkeit des menschlichen Daseins in der Welt sowie der Welt als solcher, es meldet sich das Schicksal *metaphysischer Heimatlosigkeit* des Menschen angesichts der Abgründigkeit des Seins. Viele Jahre und eine ganze philosophische Epoche später wird *Martin Heidegger* diese Motive beinahe wörtlich für seine Daseinsanalyse aufgreifen und die „Hineingehaltenheit des Daseins in das Nichts auf dem Grunde der verborgenen Angst" beschwören[608]. Doch zu Heidegger später Genaueres.

Kierkegaards Gedanke ist neu, denkgeschichtlich originell. Der *Aufklärung* entging in ihrem optimistischen Glauben an einen allgemeinen Fortschritt von Vernunft und Vernünftigkeit dieses Problem vollkommen bzw. sie maß ihm keine Bedeutung zu. Die *Romantik* dagegen, in deren Zeitkritik Kierkegaards Denken zweifellos wurzelt (nicht weniger als das des oben dargestellten

---

[603] *Die Krankheit zum Tode*, a.O., S. 96
[604] Werke II, a. O., S. 62f.
[605] Ebd., S. 63 (Hervorh. Vf.)
[606] *Aus dem Nachlass der achtziger Jahre*, Ausg. Schlechta, Bd. III, S. 823 (Zu den weiteren bibliograph. Angaben zu Nietzsche vgl. den folgenden Nietzsche gewidmeten Teil).
[607] A. O., S. 25 (Erg. u. Hervorh. Vf.)
[608] *Was ist Metaphysik?*, zit. *Wegmarken* (Frankfurt/M. ²1978), S. 117

Schopenhauer[609] sowie das des noch zu behandelnden Nietzsche), war sich der Dramatik der hier aufscheinenden Probleme nicht voll bewusst und glaubte sie bewältigen zu können durch *sentimentalischen*[610] Rückbezug auf das christlich durchwobene Mittelalter, im künstlerischen Ausdruck des eigenen Schmerzes über das Verlorene oder, wie *Friedrich Hölderlin* (1770-1843), durch Rückbesinnung auf die griechische Antike und den Versuch, ein geistig geklärtes, von den antiken Irrationalismen befreites, Antike und Christentum verschmelzendes, d. h. das geschichtlich Gewordene einbeziehendes mythisches Empfinden wiederzubeleben[611].

Kierkegaard hingegen erfasst erstmals in voller Schärfe die latente Bedrohlichkeit der eigentlich die Moderne ausmachenden Situation der *Sinnleere* in metaphysischer Hinsicht, und welchen Nerv er damit trifft, zeigt seine Wirkungsgeschichte: sein Denken antizipiert Motive der Philosophie Friedrich Nietzsches und weist voraus auf Heidegger und den philosophischen *Existenzialismus*, auf das absurde Theater eines Ionesco und die Beschwörung der Sinnleere der Welt in den Stücken Samuel Becketts.

Es liegt auf der Hand, dass dieser Verlust metaphysischen Sinns nur durch Religion therapiert werden kann, und das heißt für Kierkegaard: durch den christlichen Glauben. Die ,Heilung' hat in zwei Schritten zu erfolgen: Zunächst muss die *Diagnose* zu Bewusstsein gebracht, die allgemeine Bewusstlosigkeit aufgebrochen und die Zeit über ihren depravierten Zustand ins Bild gesetzt werden: einerseits bezüglich ihrer Prätention auf Christlichkeit, die doch in nichts anderem besteht als einem Gewohnheitschristentum, in das ein jeder hinein sozialisiert wird, ohne eine eigene, eine ,existentielle' Entscheidung dafür zu treffen, wodurch das Leben, dieses für einen jeden einmalige Dasein in der Welt, zur gedankenlosen Hingabe ans Alltägliche banalisiert wird. Sodann muss, im zweiten Schritt, die *Therapie* angesetzt werden. Diese kann für Kierkegaard nur in der Aneignung des christlichen Glaubens in einem ganz persönlichen Akt bestehen, in Kierkegaards Terminologie: in *absoluter Innerlichkeit*.

Solcher Aneignung stellen sich aber von der christlichen Religion selbst her scheinbar unüberwindliche Schwierigkeiten entgegen. Kierkegaard entwickelt diese in Rückbezug auf einen berühmten Gedanken *Lessings*. Dieser hatte in

---

[609] Vgl. meine Hinweise auf Thomas Manns diesbezügliche These, oben, Kap. VIII. 7.

[610] Vgl. zum Terminus des Sentimentalischen Schillers dichtungstheoretische Abhandlung *Über naive und sentimentalische Dichtung* von 1795.

[611] Vgl. zu dieser Tendenz bei Hölderlin sowie als zeitgenössischen Versuch, die sinnstiftende Funktion des Mythos wiederzubeleben: K. Hübner: *Die Wahrheit des Mythos* (Freiburg/München 2011).

einer seiner zahlreichen Auseinandersetzungen mit der protestantischen Orthodoxie in Abrede gestellt, dass die in der Bibel erzählten Wundertaten Jesu
als Beweis für dessen Göttlichkeit und somit für die Wahrheit der christlichen
Religion geltend gemacht werden könnten und dass dafür auch nicht die ja
ebenfalls nur historisch behauptete Inspiriertheit der biblischen Verfasser als
Beweismittel fungieren könne. Sich auf bloße geschichtliche Überlieferung von
Wunderbarem wie auch von der ‚Gottessohnschaft' Jesu hin religiös-transzen-
dent binden zu sollen, empfand Lessing als intellektuelle Zumutung, für ihn
war das „der garstige breite Graben, über den ich nicht kommen kann, sooft
und ernstlich ich auch den Sprung versucht habe"[612]. Seine diesbezügliche theoretische Position fasst Lessing in der These zusammen: „Zufällige Geschichtswahrheiten können der Beweis von notwendigen Vernunftswahrheiten nicht
sein"[613], eine These die wiederum an Leibniz' Unterscheidung von *vérités de
raison* und *vérités de fait* anschließt[614].

Diese Vorbehalte Lessings bedeuten aber keineswegs eine Infragestellung
der Wahrheit des Christentums, wie ja auch seine an früherer Stelle bespro-
chene Interpretation der Geschichte als eines göttlichen Projekts der Erziehung
der Menschheit verdeutlicht[615]. Es geht Lessing als Aufklärer lediglich um den
Grund, der den Menschen zum Glauben verpflichtet. Dieser Grund kann in
einer Zeit, die keinerlei Wunder zur Welterklärung heranzieht[616], nicht die Erzählung einst geschehener Wunder sein.

Aber, fragt Lessing rhetorisch, wenn nicht die Wunder, „was verbindet
[d.h. nötigt] mich denn dazu [zu glauben]?"[617], und er gibt sich selbst die Antwort: „Nichts als diese Lehren selbst"[618], also die (altbekannte) humane Substanz des Christentums. Diese Lehren waren „vor 1800 Jahren allerdings so
neu, dem ganzen Umfange damals erkannter Wahrheiten so fremd [], daß

---

[612] *Über den Beweis des Geistes und der Kraft* (1777), zit.: *Lessings Werke* (Hg. K. Wölfel),
Schriften II (Frankfurt/M. 1967), S. 311
[613] Ebd., S. 309
[614] Vgl. dazu H. Schepers: Art. *Vernunftwahrheiten/Tatsachenwahrheiten*. HWPh 11, Sp.
869ff. sowie H.-U. Lessing: Art. *Wahrheit, historische*. HWPh. 12, Sp. 146ff. – Den Anstoß
zur Diskussion hatte bereits Descartes gegeben, der in dem seinen *Meditationen über Erste
Philosophie* (1641) vorangestellten Widmungsschreiben an die Sorbonne auf die Zirkel-
struktur des Arguments hingewiesen hatte, die Wahrheit des Christentums aus dem
Zeugnis der Heiligen Schrift zu begründen und umgekehrt die Wahrheit der Heiligen
Schrift aufgrund ihres göttlichen Ursprung zu behaupten.
[615] Vgl. oben, Kap. IV 4.2
[616] Vgl.: „Aber ich, [] der ich in dem 18. Jahrhunderte lebe, in welchem es keine Wunder
mehr gibt []" (a.O., S. 308).
[617] a.O., S. 311 (Zusätze Vf.)
[618] Ebd.

nichts Geringeres als Wunder und erfüllte Weissagungen erfordert wurden, um erst die Menge darauf aufmerksam zu machen"[619].

Die – vermeintlichen – Wunder waren nach Lessing also nur das Vehikel, um dem unaufgeklärten Verstand des Altertums den revolutionär neuen geistigen, d. h. sittlichen Gehalt des Christentums nahezubringen, dem „gesunden Menschenverstand [*sic*!] auf die Spur zu helfen"[620]. Ganz im Gegensatz zur (heute nahezu allgemein vertretenen) These von der Irrationalität aller Religion liegt das Christentum für Lessing, wie ja auch sein geschichtsphilosophischer Entwurf verdeutlichte, sogar auf der Linie, die der gesunde Menschenverstand, Descartes' *bon sens*, von selbst genommen hätte! Das hieße, in Hegelscher Diktion: auf der Linie der Vernunft! Was in den christlichen Dokumenten, also vor allem den vier Evangelien, als Geschehen voller Wunder erscheint – die Lehren von der göttlichen und der Nächstenliebe, von der Zusammengehörigkeit der Menschen in Selbstbeschränkung und wechselseitiger Aufmerksamkeit, *Respekt* für das Selbst in Gestalt des Anderen –, ist in Wirklichkeit, aktualisierend gesprochen, die für Lessing in Verwirklichung begriffene *Charta der Menschheit* (die allerdings in einer zur Zeit noch in Nationen organisierten Menschheit nur als Charta in der Idee, formal, als Charta von *Vereinten Nationen*, Gestalt angenommen hat.

Kierkegaard, Verächter der Vernunft, als Vermögen des denkend geführten Lebens, und des Allgemeinen, überhaupt jedes irgendwelche Extreme Vermittelnden – seine Hegel-Kritik fußt vollständig auf seiner Verachtung für Hegels die vermeintlichen Extreme von Gott und Welt, Unbedingtem und Bedingtem, Allgemeinheit und Einzelheit gedanklich versöhnenden Grundhaltung – radikalisiert und erweitert Lessings Problematisierung der Wunder als Wahrheitsbeleg für das Christentum. In seinen philosophischen Hauptschriften, den *Philosophischen Brocken* (1844)[621] und der an diese anknüpfenden, ungleich umfangreicheren *Abschließenden unwissenschaftlichen Nachschrift zu den Philosophischen Brocken* (1846)[622] wird das deutlich.

Die Lessing leitende Unterscheidung von bloß historisch Überliefertem und – wie man sagen könnte – Wesenswahrheit ist auch Kierkegaards Ausgangspunkt. „Das Problem der *Brocken*"[623], das diese bereits auf der Titelseite exponieren und das das zentrale Thema von Kierkegaards Philosophieren darstellt, lautet demnach: „Kann es einen historischen Ausgangspunkt für ein

---

[619] Ebd., S. 311f.
[620] Ebd., S. 312
[621] Band V der Ausgabe von L. Richter
[622] Übs. H.-M. Junghans, 2 Bände, Düsseldorf/Köln 1958, zit.: UN I/II
[623] UN II, S. 65

ewiges Bewusstsein geben; wie kann ein solches mehr als historisch interessieren; kann man eine ewige Seligkeit auf ein historisches Wissen bauen?"[624].

Was bedeutet nun diese Frage? In einem hat Kierkegaard zweifellos Recht. Das Christentum basiert auf einem zwar historisch gesicherten, überlieferungstechnisch allerdings schwach dokumentierte4n Ereignis, dem Auftreten Jesu –wenn man will: Christi, es interpretiert dieses Ereignis zugleich als ein überhistorisches, göttliches, indem es fordert, Jesus als den Christus zu glauben, und es knüpft an solchen Glauben das Versprechen *ewigen Lebens, ewiger Seligkeit* und wie die – für Angehörige der säkularisierten Welt – inzwischen allesamt etwas schal klingenden Formeln sonst noch lauten. (Wenn, wie vom Vf. selbst gelesen, eine junge, gerade ordinierte Pfarrerin auf eine vom Reporter der örtlichen Zeitung gestellte Frage antwortet, Grund ihrer Berufswahl sei das beglückende Faktum gewesen, dass Gott Mensch geworden sei, dürfte eine solche Antwort in ihrer schlichten Einfalt gewiss viele Leser befremden. Dabei hatte die junge Frau durchaus Recht, die Wahrheit ihrer Aussage allerdings durch die theologische Formulierung verfremdet. In der Tat ist es ja so, dass im Christentum das Göttliche und das Menschliche dem Begriffe nach zusammenfallen – das Beharren dieser Religion auf Wertformulierungen wie Menschlichkeit, Mitmenschlichkeit, Nächstenliebe, Liebe Gottes zum Menschen usw. machen dies – eigentlich unmissverständlich – deutlich. Diese *Identität des Menschlichen und Göttlichen* ist christliches Alleinstellungsmerkmal!)

Doch zurück zu Kierkegaard und seinen Zweifeln. Der Unterschied zu Lessings Sicht springt ins Auge: von einer *Lehre,* d. h. einem vernünftigen Inhalt im Christentum ist bei Kierkegaard nicht mehr die Rede, es wird *a limine* auf das abstrakte *Entweder – Oder,* mit Kierkegaards Begriff: das *Paradox* der Koinzidenz von Zeit und Ewigkeit reduziert. In dieser Abstraktheit gesehen, ist auch die Antwort klar: ein Zeitliches kann – *per definitionem* – kein Ewiges sein, in Lessings Worten: *Zufällige Geschichtswahrheiten können der Beweis von notwendigen Vernunftswahrheiten nie werden.* Kierkegaard gibt diese Vergleichgültigung des Inhalts selbst zu, wenn er formuliert: „Die Leidenschaft der Unendlichkeit [d. h. die religiöse Leidenschaft] ist das Entscheidende, nicht ihr Inhalt; denn ihr Inhalt ist sie eben selbst[625].

Aber es ist ebenso klar: Indem Kierkegaard das Problem in dieser Weise, dieser es aus jeglichem Kontext herausreißenden Form stellt, spricht er nicht mehr vom christlichen Standpunkt aus, den er doch für sich beansprucht, sondern vom Standpunkt radikaler Aufklärung, einer Aufklärung, für die – im

---

[624] A. O., Titelblatt
[625] UN II, S. 194

Unterschied zu Lessings Auffassung – in der Geschichte nichts Wesentliches sich ereignet hat und das Denken *ab ovo* beginnen muss. Der christliche Glaube, dass Gott in die Zeit eingetreten ist, wird unter dieser Voraussetzung zum schlechthin Inkommensurablen, zum „absoluten Paradox"[626], und die Aneignung dieser Wahrheit, an der der religiöse Mensch ja leidenschaftlich interessiert ist, wird zum Akt der Selbstkreuzigung des Verstandes: Sie gelingt, „wenn der Verstand und das Paradox im Augenblick glücklich zusammenstoßen, wenn der Verstand sich selbst beiseite schafft und das Paradox sich selbst hingibt"[627], in der Leidenschaft, die *Glauben* genannt wird, „wenn es uns auch nicht gerade auf den Namen ankommt"[628]. Darin liegt die Reduktion des Christlichen von seinem Inhalt, Sinngehalt auf den bloß formalen Akt der auf Dauer gestellten Aneignung: Nicht der menschenfreundliche Gehalt, sondern „die objektive Ungewissheit, in der Aneignung der leidenschaftlichen Innerlichkeit festgehalten, ist die Wahrheit"[629].

So betrachtet, fragt es sich, wie das Christentum sich von anderen absolut gesetzten Inhalten unterscheiden lässt. Denn wenn es nur um die Leidenschaft der Aneignung geht, hätte ja jede andere „metaphysische Grille"[630] im Grunde gleiches Recht! Wie dem auch sei, es geht Kierkegaard um die Propagierung dieser Haltung, die er als „existenzielles Pathos"[631] bezeichnet und dessen „wesentlicher Ausdruck [] Leiden [ist]"[632]. Diese Überzeugung, dass „der Glaube des Religiösen der [ist], daß gerade im Leiden das Leben liegt"[633], passt zu Kierkegaards im Vorhergehenden vorgestellten Thesen der Ubiquität von Angst und Verzweiflung, aber sie kehrt das *Evangelium*, die ‚Frohe Botschaft' (von der Liebestat Gottes) geradezu in ihr Gegenteil um.

Vollends unverständlich ist der Optimismus Kierkegaards, sein Denken könne die seinem Urteil zufolge ohnehin lau gewordenen Christen zu der extremen Spannung des Heilsverlangens führen, die Voraussetzung für den Glaubenssprung ist. Was von Kierkegaard in Erinnerung bleiben wird, ist seine überspannte Religiosität und sein dezidierter Anti-Humanismus in Form der Verachtung für ein bewusstes, aus eigener *Vernunft* und *Verantwortung* geführtes Leben.

---

[626] *Philosophische Brocken*, a. O., S. 36
[627] Ebd., S. 55
[628] Ebd.
[629] UN II, S. 194
[630] *Philosophische Brocken*, a. O., S. 36
[631] UN I, S. 92
[632] UN II, S. 138
[633] Ebd., S. 143

Dem in die Defensive geratenen Christentum hätte Kierkegaard einen besseren Dienst erwiesen, wenn er dessen in seiner Menschenfreundlichkeit singulären Charakter hervorgehoben, seine religionstypischen, rational inkommensurablen Momente aber als Ausdruck der Schranken seines historischen Entstehungskontextes, d. h. der spezifischen Erlebnisweisen der jüdischen Religiosität in ihrer phantasievollen hellenistischen Ausprägung und ihrer starken ethischen Prägung verdeutlicht hätte.

Das Christentum, das Kierkegaard durch radikale Verinnerlichung der Gläubigen in seiner Substanz zu retten beansprucht, wird im Grunde kulturkritisch, zum Zwecke der Kritik einer als depraviert betrachteten Kultur instrumentalisiert, wobei Kierkegaard die Substanz, die in der geschichtlich erarbeiteten, nicht zuletzt durch die Humanität des Christentums getragenen Freiheitsordnung vollständig entgeht.

So aber wird Kierkegaard in Umkehrung der eigenen Intention geradezu zum Vorläufer von Nietzsche und dessen „unerbittlichem [] Kampf gegen alles, was bisher von den Menschen verehrt und geliebt worden ist"[634].

Was nun unser Thema der *Kontingenz* anbelangt, wird der Mensch dieser in Kierkegaards Philosophieren in zweifacher Weise ausgesetzt. Zum einen in der Form der in der *Angst* erfahrenen Möglichkeit des *Nichts* am Grunde des Seins, zum anderen in Form des aufgrund seiner *Inkommensurabilität*, sprich: Irrationalität, den Menschen von sich abstoßenden Glaubens, der einzigen Möglichkeit der Rettung vor dem Nichts, der aber, als Paradoxie und Absurdes, zu seiner Verwirklichung das Opfer des Verstandes, den außerhalb der menschlichen Verfügungsgewalt liegenden *Glaubenssprung* fordert – auch die Sprungmetapher ist im übrigen eine Reminiszenz an Lessing![635]

Sollten sich die Philosophen sinnvoll einteilen lassen in solche, *von* denen man lernen kann und in die, *an* denen man lernen kann, müssten wir Kierkegaard zur zweiten Gruppe zählen. Sein Denken ist Symptom dafür, dass unbefangener religiöser Glaube an sein geschichtliches Ende gelangt ist. Nachdem bereits die Reformation den aufgeblähten kultischen Apparat der katholischen Kirche zur Ader gelassen hatte, trifft es jetzt das dogmatische Zentrum, d. h. die Voraussetzung, dass sinnvolle Rede von Gott möglich sei.

---

[634] Brief an R. von Seydlitz vom 12. Febr. 1888.(Schlechta III, S. 1276). Vgl. auch unten, Kap. X 2.5.

[635] Vgl. zur Sprungmetapher L. Richters Glossar zu den *Phil. Brocken*, Stw. *Paradoxie*: Mittels der Paradoxie „zeigt Kierkegaard die Notwendigkeit des *Glaubenssprunges*" (a.O., S. 144); vgl. ferner Kierkegaards eigene Aussage: „Müßte die also nicht auch in Anschlag gebracht werden, dieser kleine Augenblick [der Aneignung der paradoxen Wahrheit], wie kurz er auch ist – lang braucht er ja nicht zu sein, da es ein *Sprung* ist" (ebd., S. 41).

X. Apostel der Kontingenz: Friedrich Nietzsche

1. Grundzüge von Nietzsches Persönlichkeit und geistigem Profil

1.1 Nietzsches Weg zum erfolgreichen Philologen

Mit der Hinwendung zur Philosophie Nietzsches gelangt unsere Diskussion des Problems der Kontingenz an ihr Ziel – aber in gewissem Sinne auch an ihren Ursprung, besser gesagt: an ihren Ermöglichungsgrund. An ihr Ziel, insofern alles, was Philosophen zum Kontingenzproblem zu sagen haben – es handelt sich der Natur der Sache nach insbesondere um die sogenannten Existenzphilosophen, also die Denker, denen das seiner selbst bewusste, sich selbst vergeblich auf die Bedingung seiner Möglichkeit hin befragende Dasein die fundamentale, nicht mehr hintergehbare Realität darstellt – bereits in irgendeiner Form bei Nietzsche antizipiert ist. Zwar benutzt Nietzsche das *Wort* ‚Kontingenz' nirgendwo in seinem Werk, nur gelegentlich ist von ‚Zufall' die Rede, und doch ist dessen *Begriff* bei ihm ubiquitär präsent. Das wird klar, wenn wir für Kontingenz die Synonyme *Sinnentzug* bzw. *Sinnverlust* setzen. Die Feststellung der Synonymie ist korrekt: die Behauptung der Kontingenz der *Wirklichkeit* – und es ist gleichgültig, ob ich statt Wirklichkeit ‚Welt' oder ‚Sein' oder auch ‚Dasein' sage – bedeutet, dass dem, der sie ausspricht, kein letzter Sinn greifbar ist, dass ihm die Wirklichkeit in *letzter* Instanz sinnlos, absurd oder eben kontingent erscheint[636].

Die essentielle Zusammengehörigkeit des von Nietzsche vehement vertretenen Atheismus mit dem Postulat des Sinnverlusts wird greifbar in einer Nachlassnotiz, in der Nietzsche, wie bereits im Schlusskapitel zu Kierkegaard zitiert, ausführt: „Es fehlt ein Wesen, das dafür verantwortlich gemacht werden könnte, dass jemand überhaupt da ist, dass jemand so und so ist, dass jemand unter diesen Umständen, in dieser Umgebung geboren ist []. Es fehlt jeder Ort, jeder Zweck, jeder Sinn, wohin wir unser Sein, unser So-und-so-sein abwälzen könnten"[637]. Deutlicher kann Kontingenz nicht formuliert werden,

---

[636] In diesem Sinn spricht Karl Schlechta, m. E. zutreffend, von Nietzsches „Verständnis der Welt als einer Welt des absoluten Zufalls" (*Offener Brief an Karl Löwith*, in: Salaquarda [Hg.]: *Nietzsche*. Darmstadt 1996, S. 99).

[637] Schlechta III, S. 823 – Ich zitiere Nietzsches abgeschlossene Schriften durchgängig nach der dreibändigen Ausgabe von Karl Schlechta (Darmstadt 1997), Texte aus dem Nachlass sowie Briefe fallweise nach Schlechta, Bd. III oder nach der von G. Colli/M. Montinari herausgegebenen *Kritischen Studienausgabe* in 15 Bänden (KSA, München 1988) bzw. nach deren *Kritischer Studienausgabe Briefe* (KSB, 8 Bände, München 1986).

allerdings auch nicht dogmatischer. Trotz des von ihm vertretenen erkenntnis-theoretischen Perspektivismus formuliert Nietzsche seine Überzeugungen einschränkungslos, absolut.

Von der noch dem Einfluss Schopenhauers geschuldeten Überzeugung, dass Dasein und Welt absurd oder ein Rätsel seien, vom „Entsetzlichen oder Absurden des Daseins"[638], ist bei Nietzsche häufig die Rede. Allerdings sind diese Ausdrücke *Rätsel* und *Absurdität* insofern nicht äquivalent, als die Fest-stellung der Absurdität *Objektivität* beansprucht, während die Aussage der Rätselhaftigkeit einen *subjektiven* Vorbehalt andeutet; zudem schließt Absur-dität Sinn aus, während Rätselhaftigkeit ihn als möglich zulässt. Gemeinsam ist beiden Haltungen jedoch das sie bedingende *Erlebnis der Kontingenz*, die Erfahrung der Nichtrückführbarkeit der Tatsache des Seins auf irgendeine an-dere, d. h. das Erlebnis ihrer Ursach- oder Grundlosigkeit. Und diese Erfah-rung, oder sagen wir: das *Gefühl der Grundlosigkeit der Welt*, wie es uns schon beim späten Schelling begegnete[639] und das keine Reflexion zu eliminieren vermag, dürfte unter denjenigen, die sich solchen hochtheoretischen Fragen überhaupt öffnen, eine allgemeine sein. Freilich hätte eine solche Erfahrung ihren historischen Ort: sie steht im Kontext der naturwissenschaftlichen Auf-klärung der neueren Zeit, mit der literarisch-philosophischen Aufklärung als ihrem Seitentrieb.

Nietzsche hat diese Situation begriffen und ihre Dramatik illusionslos in Worte gefasst. Er stellt fest: „[] seit Kopernikus scheint der Mensch auf eine schiefe Ebene geraten, – er rollt immer schneller nunmehr aus dem Mittel-punkte weg – wohin? ins Nichts? ins <*durchbohrende* Gefühl seines Nichts>? … Wohlan!"[640]

Obwohl bei Nietzsche mehrfach vom Rätsel der Welt die Rede ist, ist er doch der erste, der den darin steckenden subjektiven Vorbehalt über Bord wirft und die Sinnlosigkeit, die Absurdität des Seins und Daseins als solchen affirmativ behauptet. Damit geht er viel weiter als Schopenhauer: dieser be-kannte sich ja ausdrücklich zu einer Philosophie als *Metaphysik* und präsen-tierte mit dem *Willen* das jeder Metaphysik unentbehrliche *Absolutum* – auch wenn er mit der Zuschreibung so widersprüchlicher Eigenschaften an den Willen wie Blindheit des Waltens, subjektloser Drang einerseits und Allmacht andererseits den eigenen Ansatz kompromittierte.

Die Abkürzungen der Werktitel folgen dem Siglenverzeichnis des von H. Ottman her-ausgegebenen *Nietzsche-Handbuchs* (NHB, Stuttgart/Weimar 2000), dort S. 535.

[638] *Die Geburt der Tragödie* § 7 (Schlechta I, S. 49) *et passim*

[639] Vgl. oben, Kap. VII

[640] *Zur Genealogie der Moral* 3. Teil, Aph. 25 (Schlechta II, S. 893)

Nietzsche dagegen verordnet sich selbst, nach der Distanzierung von seiner metaphysisch angehauchten Erstlingsschrift *Die Geburt der Tragödie aus dem Geiste der Musik* (1872), mit seinen mittleren Werken *Menschliches, Allzumenschliches* (1878-80), *Morgenröte* (1881) und *Die fröhliche Wissenschaft* (1882) das ‚Gesundungsbad des Positivismus'; allerdings kommt er, wie wir sehen werden, dennoch nicht von Allaussagen los und hält sich keineswegs an das positivistische Verdikt über die ‚Spekulation'.

Bevor ich auf die von Nietzsche thematisierten Probleme und gleichermaßen auf die Problematik seiner Auffassungen eingehe, hier zunächst einige biographische Hinweise. Diese rechtfertigen sich, vereinfacht gesagt, durch den höchst subjektiven Charakter von Nietzsches Denkstil. Wie im Falle Kierkegaards wird auch Nietzsches Philosophie Spiegel der zunehmend neurotischen Züge seiner Persönlichkeit – bis zum Sturz in die geistige Umnachtung im Januar 1889.

Friedrich Wilhelm Nietzsche wird am 15. Oktober 1844 in Röcken bei Lützen im heutigen Sachsen-Anhalt geboren als erstes Kind des Pfarrers Karl Ludwig Nietzsche (1813-1849) und seiner 13 Jahre jüngeren, bei Friedrichs Geburt gerade 18 Jahre alten Frau Franziska, geb. Oehler, auch sie Tochter eines Pfarrers[641]. Im Jahr 1846 kommt seine Schwester Elisabeth zur Welt, die für Nietzsches späteres Leben, insbesondere für das Schicksal seines Werks, eine fatale Bedeutung gewinnen wird. Im Jahr 1848 wird der zweite Sohn Joseph geboren, der aber früh verstirbt.

Die Herkunft aus einem Pfarrhaus teilt Nietzsche mit zahlreichen anderen Intellektuellen und anderen ins Licht öffentlicher Aufmerksamkeit Getretenen der Moderne, von Jean Paul über Hermann Hesse, Gottfried Benn, Ingmar Bergmann bis zu Angela Merkel und, *horribile dictu*, Gudrun Ensslin. Die Häufigkeit solcher Herkunft liegt bzw. lag einfach daran, dass es lange Zeit nur drei universitär gebildete Stände gab, in denen den Kindern geistige Anregungen zuteil werden, die Juristen, die Ärzte und die Pfarrer, unter denen die letzteren die zahlreichste Gruppe bildeten. In den Familien Nietzsche und Oehler war der Beruf des Pfarrers über Generationen hin tradiert, worauf Nietzsche, dem der Stammbaum nicht nobel genug sein konnte, sehr stolz war.

Auch über die Persönlichkeit des Vaters müssen einige Worte gesagt werden, um Nietzsches Eigenart angemessen zu verstehen. Vor dem Eintritt in die ihm vom preußischen König Friedrich Wilhelm IV. zugewiesene Pfarrstelle in Röcken war der alte Nietzsche einige Jahre als Hauslehrer und Erzieher der

---

[641] Die folgende Darstellung von Nietzsches Herkunft folgt im wesentlichen der großen dreibändigen Nietzsche-Biographie von Curt Paul Janz (München 1978).

drei ‚Prinzessinnen' am herzoglichen Hof im thüringischen Altenburg tätig gewesen und hatte in dieser Zeit eine Vorliebe für das Höfische, das ‚Vornehme' in Kleidung und Sitten, entwickelt, die er auch in seinem Pfarramt beibehielt. ‚Vornehmheit' wird in Nietzsches Denken zu einer wesentlichen, positiv besetzten sozio-kulturellen Kategorie werden, und es wird berichtet, dass auch er stets großen Wert auf ein gepflegtes Äußere legte[642].

In seinen Hausstand in Röcken bringt Pfarrer Nietzsche nicht nur seine alte Mutter mit, sondern auch seine beiden unverheirateten Schwestern, deren eine, Rosalie, häufig über ihre ‚Nerven' klagt, also offenbar einen nervösen Zug aufweist, was angesichts des auf Dauer gestellten Jungfernstands nicht verwundert.

Aber auch der Vater zeigt neurotische Züge. Kommt es zu einem Zwist zwischen seinen Schwestern und seiner lebhaften jungen Frau, steht er dieser nicht etwa bei, sondern schließt sich in sein Studierzimmer ein und verweigert so lange Essen und Trinken, bis seine Frau einlenkt.

Für den König empfindet der Vater größte Verehrung, die so weit geht, dass er seinen Ältesten, dessen Geburt auf den Geburtstag des Königs fiel, auf dessen Namen Friedrich Wilhelm tauft. Dementsprechend erschüttern ihn die revolutionären Ereignisse von 1848 zutiefst: „Als er in der Zeitung las, daß der König sich mit der Kokarde der Revolution am Hute seinem Volk in Berlin gezeigt hatte, brach er in Tränen aus und zog sich stundenlang in sein Arbeitszimmer zurück. Dann aber verbot er den Seinen, jemals über die Sache wieder mit ihm zu sprechen"[643]. Nietzsches Biograph Janz spricht diesbezüglich von einer Neigung zum „Fanatismus" bei Nietzsches Vater[644]. Vielleicht erfasste der Vater in dieser Herabwürdigung des Königs zur Marionette der Revolutionäre intuitiv die historische Krise des jahrhundertealten monarchischen Prinzips, das auch seinem Stand und Beruf jene fraglose Legitimität garantiert hatte, mit der es nun bald vorbei sein würde.

Derart erhöhte Reizbarkeit für (zeit)geschichtliche Tendenzen und namentlich den antidemokratischen Affekt wird sein Sohn Friedrich in noch viel höherem Maße an den Tag legen!

Wenig später, Mitte des Jahres 1849, stirbt der Vater mit nur 36 Jahren an einer Gehirnerkrankung, so dass Friedrich im Alter von fünf Jahren zum Halbwaisen wird und fortan in einem reinen, von Spannungen nicht freien Frauenhaushalt als umsorgter ‚kleiner Prinz' heranwächst, was für die Heraus-

---

[642] Vgl. etwa Adolf Ruthardts Bericht über seine Begegnung mit Nietzsche Sommer 1885 in Sils (Janz, a. O., Bd. II, S. 394).
[643] A. O., S 44
[644] Vgl. ebd., S. 43

bildung des sein Werk durchziehenden egozentrischen Selbstgefühls von erheblicher Bedeutung gewesen sein dürfte. Wer sich davon ein Bild machen will, lese die Briefe, die Nietzsche als 17-jähriger aus der seit 1858 besuchten, elitär ausgerichteten Landesschule Pforta ('Schulpforta') nach Hause schreibt, in vollständig elaborierter Diktion und mitunter mit eingestreuten Verschen, dabei von völliger Selbstsicherheit hinsichtlich seiner Vorstellungen. Wendungen im vorweihnachtlichen Brief von Ende November 1861[645] an die „Liebe Lisbeth", wie „aber vergiss es ja nicht" und „Mache die Tanten mit dem neuen [d. h. den geänderten Geschenkwünschen] noch nicht vor Donnerstag bekannt" sowie die Nachschrift: „Sag es den Tanten", sagen eigentlich alles. Derartige Äußerungen erscheinen bei einem Siebzehnjährigen nicht nur als egozentrisch, sondern als bereits leicht infantil.

Geistig außerordentlich rege, wie er ist, beginnt der Junge früh, Tagebuch zu schreiben. Der gerade Zwölfjährige eröffnet es (bewusst?) symbolträchtig am zweiten Weihnachtstag des Jahres 1856 mit der sinnigen Bemerkung: „Endlich ist mein Entschluß gefaßt, ein Tagebuch zu schreiben"[646]. Die Ansetzung der eigenen *geistigen* Geburt am Geburtstag des ‚Erlösers' – das passt nicht schlecht zu Nietzsches späteren Selbstverortungen!

Darüber hinaus dichtet und komponiert Nietzsche. Während aber die im Laufe der gesamten Schaffenszeit entstandenen Gedichte meisterhaft und zum Teil ergreifend sind, verwirft die Musikwissenschaft sein bis ins dreißigste Lebensjahr betriebenes Komponieren, dessen theoretischer Unterbau in nicht viel mehr als dem in der Jugend erlernten Klavierspiel besteht, generell als „Stümperei"[647]. Und in der Tat haben ja Nietzsches überwiegend in Liedern bestehende Kompositionen nie ein größeres Publikum gefunden (darin dem später ebenfalls komponierenden Th. W. Adorno vergleichbar).

Nietzsche verlässt Schulpforta mit durchweg sehr guten Noten, aber mit dem Schönheitsfleck einer Vier in Mathematik. Das ist in gewissem Sinn symptomatisch, bleibt ihm doch die *Logik*, d. h. das Postulat der Widerspruchslosigkeit von Aussagen (als deren Anwendungsform er die Mathematik betrachtet[648]), lebenslang als Ausdruck eines kindischen Optimismus in die Erkennbarkeit des Seienden[649] und als bloße Lebenshilfe für schwächliche Naturen[650]

---

[645] Schlechta III, S. 933f.

[646] Schlechta III, S. 9

[647] D. Schellong: Art. *Die Kompositionen* [*Nietzsches*], NHB, S. 179ff.; zit. S. 181

[648] Vgl.: „[] wie die Logik und jene angewandte Logik, die Mathematik" (*Götzendämmerung*, Schlechta II, S. 958)

[649] So bereits in der *Geburt der Tragödie* (vgl. z. B. Schlechta I, S. 101)

[650] Vgl. *Die fröhliche Wissenschaft*, Aph. 370 (Schlechta II, S. 245)

verdächtig – und in der Tat wird er weitgehend unbekümmert um logische Kohärenz philosophieren. Dabei ist die Beobachtung Karl Schlechtas, „daß bei Nietzsche letzten Endes alles Thesis sei"[651], dass er sich also nicht um die für gediegenes Philosophieren zentral wichtige *Begründung* seiner Behauptungen geschert habe, noch eine harmlosere Vorhaltung.

In mancher Hinsicht erscheint Nietzsche erfahrungsresistent. Das betrifft etwa sein Verhältnis zu Frauen. In seinem späteren Wanderleben durch Hotels des Engadin und Oberitaliens hat er durchweg harmonischen Kontakt zu meist älteren Frauen aus der höheren, wohlsituierten Gesellschaft. Er wird als geistvoller und sympathischer, stets sehr höflicher Gesellschafter geschätzt und fühlt sich in solcher Umgebung offenbar wohl. In scharfem Gegensatz dazu stehen die zahllosen, äußerst plakativen Urteile über die Frauen bzw. über das ‚Weib', die in ihrer Pauschalität und Oberflächlichkeit den Eindruck machen, als hätte der Autor im Leben nie Frauen kennengelernt! Da ist nicht nur die als Beispiel für Nietzsches Verhältnis zur Frau bis zum Überdruss zitierte Sentenz: „Du gehst zu Frauen? Vergiß die Peitsche nicht!"[652], sondern auch Fehlgriffe wie der folgende: „Alles am Weibe ist ein Rätsel, und alles am Weibe hat *eine* Lösung: sie heißt Schwangerschaft"[653]. Auch hier wieder eine Mischung von ‚Dichtung und Wahrheit'. Andererseits: wo kämen wir hin, wenn die Aussage *ganz* verkehrt wäre?! Die Liste solcher Fehlgriffe bei Nietzsche ließe sich beliebig verlängern.

Ähnlich pauschal fallen die Urteile über Nationen aus: in den frühen Jahren gilt es ihm, den deutschen Geist gegen ‚französisch-jüdischen' Ungeist zu verteidigen, in späteren Jahren ‚die Franzosen' als Bastion europäischer Kultur und ‚die Deutschen' als deren Verderber herauszustellen!

Verblüffend ist mitunter Nietzsches dialektische Naivität. Das springt ins Auge etwa, wenn er über *Erkenntnis* reflektiert. Da sagt er einmal erkenntnisskeptisch: „Es ist unwahrscheinlich, daß unser <Erkennen> weiterreichen sollte, als es knapp zur Erhaltung des Lebens ausreicht"[654]. Nun, diesen Grad von ‚Erkenntnis' erreicht auch das Tier! Offenbar entgeht Nietzsche, dass diese Aussage selbst die behauptete Restriktion der Erkenntnis konterkariert, also selbstwidersprechend ist. Die schlichte Tatsache, dass seine These als Bedingung ihrer Möglichkeit eine 2000-jährige, zur bloßen Lebensfristung gewiss nicht erforderliche Denkgeschichte, eine *Kultur des Gedankens*, im Rücken hat, entgeht ihm offenbar ebenfalls – für einen Altphilologen erstaunlich!

651 Schlechta III, S. 1446
652 *Also sprach Zarathustra. Die Reden Zarathustras.* Schlechta II, S. 330
653 Ebd., S. 328
654 Schlechta III, S. 456

In deutlichem Widerspruch zu Nietzsches Abwertung der Erkenntnis und der theoretischen Lebensform steht auch seine an anderer Stelle formulierte Bemerkung, er gestehe sich „ein Recht [zu], den Sinn des Lebens in die Erkenntniß zu setzen"[655].

Und der Blick auf die Praxis zeigt den Menschen als Herrn der Erde: ein Beleg sowohl für den Realitätsgehalt wie für die über bloße Selbsterhaltung hinausgehende Dynamik des Erkennens, allerdings eine Dynamik, die dem Menschen bald schon verhängnisvoll werden könnte, insofern er zum Opfer seiner eigenen Naturbeherrschung zu werden droht.

Im Jahr 1864 immatrikuliert Nietzsche sich, den Wünschen der Mutter entsprechend, aber ohne innere Überzeugung, in Bonn für Theologie, beginnt aber ein Studium der klassischen Philologie und wechselt 1865 zur Universität Leipzig, wo er in näheren Kontakt tritt mit dem bedeutenden, ebenfalls von Bonn gekommenen Altphilologen *Friedrich Wilhelm Ritschl* (1806-1876), der ihn entscheidend fördern wird. Ebenfalls im Jahr 1865 liest Nietzsche Schopenhauers Hauptwerk *Die Welt als Wille und Vorstellung*, dessen pessimistische Metaphysik eine fatale Attraktion auf ihn ausübt. Er wird begeisterter Schopenhauerianer und dadurch endgültig zum Atheismus ‚bekehrt' bzw. darin bestärkt: „Der Atheismus war das, was mich zu Schopenhauer führte"[656].

Sein Philologie-Studium verläuft für Nietzsche außerordentlich erfolgreich. Durch Schulpforta, wo größter Wert auf die alten Sprachen gelegt wurde, bestens vorbereitet, hält er bereits als Student im dritten Semester öffentlich Vorträge über einschlägige Themen. Ritschl, der Nietzsches außergewöhnliche Begabung erkennt, fördert ihn intensiv und verschafft ihm bereits im Jahre 1869, Nietzsche ist kaum 25 Jahre alt und weder promoviert noch habilitiert, einen Ruf auf einen Lehrstuhl in Basel. Mit der Annahme dieser Stelle wird Nietzsche aus dem preußischen Staatsverband entlassen. Da er die schweizerische Staatsbürgerschaft nicht beantragt, bleibt er für den Rest seines Lebens staatenlos. Das hat für Nietzsches Leben und Philosophieren Symbolkraft: Die Formel *Wir guten Europäer*[657] wird nach der Distanzierung von Richard Wagner und dem Verlust des Glaubens an eine Regeneration der Kultur aus deutschem Geiste zur häufig benutzten Wendung. Nietzsches Verlassen der staatlichen Bindung hat wohl einen Interpreten wie den Italiener Massimo Fini zu dem Buchtitel *Nietzsche – L'apolide dell'esistenza*[658] angeregt.

---

[655] Brief an Overbeck vom 17.10.1885, KAB 7, S. 101
[656] A. O., Schlechta II, S. 1114
[657] *Jenseits von Gut und Böse*, Vorrede; Schlechta II, S. 566
[658] Marsilio Editore, Venezia 2014

Nietzsches Staatenlosigkeit ergibt sich gewiss nicht zufällig, sondern dürfte bewusst gewählt sein. Nietzsche bezeichnet sich in seiner Spätschrift *Ecce Homo* selbst als den „letzten *antipolitischen* Deutschen"[659]. Was bedeutet das? Nun, das Politische ist, zumindest in der Moderne, das unverzichtbare Instrument der Integration heterogener, kontrastierender Willen, auf der Ebene der Individuen („innerstaatlich') ebenso wie zwischen Völkern, also ‚international', und im 20. Jahrhundert zwischen noch größeren Verbänden, den ‚Blöcken'.

Wesen der Politik ist also der *Meliorismus*, die (versuchte) schrittweise Verbesserung problembeladener Gegebenheiten, und erfordert die Haltung, die der Soziologe *Max Weber* (1864-1920) in einer berühmten Sentenz seiner Abhandlung *Politik als Beruf* (1919) als ‚starkes langsames Bohren von harten Brettern mit Leidenschaft und Augenmaß zugleich' bezeichnet hatte.

Von den beiden von Weber als für politisches Handeln notwendig erachteten Charakterzügen findet sich bei Nietzsche tatsächlich nur die Leidenschaft, Augenmaß hingegen geht ihm in einem wohl singulären Maße ab.

Wohlgemerkt bezeichnet Nietzsche sich, entsprechend seiner hyperdeterminierenden Wesensart, nicht als *unpolitisch*, sondern als *antipolitisch*. Darin steckt eine absurde Ablehnung von Politik, die akzeptiert, den Lauf der Dinge dem *Zufall* bzw. dem blanken, ungemilderten *Willen zur Macht* zu überlassen – jener zuerst von Thomas Hobbes entdeckten und mit Schaudern betrachteten Realität –, und in der Tat wird der *Wille zur Macht* bei Nietzsche zu einem zentralen Ideologem. Mit welchen älteren Deutschen er sich dabei im Bunde fühlt, bleibt sein Geheimnis. Auf den in vielem bewunderten Goethe kann er sich gewiss nicht berufen, der hatte sich in den Dienst des Weimarer Hofs gestellt. Aber vielleicht denkt er an den ganz seiner (religiösen) Gesinnung lebenden Luther und andere Reformatoren.

Was die oben an Nietzsche gemachte Zuschreibung der Hyperdetermination anbelangt, springt sie dem Leser als das Apodiktische seiner Texte permanent ins Auge. Ein explizites Bekenntnis zu seinem, wie er selbst formuliert, „*aggressiven* Pathos"[660] findet sich in einem seiner Briefe an den Freund (?!) *Paul Deussen*, in dem er seinen schneidenden Ton diesem gegenüber damit rechtfertigt, dies habe „den besonderen Vorteil, seinen Halbpart aus schwebenden, vermittelnden Standpunkten zu drängen und ihm ein direktes Ja! oder Nein! zu erpressen"[661]. – Es wäre eine interessante Überlegung, ob solche

---

[659] Schlechta II, S. 1073
[660] *Ecce Homo*, Schlechta II, S. 1078
[661] Brief von Mitte Oktober 1868, Schlechta III, S. 994 (KSB 7, S. 329)

Hyperdeterminiertheit, wie sie das Nietzschesche Werk durchzieht und insbesondere auch in *Ecce Homo* sichtbar wird, sich nicht physiologisch, durch eine (euphorisierende) Stoffwechselstörung, etwa eine Schilddrüsenüberfunktion, erklären lässt. Das wäre nicht ohne Ironie, ist es doch eine zentrale Methode von Nietzsche selbst, naturalisierend Psychisches auf Physiologisches zu reduzieren – man denke, allem anderen voran, an die Unterscheidung eines starken, aufsteigenden von einem schwachen, niedergehenden Leben oder auch an seine frühe Überzeugung von der Möglichkeit einer *Chemie der Begriffe und Empfindungen*[662], also einer naturalistisch-reduktiven Erklärung der menschlichen Geistigkeit. (Davon wird im Folgenden noch die Rede sein).

Ein besonders prägnantes Beispiel für diese Tendenz bietet eine Bemerkung Nietzsches zum *sittlichen Wunder*, d. h. zum christlichen Theologumenon einer plötzlichen Umkehrung der Gesinnung auf das Gute hin, in Aph. 87 der *Morgenröte*. Dort reflektiert der Autor: „*Was* übrigens ein solcher plötzlicher vernunftloser und unwiderstehlicher *Umschlag* [] physiologisch zu bedeuten habe (ob vielleicht eine maskierte Epilepsie?) – das mögen die Irrenärzte erwägen []"[663].

Der Verdacht, er könne sich mit solchen Überlegungen selbst ins ‚Glashaus' setzen, scheint Nietzsche nie ernstlich gekommen zu sein. Die Methode selbst aber hat Schule gemacht!

1.2   Begegnung mit Richard Wagner

Noch in Leipzig lernt Nietzsche im November 1868 *Richard Wagner* (1813-1883), für dessen Musik er sich, nach anfänglicher Skepsis, begeistert, persönlich kennen, und diese Begegnung wird zum Ausgangspunkt einer für Nietzsche in geistiger wie existentieller Hinsicht höchst bedeutsamen, zunächst sehr freundschaftlichen Beziehung.

Wagner ist 31 Jahre älter als Nietzsche und bei ihrer ersten Begegnung bereits 53 Jahre alt. Er hat nicht nur ein kompositorisch außerordentlich produktives, sondern auch ein sonst höchst bewegtes Leben hinter sich, das ihn als Dirigent und Chorleiter und im steten Bemühen, seine Opern auf die Bühne zu bringen, aber auch durch Flucht vor seinen Gläubigern, denn Wagner war ständig verschuldet, in zahlreiche Städte Deutschlands, bis Königsberg und auch für einige Jahre nach Paris geführt hatte. Ein gravierendes Ereignis war

---

[662] *Menschliches, Allzumenschliches*, Aph. 1: Schlechta II, S. 447 – Zu beiden Theoriekomplexen vgl. weiter unten.
[663] A. O., Schlechta I, S. 1069

seine aktive Teilnahme am Dresdner Maiaufstand 1849; der ihm deshalb drohenden Verhaftung entzog er sich durch Flucht nach Zürich.

Seit 1862 unterhält Wagner eine Liebesbeziehung zur wesentlich jüngeren *Cosima von Bülow* (1837-1930), der Tochter Franz Liszts und Ehefrau des Dirigenten Hans von Bülow. Dank seines Gönners Ludwig II. von Bayern können Wagner und Cosima im Jahr 1866 das Landgut Tribschen bei Luzern am Vierwaldstättersee beziehen; im Jahre 1870 heiraten sie, die inzwischen drei gemeinsame Kinder haben. 1872 folgt die Übersiedelung nach Bayreuth, wo Wagners Opern exklusiv in dem eigens dafür errichteten Festspielhaus aufgeführt werden. In die folgende Zeit fällt die allmähliche Entfremdung zwischen Nietzsche und Wagner.

In der Tribschener Zeit ist das Verhältnis noch ungetrübt, und Nietzsche besucht die Wagners oft von Basel aus, erstmals zu Pfingsten 1869. Insbesondere auch die nur sieben Jahre ältere, geistig und künstlerisch begabte *Cosima* (1837-1930) fasziniert Nietzsche. Eine Zeitlang spielt er mit dem Gedanken, sich aus der akademischen Tätigkeit zurückzuziehen, um sich als Propagandist des Wagnerschen Werks zu betätigen. Jedenfalls wird er sich der Tribschener Aufenthalte als der glücklichsten Zeit seines Lebens erinnern.

In der Freundschaft zwischen Nietzsche und Wagner ist sicher der Ältere (zunächst?) der Gebende, der Jüngere der Nehmende. Vielleicht findet Nietzsche in Wagner eine Art Ersatz für den früh verstorbenen Vater. Beide treffen sich in ihrer, allerdings unterschiedlich belangvollen Leidenschaft für die Musik und in der Begeisterung für die Philosophie Schopenhauers, welcher ja die Musik, als unmittelbaren Ausdruck des *Willens*, des ‚Dinges an sich', in den Rang der absoluten Kunst erhoben hatte.

Im Unterschied zu Schopenhauer, dessen geschichtslose Metaphysik das Leiden zum unaufhebbaren Grundzug des Daseins und die Resignation als einzig angemessenes Verhalten dazu stilisierte, ist der aus ärmlichen Verhältnissen stammende, weltanschaulich unter anderem durch den Anarchisten *Michael Bakunin* (1814-1876) beeinflusste Wagner sensibel für die politische und soziale Frage, für den Gegensatz von Reichtum und Armut, Herrschaft und Unterdrückung (Ausbeutung). Als deren Lösung stellt er sich zunächst (sehr weltfremd!) die völlige Zerstörung alles ‚Alten' und einen völligen Neuaufbau der Gesellschaft vor. Dieser ‚revolutionäre Spleen' (so Wagner später über sich selbst) geht aber in die ihm als Komponisten näher liegende, ebenso illusorische Vorstellung über, die gesellschaftlichen Konflikte durch *kulturelle* Erneuerung, und zwar durch die die niedergehende Religion als einheitsstiftende Kraft kompensierende Kunst, zu versöhnen. Dies soll die von ihm als

Integration aller darstellenden Künste, als *Gesamtkunstwerk* und als mythisch überhöhtes ‚Weihespiel' konzipierte Oper leisten.

Vorbild ist ihm dabei die das Volk durch ihre Lebens- und Schicksalsdeutung bindende und verbindende griechische Tragödie – wobei Wagner offenbar die Tatsache, dass die griechische Gesellschaft auf Sklaverei beruhte, ausblendet.

Diese Idee ästhetisch-kultureller Erneuerung ist der Horizont, in dem Wagner und Nietzsche sich treffen, wobei allerdings dem Jüngeren, der für die „blinde und egoistische Masse"[664] nur Verachtung übrig hat, jeglicher sozialreformerische Meliorismus fern liegt – im Gegenteil: In den für Frau Cosima als Weihnachtsgabe 1872 verfassten *Fünf Vorreden zu fünf ungeschriebenen Büchern*, und zwar im Aufsatz *Der griechische Staat*, vertritt Nietzsche allen Ernstes die Auffassung, „daß *zum Wesen einer Kultur das Sklaventum gehöre*"[665].

Dieser von Nietzsche als „grausam klingende Wahrheit"[666] exponierte Gedanke, der sich in dem politischen Prinzip ausspricht: „Dem Sieger gehört der Besiegte, mit Weib und Kind, Gut und Blut. Die Gewalt gibt das erste Recht []"[667], bezeichnet die ‚Wiederherstellung des antiken Physis-Prinzips' (G. Rohrmoser) und wird von Nietzsche bewusst den modernen „Begriffs-Halluzinationen"[668] von „der <Würde des Menschen> und der <Würde der Arbeit>"[669] entgegengestellt.

Inwieweit der in der Jugend sozialrevolutionäre Wagner mit solchen Vorstellungen d'accord ging, sei dahingestellt. Jedenfalls entwickelt sich auf Nietzsches weiterem Denkweg die Bejahung der antiken Sklaverei zu der für seine Moralkritik und die Theorie der Dekadenz fundamentalen Unterscheidung von Herren- und Sklaven-Moral.

Für Wagners kunstreformerische Intentionen ist der Kontakt zu dem profunden Kenner des antiken Geisteslebens Nietzsche jedenfalls ein Gewinn. Für Nietzsche selbst ist der Ertrag der Verbindung, neben ihrem menschlichen Wert, eine erste philosophische Schrift, die Anfang 1872 erscheinende kunsttheoretische Abhandlung *Die Geburt der Tragödie aus dem Geiste der Musik*.

Aus dem der Schrift beigegebenen *Vorwort an Richard Wagner*, dem sie ausdrücklich gewidmet ist, geht hervor, dass Nietzsche die Schrift im ständigen Hinblick auf Wagner verfasst hat und dass er sie als Unterstützung für

---

[664] *Der griechische Staat.* Schlechta III, S. 281
[665] Ebd., S. 278
[666] Ebd.
[667] Ebd., S. 280
[668] Ebd., S. 276
[669] Ebd., S. 275

Wagners Reformprogramm einer Erneuerung der dramatischen Kunst zum Zwecke der Wiedergewinnung des „<Ernstes des Daseins>"[670] verstanden wissen will.

Kerngedanke der Schrift ist die Rückführung allen künstlerischen Schaffens auf die beiden Grundtriebe des *Apollinischen* und des *Dionysischen*, ersteres das Prinzip der Formung, Begrenzung, Gestaltgebung bezeichnend, letzteres die dynamische Tendenz zu Entgrenzung, Auflösung der Form, zur Sprengung des (von Schopenhauer formulierten) Prinzips der Individuation zugunsten des affektiven Aufgehens in einem größeren Ganzen. Auf die Antithese apollinisch – dionysisch wird Nietzsche später nicht mehr zurückgreifen, das *Dionysische* allerdings bleibt ein Leitbegriff von Nietzsches Denken[671].

Das Ehepaar Wagner reagiert außerordentlich angetan auf Nietzsches Schrift. Wagner kommentiert euphorisch: „Schöneres als Ihr Buch habe ich noch nichts gelesen"[672], und Cosima schreibt mehrdeutig: „Sie haben in diesem Buche Geister gebannt, von denen ich glaubte, dass sie einzig unserem Meister [i. e. Wagner] dienstpflichtig seien"[673]. Damit ist Nietzsche, von für ihn höchster Stelle, die ambivalente Rolle des Zauberlehrlings zugewiesen – er apostrophiert in späteren Äußerungen auch tatsächlich Wagner abschätzig als den ‚Zauberer'! –, eine Rolle, die ihn geradezu in die Konkurrenz zum Übervater treiben muss.

Angesichts eines schöpferischen Genies vom Kaliber Wagners, der damals bereits ein Dutzend Opern komponiert und eine gleiche Zahl von Projekten in der Lade hatte, zudem die Libretti selber dichtete, deutschlandweit berühmt und von einer wachsenden Gemeinde von Verehrern umgeben war, musste sich solche Konkurrenzsituation zu Ungunsten Nietzsches, den Mann des Wortes und der Reflexion sowie philosophischen Autodidakten, auswirken. Ein ‚Zauberer' vom Format Wagners vermag er nicht zu werden, aber die Konkurrenz zu diesem bedingt Nietzsches baldige Gegnerschaft. Irgendwann werden ihn die Geister, die er rief, verschlingen!

Aber für einige Jahre ist die Freundschaft intensiv und stimuliert Nietzsches kulturkritische Produktivität. In dieser Zeit entstehen die fünf Vorträge *Über die Zukunft unserer Bildungsanstalten* (1872) sowie die vier *Unzeitgemäßen Betrachtungen* (1873-75).

Doch schon bald wird Nietzsche des raffiniert-morbiden Charakters der Wagnerschen Musik inne, Mitte der 1870er Jahre kommt es zur Entfremdung

---

[670] A. O., Schlechta I, S. 20
[671] Vgl. dazu unten, Kap. X.3
[672] Zit. K. Schlechta: *Zeit- und Lebenstafel*. Schlechta III, S. 1336
[673] Ebd.

und schließlich 1878 zum Bruch. Am Ende wird Wagner verworfen als „morsch gewordener verzweifelnder *décadent*"[674] – Nietzsches Terminus für eine nicht mehr zur Selbstbejahung fähige, von (Selbst)Mitleid und Erlösungsverlangen geschwächte Vitalität, wie er sie schließlich auch in Schopenhauer sieht.

Wagner betreffend liegt hier aber ein massives Fehlurteil vor. Das Wagners Werk in der Tat kennzeichnende Erlösungsmotiv bedeutet ja nichts anderes als die Einsicht in die Endlichkeit des Menschen, in die Widersprüchlichkeit seiner Strebungen und in seine Fragilität – Aspekte, die allerdings in dem vom späteren Nietzsche propagierten heroisierenden Bild des Menschen *jenseits von Gut und Böse* keinen Platz haben.

Was sich in der Periode des Austauschs mit Wagner herausgebildet hat, ist Nietzsches kulturkritische Position: seine Steigerung des frühklassischen *Griechentums* des 6. und 5. Jahrhunderts, also der Epoche des Mythos, der Tragödie und der vorsokratischen Philosophie, zum kulturellen Nonplusultra einerseits, andererseits die Ablehnung der für ihn mit Sokrates beginnenden, als *theoretisch* perhorreszierten Kultur, die, im Verein mit dem Christentum, noch die Gegenwart der arbeitsteiligen, institutionell und funktional ausdifferenzierten Gesellschaft determiniert. Dagegen setzt Nietzsche das Projekt ihrer Überwindung zugunsten einer *neuen Ursprünglichkeit und Ganzheit des Menschen*, unter dem Slogan der schöpferischen Kraft des *Lebens*, der *Vitalität*.

Das ist zweifellos ein Programm *politisch-kultureller Romantik*, das seine innere Widersprüchlichkeit auch darin zeigt, dass Nietzsche in der mit *Menschliches, Allzumenschliches* (1881) beginnenden, sogenannten positivistischen Phase seines Denkens die Erkenntnisse der Naturwissenschaften, die ja gerade das Ergebnis der theoretischen Weltzuwendung sind, zur Grundlage seiner Zeitkritik macht, die ohne jene nicht möglich wäre.

An dieser Stelle sei eine kurze Digression gestattet, um den spezifischen ideologischen Kontext zu veranschaulichen, in dem Nietzsche sich bewegt.

Die zweite Hälfte des 19. Jahrhunderts mit ihrer Krise der alten Stände-, Geistes- und religiösen Ordnung sowie der Entwicklung hin zur Industriegesellschaft brachte in dieser Phase weltanschaulicher Desorientierung und im Schatten der historisch objektiven Tendenzen wie der Nationalstaatsbildung, der demokratischen Bewegung und der beginnenden sozialstaatlichen Entwicklung zahlreiche mehr oder weniger durchdachte Projekte geistiger Erneuerung der Gesellschaft hervor.

---

[674] *Nietzsche contra Wagner* (1888); Schlechta II, S. 1054 (Hervorh. Vf.)

Manche waren sozialrevolutionär und auf die materielle Sphäre reduziert, aus deren Umwälzung der neue, solidarische Mensch hervorgehen sollte, wie der *Marxismus*, manche setzen reformistisch auf eine neue, auf Bildung zielende und zwecks Kompensation des religiösen Niedergangs auch kultische Elemente umfassende Geistigkeit, wie die Anthroposophie *Rudolf Steiners* (1861-1925). Die ‚olympische' Bewegung des Baron *Pierre de Coubertin* (1863-1937) zielte im Rückgriff auf die antiken Spiele auf eine ‚Versöhnung von Körper und Geist', in dem Sinne, dass die olympischen Festspiele neben dem Sport auch ästhetisch-literarische Wettbewerbe umfassen, die Feier in einen Rahmen (pseudo-)kultischer Rituale eingefügt und ein erneuerter ‚olympischer Friede' die Konflikte der Welt zeitweilig zur Ruhe bringen sollte. Von dieser schönen Idee ist nichts als ein immer gigantischer werdendes sportliches Spektakel geblieben, das Prinzip *Mens sana in corpore sano* wurde korrumpiert durch Austreibung der *mens* und Strapazierung des *corpus* auf Biegen und Brechen[675].

Auch Wagner zielte mit seinem Gesamtkunstwerk *Oper* auf geistig-religiöse Erneuerung. Die Behandlung mythischer Stoffe sollte den Teilnehmenden die Dimension des *Überzeitlichen* erschließen, sie dem Höheren weihen: dies macht allein der Bau eines seine Werke über den normalen Kulturbetrieb heraushebenden ‚Festspielhauses' deutlich, dem allerdings mangels Erreichens des gesetzten Ziels, zumal in heutiger Zeit, jede sachliche Rechtfertigung abgeht. Wagners Musik ist geblieben, die mit ihr verfolgte Intention kunstreligiöser Erneuerung des Menschen ist gescheitert. Das auf einen elitären Kreis zahlungskräftiger Bürger sich verengende Publikum verhält sich zu seinen Werken rein ästhetisch-genießend, der auratische Überbau ist, um es mit Walter Benjamin zu sagen, im Zeitalter totaler technischer Reproduzierbarkeit des Kunstwerks zwangsläufig zu Nichts verdampft.

Ein anschauliches Beispiel dafür, wie geradezu naiv und bar jeder Einsicht in die realen gesellschaftlichen Verhältnisse und Möglichkeiten solche Projekte geistiger Erneuerung konzipiert wurden, liefert die Verehrerin von Wagners Musik und gute Freundin des Ehepaars Wagner, *Malwida von Meysenbug* (1816-1903)[676].

Aus hessischem Amtsadel stammend und sehr begütert, lebte von Meysenbug auf ärztliches Anraten seit den 1870er Jahren überwiegend in Italien,

---

[675] Vgl. dazu meine Abhandlung: *Baron Pierre de Coubertin, der Schöpfer der modernen Olympischen Bewegung*, in: K. Lennartz (Hg.): *Die Olympischen Spiele 1896 in Athen* [], o. O. (Agon-Verlag) 1996.

[676] Die folgenden Ausführungen basieren, auch in den Zitaten, auf der Darstellung von Meysenbugs in Wikipedia, Stand 08/2024.

wo sie ein offenes Haus führte und sich als Mäzenin junger Intellektueller und Künstler betätigte. Sie wurde auch Nietzsche, der zusammen mit dem Freunde Paul Rée den Herbst 1876 in der von ihr gemieteten Villa in Sorrent verbrachte, eine mütterliche Freundin.

In ihrer politischen Einstellung hatte von Meysenbug sich von ihrem konservativen Elternhaus gelöst und trat für soziale Reformen, insbesondere für Frauenrechte ein. Sie betätigte sich schriftstellerisch und verfasste die *Memoiren einer Idealistin* (1869), eine Schrift, die der junge Nietzsche zunächst bewunderte, nach der Abkehr von seiner metaphysischen Phase und dem Bildungsidealismus aber ablehnte.

Von Meysenbug entwickelt ihr kulturelles Reformprojekt in ihrem Roman *Phädra* von 1885. Ihre Analyse befindet die Menschheit des späten 19. Jahrhunderts für *regenerationsbedürftig*. Diese Regeneration soll durch die Kunst, genauer: durch Wagners Musik erfolgen, und zwar ebenfalls in der Form eines „<neuen Olympia> der höchsten Kunst und Vollendung". Bayreuth scheidet aus klimatischen Gründen als Ort dieses ‚Olympia' aus – der Arzt hat Malwida ja Italien verordnet! „<Auf einer Insel> [im Süden!] müsse die geistige Entwicklung des Menschengeschlechts einen neuen Anfang nehmen. *Korfu* sollte diese Funktion erfüllen: die Besten aus allen Völkern sollten dorthin auswandern, um ein neues Olympia zu schaffen, wohin einmal im Jahr das Volk pilgern könne"[677].

Phantastischer geht es nimmer! Wenige Jahre nach dem Entwurf dieser Utopie wird das Radio erfunden, dann gibt es kommunikationstechnisch keine ‚Inseln' mehr! Und: ‚die Besten aus allen Völkern': wer bestimmt sie und nach welchen Kriterien? Wie überwindet man die Animositäten zwischen den Nationen? Dazu: ‚nach Korfu auswandern' – wie die ‚führenden Geister', allesamt ausgeprägte Individualisten, für ein solches Projekt gewinnen?!

Amüsant ist, Meysenbugs Wahl von *Korfu* für ihr neues Olympia zu bedenken. In Griechenland muss der Ort sein, alles andere, etwa das klimatisch ebenfalls begünstigte Italien, wäre nicht ‚klassisch' genug, wäre Stilbruch. Und eine Insel – der ‚ideale' Ort für einen Rückzug aus dem konfusen Weltgetriebe und für geistige Einkehr. Gar zu weit von den zu regenerierenden Menschen Mitteleuropas dürfte der Ort auch nicht liegen, moderne Menschen pilgern nicht mehr im Stile mittelalterlicher Büßer barfuß von Italien oder Deutschland nach Santiago de Compostela! Athen oder gar die ägäischen Inseln fallen damit als zu abgelegen aus. Korfu dagegen erscheint ideal: noch zu Griechenland gehörend, aber an dessen nördlichstem Zipfel und noch im Einflussbereich der

---

[677] A. O.

k. u. k. Monarchie gelegen. Seit 1857 geht die Eisenbahn Wien – Triest, eine Bahnverbindung nach Dalmatien ist geplant. Und Korfu kommt in Mode: In den späten siebziger Jahren beschließt Kaiserin Elisabeth (,Sisi' bzw. ,Sissi'), die Insel zu ihrem Aufenthaltsort zu machen und erwirbt ein Landgut, das sie äußerst großzügig im antiken Stil umbauen lässt. Im Geiste der zeitgenössischen Griechenlandschwärmerei und im Andenken an ihren homerischen Lieblingshelden gibt sie der schlossartigen Villa den Namen *Achilleion*.

So determinieren triviale Gegebenheiten das emphatisch beschworene Neue! Ein neues Olympia schaffen – das ist bei Meysenbug (wie bei de Coubertin) ideologischer Rückgriff auf die Antike, verspäteter Klassizismus. Über die Bedeutung solcher ,Kopfgeburten' braucht man nicht zu streiten: die Tatsache ihrer Nicht-Realisierung bzw. völligen Verfälschung beweist die mangelhafte intellektuelle Qualität und den romantischen Charakter der Einfälle. Solche Entwürfe scheitern am Problem der Vermittlung: Man übersieht die Eigengesetzlichkeit der bestehenden Ordnung und glaubt, sie deshalb nach Belieben verändern, nach einem ausgedachten Ideal modellieren zu können. Ein wenig Lektüre Hegels als Korrektiv, über dessen Gedanken zur *Eule der Minerva*, d. h. zu den Grenzen des historisch Machbaren, wurde offenbar verabsäumt[678]. Man könnte die Gleichung formulieren: Je geringer die philosophische Bildung, und das heißt: die *Kenntnis der Wirklichkeit*, umso maßloser der Glaube an deren Veränderbarkeit!

Diese Feststellung trifft *mutatis mutandis* auch auf Nietzsche zu: Die Gegenwart wird verworfen zugunsten eines erst noch zu Schaffenden, dessen Modell und Vorbild man in einem Vergangenen findet. Das ist die Formel der Romantik![679]

1.3   Wendung zur Philosophie

Trotz seines ungewöhnlichen beruflichen Erfolgs beginnen Nietzsches Zweifel am Sinn seines philologischen Engagements bereits sehr früh. Er fühlt sich nicht als Gelehrter, und sein Verlangen nach einer lebensbedeutsamen Form

---

[678] Hegels Schriften zur politischen wie zur Geschichtsphilosophie sind voll von Hinweisen auf die Notwendigkeit, den Sinn und die Eigengesetzlichkeit der historischen Wirklichkeit anzuerkennen. Darauf werde ich auch im Zusammenhang mit Nietzsche noch zurückkommen (vgl. unten, Kap. 3.1).

[679] In diesem Sinne hat ein Interpret das Schaffen Caspar David Friedrichs (1774-1840) treffend auf die Formel gebracht: „Ein Romantiker ist nun einmal ein Maler des Nicht-Mehr und des Noch-Nicht" (St. Trinks: *Sonderlich beliebt war Caspar* [David Friedrich] *nicht.* FAZ, 5.9.2024, Auslands-Ausg., S. 13)

von Wissenschaft, oder besser: nach einem ganzheitlichen, soziale Fragmentierungen hinter sich lassenden Dasein, drängt ihn zur Philosophie.

Wie ernst es ihm ist, zeigt sich daran, dass er schon Anfang 1867 einen vor seinem Förderer Ritschl geheim gehaltenen Promotionsversuch in Philosophie unternimmt; die von ihm eingereichte Arbeit wird jedoch zurückgewiesen[680]. Im Jahr 1871, nach kaum zweijähriger Ausübung der Baseler Philologie-Professur, zu deren Pflichten auch die Erteilung von Griechisch-Unterricht in der Oberklasse des Pädagogiums, d. h. des Gymnasiums, gehört[681], bewirbt er sich, ebenfalls in Basel, um den durch *Gustav Teichmüllers* Weggang nach Dorpat freigewordenen Lehrstuhl für Philosophie, doch bleibt seine Bewerbung gleichfalls erfolglos; man zieht ihm Teichmüllers ehemaligen Schüler *Rudolf Eucken* (1846-1926) vor (dessen Sohn ist übrigens der Nationalökonom *Walter Eucken*, 1891-1950, einer der Vordenker der Sozialen Marktwirtschaft).

Mit der Philologie hat Nietzsche zu der Zeit innerlich längst gebrochen: bereits Oktober 1868 hatte er in dem oben zitierten Brief den die Philologie preisenden Paul Deussen, den Nietzsche selbst der Theologie entfremdet und zum Studium der Philologie ‚bekehrt' hatte, mit der Definition schockiert, diese sei, mythologisch geredet, eine „Mißgeburt der Göttin Philosophie, erzeugt mit einem Idioten oder Kretin"; ein andermal empfiehlt er, milder, sie „dorthin zu werfen, wohin sie gehört, zum Urväter-Hausrat"[682]. Im März 1871 schließlich schreibt er an Rohde: „Von der Philologie lebe ich in einer übermütigen Entfremdung"[683].

Im gleichen Jahr 1871 verfasst Nietzsche seine bereits vorgestellte erste philosophische Schrift, die noch zwischen Philologie, philosophischer Ästhetik und Metaphysik oszillierende *Geburt der Tragödie aus dem Geiste der Musik*, die 1872 erscheint (in der Neuausgabe 1886 wird Nietzsche den Titel ändern; er lautet dann: *Die Geburt der Tragödie. Oder: Griechentum und Pessimismus* und Nietzsche fügt als Einleitung den für ein Verständnis seines Denkens relevanten *Versuch einer Selbstkritik* hinzu).

Nietzsche, der von Jugend an gesundheitlich leidend ist, arbeitet nun auf eine Entpflichtung von seinem universitären Amt hin, um ganz seiner inneren Berufung zum Philosophen als einem „Arzt der Kultur"[684], als dem

---

[680] Etwas ausführlicher bin ich auf den Weg Nietzsches von der Philologie zur Philosophie eingegangen im Nietzsche gewidmeten Teil meiner Schrift *Die Verweigerung der Vernunft. Untersuchungen zum Denken von Friedrich Nietzsche, Giorgio Agamben und Benedetto Croce* (Norderstedt 2006).

[681] Vgl. *Ecce Homo*, Schlechta II, S. 1075

[682] Brief vom 9. Nov. 1868 an Erwin Rohde, KSB 7, S. 337

[683] Schlechta III, S. 1041

[684] KSB II, S. 212

„Menschen der umfänglichsten Verantwortlichkeit, der das Gewissen für die Gesamtentwicklung des Menschen hat"[685], zu folgen. Tatsächlich kann man Nietzsches philosophisches Selbstverständnis unter dieses Motto stellen: durch sein gesamtes Schaffen zieht sich, trotz erheblicher Akzentverschiebungen im einzelnen, die Intention, die als steril und lebenshemmend empfundene europäisch-christliche Kultur zugunsten eines Besseren, erst noch zu Definierenden, im heutigen philosophischen Jargon: einer authentischeren Form des Daseins zu überwinden.

Wie sehr Nietzsche von seiner (vermeintlichen) Mission durchdrungen ist, belegen die frühen Briefe an die Freunde. So schreibt er am 21. Juni 1871, fünf Monate nach der stets mit Skepsis betrachteten Reichsgründung, aber in unpolitischem, vielmehr kulturkritischem Sinn, an Carl von Gersdorff: „Unsere *deutsche* Mission ist noch nicht vorbei! Ich bin mutiger als je: denn noch nicht alles ist unter französisch-jüdischer Verflachung und <Eleganz> und unter dem gierigen Treiben der <Jetztzeit> zugrunde gegangen. Es gibt doch noch Tapferkeit []"[686]. Die Akzente, mit denen Nietzsche die Krise bezeichnet, werden sich später ändern, seine Beurteilung der Zeit als krisenhaft und die hypertrophe Überzeugung von seiner Aufgabe, höchstpersönlich die Bewältigung der Krise bewirken zu müssen, werden sich erhalten.

Nietzsches innerer Antrieb zu seinem grundstürzenden Projekt, als Einzelner eine Neuorientierung der Menschheitskultur, des gesamten Lebensverhältnisses der Menschheit, zu bewirken, kommt in einer Briefstelle des Jahres 1882 zum Ausdruck. Hier gesteht er dem Freund Erwin Rohde, lange Zeit von all seinen Freunden der intimste: „Es ist mir *zu schwer*, zu leben, wenn ich es

---

[685] *Jenseits von Gut und Böse*; Schlechta II, S. 621

[686] Schlechta III, S. 1042 – Die Nietzsches Aversion gegen die Reichsgründung von 1870/71 belegenden Äußerungen durchziehen sein Werk von der Frühzeit bis zum Schluss. Bereits in der 1873 erschienenen *Unzeitgemäßen* über *David Strauß* beklagt er polemisch die „Niederlage, ja Exstirpation des deutschen Geistes zugunsten des <deutschen Reiches>" (Schlechta I, S.137). Im Spätwerk *Götzen-Dämmerung* kehrt der Gedanke in generalisierter Form wieder: „Alle unsere politischen Theorien und Staatsverfassungen, das <Deutsche Reich> durchaus nicht ausgenommen, sind Folgerungen, Folge-Notwendigkeiten des Niedergangs [,] der *décadence* []" (Schlechta II, S. 1014). Vom Deutschen Reich spricht Nietzsche stets nur mit Anführungszeichen! Seiner Ablehnung jeglicher politischer Verfasstheit des Lebens zugunsten eines unvermittelten Sich-Auslebens der Macht-Instinkte stehen widersprüchlich gegenüber das häufige Bekenntnis zum allerdings in der Gegenwart „durch Bier und Zeitungen niedergehaltenen" deutschen Geist (MA, Schlechta I, S. 852) sowie die ebenso häufige Selbstverortung unter die „*guten Europäer*" (vgl. etwa die Vorrede zu JGB, Schlechta II, S. 566), zu denen sich aber nur die „freien, *sehr* freien Geister" (ebd.) zählen dürfen!

nicht im *größten Stile* tue"[687]; und, wie zur Bekräftigung, unterstreicht er dies mit der auf Lateinisch vorgetragenen Sentenz: „aut mori aut ita vivere"[688], offenbar einer Variation des antiken *aut mori aut vincere*, welche Sentenz er auch bei anderen Gelegenheiten situationsgemäß abwandelt[689]. In Anlehnung an die berühmte Aussage Goethes, sein schriftstellerisches Werk sei Teil einer großen Konfession, formuliert Nietzsche, ebenfalls im vorliegenden Brief an Rohde: *„Mihi ipsi scripsi"*[690], eine Aussage, die in seinen Schriften in vielfältiger Abwandlung wiederkehrt.

Einen geradezu tragikomischen Zug nimmt Nietzsches Manifestation seines Sendungsbewusstseins an im Brief an Freund Overbeck vom August 1884. Darin berichtet er über den sich seit Jahren hinziehenden Streit mit der Mutter sowie der Schwester Elisabeth, die kurz zuvor den Nietzsche nicht zuletzt wegen dessen „verfluchter Antisemiterei"[691] äußerst unsympathischen Dr. Bernhard Förster geehelicht hatte und klagt, „daß man mir immer wieder in die ungeheure Spannung [des] großen Gefühls, das sich über das Schicksal der Menschheit ausspannt, eine Handvoll Schmutz ins Gesicht wirft"[692].

Mitunter gelangt Nietzsche selbst zur Einsicht in die Überspanntheit seines Naturells. So schreibt er an die in seinem Leben eine wichtige Rolle spielende junge deutsch-russische Adelige *Lou von Salomé* (1861-1937) in einem Brief vom

---

[687] Brief vom 15.7.1882: Schlechta III, S. 1184 - Nietzsches spätere Entfremdung von Erwin Rohde (1845-1898) zeigt sich in einigen Bemerkungen in Briefen an andere Freunde, sehr deutlich aber auch im letzten aus der Zeit vor der geistigen Umnachtung erhaltenen Brief vom 11.11.1887 aus Nizza an Rohde selbst. Auf die Aufforderung an den Freund: „Nein, laß Dich nicht zu leicht von mir entfremden!" (Schlechta III, S. 1269), folgt in einem *Nota bene* eine Kritik an dessen Verständnis des naturalistischen französischen Philosophen *Hyppolite Taine* (1828-1893), die sich zu der Unterstellung steigert, wer den von Nietzsche hochgeschätzten Taine derart missverstehe, „von dem glaube ich nicht leicht, daß er etwas von meiner Aufgabe versteht" (a. O., S. 1270) und in dem vernichtenden Vorwurf gipfelt: „Aufrichtig, Du hast mir nie ein Wort gesagt, das mir zu vermuten erlaubte, Du wüßtest, welches Schicksal auf mir liegt" (ebd.). – Wie Nietzsche dennoch dem Freund innerlich verbunden bleibt, belegt das in den Tagen nach dem geistigen Zusammenbruch verfasste und mit den Worten „Meinem Brummbär Erwin" überschriebene Briefchen vom 4.1. 1889, in dem Nietzsche das Missverstehen Taines sich selbst zuschreibt und Rohde ankündigt, ihn und seine Frau „unter die Götter zu versetzen"! (KSB VIII, S. 576).

[688] Ebd., S. 1185

[689] Vgl. etwa: „Lieber sterben als *hier* leben" (*Menschliches, Allzumenschliches, Vorrede*, Aph. 3; Schlechta I, S. 439) – Das Motto *aut mori aut vincere* findet sich ursprünglich beim römischen Historiker *Dares Phrygius* und war auch Wahlspruch des preußischen Regiments *Belling'sche Husaren*.

[690] A.O., S. 1184

[691] Brief vom 2.4.1884, zit.: Schlechta: Zeit- und Lebenstafel, a. O., Bd. III, S 1374

[692] Ebd., S. 1375

September 1882 mit fast beißender Selbstironie über eine Erfahrung anlässlich einer Aufführung von *Carmen*-Musik (Bizet ist ihm nun, polemisch gegen Wagner gerichtet, das „letzte Genie, welches eine neue Schönheit und Verführung gesehn"[693]). Während er auf den Beginn der Darbietung wartete, habe er „in aller Unschuld und Bosheit darüber nach[gedacht], ob ich nicht irgendwelche Anlage zur Verrücktheit hätte"[694] und sei zum Ergebnis „nein" gelangt. Mit Beginn von *Carmen* sei er dann „für eine halbe Stunde unter[gegangen] in Tränen und Klopfen des Herzens"[695], so dass Lou wahrscheinlich schlussfolgern werde: „*ja!*"[696].

In der unpersönlichen, allgemeinen Form einer psychologischen These findet sich die mitgeteilte Erfahrung bereits in einer Notiz aus dem Sommer 1880, in der es heißt: „Die Wirkung der Musik auf hysterische Personen [] kann ungeheuer sein"[697]. Der beiläufige Hinweis auf die „Unschuld und Bosheit" der Selbstanalyse ist mehr als ein egozentrisches Aperçu, sie verweist auf einen negativistischen, wenn man will: *nihilistischen* Charakterzug Nietzsches, auf eine unverblümt zur Schau gestellte Destruktivität, die Nietzsche unter dem Titel einer „Schule des Verdachts"[698] zur philosophischen Kardinaltugend und zum Kern der eigenen Philosophie erhebt: „Ich selbst glaube nicht, daß jemals jemand mit einem gleich tiefen Verdachte in die Welt gesehn hat", äußert er in der Vorrede zur Neuausgabe 1886 von *Menschliches, Allzumenschliches*[699]. Das mag zutreffen oder nicht, jedenfalls kennzeichnet die Aussage Nietzsches Selbstverständnis.

Ich habe den Ausdruck ‚nihilistisch' mit Bedacht gewählt, ist doch der im 19. Jahrhundert Konjunktur erlangende Begriff *Nihilismus* auch in Nietzsches Denken von zentraler, wenn auch nicht einheitlicher Bedeutung. Letztinstanzlich kennzeichnet der Terminus bei Nietzsche den Charakter unserer abendländischen, sprich: sokratisch-platonisch-christlich-wissenschaftlichen Kultur. Diese Kultur hatte *Gott*, das *Gute* und die *Wahrheit* an die Spitze ihrer Welt- und Wertordnung gesetzt, d. h. Gottesglaube, moralisches Verhalten und Wahrheit waren die Orientierungen, auf die der Mensch verpflichtet wurde und mit denen die – in Nietzsches Auffassung – objektive Sinnlosigkeit der

---

[693] *Jenseits von Gut und Böse*, Schlechta III, S. 723
[694] Schlechta III, S. 1189f.
[695] Ebd., S. 1190
[696] Ebd.
[697] KSA 9, S. 122; Fr. 4/92
[698] *Menschliches, Allsumenschliches*, Vorrede von 1886; Schlechta I, S. 437
[699] Ebd.

Welt und der ‚Wille zur Macht' als deren *eigentliche* Realität verschleiert wurde.

Diese Kultur ist also zum einen nihilistisch, weil sie die Existenz von Werten fingierte, wo im Grunde nur Wille zur Macht war. Zum anderen ist sie nihilistisch, insofern sie den Keim ihrer eigenen Auflösung in sich trägt. Denn „unter den Kräften, die die Moral groß zog, war die Wahrhaftigkeit: diese wendet sich endlich gegen die Moral"[700] und „bekommt Ekel vor der Falschheit und Verlogenheit aller christlichen Welt- und Geschichtsdeutung"[701]; sie führt zur „letzten Form des Nihilismus, welche den Unglauben an eine metaphysische Welt in sich schließt"[702]. Nihilismus bedeutet damit auch, dass „die erstrebte allgemeingültige Wahrheit [] in eine Vielzahl perspektivischer ‚Wahrheiten' [zerfällt]"[703], mit anderen Worten „<daß es gar keine Wahrheit gibt>, <daß … jedes Für-wahr-halten notwendig falsch> ist"[704].

Nihilistisch ist schließlich auch derjenige, der sich zur Realität des „Nihilismus, d. h. der radikalen Ablehnung von Wert, Sinn, Wünschbarkeit"[705] bekennt, und in diesem Sinn bezieht Nietzsche die Bezeichnung auf sich selbst: „Daß ich von Grund aus bisher nihilistisch gewesen bin, das habe ich mir erst seit kurzem eingestanden"[706] (Nietzsches Begründung für dieses ‚verspätete' Eingeständnis braucht uns hier nicht zu interessieren).

Ein Beispiel für Nietzsches Selbststilisierung als Nihilist und Autor des bösen Blicks, d. h. der Verdächtigung einer jeden menschenfreundlichen Äußerung als verborgener Manifestation geheimen Machtstrebens, also des *Willens zur Macht*, bietet etwa eine Kritik des Lobens aus dem Frühjahr 1880, in der es heißt: „Widerlich! Jemand kommt uns mit einem Lobspruch entgegen, er will uns damit für sich einnehmen, d. h. er will von uns Besitz ergreifen, weil er glaubt, daß wir dem Lobenden eine freie Hand machen. Aber der Lobende stellt sich über uns, er will uns besitzen – es ist unser Feind"[707]. Die von Nietzsche unterstellte niedrige Gesinnung ist seine eigene.

---

[700] Schlechta III, S 852

[701] Ebd., S. 881

[702] Ebd., S. 678

[703] W. Müller-Lauter: Art. *Nihilismus*. HWPh 6, Sp. 850

[704] Ebd.

[705] Schlechta III, S.881

[706] Ebd., S. 530

[707] KSA 9, S. 45; Fr. 2/73 – Es gibt im übrigen ein literarisches Vorbild für Nietzsches fragwürdige Überzeugung, dass erzeigtem Wohlwollen *per se* die Intention der Herabwürdigung und Demütigung des Empfangenden zugrunde liegt. So wird in Dostojewskis Roman *Der Spieler* von einer Figur die Behauptung aufgestellt: „Tatsächlich gefällt es dem Menschen, seinen besten Freund vor sich gedemütigt zu sehen: zu einem großen Teil basiert Freundschaft auf Demütigung; das ist eine alte, allen

Man mag eine solche Aussage, d. h. die darin sich ausdrückende Aggressivität und das gewollte Missverstehen, zu relativieren suchen durch den Hinweis auf den besonderen Charakter von Nietzsches Philosophie als „existentielles Experimentieren"[708], als für Nietzsches an früherer Stelle zitierte Auffassung, „daß nur als ein ästhetisches Phänomen das Dasein und die Welt gerechtfertigt erscheint"[709], kennzeichnender „dionysischer Histrionismus"[710]. Aber der Nietzsches Lebensgefühl bestimmende *Elitarismus*, sein immer wieder zum Ausdruck gebrachter „großer Ekel vor dem Menschen"[711] seiner Epoche sowie die ständige Verrechnung der Zeitgenossen als „plumpe Masse"[712] und überhaupt das zentrale Theorem der Existenz zweier Moraltypen, der Herren- und der Sklavenmoral[713], verbieten derartige Entlastungsversuche.

Mitunter wird die solchen Ausbrüchen zugrunde liegende Hemmungslosigkeit des Urteils von ihrem Träger kritisch reflektiert. So konstatiert Nietzsche in einem Stück Rollenprosa aus dem Frühjahr 1880, in der *Vorrede* zu einer nicht weiter ausgeführten Schrift mit dem Titel *L'Ombra di Venezia*: „Als ich jüngst den Versuch machte, meine älteren Schriften, die ich vergessen hatte, kennen zu lernen, erschrak ich über ein gemeinsames Merkmal derselben: sie sprechen die Sprache des Fanatismus. Fast überall, wo in ihnen die Rede auf Andersdenkende kommt, macht sich *jene blutige Art zu lästern und jene Begeisterung in der Bosheit* bemerklich, welche die Abzeichen des Fanatismus sind"[714] – also jener Tendenz, die der Biograph Blunck (bzw. Janz) Nietzsches Vater attestierte. In einer Art negativer *captatio benevolentiae* wird im Folgenden zwar der Fanatismus als „häßlicher" Charakterzug abgetan, aber zugleich dem Leser geraten, die folgenden Ausführungen „nicht ohne Vorsicht"[715] zu lesen: Der Autor scheint nicht gesonnen, von dem negativen Wesen abzulassen!

Die berühmte Sentenz: „Wo ich Lebendiges fand, da fand ich Willen zur Macht"[716], reflektiert diese Haltung in Form einer philosophischen These. Wir

---

intelligenten Personen bekannte Wahrheit" (F. Dostoevskij: *Il giocatore*, Milano 2012, p. 223, Übs. Vf.). Nietzsche war mit Dostojewskis Werk bestens vertraut. In einem Brief an Köselitz vom 13. Febr. 1887 äußert er sich ganz im Sinne der hier aufgezeigten Parallele: „Kennen Sie Dostoiewsky [sic!]? Außer Stendhal hat niemand mir so viel Vergnügen gemacht: ein Psychologe, mit dem <ich mich verstehe>" (KSB 8, S. 24).

[708] V. Gerhardt: *Friedrich Nietzsche* (München 1999), S. 15

[709] GT, Schlechta I, S. 131, analog bereits ebd., S. 40

[710] *Götzen-Dämmerung.* Schlechta II, S. 996

[711] Ebd., S. 863 passim

[712] Schlechta I, S. 273

[713] Vgl. z. B. *Jenseits von Gut und Böse*, Schlechta II, S. 730

[714] KSA 9, S. 47; Fr. 3/1 (Hervorh. Vf.)

[715] Ebd.

[716] *Also sprach Zarathustra*, Schlechta II, S. 371

sehen: Was gefunden wird, ist determiniert, präformiert durch die Einstellung, die Vorannahmen des Suchenden bzw., mit einem von Nietzsche selbst in die Philosophie eingeführten Terminus, von seiner *Perspektive* auf die Wirklichkeit.

Ich schließe diese Einführung mit einem Resümee von Nietzsches weiterem Lebensgang: Der prekäre Gesundheitszustand des Philosophen lässt die Wahrnehmung der akademischen Pflichten immer unregelmäßiger werden, 1876 erhält Nietzsche ein Urlaubsjahr, im Frühjahr 1879 stellt er seine Lehrtätigkeit ganz ein. Parallel dazu erscheinen ab 1872 philosophische Schriften, zunächst die erwähnte *Geburt der Tragödie*, sodann die *Unzeitgemäßen Betrachtungen*, mit den Stücken: *David Strauß, der Bekenner und Schriftsteller* (1873), *Vom Nutzen und Nachteil der Historie für das Leben* (1874), *Schopenhauer als Erzieher* (1874) und *Richard Wagner in Bayreuth* (1876). Gerade ab 1876 aber verschlechtert sich sein Verhältnis zu Richard Wagner, 1878 wird der Bruch endgültig. Im gleichen Jahr erscheint mit *Menschliches, Allzumenschliches* Nietzsches erste freie philosophische Schöpfung. Angelegt ist sie, wie mehrere der noch folgenden Schriften, als in wenige große Kapitel gegliederte Folge von Aphorismen, eine Form, die Nietzsches Denkstil in besonderem Maße entsprach. Zu erwähnen ist noch, dass der unveröffentlichte Nachlass an Umfang den publizierten bzw. fertiggestellten Schriften zumindest gleichkommt, wenn nicht gar diese übertrifft.

Mit der Entlassung aus dem Amt 1879 beginnt ein Jahrzehnt unruhigen Wanderlebens und, zufolge Nietzsches eigenen Aussagen, zunehmender persönlicher und denkerischer Vereinsamung, mit örtlichen Schwerpunkten im Ober-Engadin (Sils-Maria) und Oberitalien (Venedig, Genua, Turin), zudem im seit 1860 endgültig französischen Nizza, immer auf der Suche nach seiner schwachen Gesundheit günstigen klimatischen Bedingungen. In den folgenden Jahren entstehen in dichter Folge die wichtigen philosophischen Schriften: *Morgenröte* (1881), *Die fröhliche Wissenschaft* (1882), *Also sprach Zarathustra* (1883), *Jenseits von Gut und Böse* (1885), *Zur Genealogie der Moral* (1887) und schließlich 1888, in erstaunlicher Häufung und zum Teil in ihrem aggressiven Gestus und der hemmungslos gewordenen Selbstapotheose durch die Krankheit, die ‚progressive Paralyse' (K. Jaspers) infolge einer Infektion mit Syphilis, gekennzeichnet: *Der Fall Wagner*, die *Dionysos-Dithyramben*, *Götzen-Dämmerung*, *Der Antichrist*, *Ecce Homo*, *Nietzsche contra Wagner*. Anfang Januar 1889 erleidet Nietzsche auf der Piazza Carlo Alberto in Turin den geistigen Zusammenbruch. Die letzten Lebensjahre verlebt Nietzsche zunächst in Naumburg unter der Obhut seiner fürsorglichen Mutter, sodann in Weimar unter Kuratel der seinen beginnenden Ruhm skrupellos vermarktenden Schwester Elisabeth. Nietzsche stirbt am 25. August 1900.

2. Nietzsches Radikalität: Kontingenz des Menschen

2.1 Kontingenzerfahrung und Sinnerleben

Bereits in der Einleitung zum Überblickskapitel zu Nietzsches Leben und Denken hatte ich auf die Korrespondenz, die Korrelation zwischen der Erfahrung von Kontingenz und dem Erleben von Sinnverlust, insbesondere im Denken Nietzsches, hingewiesen. Insofern ist es folgerichtig, wenn die anstehende Betrachtung sich zunächst dem Problem des Lebenssinnes bzw. der Bedeutung des Sinn-Begriffs zuwendet. Dies hat im Zusammenhang mit Nietzsche noch eine besondere Bewandtnis, insofern – vielleicht überraschenderweise – die uns so geläufige Formel vom „Sinn des Lebens" sich erstmals bei Nietzsche nachweisen lässt[717].

Dieses späte Auftreten ist erstaunlich, insofern dieses Thema als zeitlos und die Antwort auf die Frage als bleibendes Desiderat erscheint, das sich mit Notwendigkeit aus dem menschlichen Selbstbezug, und das heißt konkret: für jeden einzelnen Menschen, ergibt.

Dass also die Formel erst so spät auftaucht, die Frage offenbar nicht explizit gestellt wurde, kann darum nicht bedeuten, dass zuvor kein Interesse an einer Antwort bestanden hätte, sondern dass diese Antwort bereits im Kontext des Lebens vorgegeben war, sodass sie dem einzelnen nicht als Problem vor Augen trat. Ihre Aktualisierung erfolgte vielmehr parallel zu der „ökonomischen, politischen und moralischen Verselbständigung des (nach Aufklärung und eigener Einsicht strebenden) Individuums"[718], ist also ein Produkt der Individualisierung und Subjektivierung, durch die die europäische Neuzeit bzw. die Moderne gekennzeichnet ist.

In der geschlossenen Glaubenswelt des christlichen Mittelalters mit ihrer Überzeugung von der Existenz einer transzendenten Welt und einem ‚Leben nach dem Tode' (logisch eine *contradictio in adiecto*!) waren Sinn, Zweck, Ziel des (irdischen) Lebens fraglos: es hatte – unter dem Damoklesschwert ewiger Verdammnis – der gläubig-moralischen Vorbereitung auf das ‚jenseitige' Leben, es hatte dem ‚Heil der Seele', zu dienen. Und der Begriff *Heil* hatte in diesem Kontext nicht nur futurischen, sondern durchaus auch präsentischen

---

[717] Vgl. i. d. S. V. Gerhardt: Art. *Sinn des Lebens*. HWPh 9, Sp. 817
[718] Ebd., Sp. 815

Sinn. Denn nur, wer seine Seele ,hienieden' ,heil' und rein bewahrte, hatte die Chance, sie über den ,garstigen Graben des Todes' in die ,andere Welt' zu retten. Wem sie aber bereits bei ,Lebzeiten' abhanden gekommen: verdampft, vertrocknet, verhärtet war, war ,rettungslos verloren' – und das gilt natürlich auch für den, der *Seele* und *Psyche* für dieselbe Sache hält!

Der Übergang von der mittelalterlichen zur neuzeitlichen *Hexis* erfolgte dabei nicht schlagartig, sondern, wie für historische Prozesse typisch, durch begriffliche, bewusstseinsgeschichtliche Zwischenschritte.

Das wesentliche Ereignis war hier die *Reformation*. Sie nahm dem gläubigen Individuum die unmittelbare Anschauung des Heiligen in Gestalt des *Gesamtkunstwerks Katholische Kirche*, mit deren Programm der Versinnlichung der religiösen Gehalte mittels der Pracht und des Prunks ihrer Bauten, Ausstattungen, Riten. An deren Stelle setzte die Reformation den Frommen in die Unmittelbarkeit des Gottesbezugs, entwickelte die Innerlichkeit und gab ihm sozusagen religiöse *Autonomie*, an die die Aufklärung säkularisierend anknüpfen konnte.

Vor dem säkularen Hintergrund schiebt sich zwischen das selbstverständliche Innesein des Lebenssinns beim mittelalterlichen Menschen und das neuzeitliche Erlebnis der Fragwürdigkeit von Sinn überbrückend im 18. Jahrhundert die (philosophische) Frage nach der *Bestimmung des Menschen*[719]. Es erscheinen verschiedene philosophische Werke dieses Titels, unter anderem die bereits oben erwähnte Schrift Fichtes aus dem Jahre 1800[720], also just im Übergang zu dem dann den Sinn radikal subjektivierenden 19. Jahrhundert.

Die Formel ,Bestimmung des Menschen' deutet bereits etwas von der Ambivalenz an, die dann im Sinn-Begriff manifest wird: Anscheinend enthält er eine objektive Festlegung, nach der der Mensch sich zu richten hat, ganz wie im religiösen Logos die Bemühung ums Seelenheil als objektive Aufgabe erlebt wurde und so, wie man auch objektivistisch nach dem Sinn des Lebens fragen kann, wie nach einem unabhängig vom eigenen Dasein Vorgegebenen, zu dessen Realisierung es nur der Mitteilung bedarf. Die Kritik an einer objektivistischen Wahrheitsauffassung bildete als Problem der *Mitteilbarkeit von Wahrheit* ein zentrales Thema von Kierkegaards Denken, das sich für ihn in der Gestalt des Sokrates verkörperte.

Allerdings ist die *Bestimmung des* Menschen, und das unterscheidet die mittelalterliche von der neuzeitlichen Situation, eine von dem Individuum persönlich anzueignende und mit Gehalt zu füllende. Die Klärung dieser

---

[719] Vgl. Gerhardt, a. O.
[720] Vgl. oben, Kap. IV 4.2

Bestimmung aber geht von der Theologie auf die Philosophie über, die damit aus ihrer mittelalterlichen Rolle der *ancilla theologiae*, der ‚Magd der Theologie‘, heraustritt und zur eigentlichen Sinn-Wissenschaft wird. Das hat übrigens Nietzsche wie vielleicht kein Denker vor ihm begriffen und daraus resultiert sein philosophischer Enthusiasmus samt seinem ‚Pathos der Distanz‘.

Im Zeichen des Sinnbegriffs aber vollendet sich die neuzeitliche Subjektivierung der bis in die Antike zurückreichenden Frage nach dem Sinn, dem richtigen und guten Leben, insofern, im Zeichen religiöser Skepsis, der Sinn des Lebens vom einzelnen Subjekt selbst zu definieren ist.

Programmatisch wird dieser Gedanke und erfährt zugleich systematische Ausarbeitung im Denken *Jean-Paul Sartres* (1905-1980). Das wird deutlich, wenn Sartre, etwa in seinem Essay *Ist der Existenzialismus ein Humanismus?*, in der Aufnahme ursprünglich christlich-scholastischer, vom Rationalismus tradierter und von Kierkegaard aktualisierter Termini, den Menschen als das Wesen bestimmt, „bei dem die Existenz der Essenz vorausgeht“[721] und das als „Entwurf, der sich subjektiv lebt, nichts anderes [ist], als wozu er sich macht“[722] – Bestimmungen, die unmittelbar einleuchten.

Dennoch erscheinen diese Sätze, angesichts der vielfachen Determination, der wir als natürliche ebenso wie als soziale Subjekte unterliegen, reichlich hypertroph, doch zeigt sich klar die Richtung auf die Subjektivierung der Sinnfrage: Der Sinn meines Daseins, seine *Essenz*, wird von mir selbst festgelegt. Zutreffend an Sartres Ansatz ist zweifellos, dass der Einzelne sich mit den Determinanten – und aus der subjektiven Perspektive handelt es sich um *Kontingenzen* – eigentätig auseinanderzusetzen, sie irgendwie zu bewältigen hat: ‚Wo Es war, soll Ich werden‘, ist Freuds berühmte Formel für dieses Postulat.

Für das Raffinement wie die Grenzen von Sartres Konzeption hier ein Beispiel zur Verdeutlichung: Wer etwa sozial benachteiligt, als Mittelloser in einer wohlhabenden Umwelt, ins Leben tritt, kann sich zu diesem kontingenten Faktum auf ganz unterschiedliche Weise stellen: er kann mit Ehrgeiz reagieren und sich das Ziel setzen, sich selbst Wohlstand und soziale Anerkennung zu erarbeiten. Ein anderer in der gleichen Ausgangssituation reagiert mit *Ressentiment*, empfindet ihm angetanes Unrecht und Schmach, aus welcher Empfindung er das Recht ableitet, sich an der Gesellschaft zu rächen und rücksichtslos, unter Nutzung aller, u. U. auch ungesetzlicher Mittel, sich durchzusetzen. Ein Dritter schließlich lässt sich von der Erfahrung eigenen Elends zu Mitleid mit ‚allen Mühseligen und Beladenen‘ bewegen und fühlt sich zu sozialem

---

[721] *Drei Essays.* Berlin (West) 1960, S. 11
[722] Ebd.

Engagement berufen. Solche Vielfalt ist von Sartre intendiert. Wertunterschiede zwischen den Formen der jeweiligen Sinngebung lassen sich nach diesem Modell allerdings nicht vornehmen, die Ethik wird subjektivistisch reduziert. Bestechend ist aber der Pluralismus der Konzeption, der unterschiedliche Lösungen gelten lässt und den Menschen zu persönlicher Auseinandersetzung mit der Sinnfrage ermuntert.

Sartres Konzeption ist aber bereits bei Nietzsche angelegt. Bereits für diesen gibt es „keinen vorab verpflichtenden Daseinssinn"[723], vielmehr wird „der Sinn des Daseins [] ausschließlich dem Individuum aufgebürdet"[724].

Für Nietzsche ist der Mensch „das noch nicht festgestellte Tier"[725]. Die Bestimmung des Menschen, um den alten Terminus zu benutzen, ist also die, er selbst zu sein, sich selbst ,festzustellen', wobei, wie wir deutlich genug sehen, die Gefahr nicht gering ist, dass diese *Fest-Stellung*, Selbstdefinition rein negativ erfolgt und in nichts anderem besteht, als gedankenlos zu opponieren oder sich kritiklos den gerade aktuellen gesellschaftlichen Tendenzen zu überlassen.

Nietzsche steht natürlich mit der Thematisierung der Sinn-Frage in seiner Zeit nicht allein. Von *Schopenhauer* und *Kierkegaard* war schon die Rede; zu nennen wären auch der Religionskritiker *Ludwig Feuerbach* (1804-1872) sowie der bereits erwähnte philosophische ,Egoist' *Max Stirner*, der in paradoxer Einseitigkeit das einzelne, je eigene *Ich* als den Sinn, das Allgemeine verkündete und dessen Lektüre wohl bei Nietzsche Spuren hinterlassen hat. Nietzsche ist auch mit den Schriften des positivistisch orientierten, seinerzeit populären, aber heute vergessenen Philosophen *Eugen Dühring* (1833-1921) vertraut und kennt dessen 1865, also wenige Jahre vor Beginn seiner eigenen philosophischen Schriftstellerei erschienene, im Titel die Analogie zur Sinnfrage zeigende Abhandlung *Der Wert des Lebens*. Wir werden dieser Formulierung bei Nietzsche wiederbegegnen, ebenso den Varianten ,Sinn des Daseins' bzw. ,Wert des Daseins'.

Speziell kommt Nietzsche in dieser allgemeinen Richtung der Subjektivierung die Rolle eines *Katalysators*, eines Reaktionsbeschleunigers, zu, allerdings reflektiert die Gesamttendenz sich in zum Teil widersprechenden Aussagen. Um dies sichtbar zu machen, sollen im Folgenden einige seiner Äußerungen zum Sinnproblem durchmustert werden.

---

[723] Gerhardt 1999, S. 76
[724] Ebd.
[725] *Jenseits von Gut und Böse*, Aph. 62; Schlechta II, S. 623

Nietzsche kommt in verschiedenen Zusammenhängen und mit immer wieder unterschiedlicher Akzentsetzung auf die Problematik des Lebenssinns zurück, was die dieser Frage von ihm beigelegte Relevanz verdeutlicht. Dass das Problem erst bei ihm ganz explizit wird, weist darauf hin, dass bisher die christliche Tradition die Gemüter noch getragen hat – auch wenn bereits bei Hegel die Rede vom „Atheismus der sittlichen Welt" die Rede ist[726].

Die Formulierung ‚Sinn des Lebens' kommt, soweit ich sehe, im Werk nur einmal vor, und zwar in einer Notiz aus dem März 1875. Dort heißt es: „Nur bei drei Existenzformen bleibt der Mensch Individuum: als Philosoph, Heiliger und Künstler. Man sehe nur, womit ein wissenschaftlicher Mensch sein Leben todt schlägt: was hat die griechische Partikellehre mit dem *Sinne des Lebens* zu tun? – So sehen wir auch hier, wie zahllose Menschen eigentlich nur als Vorbereitung eines wirklichen Menschen leben: zum Beispiel die Philologen als Vorbereitung des Philosophen, der ihre Ameisenarbeit zu nutzen versteht, um über den *Werth des Lebens* eine Aussage zu machen"[727].

‚Was hat die griechische Partikellehre mit dem Sinne des Lebens zu tun?' – Natürlich nichts, möchte man spontan antworten, und es ist genau diese scheinbare Evidenz der Gedanken, die auf Nietzsches junge, lebensvolle und vorurteilslose Adepten so überzeugend wirkte und noch wirkt. Aber an diesem (Teil eines) Aphorismus ist so gut wie alles schief, und es lohnt die Mühe, ihn ein wenig auf Konsistenz abzuklopfen – sozusagen mit dem Auskultier-Hämmerchen, wie ja Nietzsche in der *Götzen-Dämmerung*, wie der Untertitel darlegt, selbst zu zeigen beanspruchte, „wie man mit dem Hammer philosophiert"[728].

Evidentermaßen hat der aufgerissene Gegensatz Philosoph – Philologe persönlichen Charakter, fällt die Notiz doch in die Zeit, da in Nietzsche die gefühlte Berufung zur Philosophie mit seinen beruflichen Verpflichtungen als Professor der Philologie konfligierte und ihn gesundheitlich so belastete, dass ihm, wie mitgeteilt, für Anfang 1876 zunächst ein Urlaubssemester gewährt und er im Oktober des gleichen Jahres zusätzlich für ein Jahr komplett von den Lehrverpflichtungen entbunden wird.

---

[726] *Grundlinien der Philosophie des Rechts, Vorrede.* Ausg. Hoffmeister, Hamburg 1967, S. 7
[727] KSA 8, S. 32; Frg. 3[63] (Hervorh. Vf.) – Eine dem ‚Sinn des Lebens' analoge Formulierung findet sich jedoch im Briefwechsel. Im Brief an den Freund Overbeck vom 17. Okt. 1885, betont Nietzsche, dass „man ein Recht sich zugestehen darf, den Sinn seines Lebens in die Erkenntnis zu setzen" (KSB 7, S. 101; Brief Nr. 636) – dem hat er ja in der Tat entsprochen.
[728] A. O., Schlechta II, S. 939

Der zitierte Text zeigt aber auch die unerhörte Zuspitzung, die die Sinn-frage – wie überhaupt der philosophische Gedanke – bei Nietzsche erfährt – und jede Zuspitzung impliziert naturgemäß auch eine Verkürzung der Prob-lematik und riskiert eine Schieflage.

Das betrifft hier vor allem die eigentlich nur als Schopenhauerismus und juveniles Reflexionsdefizit zu bezeichnende Behauptung, nur als Philosoph, Heiliger und Künstler gelange der Mensch zu Individualität und damit zu Le-benssinn. Als ob nicht Individualität sich daran erwiese, wie sehr es einem Menschen gelingt, der ihm zugefallenen Aufgabe im Leben durch umsichtige Ausführung seinen persönlichen Stempel aufzudrücken! Nietzsche hatte ja selbst durch die Souveränität seines Unterrichtsstils während seiner Tätigkeit am Baseler Pädagogium, also dem humanistischen Gymnasium der Stadt, sich großen Respekt und die Anerkennung, ja Liebe seiner Schüler erworben!

Doch die Widersprüche gehen tiefer. Ich merke nur an, dass das *Heilige* – offenbar eine Reminiszenz an Schopenhauers Schätzung der Heiligkeit – in der zweiten Hälfte des 19. Jahrhunderts bereits eine atavistische Kategorie gewor-den ist, deren Sinn man, falls man nicht gerade orthodoxer Katholik ist, kaum mehr begreift, die also weitgehend *sinnleer* ist. Allerdings operiert ein gewisser *Fin de siècle*-Idealismus, wie ihn die bereits vorgestellte *Malwida von Meysenbug* vertritt, noch mit dem Begriff, indem die Forderung der Heiligkeit an die Kunst gestellt wird, die den Platz der als *Numen* verblassten Religion einzu-nehmen hat.

Auch *Philosophen* und *Künstler* sind nicht mehr Stifter originärer Kultur, und das heißt: von Lebenssinn, falls sie es – wie Nietzsches Aussage insinuiert – je waren. Eine solche personalisierende Annahme ignoriert die insbesondere durch Hegel entfaltete Einsicht der Geschichtsphilosophie in die beherr-schende Funktion ideengeschichtlich-sozialer Prozesse für die historische Ent-wicklung, wofür der zuvor gegebene bewusstseinsgeschichtliche Abriss vom Mittelalter zur Neuzeit Beleg sein mag. Dieser Prozess ist *conditio sine qua non* auch für Nietzsches eigene Propagierung von Individualität, was ihm offenbar entgeht. Der Autor ist selbst Produkt der Subjektivierung, die er als noch zu leistende einfordert!

Auch das von Nietzsche so hervorgehobene *Genie* ist lediglich Katalysator, Reaktionsbeschleuniger in solchen Prozessen. Selbst das religiöse Genie *Jesus von Nazareth* und seine unüberbietbare geschichtliche Wirkung wären kaum möglich gewesen ohne die gesteigerte religiöse Erregtheit der hellenistischen Epoche mit ihrer Völkermischung und den Synkretismen verschiedenster Kulte. Der ‚dem unbekannten Gotte' geweihte Altar auf dem Areopag in

Athen ist Ausdruck der zeitgenössischen Empfänglichkeit, ja des Verlangens nach dem Kultischen, dem Numinosen[729].

Vielmehr beschränkt sich die Leistung von Philosophen und Künstlern in der Moderne auf Kommentare, Interpretationen, Anregungen zu einer in ihren institutionellen Strukturen weitgehend ausgegorenen, jedoch durch Dynamismen technisch-ökonomischer Art geprägten Gesellschaft. Auch über den neuzeitlichen Verfassungsstaat und sein Prinzip, „die politische Ordnung eines Gemeinwesens durch Unterwerfung unter das Recht zu rationalisieren"[730], führt kein gangbarer Weg hinaus. Das haben (post-nietzscheanisch) die beiden fatalen Gegenentwürfe, der (faschistische) Führer-Staat und der (kommunistische) Kollektivstaat, durch ihre Barbarismen und ihr schließliches Scheitern bewiesen.

Aber die Widersprüche des Textes, die unklaren Gedanken, setzen sich fort:

Im Sinne der impliziten Behauptung, dass sinnvolles Leben nur das Leben in genialischer Individualität sei, muss das Unterrichten griechischer Partikellehre in der Tat als sinnlos erscheinen. Aber solcher Unterricht ist – unter gewissen historischen Umständen – keineswegs sinnlos, sondern gehört zu den zahllosen Bedingungen, unter denen ein sozialer Organismus funktioniert und von denen auch das Genie schon seiner *physischen* Existenz nach abhängt: (ein wenig) Kenntnis des Griechischen ist Voraussetzung für das Verständnis der medizinischen Fachsprache und damit die erfolgreiche Tätigkeit des Mediziners, und es bedarf des Griechischen ebenso für den souveränen Überblick des geisteswissenschaftlich gebildeten Universitätslehrers. Nietzsches eigenes geistiges Fundament besteht ja zur Gänze in der Kenntnis der antiken Literatur und Philosophie, die andere, weniger Geniale, ihm nahegebracht haben. Wenn Nietzsche also die Arbeit der Philologen, die seine eigene geistige Existenzvoraussetzung ist, als Ameisenarbeit abwertet, ist dies nur Ausdruck seines idiosynkratischen Blicks auf die Wirklichkeit.

Ich weise auf einen weiteren Widerspruch des Textes hin; er ist derart, dass den Interpreten das vage Gefühl beschleicht, Nietzsche wolle seine Leser an der Nase herumführen – und in der Tat endet der Text ja mit der Feststellung, dass die Ameisenarbeit der vielen Ignoranten „einfach Unsinn und überflüssig [ist], wenn es keine Leitung gibt" – von seiten der Genialen natürlich! Die

---

[729] Vgl. Apg.17,23 – Vers 21 drückt die Empfänglichkeit unmittelbar aus: „Alle Athener nämlich, auch die Fremden, die bei ihnen wohnten, hatten nichts anderes im Sinn, als etwas Neues [über das Göttliche] zu sagen oder zu hören". – Zum religiösen Synkretismus in hellenistischer Zeit vgl. Schönknecht 2017, Teil IV.

[730] U. K. Preuß: Art. *Verfassung.* HWPh 11, Sp. 636

Formulierung steht in Relation zu der im Aufsatz *Der griechische Staat* vollzogenen Rechtfertigung der Versklavung der ganz normalen Vielen durch die Wenigen, die kraft Selbstermächtigung aus der Masse Hervor-Ragenden, und weist voraus auf den Dualismus von Herren- und Sklaven-Moral.

Den unbestreitbaren Widerspruch, der den gesamten Text am Ende vom Sinngehalt her zu Nichts zerfließen lässt, legt die Überlegung frei, welchem Zwecke denn die Mühe des Philosophen, „über den Werth des Lebens eine Aussage zu machen", dienen soll. Das Aussagen bezweckt ja seiner Natur nach Mitteilung, aber wem und wozu soll sich der Philosoph mitteilen, wenn gemäß der Nietzsches ganzes Werk durchziehenden dualistischen Primitivsoziologie auf der einen Seite das seinen Lebenssinn selbst setzende Genie – Philosoph, Heiliger, Künstler, politischer Usurpator – steht und auf der anderen Seite die nur zu ameisenhafter Arbeit geeignete, zur Erfassung höherer Zwecke nicht fähige „gemeine und ekelhaft uniforme, [] die plumpe Masse"[731]? Denn Nietzsches Überzeugung ist: „Das Edelste und Höchste wirkt gar nicht auf die Massen"[732]. Notwendige Folgerung: Da die Massen der philosophischen Belehrung nicht fähig und die Genies ihrer nicht bedürftig sind, ist das Tun von Künstlern, Philosophen, Heiligen letztlich eitle Selbstbefriedigung, in logischer Formulierung: Es hebt sich an sich selbst auf; allerdings gilt hier: *elevatio et detectio sine conservazione!*[733]

Der *Subtext* der gesamten Argumentation Nietzsches ist etwa folgender: Es ist ein trivialer Sachverhalt, dass eine Gesellschaft nur wenige Genies und eine große Zahl Nicht-Genialer hervorbringt, welch letztere Gruppe aber in jeder Hinsicht, geistig, körperlich, wie auch immer, ein breites Spektrum von Charakteren und Befähigungen umfasst. Nietzsche reduziert diese reich differenzierte Gruppe *nihilistisch* auf bloße *Masse* und verschärft so die graduelle Abstufung von Intelligenz und Sensibilität zum scharfen Kontrast zwischen Genie und Massenexistenz (wie Marx die sozialen Strukturen auf den Antagonismus von Bourgeoisie und Proletariat reduzierte) – und spätere Denker wie *Ortega y Gasset* (1883-1955; *Der Aufstand der Massen*) haben sich davon inspirieren lassen. Nietzsche lädt den von ihm konstruierten Gegensatz, diese grobe Verallgemeinerung, dann noch moralisch auf zur Nichtswürdigkeit des soge-

---

[731] *Zweite Unzeitgemäße Betrachtung*, Schlechta I, S. 273
[732] Ebd.
[733] Ein Textstück gleicher Tendenz und Widersprüchlichkeit stellt der Anfang von Aph.1 der im gleichen Zeitraum entstandenen 3. Unzeitgemäßen *Schopenhauer als Erzieher* (1874) dar. Eine Analyse würde hier ebenso zum Ergebnis wortreicher Gehaltlosigkeit gelangen.

nannten Massenmenschen, wofür Aphorismus 1 der dritten *Unzeitgemäßen Betrachtung: Schopenhauer als Erzieher* den Beleg abgibt.

Dort wird nämlich die Gruppe der Nicht-Genialen *toto genere* der Faulheit und Furcht in Bezug auf eigentätige Gestaltung des Lebens bezichtigt: „Wenn der große Denker die Menschen verachtet" – und dies war allerdings der Fall des Misanthropen Schopenhauer –, „so verachtet er ihre Faulheit: denn ihrethalben erscheinen sie als *Fabrikware*, als gleichgültig, des Verkehrs und der Belehrung unwürdig. Der Mensch, welcher nicht zur Masse gehören will, braucht nur aufzuhören, gegen sich bequem zu sein []"[734].

So schreibt nur jemand, der die Wirklichkeit nie unvoreingenommen betrachtet und darum nie wahrgenommen hat, welcher Einsatz an Kraft, gutem Willen und Beobachtungsgabe in einer funktionierenden Gesellschaft wirksam ist – neben den bekannten menschlichen Defekten, die man nicht verschweigen darf. Im Hintergrund von Nietzsches verzerrter Wahrnehmung steht zudem noch ein ebenfalls höchst fragwürdiges, durch Richard Wagner (mit) angeregtes, für Nietzsches gesamtes Denken essentiell werdendes *kulturkritisches* Motiv: die totale Abwertung von Geschichte und Gegenwart gegenüber der – ungeachtet des Barbarismus der Sklaverei – als Vollendung menschlicher Ganzheit interpretierten griechischen Kultur der klassischen Zeit. Diese problematische Sicht fand ihren literarisch-philosophischen Ausdruck im Erstlingswerk, der *Geburt der Tragödie*; unmittelbar greifbar wird sie in einer Nachlass-Notiz, in der es heißt: „Mein Ziel ist: volle Feindschaft zwischen unserer jetzigen <Cultur> und dem Altertum zu erzeugen. Wer der ersteren dienen will, muss das Letztere *hassen*"[735].

Wir können das Fazit ziehen: Was Nietzsche uns hier über den *Sinn des Lebens* nahebringen will, hat, so verlockend es manchem klingen mag, angesichts der zugrunde liegenden massiven Fehlurteile und seiner Reduktivität selbst *keinen konsistenten Sinn!* Und „der Mangel an historischem Sinn", den Nietzsche „als Erbfehler aller Philosophen"[736] glaubt feststellen zu können, zeigt sich als sein eigenes Manko.

Vielleicht wird aber der hier praktizierte analytische, die logische Stringenz prüfende Zugriff auf den Text den Intentionen Nietzsches nicht gerecht. Denn für Nietzsche bedeutet Philosophieren, wie Äußerungen im Briefwechsel zahlreich belegen, das Ausleben seiner Idiosynkrasien gegen die zwischen

---

[734] A. O., Schlechta I, S. 287 (Hervorh. Vf.) – Zur entsprechenden Formulierung Schopenhauers vgl. oben, Kap. VIII 5.

[735] KSA 8, S. 33; 3[68]

[736] Vgl.: „Mangel an historischem Sinn ist der Erbfehler aller Philosophen", *Menschliches, Allzumenschliches* 1, Aph. 2; Schlechta I, S. 448.

Tradition und Krise oszillierende bürgerliche Gesellschaft seiner Zeit, gegen „jene von mir so gehaßte Pseudokultur der Gegenwart"[737]. Nietzsche überlässt sich ganz seiner Lust am Aufdecken von Ambivalenzen und trügerischen Sicherheiten, entsprechend seinem *voluntaristischen* Imperativ: „Ihr sollt Chaos in euch bewahren: die Kommenden wollen sich daraus *formen*!"[738]

2.2   Nietzsches Ja zur naturwissenschaftlichen Erkenntnis

Obwohl der Begriff *Kontingenz* in Nietzsches Schriften nicht vorkommt (der nicht äquivalente Begriff des Zufalls aber sehr häufig), ist Nietzsche doch der eigentliche philosophische Promulgator der Kontingenz-Idee und zugleich der Vollender des Kontingenz-Bewusstseins: über die Radikalität seiner Einsicht führt kein Weg mehr *hinaus* – und vielleicht keiner mehr dahinter *zurück*! Nietzsche ist für unser Thema ein Glücksfall, insofern das Kontingenz-Argument das Zentrum seiner theoretischen Philosophie ausmacht. In gewissem Sinn ist er damit historisch selbst der Impulsgeber für die vorliegende Abhandlung!

Als *Implikat* seines Denkens erweist sich Kontingenz allein durch Nietzsches bereits verdeutlichtes Bekenntnis zum *Atheismus*; Leugnung Gottes und Behauptung der Kontingenz der Welt sind *Komplemente*: eine Nichtexistenz Gottes als des Schöpfers drückt das Sein der *Welt*, als Inbegriff dessen, was in Form möglicher Erfahrung *ist*, für das denkende Bewusstsein auf den Status reiner Faktizität, d. h. metaphysischer Zufälligkeit herab. Es fehlt dann, wie Nietzsche sagt, die Antwort auf die Frage nach dem *Warum*. Damit wird bei Nietzsche Kontingenz thematisch, wird vom Rhema zum Thema.

Verbunden mit dem Atheismus ist bei Nietzsche die ungeachtet gelegentlicher Problematisierung grundsätzlich bestehende Anerkennung des Realitätsbezugs sowie generell der Ergebnisse der neuzeitlichen Naturwissenschaften.

Bereits in Aph. 1 von *Menschlich, Allzumenschliches I* (1878), seiner ersten freien philosophischen Schöpfung, also an exponierter Stelle und gleichsam programmatisch für sein Werk, entwickelt Nietzsche die Idee einer „*historischen* Philosophie [als der] allerjüngsten aller philosophischen Methoden [,] welche gar nicht mehr getrennt von der Naturwissenschaft zu denken ist"[739].

---

[737] *Aus dem Nachlaß der Achtzigerjahre*, Schlechta III, S. 258
[738] KSA 10, S. 135; Frg. 4[76]
[739] A. O., Schlechta I, S. 447 (Hervorh. Vf.)

Als Aufgabe dieser Philosophie sieht Nietzsche die Aufhellung der *Genese des Gegenwärtigen*, aber dies ist ja für historisches Philosophieren überhaupt charakteristisch.

Allerdings ist dies kein Bekenntnis zum zeitgenössischen Historismus, dem Nietzsche ja in der zweiten *Unzeitgemäßen* die angeblich das ‚Leben' schwächende Überfrachtung der Kultur mit Historie angelastet hatte.

Es liegt auch auf der Hand, dass diese historische Philosophie nichts mit der von Augustinus bis Hegel gepflegten Geschichtsphilosophie mit ihrer impliziten, durch die christliche Weltsicht geprägten Heils-*Teleologie* zu tun hat, wie sie uns auch noch bei Herder und Lessing begegnete. Vielmehr ist das Gegenteil der Fall: Nietzsches Ansatz sucht Teleologie zu destruieren, in Kontingenz zu überführen und damit die von den Naturwissenschaften gemachten Vorgaben philosophisch einzuholen. Wenn Nietzsche in der *Götzen-Dämmerung* (1888), seiner vorletzten sachhaltigen Schrift aus dem letzten Jahr seiner philosophischen Produktion, im Aphorismus *Anti-Darwin* feststellt: „Darwin hat den Geist vergessen"[740], so ist das kein idealistischer Einspruch gegen die Naturalisierung des Menschen, sondern vielmehr eine Kritik an Darwins Mangel an Konsequenz, nicht auch noch den ‚Geist' historisch und physiologisch, als kontingentes Produkt der Natur interpretiert zu haben. Hier sieht Nietzsche die eigene Aufgabe; er will sozusagen der *Darwin der Philosophie* werden.

Als *Darwinismus des Geistes* hat die von Nietzsche imaginierte historische Philosophie deshalb zu fragen: „*Wie kann etwas aus seinem Gegensatz entstehen*, zum Beispiel Vernünftiges aus Vernunftlosem, Empfindendes aus Totem, Logik aus Unlogik, interesseloses Anschauen aus begehrlichem Wollen, Leben für andere aus Egoismus, Wahrheit aus Irrtümern?"[741].

Das mag zunächst seltsam klingen, bezeichnet aber, *mutatis mutandis*, die Situation, vor die sich die Philosophie durch die voraussetzungslos verfahrende Naturwissenschaft gestellt sieht. Es genügt, an die Evolutionstheorie zu denken, die die Geschichte des Lebendigen als Entwicklung der höheren aus den niedrigeren Lebensformen erklärt und damit *nolens volens* ein teleologisches Element unterstellt, das durch die von ihr angeführten Faktoren Mutation und Selektion nicht gedeckt ist. Und die Frage der Entstehung von ‚Empfindendem aus Totem', also von Lebewesen aus der diesen ja notwendig vorhergehenden Materie, trieb schon die vorsokratische Naturphilosophie und Aristoteles um.

---

[740] A. O., Aph. 14; Schlechta II, S. 999
[741] Ebd. (Hervorh. Vf.)

Nietzsches Fragestellung erinnert zudem an die romantische Naturphilosophie. Diese begegnete uns in Schellings These, aus dem „Verstandlosen [sei] im eigentlichen Sinne der Verstand geboren"[742] sowie als das von Schopenhauer nicht gelöste Problem, wie durch das blinde Wirken des Willens zweckvoll Organisiertes hervorgebracht werden könne. Nietzsche verallgemeinert diese Problemstellung, indem er sie zu der Frage zuspitzt, wie etwas *aus seinem Gegensatz* entstehen kann. Das mag man als Nietzsches *Dialektik* bezeichnen, aber wie seine Beispiele zeigen, hat sie nichts mit der von Hegel entwickelten Begriffsdialektik zu tun. Wir können, ebenfalls in allgemeiner Form, auch die Lösung vorwegnehmen, auf die Nietzsche stoßen wird: Er wird, wie nicht anders möglich, wenn man Teleologie verwirft, überall Kontingenzen am Werk sehen!

Ergänzend sei noch auf den systematischen Ort dieses Konzepts historischer Philosophie im Gesamtwerk Nietzsches hingewiesen. Kant hatte im Anschluss an ältere, ja antike Traditionen die Einteilung der Philosophie in einen theoretischen und einen praktischen Zweig explizit gemacht. Dem *theoretischen* Teil kommt dabei die Erfassung dessen zu, was ist, sei es in ontologischer, naturphilosophischer oder erkenntnistheoretischer Hinsicht. Der *praktische* Teil hat den Bereich menschlichen Handelns als normativ geleitete Praxis zum Gegenstand. Auf Nietzsche bezogen, lässt sich sagen, dass sein *historisch-genetischer* Ansatz den Kern seiner relativ schwach ausgebildeten theoretischen Philosophie bildet. Mit diesem Ansatz erklärt sich Nietzsche, fragwürdig genug, *was die Wirklichkeit ist*, auf diese Analyse baut er den ihn viel stärker interessierenden praktischen Teil, den Entwurf dessen, *was werden soll*.

Die ‚neue' historische Philosophie Nietzsches ist polemisch gegen die tradierte „metaphysische Philosophie, [] insofern [diese] die Entstehung des einen aus dem anderen leugnete und für die höher gewerteten Dinge einen Wunderursprung annahm, unmittelbar aus den Kern und Wesen des <Dinges an sich> heraus"[743]. In der Tat wurde ja das höchstgewertete dieser Dinge, der ‚Geist', seit Platon und Aristoteles am *hyperouránios topos*, dem ‚überhimmlischen Ort'[744] bzw. als *quinta essentia*[745] verortet, bis ihn schließlich Hegel, in Vollendung dieser Tradition, zum *An und für sich* erhob – eine Sicht, die unser sich im Endlichen verstrickender Blick kaum mehr nachzuvollziehen (ver)mag.

---

[742] *Über das Wesen der menschlichen Freiheit*, a. O., S. 72; vgl. auch oben, Kap. VII.
[743] Ebd.
[744] Vgl. *Phaidros* 247 b-d
[745] *De caelo* 270 b 23

In der Destruktion dieses transzendenten, von Nietzsche so genannten ‚Wunder-Ursprungs‘ der Geistsphäre durch historisch-genetische Reduktion auf Natürlich-Empirisches sieht Nietzsche die ihm zugefallene Aufgabe; sie ist für ihn der Kern seiner *„wesentlichen philosophischen Heterodoxie"*, wie er seine Position in einem späten Brief an den Freund *Franz Overbeck* charakterisiert[746].

In seiner zweiten Schrift, der *Morgenröte* (1881), spricht Nietzsche dann geradezu euphorisch von dem „Entzücken, welches schon beim kleinsten sichern [sic!] endgültigen [n.b.!] Schritt und Fortschritt der Einsicht entsteht und welches aus der *jetzigen Art der Wissenschaft* so reichlich und schon für so viele herausströmt"[747]. Dass Nietzsches Eloge auf die Naturwissenschaften zielt, liegt wiederum auf der Hand, wird aber auch durch die im Text folgende Feststellung bestätigt, dass „dieses Entzücken einstweilen von allen denen nicht *geglaubt* [wird], welche sich daran gewöhnt haben, immer nur beim Verlassen der Wirklichkeit, beim Sprung in die Tiefen des Scheins entzückt zu werden"[748]. Dies ist offenbar gegen die in die ‚Tiefe der Transzendenz‘ fliehenden ‚Metaphysiker‘, Schopenhauer eingeschlossen, gerichtet – denen der Nietzsche der *Geburt der Tragödie* selbst noch Reverenz erwiesen hatte, indem er als wieder herzustellenden Sinn der Tragödie den durch sie ausgelösten *dionysischen*, die Schranken der Individuation niederreißenden Rausch der Einheit mit dem Abgrund des Seins propagierte!

Nun aber hört für Nietzsche der ‚Schein‘, das heißt die erscheinende Welt, auf, bloßer, über das Unergründliche geworfener *Schleier der Maja* (Schopenhauer) zu sein, vielmehr erweist er sich als Ausgangspunkt vielversprechender empirischer Forschungen, die unser Bild der Welt definitiv verändern. Nicht mehr der große Sprung in die Tiefe des Ursprungs ist es, der, wie noch in der *Geburt der Tragödie*, Nietzsche nun fasziniert, sondern die „sichern endgültigen" Schritte, die echten „Fortschritt der Einsicht" verbürgen. Damit ist auch die Trennung von der Schopenhauerschen Metaphysik im Prinzip vollzogen.

Unabhängig von der Beantwortung der Gottesfrage ist Nietzsches Anerkennung der Triftigkeit naturwissenschaftlicher Erkenntnis allerdings alternativlos, denn auch der durch die wissenschaftliche Entwicklung sich ziehende Prozess der Korrektur (‚Falsifikation‘) von Einsichten ist ja keine Widerlegung schlechthin, sondern hat die im Gang der Forschung formulierten Theoreme jeweils selbst zur Voraussetzung. Zum Beleg: Ohne die vorsokratische Idee

---

[746] Brief vom Sept. 1888, vgl. Schlechtas *Philologischen Nachbericht*, a. O., Bd. III, S. 1401.
[747] A. O., Aph. 550; Schlechta I, S. 1270 (Hervorh. Vf.)
[748] Ebd.

eines räumlich entfalteten Kosmos als des Weltganzen hätte es die Frage nach dessen Zentrum nicht gegeben und ohne diese nicht das geozentrische Theorem, das wiederum die notwendige Voraussetzung der heliozentrischen Korrektur war, die ihrerseits zur heutigen azentrischen und dynamischen Hypothese führte.

Daraus folgt: Wie die Naturwissenschaften uns die Welt *zeigen*, so *ist* sie uns, und das gilt nicht nur für Nietzsche, sondern für alle Verständigen. Ob sich aus dieser Anerkennung zwingend eine Leugnung Gottes ergibt, sei dahingestellt. Einen Hinweis, dass hier Probleme liegen könnten, gibt schon die einschränkende Bezeichnung als Wissenschaften von der *Natur*. Natur als ein zwar essentieller Bereich, aber eben nur *Bereich* dessen, was wir im Sinne einer uralten Tradition als das *Sein* bezeichnen, ist, auch wenn wir alle Register der sog. *Autopoiese* ziehen, *nicht* selbstproduzierend, sondern bedarf ihrerseits der Fundierung in einem Anderen; salopp gesagt: der *Big Bang* generierte sich nicht selbst.

Auch Spinozas Auskunft *Deus sive Natura* führt nicht wirklich aus dem Dilemma heraus, sondern vertieft es im Gegenteil durch Reduktivität. Sein metaphysisches Programm, alles Geschehen auf strenge Kausalität zurückzuführen, lässt sich empirisch nicht durchführen, sondern verfängt sich bei den avancierten Positionen, etwa der Evolutions- oder der Quantentheorie, in den von diesen namhaft gemachten Kontingenzen.

Wir können auch an die Stelle des soeben ausgeführten *ontologischen* Arguments der Unhintergehbarkeit des Seins ein *erkenntnistheoretisches* setzen und mit einer gelungenen Formulierung *W. Röds* sagen, „daß die physischen Vorgänge, wie alles Materielle, Manifestationen einer Wirklichkeit sind, die reicher ist als das, was die Naturwissenschaften an ihr erfassen"[749].

Die *Naturwissenschaften* jedenfalls werden der große Treiber für die Entstehung des Kontingenzbewusstseins. Nicht, dass sie Kontingenz propagieren, solche Stellungnahmen liegen als philosophische außerhalb ihrer Praxis. Derartige Positionierungen finden sich allerdings bei einzelnen wissenschaftlichen Vertretern, die es zur Philosophie, also zur Formulierung *grundsätzlicher Überzeugungen*, hinzieht und die sich berufen fühlen, aus den empirisch gewonnenen Aussagen der Wissenschaft allgemeine Folgerungen für das Wesen von Welt, Natur und Mensch zu deduzieren. Ob solche Forscher, Männer wie *Erich Haeckel, Konrad Lorenz, Jacques Monod, Richard Dawkins, Steven Hawkings*

---

[749] W. Röd: *Die Philosophie der Neuzeit* (München ²1999), Bd. 1, S. 237 – Röds Bemerkung fällt in seiner Zusammenfassung der Philosophie Spinozas und steht im Kontext seiner Abweisung einer naturalistischen Verkürzung des großen, auch von Nietzsche hochgeschätzten Metaphysikers.

und zahlreiche andere, gleichermaßen führende Köpfe auf ihrem jeweiligen Fachgebiet sind, sei dahingestellt. Jedenfalls erlangen sie durch die lebensweltliche Ausdeutung wissenschaftlicher Einsichten ein hohes Maß an Bekanntheit und werden damit zu *Katalysatoren* des Kontingenzbewusstseins. Dieses lässt sich, unter Verwendung eines berühmten Buchtitels von Jacques Monod, als die Überzeugung bestimmen, dass die Wirklichkeit ein Produkt aus den Faktoren *Zufall und Notwendigkeit* darstellt, *Notwendigkeit* im Sinne von Naturgesetzlichkeit, natürlicher Bedingtheit verstanden[750]. Der Titel verdeutlicht den Bezug von Monods Ansatz zu Darwins Evolutionstheorie mit ihren Faktoren von (zufälliger) *Mutation* und (durch Zwangsläufigkeiten gesteuerter) *Selektion*.

Treiber von Kontingenz werden die Wissenschaften dadurch, dass sie ältere Anschauungen, die aus der Perspektive der Bewältigung von Kontingenz konzipiert waren, *obsolet* werden lassen. Der Vorgang an sich ist auch allgemein bekannt (wenn auch nicht gleichermaßen bewusst), handelt es sich doch um das vorherrschende denkgeschichtliche Ereignis des neuzeitlichen Europa, mit tendenziell globaler Relevanz.

Der folgende Exkurs wird die durch die naturwissenschaftlichen Erkenntnisse bewirkten Veränderungen im topischen Weltbild veranschaulichen, indem er Aspekte der traditionellen Weltvorstellungen mit einigen fundamentalen, weltbildrelevanten neueren Einsichten kontrastiert.

2.3 Exkurs: Traditionelle Konzeptionen der Sinnstiftung und deren naturwissenschaftliche Destruktion

Die maßgebenden auf Ausschließung von Kontingenz zielenden Konzeptionen waren für das sogenannte Abendland die biblische *Genesis* bzw. die *Bibel* als ‚Wort Gottes' insgesamt, ferner die griechische *Mythologie* sowie auch die klassischen philosophischen Konzeptionen des *Platon* und des *Aristoteles*. Die beiden letzteren sahen geradezu das Wesen der Philosophie durch die Intention bestimmt, das menschliche Dasein durch Sinnstiftung denkend der Zufälligkeit zu entziehen und damit den Verlust der Glaubwürdigkeit des homerischen Mythos aufzufangen und zu kompensieren. Ihre Intention auf Stiftung einer Gesamtanschauung des Seins, die auch die Antwort auf *letzte* Fragen

---

[750] J. Monod: *Zufall und Notwendigkeit. Philosophische Fragen der modernen Biologie* [*Le hasard et la nécessité*], München ⁸1988

gibt, erhielt die Bezeichnung *Metaphysik* und wurde maßgebend für alle späteren gleichgerichteten Bemühungen.

Ins Auge springt die Intention der Kontingenzbewältigung in der biblischen *Genesis*. Als Ursprung von Welt und Mensch wird göttliche *Schöpfung*, d. h. ein auf gutes Gelingen, ja Vollkommenheit zielendes, planmäßig verfahrendes und in seiner Abfolge klar gegliedertes Handeln eines imaginierten göttlichen Subjekts angesetzt. Hier ist kein Platz für Zufall, die Welt *ist* so, wie Gott sie *wollte* – und „Gott sah, daß es gut war"[751]. Lediglich der Mensch trägt durch seine Eigenmächtigkeit ein negatives Moment in die Schöpfung. Die hier liegende Inkonsequenz, dass Gott selbst seiner guten Schöpfung eine negative Potenz und damit ein kontingentes Moment implementierte bzw. dieses nicht zu hindern vermochte, wird Basis des Messias-Glaubens und hat die Theologie durch die Jahrhunderte unter Titeln wie *Cur Deus homo?*[752] beschäftigt.

Darüber hinaus blendet dieser Schöpfungs-Mythos den das Naturgeschehen durchwaltenden, die Tiere und *cum grano salis* auch die Pflanzen involvierenden Kampf ums Dasein, die Schrecklichkeit des wechselseitigen Fressens und Gefressenwerdens aus, die Schopenhauers Pessimismus inspirierte, ebenso auch die katastrophischen Ereignisse klimatischen und geologischen Ursprungs, deren Ursachen natürlich zumeist unbekannt waren. Die Gewaltsamkeit letzterer ignorierte man oder deutete sie, wie die sog. *Sintflut*, als Strafmaßnahmen Gottes für menschliche Unbotmäßigkeit. Das ist übrigens ein Deutungsmuster, von dem christliche Fundamentalisten, angesichts der ja tatsächlich durch Tun bzw. mit Zutun des Menschen ausgelösten Klimakrise, wieder eifrig Gebrauch machen.

Auch in der *griechischen Mythologie* ist für Kontingenz im Sinne einer Grundlosigkeit des Daseins wenig Raum. Denn auch hier werden gezielt und bewusst wirkende Kräfte in Form göttlicher, zwischen Personalität und Naturprinzipien oszillierender Agenten bzw. Agenzien vorgestellt. Das Kontingente gibt es jedoch auch hier, allerdings entspringt es nicht so sehr menschlicher Fehlhaltung wie in der Bibel, sondern mehr einem mitunter willkürlichen Gegeneinander der göttlichen Protagonisten, einem Gegeneinander, das Nietzsche, wie ich glaube zu Recht, als für den Menschen entlastend beurteilt, insofern es den Ursprung der das Leben kennzeichnenden Widersprüche nicht in den Menschen, sondern auf die höhere, göttliche Ebene verlegt. Kontingenz in Form von Unvorhersehbarkeit und Unsicherheit der Lebensverhältnisse

---

[751] *Genesis* 1,21 *passim*
[752] So eine Schrift Anselms von Canterbury (gest. 1109)

resultiert aus dem Wirken der keiner nachvollziehbaren Ratio unterworfenen, *per definitionem* inkommensurablen Mächte des Schicksals (*moira, ananke, tyche*), die unberechenbar, zerstörerisch und im Ausnahmefall auch beglückend über den Menschen hereinbrechen. Diesen Mächten müssen sich auch die Götter beugen[753].

Die Schicksalsvorstellung allerdings stiftet und bewältigt Kontingenz gleichermaßen. Sie konfrontiert den Menschen mit dem Unvorhersehbaren, Zufälligen, bindet dieses aber zugleich in eine höhere Ordnung ein: Geschehen kann nur, was das Schicksal dem Menschen zumisst, was es über ihn ‚*verhängt*‘ (vgl. ‚*Verhängnis*‘). Die griechische Tragödie war die dichterische Manifestation dieser Erlebnisweise, und deren Intention war *Katharsis*, d. h. durch Aufzeigen des nicht Beherrschbaren den Menschen vor *Hybris* zu bewahren – eine später vom Christentum mit anderen Mitteln fortgeführte Intention.

In der dem Walten dieser Mächte inhärierenden Notwendigkeit ist auch die spätere, die Wissenschaften fundierende Idee der den Naturprozessen eigenen *Determiniertheit* präformiert. Dieser Zusammenhang belegt auch, dass Determination und Kontingenz einander nicht ausschließen: Was im Schicksalsglauben und im Naturgeschehen als notwendig angesetzt wird, entzieht sich, wie etwa noch heute Erdbeben und Vulkanausbrüche, der Voraussicht bzw. vorbeugender Einflussnahme und wird deshalb als kontingent, als unabwendbare Schickung erlebt – unbeschadet der diversen wahnhaften antiken Praktiken, die Kontingenzen ‚in den Griff‘ zu bekommen, also der Orakel, Beschwörungen und Gebete aller Art[754].

Bei Platon und Aristoteles (wie zumeist auch in der neuzeitlichen Metaphysik) wird die Kontingenz durch Annahme einer *teleologischen* Struktur der Natur eskamotiert. Diese äußert sich in Platons Dialog *Timaios* in der Ansetzung eines die Welt auf der Basis einer hoch spekulativ konzipierten mathematischen *Ratio* als harmonisches Ganzes hervorbringenden göttlichen *Demiurgen* und bei Aristoteles u. a. in dem optimistischen Gedanken, die *Natur* tue

---

[753] Vgl. dazu oben, Kap. II.

[754] Ein interessantes Beispiel ist etwa des *Theokrit* (um 270 v. Chr.) Gedicht *Die Zauberin*, in dem ein junges Mädchen versucht, den offenbar abtrünnigen Geliebten durch allerlei magischen Schnickschnack zu sich zurück zu zwingen. – Überhaupt folgt ja auch das *Gebet*, nüchtern betrachtet, der Logik des *Placebo*. Als ein Sprechen in einen schalltoten Raum hinein, stärkt es lediglich den Betenden, allein durch die Artikulation von Not oder Dank. Ein interessantes Exempel für diesbezügliche Bewusstlosigkeit (vielleicht auch ‚Priesterbetrug‘) lieferte der türkische Präsident Erdogan, als er nach dem verheerenden Erdbeben des Jahres 2023 gemeinsam mit den Betroffenen betete, Allah, der ja offensichtlich ungerührt Zehntausende hatte sterben lassen, möge doch von der Schickung von Nachbeben absehen!

nichts ohne Grund und habe ihre Geschöpfe zweckvoll gestaltet[755]. Beide Aspekte ließen sich zwanglos mit der biblischen Schöpfungserzählung verbinden, was sich in der Adaption dieser Autoren durch die christliche, insbesondere die mittelalterliche Theologie manifestiert.

All diese zwecks Begrenzung der Kontingenz entwickelten und zum Teil naivem Vorstellen entsprungenen Konstruktionen, die die europäische Menschheit Jahrhunderte hindurch in eine feste Ordnung eingebunden und ihr weltanschaulich Halt gegeben hatten, erodieren im Laufe der neuzeitlichen Wissenschaftsentwicklung. Im 15. Jahrhundert beginnt der Zerfall des dem Menschen eine zentrale Stellung in der Welt zuweisenden *geozentrischen* Weltbilds, der Kosmos *entgrenzt* sich unabsehbar und die Erde rückt zunächst aus der Zentralposition in die Rolle eines bloßen Trabanten ihrer Sonne und sodann mitsamt dem Sonnensystem in eine nicht nur marginale, sondern geradezu verschwindende Position im Weltall: heutiger Stand der Wissenschaft ist die Annahme, dass allein unsere ,Heimatgalaxie' 300 Milliarden Sonnen und dass das Universum sage und schreibe 100 Milliarden Galaxien umfasst. Aus den wenige zehntausend Kilometern *Durchmesser*, die die griechischen Astronomen dem Kosmos konzedierten, ist, über den Umweg des von *Isaac Newton* angesetzten unendlichen homogenen Raums (und der ebenso gedachten Zeit), bis heute eine vollkommen unvorstellbare Ausdehnung von fast 10 Milliarden Lichtjahren geworden. Das *Alter* der Welt, aus den Angaben im Alten Testament von der Schöpfung bis auf unsere Zeit mit ca. 6000 Jahren zu extrapolieren – und diese Angabe wurde bis weit in die Neuzeit hinein nicht infrage gestellt –, wird heute von der Astrophysik mit fast 14 Milliarden Jahren angesetzt[756]. Als physikalischer Anfang der Welt (wir wissen von *keinem anderen*) wird, wie oben angedeutet, der sich ebenfalls der Vorstellung entziehende *Urknall* (*Big Bang*) angenommen, in dessen Folge sich die Urmaterie in einem zwischen Zufall und Notwendigkeit oszillierenden Prozess in das Universum, das wir kennen, umgesetzt hat[757].

Die Revolution der Vorstellungen vom Kosmos wird ergänzt durch eine tiefgreifende Änderung der Anschauungen von der Ordnung des Lebendigen

---

[755] Vgl. *Politik* 1253a

[756] Im Sinne der tradierten Auffassung lässt z. B. noch Herman Melville in seinem 1851 erschienenen *Moby Dick* humorvoll seinen Helden vom „alten, vor sage und schreibe sechzig Jahrhunderten gestorbenen Adam" sprechen (*Moby Dick o la Balena*. Milano 2002, S. 66). Selbst diese Zeitspanne wurde als ungeheuer empfunden!

[757] Diverse, naturwissenschaftliche Ergebnisse popularisierende Literatur gibt dem Laien genauere Auskunft; vgl. etwa, mit philosophischem Hintergrund: K. Sumereder: *Erweiterter Horizont – Im Labyrinth der Lebensrätsel* (Norderstedt 2007). Vgl. ferner die vom gleichen Autor zahlreich in den *Genius-Lesestücken* publizierten Abhandlungen.

und der Prinzipien seiner Entstehung. Um die Mitte des 19. Jahrhunderts gibt *Charles Darwin* mit seiner bereits angesprochenen Theorie der Evolution, die zur Grundlage aller späteren Biologie wird, der alten Vorstellung von der Konstanz der Arten und damit dem Mythos ihrer gezielten ‚Erschaffung' den Todesstoß. Indem die auf Darwins Theorie basierende neuere Biologie in dem Zusammenwirken von zufälliger genetischer *Mutation* und durch Anpassungszwang determinierter *Selektion* das den Prozess der Artenbildung bestimmende Prinzip sieht, dringt ein Moment der Kontingenz in den evolutionären Prozess selbst ein, das sogar die Sonder-Existenz des Menschen, dieses *Zwecks an sich selbst* (Kant), als eines bloßen Produkts der Evolution kompromittiert.

Mit der Einsicht in die Evolution des Kosmos und die des biologischen Lebens setzte sich die Idee der Geschichtlichkeit der Natur auch in anderen Feldern der Naturforschung unter Einschluss des Menschen als Naturwesen durch.

Im Jahr 1856 war mit der Entdeckung des Neandertaler-Menschen erstmals die Hypothese der Existenz ausgestorbener frühzeitlicher Menschenarten als physiologischer Vor- oder Parallelformen des dann als *Homo sapiens* klassifizierten Menschen der historischen Zeit bzw. als Zwischenglied zwischen Letzterem und den Primaten formuliert worden und hatte um 1870 Anstoß gegeben zur Ausbildung der *Paläoanthropologie* als der Wissenschaft des Studiums „verlorener menschlicher Rassen" (so die Definition des Mitbegründers der Forschungsrichtung *Clémence Royer*[758], 1879), einer Wissenschaft also, die die Genese des Menschen mittels naturwissenschaftlicher Methodik objektiviert. Die Paläoanthropologie *etabliert* sich als Wissenschaft, d. h. stellt sich *auf Dauer* und liefert, auf der Basis immer neuer Fossilienfunde, zunehmend subtilere Hypothesen über das Hervortreten von *Homo* innerhalb der *Hominiden*. Ein Abschluss solcher Forschung ist unmöglich, da die empirische Verfahrensweise die Entdeckung eines sozusagen ‚absoluten' Fossils ausschließt; es sind stets neue, die aktuell gültige Erklärung korrigierende (‚falsifizierende') bzw. differenzierende Funde möglich. Allenfalls ist ein durch Mangel an neuen Funden bedingtes Sich-Erschöpfen der Forschungsenergie zu erwarten.

Schließlich sei noch auf die den Zeitaspekt schon im Namen tragende Wissenschaft der *Geochronologie* verwiesen, die die Geschichte der Erde als eines der Planeten der Sonne rekonstruiert. Sie setzt an mit der gleichzeitigen Entstehung von Sonnensystem und Erde vor ca. 4,5 Milliarden Jahren und verfolgt den Entwicklungsprozess der von der Formierung des Erdkörpers über

---

[758] Zit.: Art. *Paläoanthropologie*, Wikipedia, Stand 04/2024

die Bildung der Urhydrosphäre und Uratmosphäre durch die Abfolge der geologischen Stadien bis zur Herausbildung und Transformation von Leben und gliedert die unterschiedenen Phasen in die sog. *Erdzeitalter*. Mit dem Auftauchen sichtbaren tierischen Lebens vor etwa 500 Millionen Jahren setzt der ‚kontinuierliche Fossilbericht' ein, der den Forschern die Grundlage für ihre Rekonstruktionen bietet. Diese führen von den ersten Fischen vor 470 Mill. Jahren über die frühesten Säuger vor 200 Mill. Jahren, die Dinosaurier vor 150 Mill. Jahren bis zum Auftreten der Gattung *Homo* vor zwei Mill. Jahren, zum *Homo sapiens* vor 200.000 Jahren und zum Beginn des Ackerbaus vor gerade einmal 10.000 Jahren.

Mit der Einsicht in den von Zufällen durchsetzten bzw. auf keinen naturwissenschaftlich eruierbaren *logos* zurückzuführenden Entwicklungsprozess des Lebens, dem Entstehen und Vergehen von Arten, musste auch die teleologische Perspektive auf den Menschen erodieren; dessen Dasein muss als ein keinerlei Dauer verbürgendes und somit letztlich kontingentes Ereignis innerhalb der Naturgeschichte aufgefasst werden – ein Gedanke, der uns zu Nietzsche zurückführt, welcher diese Einsicht mit einer Radikalität rezipiert und verwertet, wie kein anderer zeitgenössischer und neuerer Philosoph.

2.4 Kontingenz des Menschen im Kosmos

Nietzsche ist natürlich nicht der erste Philosoph, den die im naturwissenschaftlichen Fortschritt liegende Gefahr der Ortlosigkeit und Unbehaustheit des Menschen in der grenzenlosen Weite des Kosmos, aus der Außenperspektive betrachtet: sein Verschwinden im Nichts, in Unruhe versetzt. Bereits *Immanuel Kant*, der mit seiner *Allgemeinen Naturgeschichte und Theorie des Himmels* (1755) selbst einen der ersten Versuche vorgelegt hatte, den Kosmos nicht als Tat göttlicher Schöpfung, sondern philosophisch-naturgeschichtlich als Resultat der Entwicklung von Ordnung aus einem „diffusen Anfangszustand der Materie"[759] zu denken, hatte im *Beschluß* seiner *Kritik der praktischen Vernunft* (1788), d. h. an durchaus prominenter Stelle, seiner Bestürzung Ausdruck gegeben über das Marginale und Ephemere des menschlichen Individuums angesichts der ungeheuren Dimensionen der Gesamtnatur, ohne allerdings den Menschen in solcher Kontingenzfalle verschmachten zu lassen.

Kant führte aus: „*Der bestirnte Himmel über mir, und das moralische Gesetz in mir.* Beide darf ich nicht als in Dunkelheiten verhüllt, oder im Überschweng-

---

[759] G. Irrlitz: *Kant-Handbuch*. Stuttgart 2002, S. 83

lichen, außer meinem Gesichtskreise, suchen und bloß vermuten; ich sehe sie vor mir und verknüpfe sie unmittelbar mit dem Bewußtsein meiner Existenz [] Der erstere Anblick einer zahllosen Weltenmenge vernichtet gleichsam meine Wichtigkeit, als eines *tierischen Geschöpfs*, das die Materie, daraus es ward, dem Planeten (einem bloßen Punkt im Weltall) wieder zurückgeben muß, nachdem es eine kurze Zeit (man weiß nicht wie) mit Lebenskraft versehen gewesen. Der zweite erhebt dagegen meinen Wert, als einer *Intelligenz*, unendlich, durch meine Persönlichkeit, in welcher das moralische Gesetz mir ein von der Tierheit und selbst von der ganzen Sinnenwelt unabhängiges Leben offenbart []"[760].

Was sagt uns Kant? Nun, rein nach der ,animalischen', d. h. leiblichen Seite betrachtet, müsste der Mensch verzweifeln ob seiner Nichtigkeit angesichts der kosmischen Unendlichkeit; das Bewusstsein seiner *Wichtigkeit*, seiner individuellen Bedeutung, das die unabdingbare Grundlage des Jasagens zu sich selbst und zur Welt darstellt, würde unterminiert; *Ich*, allgemein verstanden, wäre nichts als eine kontingente Partikel im universellen Materie-Strom. Zweifel, ja Verzweiflung am Fehlen jedes objektiven Werts, d. h. *Nihilismus*, wären die Folge. Als einziger Sinn bliebe der *hedonistische Kalkül*, d. h. der Versuch, dem flüchtigen Dasein in der Kürze der Zeit so viel Lebensgenuss als möglich abzutrotzen. Tendenzen dieser Art in unserer Gegenwart sind nicht zu übersehen!

Aber Kant bleibt dabei nicht stehen, es ist nicht sein letztes Wort in der Sache. Er findet vielmehr im Menschen einen objektiven, über die Vergänglichkeit erhabenen Gehalt, den er in Anlehnung an die philosophische Tradition als *Intelligenz* bezeichnet und der sich für ihn spezifisch im Faktum des moralischen Bewusstseins manifestiert.

Intelligenz, Persönlichkeit, moralisches Bewusstsein sind nach Kant die Wahrnehmungen, die der Mensch unmittelbar an sich selber macht, in denen er seine Verschiedenheit von allem nicht-menschlichen Seienden realisiert und die ihn, ungeachtet seiner Vergänglichkeit, das Dasein als sinnhaft erleben lassen.

Während Kant in der intelligenten Natur des Menschen ein ausreichendes Kompensat zur leiblichen Vergänglichkeit und der dadurch bedingten Kontingenz-Gefahr sieht, entfaltet Nietzsche die Konsequenzen der kosmologischen Situation in dramatischen Bildern. In der Einleitung der frühen, um die

---

[760] A. O., TWA VII (Wiesbaden 1956), S. 300 (A 289f.) – Das vorstehende Zitat aus Kants *Kritik der praktischen Vernunft* wurde mir in Erinnerung gerufen durch die Lektüre eines Aufsatzes meines naturphilosophisch orientierten Freundes Dr. Karl Sumereder, Innsbruck, dem ich an dieser Stelle herzlich für die Anregung danke.

Jahreswende 1872/73, also noch in der Zeit seiner Nähe zu Schopenhauer und Wagner entstandenen und tief polemischen Abhandlung *Wahrheit und Lüge im außermoralischen Sinne*[761] führt er dies aus:

„In irgend einem abgelegenen Winkel des in zahllosen Sonnensystemen flimmernd ausgegossenen Weltalls gab es einmal ein Gestirn, auf dem kluge Tiere das Erkennen erfanden. Es war die hochmütigste und verlogenste Minute der <Weltgeschichte>: aber doch nur eine Minute. Nach wenigen Atemzügen der Natur erstarrte das Gestirn, und die klugen Tiere mußten sterben. – So könnte jemand eine Fabel erfinden und würde doch nicht genügend illustriert haben, wie kläglich, wie schattenhaft und flüchtig, wie zwecklos und beliebig sich der menschliche Intellekt innerhalb der Natur ausnimmt. Es gab Ewigkeiten, in denen er nicht war; wenn es wieder mit ihm vorbei ist, wird sich nichts begeben haben. Denn es gibt für jenen Intellekt keine weitere Mission, die über das Menschenleben hinausführte. Sondern menschlich ist er, und nur sein Besitzer und Erzeuger nimmt ihn so pathetisch, als ob die Angeln der Welt sich in ihm drehten. Könnten wir uns aber mit der Mücke verständigen, so würden wir vernehmen, daß auch sie mit diesem Pathos durch die Luft schwimmt und in sich das fliegende Zentrum dieser Welt fühlt. Es ist nichts so verwerflich und gering in der Natur, was nicht durch einen kleinen Anhauch jener Kraft des Erkennens sofort wie ein Schlauch aufgeschwellt würde; und wie jeder Lastträger seine Bewunderer haben will, so meint gar der stolzeste Mensch, der Philosoph, von allen Seiten die Augen des Weltalls teleskopisch auf sein Handeln und Denken gerichtet zu sehen"[762].

Es ist schwer, sich der Suggestivkraft dieser Bilder zu entziehen, und wer misanthropisch gestimmt ist, wird destruktiven Genuss aus Nietzsches Philippika gegen menschlichen Verstandesstolz und Philosophenhochmut ziehen, auch wenn das argumentativ ohne Belang ist.

Wenn auch der Grad von Nietzsches Vertrautheit mit dem Kantischen Werk nicht genau zu bestimmen ist - mitunter wird die Vermutung geäußert, er habe Kant nur aus der umfangreichen Darstellung innerhalb der vielbändigen Philosophiegeschichte des Neukantianers *Kuno Fischer* (1824-1907) rezipiert[763] - so scheinen die vorliegenden Ausführungen doch geradezu als

---

[761] Vgl. Schlechta III, S. 309-322

[762] Schlechta III, S. 309

[763] Vgl. in diesem Sinne etwa G. Vattimo: *Nietzsche – eine Einführung* (Stuttgart/Weimar 1992), S. 99 – Nietzsche selbst erwähnt Kuno Fischer einmal in der *Genealogie der Moral*, wo er ihn als einen der Ausleger Spinozas anspricht und ihm ein gewolltes Missverstehen von Spinozas Zurückweisung eines alles *„sub ratione boni"* wirkenden Gottes

Gegenentwurf und jedenfalls rhetorische Überbietung von Kants Reflexion konzipiert. Es ließe sich ein Stilvergleich zwischen beiden thematisch gleichartigen Passagen durchführen, wozu hier nicht der Ort ist. Einige Andeutungen mögen genügen: Beide Texte sind zentriert um die (bei nächtlicher Betrachtung) tief beeindruckende Unermesslichkeit der Gestirnwelt einerseits und den Menschen qua denkende Intelligenz andererseits.

Aber während Kant seine Überlegungen in der Haltung persönlicher Betroffenheit entfaltet, wählt Nietzsche, wie er selbst definiert, die Form der *Fabel*, also die klassische Form, menschliche Verhältnisse am Verhalten von Tieren zu exemplifizieren, der er in einem zweiten Schritt, für die Fabel nicht unüblich, die Auslegung, die ‚Moral der Geschichte‘, folgen lässt.

Die Tiere werden allerdings hier nicht, wie normalerweise in der Fabel, artmäßig spezifiziert, sondern generisch bezeichnet und geben sich durch den Kontext – als ‚kluge Tiere, die das Erkennen erfanden‘ – sogleich als Metapher für den Menschen zu erkennen. Dass mit den Worten „Es war die hochmütigste und verlogenste Minute der <Weltgeschichte>“ bereits mitten in der Erzählung eine extreme Wertung eingeschoben wird, sprengt die Fabelform definitiv und enthüllt Nietzsches Rede als rein metaphorisch. Damit, dass er den Begriff *Weltgeschichte* in Anführungszeichen setzt, signalisiert der Autor zudem, dass es sich hier nicht um die übliche Metapher für die paar Jahrtausende überschaubarer Menschheitsgeschichte handelt[764], sondern dass der Terminus im *eigentlichen* Sinne, zur Bezeichnung der Geschichte der Welt qua Kosmos, gebraucht ist.

Kant setzt in seiner Reflexion zwar den einzelnen Leib als vergänglich, was die Annahme der Konstanz der Gattung impliziert und entwirft noch ein klassisch-statisches Bild des Kosmos („der gestirnte Himmel über mir“). Dagegen zieht Nietzsche die radikale Konsequenz aus den von Kant mit beförderten Einsichten in das Gewordensein der physischen Welt, in das Entstehen und Vergehen auch von Himmelskörpern und dynamisiert das Universum radikal: Der desillusionierte Blick auf die Welt enthüllt mit der Vergänglichkeit der kosmischen Entitäten auch die Zeitverfallenheit des Lebens, das sich dort

---

unterstellt. Vielleicht war Fischers 11bändige Philosophiegeschichte ja Nietzsches Haupt-Informationsquelle für die philosophische Tradition. Gewiss konnte er in die ihn auf seinen Reisen begleitende ‚Bücherkiste‘ nicht allzu viel Originalliteratur hineinpacken! In diesem Zusammenhang sei auf Janz' anekdotische Mitteilung hingewiesen, Nietzsche habe zeitweilig in Nizza wie in Sils je eine Bücherkiste vorgehalten, und mitunter habe sich das gerade benötigte Werk in der aktuell nicht verfügbaren Kiste befunden! (Vgl. a. O., Bd. II, S. 399).
[764] Vgl. etwa: „Mit <W[eltgeschichte]> und <Universalgeschichte> [] ist die Geschichte der ganzen Menschheit [] gemeint“ (J. Rohbeck: Art. *Weltgeschichte*. HWPh 12, Sp. 480).

möglicherweise entwickelt hat: „Nach wenigen Atemzügen der Natur erstarrte das Gestirn und die klugen Tiere mußten sterben".

Das seines für Nietzsches Stil typischen rhetorisch-polemischen Beiwerks entkleidete Argument ist also *brisant*. In der Tat erzwingt ja unser naturwissenschaftliches Wissen den Schluss, dass, wie die Erde räumlich eine in kosmischem Maßstab nichtige Größe ist, so auch das Phänomen des Lebens auf ihr und damit auch die Präsenz der mit spezifisch menschlicher Intelligenz begabten Lebewesen, eine zweifellos vorübergehende, also kontingente ist. Das stellt für den Intellekt eine harte Nuss dar und ist, wenn man durchaus *ad hominem* sprechen will, für die menschliche Eigenliebe enttäuschend.

Während Kant mit der gesperrt gesetzten Pathosformel *Der bestirnte Himmel über mir, und das moralische Gesetz in mir* die beiden Entitäten *Natur* und *Geist* im Sinne der Tradition als unverrückbare Pfeiler seiner Argumentation voranstellt, reißt Nietzsche sogleich diese Unterscheidung nieder, indem er den Menschen zum *klugen Tier* reduziert – in der Tat ist Nietzsche vom „Mangel aller kardinalen Verschiedenheit zwischen Mensch und Tier"[765] überzeugt, was nichts anderes bedeutet, als dass die Differenz nur eine relative, quantitative, eine von Mehr und Weniger, ist. Dieser Auffassung entspricht eine erkenntnistheoretische Notiz aus dem Nachlass, in der Nietzsche ausführt: „Unser <Erkennen>" – er setzt den Begriff ironisch in Anführungszeichen – „beschränkt sich darauf, Quantitäten festzustellen; aber wir können durch nichts hindern, diese Quantitäts-Differenzen als Qualitäten zu empfinden. Die Qualität ist eine *perspektivische* Wahrheit für *uns*, kein <An sich>"[766].

Auf den Unterschied zwischen Mensch und Tier bezogen, bedeutet das, dass wir ihn zwar als qualitativen empfinden, er aber ‚in Wirklichkeit' nur ein gradueller, relativer ist.

Seiner Programmatik zu zeigen, wie die ‚höheren' Dinge aus ihrem Gegensatz entstehen, so „Vernünftiges aus Vernunftlosem" etc., entspricht Nietzsche in der vorliegenden Kritik des Intellekts in der Form, dass er dessen Ursprung, empirisch betrachtet gewiss zu Recht, in seiner Funktion „zur Erhaltung des Individuums"[767] verortet, was insbesondere für die stets prekäre Situation des Urmenschen, dem die Natur in jeder Form als feindlich begegnete, plausibel erscheint.

---

[765] *Vom Nutzen und Nachteil der Historie für das Leben.* Schlechta I, S. 272
[766] A. O., Schlechta III, S. 861
[767] A. O.; Schlechta III, S. 310

Nietzsches ‚aggressivem Pathos' ist es jedoch zuzuschreiben, wenn er die „Hauptkräfte [des Intellekts] in der Verstellung" sich entfalten sieht[768], so als hätte dieser nicht gleichursprünglich – im Arbeiten, in der Kinder-Aufzucht, in der Gestaltung sozialer Regeln, kurz im Lösen von Problemen – konstruktiv gewirkt und auch Wahrheitsfunktionen wahrgenommen.

Die Auffassung des Intellekts als einer Kunst der Verstellung ist, beiläufig, nicht so originell, wie es scheint. Sie gehört quasi zum geistigen Hausrat des Altphilologen Nietzsche, ist doch bereits im Chorlied von Sophokles' *Antigone* von der Verschlagenheit des Menschen bei der Beschaffung von Subsistenzmitteln die Rede: „Vieles Gewalt'ge lebt, doch nichts/Ist gewaltiger als der Mensch [] Flüchtiger Vögel leichte Schar/Und wildschwärmendes Volk im Wald,/Auch die wimmelnde Brut der See/Fängt er, *listig umstellend sie*/Mit netzgeflochtenen Garnen,/Der vielbegabte Mensch./Er zwingt *mit schlauer Kunst* des Landes/Bergdurchwanderndes Wild []"[769].

Indem Nietzsche dem Menschen aber die sich im Intellekt manifestierende ‚Erfindung' der Erkenntnis zuspricht, die solche Leistungen wie die oben dargelegten allererst ermöglicht, reproduziert er allerdings selbst die „kardinale" Differenz zwischen Mensch und Tier, die er explizit bestreitet. Im übrigen: ob ich die Differenz als qualitativ, kardinal und essentiell oder nur als quantitative Abstufung, d. h. als graduell bestimme, ist letztlich gleichgültig; der vom Menschen intuitiv wahrgenommene Unterschied spricht für sich. Keinem erwachsenen Menschen beispielsweise kann ein Tier zum wirklichen Du werden; dessen Respons bliebe, gemessen am Differenzierungsgrad der menschlichen Psyche, stets unterkomplex, unterhalb der Schwelle echten Verstehens. Nietzsche selbst hatte ja die unüberbrückbare Distanz zwischen Mensch und Tier im ersten Abschnitt von *Nutzen und Nachteil der Historie für das Leben* höchst anschaulich dargestellt.

Bemerkenswerterweise ist es der von Nietzsche so geschmähte Intellekt selbst, der sich den Sachverhalt zu Bewusstsein zu bringen vermag, was zweifellos zur Anerkennung seiner Sonderrolle in der Welt nötigt. Nietzsche jedoch scheint sich, entsprechend seiner Unempfänglichkeit für Dialektisches, gar keine Rechenschaft davon zu geben. Dennoch muss man zugestehen, dass er

---

[768] Vgl.: „Der Intellekt als Mittel zur Erhaltung des Individuums entfaltet seine Hauptkräfte in der Verstellung; denn diese ist das Mittel, durch das die schwächeren, weniger robusten Individuen sich erhalten, als welchen ein Kampf um die Existenz mit Hörnern oder scharfem Raubtier-Gebiß zu führen versagt ist" (ebd.).
[769] Sophokles: *Tragödien. Antigone – König Ödipus – Ödipus auf Kolonnos*, übs. J. J. Chr. Donner (München 1959), S. 122f.

hier auf ein *Dilemma*, auf ein rational unlösbares, also kontingentes Moment unserer Existenz verweist – worum es ihm offenbar zu tun ist!

Wie aber umgehen mit diesem Dilemma, wie sich dazu verhalten? Denn am Ende darf uns solch theoretischer Widerspruch ja nicht am Leben hindern, nicht das Leben vergällen oder gar in den Nihilismus, die Ablehnung von allem Wert und Sinn, führen, was man sich bei *metaphysisch*, also bezüglich ,letzter' Fragen reizbaren Gemütern vorstellen könnte.

Und um ein *metaphysisches* Dilemma handelt es sich zweifellos, insofern es dabei um den Sinn des Menschen in der Welt und des Mensch-seins im Ganzen geht. Alle höheren Religionen hatten sich um das Problem herum organisiert, den Sinngehalt des menschlichen Lebens in der Welt nachzuweisen, selbst wenn sie dieses zur bloßen Vorbereitung und Bewährungsprobe für ein ,höheres', in einer imaginären Transzendenz angesiedeltes Leben herabstuften, wie etwa Christentum und Islam.

Nun, die Antwort auf das Dilemma liegt seit über 2000 Jahren vor: es ist die *skeptische*. Im zweiten nachchristlichen Jahrhundert formuliert sie der Arzt und Philosoph *Sextus Empiricus* zusammenfassend in seinem *Grundriss der pyrrhonischen Skepsis*[770]. Sextus Empiricus – den Beinamen erhielt er, weil er der sogenannten *empirischen* Ärzteschule angehörte – dachte unter Bedingungen, die unseren heutigen vergleichbar sind. Wie er am Ausgang von mehr als einem Jahrtausend antiker Religion und Philosophie stand, stehen wir, steht die Moderne, am Ausgang einer 2000-jährigen Tradition des Monotheismus. In beiden Fällen hatte die tradierte Religion – heute das Christentum, damals die polytheistische Mythologie – ihre Vitalität und Bindekraft eingebüßt. In beiden Fällen hatten sich bereits Ersatzdoktrinen gebildet, im antiken Fall die Philosophie, in der Moderne zusätzlich als deren Weiterentwicklung die Naturwissenschaften. Beide Surrogate aber vermochten ihrem Anspruch bzw. den Erwartungen der Menschen, ihrem Verlangen nach Stiftung neuen Sinns, nicht vollumfänglich gerecht zu werden.

Die antike Philosophie produzierte metaphysische und naturphilosophische Konstrukte, die die Wirklichkeit nicht erreichten sowie rein appellative Ethiken unterschiedlicher Ausrichtung. Die moderne unterscheidet sich zwar darin von der antiken Situation, dass die Naturspekulation, etwa der Atomisten, der Platoniker und Aristoteliker, in *Wissenschaft*, d. h. belastbares Wissen überführt werden konnte, das seinen Wirklichkeitsgehalt eindrucksvoll durch die Technik als Anwendungsfall beweist – hier ist der Begriff des Beweises philosophisch einmal am Platze. Aber auch die unser Wissen *ad infinitum*

---

[770] S. E.: *Pyrrhoneíai hypotypóseis*, dt. Ausg. hg. v. M. Hossenfelder, Frankfurt/M. 1968

erweiternden Naturwissenschaften führen nirgends zu einem sinnhaltigen Gesamtbild, sondern lösen im Gegenteil alle bisherigen Entwürfe von *Totalität* auf und provozieren, da das Sinnverlangen offenbar persistiert, kontinuierlich neue Sinn-Konstrukte.

Das wird gerade im aufgeklärten Westen daran deutlich, dass hier Modelle partieller Sinngebung permanent aus dem Boden sprießen. Alles, was mühelos Sinn verspricht – von der Astrologie und der Anthroposophie über fernöstliche Praktiken bis hin zu utopischen Technikphantasien – wird eifrig rezipiert und in ständiger Variation reproduziert – ganz wie über die Spätantike eine Welle synkretistischer Kulte hinweg rollte[771].

Angesichts einer Wirklichkeit, die eine Unzahl von im Prinzip unvereinbaren, damit unverbindlichen Deutungen zulässt, fanden die Skeptiker ihre Lösung im *Anti-Dogmatismus,* in der Ablehnung von mit Absolutheitsanspruch auftretenden Doktrinen, in der Einsicht, „daß jedem Argument ein gleichwertiges entgegensteht"[772]. Aus dieser Sachlage heraus entscheidet sich der Skeptiker zur „Zurückhaltung"[773], d. h. zur *Enthaltung vom Urteil.* Das „motivierende Prinzip" des Skeptikers ist übrigens ein lebenspraktisches, er nennt es die „Hoffnung auf Seelenruhe"[774]. Das ist ein etwas altbackener Begriff, den wir uns mit *Gelassenheit* übersetzen können, eine Ruhe des Gemüts, wie sie beispielsweise der Italiener mit dem Ausdruck *serenità* bezeichnet.

Da eine definitive Wahrheit rational nicht zu erlangen ist, hält sich der Skeptiker zur Erreichung seines Ziels ans Gegebene: „Wir halten uns [] an die Erscheinungen und leben undogmatisch nach der alltäglichen Lebenserfahrung"[775]. Dies schließt nach Sextus auch die Achtung vor der „Überlieferung von Sitten und Gesetzen"[776] ein, insofern sie aus solcher Lebenserfahrung resultieren. Darunter mag auch die tradierte, die Sitten prägende Religion, die ja viel weniger als materiale Welterklärung, denn als ethisch konzipierte Lebensform verstanden sein will, ihren Platz finden.

---

[771] C. P. Janz spricht in seiner Nietzsche-Biographie in diesem Sinne treffend vom „legendenfreudigen Späthellenismus" (a. O., Bd. 2, S. 502).

[772] A. O., S. 96

[773] Ebd., S. 94 passim

[774] Ebd., S. 95

[775] Ebd., S. 99

[776] Ebd.

2.5 Nietzsches Naturalisierung des Geistes: Herleitung der Substanzen und Werte aus ihrem Gegensatz

Nietzsches Aussagen über die vermeintliche Selbstgefälligkeit des Intellekts sowie sein philosophisches Programm, die Entstehung der Dinge aus ihrem Gegenteil aufzuzeigen, bedeutet, wie seine Beispiele zeigen, die in der geistigen Tradition hochgeschätzten, als keiner Rechtfertigung bedürftig betrachteten Dinge ihres ‚unedlen‘ Ursprung zu überführen – etwa die christliche Tugend des ‚Lebens für andere‘ als Resultat von Egoismus zu decouvrieren. Dieser Ansatz enthüllt ihn uns als *idiosynkratischen* Denker, dem es nicht primär um Wahrheit und schon gar nicht um die platonische Idee des Guten geht, Gedanken, die die bisherige Philosophie animiert hatten, sondern im Gegenteil um die Zerstörung des fraglos als positiv Geltenden hinsichtlich seiner positiven Natur.

Nietzsches Überzeugung ließe sich in die Worte fassen: Die hochgeschätzten Dinge sind nicht das Gute, für das sie sich ausgeben; sie verbergen lediglich das in ihnen virulente Schlechte bzw., für den Denker *jenseits von Gut und Böse*, das von der moralischen Tradition Verachtete, zum Schlechten, Bösen, zu Meidenden Herabgestufte. Deren Prätention auf *Sinn*, auf Rechtfertigungsunbedürftigkeit, erweist sich bei näherem Zuschauen als *Unsinn*. Darin liegt Nietzsches Destruktion von Platons *Kalokagathia*.

Nietzsche aber sieht sich als Artifex solcher Entlarvung, hält er sich doch, mit einem von *Ludwig Klages* (1872-1956) treffend auf ihn gemünzten Ausdruck, für den „Entlarvungspsychologen par excellence"[777]. Geleitet von dieser Intention sieht er sich, wie an früherer Stelle zitiert, in einem „unerbittlichen [] Kampf gegen alles, was bisher von Menschen verehrt und geliebt worden ist"[778] – eine wahrhaft erhebende philosophische Programmatik!

Ein das Komische streifendes Beispiel dieser Entlarvungsmethode bietet eine Nachlassnotiz wie die folgende: „Unsere Liebe zum Ideal ist die letzte Steigerung des Ernährungstriebes]"[779]. Geradezu eine Antizipation von Freuds Triebtheorie ist das nächste Fragment, das der gleichen Logik folgt: „Die Entwicklung des Geschlechtstriebes bis zur Höhe der Menschenliebe, des Mitleids, der Aufopferung []"[780]. Einen Wertnachteil solcher *Sublimation* kann

---

[777] Zit. R. Müller-Buck: Art. [Nietzsche-Rezeption der] *Psychologie*. NHB, S. 513 – Auf Dostojewski als möglichen Anreger solcher ‚Entlarvungspsychologie‘ habe ich oben hingewiesen.
[778] Brief an R. von Seydlitz vom 12. Febr. 1888. Schlechta III, S. 1276
[779] *Nachgelassene Fragmente 1880-1882*; KSA 9, S. 237 (Frg. 6[160])
[780] Ebd., Frg. 6[161]

nur derjenige behaupten – und dies gilt für Nietzsche uneingeschränkt, für Freud nur *cum grano salis* –, der in romantischem Sentimentalismus die Idee ungebrochener Natürlichkeit verherrlicht. Je komplexer eine Zivilisation/Kultur wird, umso gewisser stellen sich offenbar bei bestimmten Intellektuellen derartige sentimentalische Reaktionen ein! Der logische Mangel des reduktiven Arguments liegt darin, dass die Sublimierung den *terminus a quo* unverändert bestehen lässt, dass keine *Transformation* erfolgt – was freilich auch ruinös wäre! Der Trieb spaltet sich vielmehr auf, setzt ihn selbst konterkarierende Seitentriebe frei. Wie es dazu kommt, bleibt ungeklärt.

Ein besonders illustratives Beispiel für Rückführung von geistig-seelischen Phänomenen auf ein vermeintlich materielles Substrat, welches das logisch Unzulängliche der *reduktiven* Methode – denn darum handelt es sich bei Nietzsches Entlarvungs-Konzeption – klar zu Tage treten lässt, findet sich in einer Äußerung aus der Mitte des Jahres 1881.

Es ist die Zeit, in der Nietzsche verstärkt naturwissenschaftliche Literatur rezipiert, etwa J. R. Mayers *Mechanik der Wärme*[781], bzw. sich mit der Absicht naturwissenschaftlicher Universitätsstudien trägt, obwohl er das, was vermeintlich der naturwissenschaftliche Reduktionismus zur Aufklärung philosophischer Probleme zu leisten vermag, längst intus hat.

Das in Rede stehende Fragment[782] steht inmitten einer Reihe weiterer das Entlarvungs-Thema durchspielender Aphorismen. Ich zitiere im Zusammenhang:

„Jetzt hat man den *Kampf* überall wieder entdeckt und redet vom Kampfe der Zellen, Gewebe, Organe, Organismen. Aber man *kann* sämtliche uns bewusste Affekte in ihnen wiederfinden – zuletzt, wenn dies geschehen ist, *drehn wir die Sache um* und sagen: das, was *wirklich* [Hervorh. Vf.] vor sich geht bei der Regsamkeit unserer menschlichen Affekte sind jene physiologischen Bewegungen, und die Affekte (Kämpfe usw.) sind nur intellektuelle Ausdeutungen, dort wo der Intellekt gar nichts weiß, aber doch alles zu wissen *meint*. Mit dem Wort <Ärger> <Liebe> <Haß> meint er das Warum? bezeichnet zu haben, den *Grund* der Bewegung; ebenso mit dem Worte <Wille> usw. – Unsere Naturwissenschaft ist jetzt auf dem Wege, sich die kleinsten Vorgänge zu verdeutlichen durch unsere angelernten Affekt-Gefühle, kurz eine *Sprechart* zu schaffen für jene Vorgänge: sehr gut! Aber es bleibt eine Bilderrede".

---

781 Vgl. *Chronik zu Nietzsches Leben*, KSA 15, S. 116
782 Frg. 11[128], KSA 9, S. 487

In der Tat: die im 19. Jahrhundert im Kontext von Darwins Evolutionstheorie und Vorstellungen wie dem *Stuggle for life* und dem *Survival of the fittest* in der Biologie in Mode gekommene *Sprechart* vom ‚Kampf der Zellen‘ und dgl. ist bloße *Bilderrede*, bloße Metaphorik.

Aber für unsere Interpretation ist etwas anderes von Belang. Nietzsche versucht sich mit dem ‚Umdrehen der Sache‘ wiederum in einer Art Umwertung und Entlarvung, zwar nicht auf der *normativen* Ebene, nicht durch Aufzeigen des Unwerts des vermeintlich Wertvollen, des von Menschen Geliebten, sondern in einer *theoretischen* Perspektive, durch Reduktion der Affekte auf physiologische Bewegungen, also des *subjektiv* Gelebten auf *objektive* Mechanismen.

Ganz abgesehen davon, dass derartiger *Reduktionismus* bzw. *Objektivismus* zu keinen signifikanten Resultaten geführt hat (und heute allenfalls unter Hirnphysiologen noch Anhänger findet), was genügt, ihn als gegenstandslos zu erweisen, liegt auch ein logischer bzw. methodischer Fehler des Konzepts auf der Hand: Nietzsche bestreitet die herkömmliche Interpretation von Affekten wie Ärger, Liebe, Hass als ‚Grund der Bewegung‘, d. h. als Ursache der durch sie bezeichneten Reaktionen und verlegt die ‚wirkliche‘ Ursache in dem Intellekt verborgene ‚physiologische Bewegungen‘.

Nun muss gar nicht bestritten werden, dass Affekte mit körperlichen Zuständen korrelieren, das verspürt jeder in sich selbst. Diese aber für die Ursache jener zu erklären, ist insofern verfehlt, als Affekte mit Sinnbezügen verknüpft sind: Was beim Anblick des zerlumpten Bettlers Mitleid erzeugt, ist *Empathie*, das Erleben, die unwillkürliche Deutung dieser Zerlumptheit als Ausdruck von Leiden und Not sowie die *Identifizierung mit dem Betroffenen*: Auch *Ich* könnte – die Kontingenzen des Lebens haben es mich gelehrt – dort sitzen, falls einige Stellschrauben meiner Biographie anders positioniert worden wären, als sie es waren! Zu Beginn meiner Untersuchung habe ich diesen Zusammenhang zu veranschaulichen versucht.

Die physiologische Erklärung aber müsste, um beim Beispiel des Bettlers zu bleiben, eine unterhalb der Bewusstseinsschwelle meiner selbst wie der des vielleicht den Blickkontakt suchenden Bettlers stattfindende physische Interaktion unserer Leiber (oder gar der Gehirne?!) annehmen, in Anlehnung an die längst obsolete Bildchen-Theorie der antiken Atomisten[783].

Und das gleiche Erleben von Sinn (bzw. Unsinn, Widersinn, Ungerechtigkeit usw.) wie beim Anblick des Bettlers liegt meiner Empörung über

---

[783] Vgl. zu letzterem meine Darstellung in *Mythos – Wissenschaft – Philosophie*, Bd. 2, Kap. 8.8.2.

menschliche Rohheit, zum Beispiel beim Anblick eines sein Kind prügelnden Vaters, zugrunde oder, als positives Beispiel, dem Erwachen des Eros beim Anblick einer schönen Frau. Immer, selbst im letztgenannten elementaren Fall, ist der Affekt die Reaktion auf ein *Wahrgenommenes* und *Verstandenes*, ist er nicht materieller, sondern *hermeneutischer* Natur.

Die Ableitung traditionell geschätzter geistiger Dispositionen aus ihrem psycho-physischen Gegenteil stellt sich für den kulturkritischen Nietzsche als *Umwertung anerkannter Werte* dar[784] – eine Intention, die er unter diesem Titel als praktisches Programm propagiert. Fassbar wird sie in einer Ankündigung in der *Genealogie der Moral* aus dem Jahre 1887, in der es heißt: „Jene Dinge [in diesem Fall die Bedeutung des *asketischen Ideals*] sollen von mir in einem anderen Zusammenhange gründlicher und härter angefaßt werden (unter dem Titel <Zur Geschichte des europäischen Nihilismus>; ich verweise dafür auf ein Werk, das ich vorbereite: *Der Wille zur Macht. Versuch einer Umwertung aller Werte*)"[785] – ein Werk, das Nietzsche selbst zwar nicht mehr verfassen konnte (und vielleicht nie verfasst hätte, denn er produzierte, wie der Nachlass belegt, kontinuierlich Titel und Entwürfe für neue Werke), dessen Titel allerdings, unter Federführung der Schwester Elisabeth, für die berühmt-berüchtigte Kompilation von Nachlass-Zitaten eingesetzt wurde, die jahrzehntelang die Nietzsche-Interpretation dominiert hat.

Dass Nietzsche in *abstrakter Absolutsetzung des Individuellen*, und zwar aus *Hass auf das Allgemeine* philosophiert (das verbindet ihn mit Max Stirner), gibt er an vielen Stellen seines Werkes mittels anderer, meist verschleiernder Formulierungen zu verstehen[786].

Da Philosophie, Wissenschaft überhaupt, sich auf ein meist als Wahrheit bezeichnetes allgemeines Gut richtet und da für Nietzsche „Wahrheiten [nichts als] Illusionen [sind], von denen man vergessen hat, dass es welche sind"[787], er seine Entlarvungstätigkeit aber doch nicht offen als Ausleben eines negativen Affekts enthüllen kann, nimmt er für sich die Tugend der

---

[784] Tatsächlich folgt auf die zitierte Stelle im Brief an von Seydlitz die Parenthese: „meine Formel dafür ist <Umwertung aller Werte>".

[785] A. O., 3. Abhandlung, Aph. 27. Schlechta II, S. 897

[786] Solche Disposition zum Hass auf das Allgemeine wurde übrigens bereits von Hegel namhaft gemacht unter dem Titel „Haß gegen das Gesetz", dem das Verlangen des Individuums zugrunde läge, „sich an der eigenen Partikularität zu wärmen" (*Grundlinien der Phil d. Rechts*, Hg. Hoffmeister, Hamburg 1955, S. 10) – welch geniale Formulierung! Wie sehr Nietzsche von diesem Drang infiziert ist, belegen meine bisherigen Ausführungen zur Genüge. Die aktuelle politische Manifestation solchen Hasses sind die Extremismen und das Querdenkertum aller Art!

[787] *Über Wahrheit und Lüge im außermoralischen Sinne* (1872); Schlechta III, S. 314

„Redlichkeit des Denkens"[788] in Anspruch. Da aber Tugenden als Begriffe oder Postulate tradiert bzw. als Gesinnung verinnerlicht sind, Nietzsche aber der Tradition keine Substantialität zugesteht, stilisiert er sie kurzerhand zur „jüngsten der Tugenden"[789], was m. E. barer Unsinn ist, erstens weil ‚Redlichkeit' synonym bzw. semantisch verwandt ist mit Begriffen wie Ehrlichkeit, Aufrichtigkeit und dgl., die auf eine jahrhundertelange moralphilosophische Tradition zurückgehen und zweitens, weil dies bedeuten würde, dass es vor ihm selbst nur unredliche Denker, ja nur unredliche Menschen gegeben habe. Dass er tatsächlich so denkt, belegt seine, wie häufig mit persönlichem Aplomb vorgetragene, im Grunde einfach selbstgefällige Aussage: „Nichts nämlich gilt mir heute kostbarer und seltener als Redlichkeit"[790] – bedurfte es Nietzsches / Zarathustras, um den Wert dieses Wertes zu Bewusstsein zu bringen?! – Das bedeutet, wenn man es durchdenkt, dass Nietzsche mit dem Anspruch denkerischer Originalität eine uralte Tugend als genialen Fund ausgibt und damit als *Denker der Redlichkeit* sein eigener philosophischer Inhalt wird. In seiner späten Selbstdarstellung *Ecce Homo* (1888) wird Nietzsche dann *explizit* zum Verkünder seiner selbst.

Nietzsches Impuls, den allgemein geschätzten Dingen ihren Nimbus, ihre fraglose Geltung zu nehmen, liefert diese an *Kontingenz* aus. Diese Konsequenz soll im folgenden an einigen der von Nietzsches Verlangen nach Destruktion erfassten Dingen, besser gesagt: Begriffen, aufgewiesen werden.

Das erste Beispiel entnehme ich dem schon zitierten frühen Aufsatz *Wahrheit und Lüge im außermoralischen Sinn*, in dem der Einfluss Schopenhauers und seiner These vom Scheincharakter des menschlichen Wirklichkeitsverhältnisses (‚Schleier der Maja') noch durchschimmert (!)

Es handelt sich um den nach Nietzsche scheinhaften, ganz und gar virtuellen Charakter der *Sprache*. Sprache gilt uns als das selbstverständliche Instrument, mittels dessen wir uns die Wirklichkeit – sprechend bzw. in Sprache denkend – *erschließen* und die als solche unhintergehbar und nicht fundamental kritisierbar ist, insofern sie ja selbst das Medium ist, in dem solche Kritik sich ausspricht – eine komplexe Sachlage, die auch zur Entwicklung einer *Sprachphilosophie* geführt hat.

Nietzsche versucht sich dennoch in grundsätzlicher Kritik, und zwar, indem er im Sinne seiner historisch-genetischen Philosophie-Konzeption, den

---

[788] *Morgenröte IV*; Aph. 370; Schlechta I, S. 1208
[789] *Also sprach Zarathustra*. Schlechta II, S. 299
[790] A. O.; Schlechta II, S. 525 (Aph. IV 8)

Blick auf die *Genese* der Sprache richtet, allerdings nicht so sehr in eigentlich historischem als in strukturellem Sinne.

Dabei setzt Nietzsche nachvollziehbar an beim Grundbaustein der Sprache, dem *Wort*, dem kleinsten sinntragenden Element, und fragt rhetorisch: „Was ist ein Wort?"[791], um sich selbst die Antwort zu geben: „Die Abbildung eines Nervenreizes in Lauten"[792]. Und ganz im Geiste Schopenhauers folgert er: „Von dem Nervenreiz aber zu schließen auf eine Ursache außer uns, ist bereits das Resultat einer falschen und unberechtigten Anwendung des Satzes vom Grunde"[793]. Jedoch widerspricht er seiner These sogleich selbst, indem er Beispiele anführt wie den als ‚hart' empfundenen Stein und die sich ringelnde Schlange, als Dinge, die bestimmte Empfindungen, also ‚Nervenreize', *auslösen*. Nietzsche selbst also schließt auf einen Auslöser des Reizes und gesteht damit die *reproduktive, hermeneutische*, d. h. sinnstiftende Natur der Sprache ein.

Nietzsche schenkt sich auch die Differenzierung des Begriffes ‚außer uns', den er, wie seine Beispiele belegen, mit ‚außerhalb unseres Leibes' gleichsetzt, während natürlich der Leib, als *Medium der Reize*, bezüglich des ‚Bewusst-Habens', selbst ein solches Außen darstellt. Hier war jedenfalls Descartes präziser[794]. Aber das sei dahingestellt.

Die Sprachentstehung betrachtet Nietzsche als Vorgang einer doppelten Metaphorisierung: „Ein Nervenreiz, zuerst übertragen in ein Bild! Erste Metapher. Das Bild wird nachgeformt in einem Laut! Zweite Metapher. Und jedes Mal vollständiges Überspringen der Sphäre, mitten hinein in eine ganz andere und neue"[795]. Die der Metaphernbildung zugrunde liegende Regel aber ist der *Anthropomorphismus*: Der „Sprachbildner [] bezeichnet nur die Relationen der Dinge zu den Menschen und nimmt zu deren Ausdruck die kühnsten Metaphern zu Hilfe"[796]. So „glauben wir etwas von den Dingen selbst zu wissen, wenn wir von Bäumen, Farben, Schnee und Blumen reden, und besitzen doch nichts als Metaphern der Dinge, die den *ursprünglichen Wesenheiten* ganz und gar nicht entsprechen"[797].

Dazu wäre anzumerken, dass das, was Nietzsche hier als die nach Abzug aller Bestimmungen angesprochene „ursprüngliche Wesenheit" bezeichnet,

---

791 A. O., Schlechta III, S. 312
792 Ebd.
793 Ebd.
794 Vgl. dazu meine Schrift *Descartes – Denker der Moderne* (Norderstedt 2022)
795 Ebd.
796 Ebd.
797 Ebd., S. 312f. (Hervorh. Vf.)

von der wir angeblich nichts wissen, in Wahrheit, um es mit einer Hegelschen Wendung zu sagen, nichts ist als die *Abstraktion des leeren Dings an sich*, anders ausgedrückt: die Hypostase eines als die Erfahrung transzendierend Gedachten zu einer Entität.

Noch weiter entfernen wir uns, Nietzsche zufolge, von der Realität, wenn wir das Feld der *Begriffe* betreten. Insofern der Begriff „für zahllose, mehr oder weniger ähnliche, d. h. streng genommen [] auf lauter ungleiche Fälle passen muss [und so] durch Gleichsetzung des Nichtgleichen [entsteht]"[798], verfehlt und verdunkelt er „das einmalige ganz und gar *individuelle Urerlebnis*"[799] und verschuldet „das Übersehen des Individuellen und Wirklichen"[800].

Nietzsches Ausführungen implizieren die Behauptung der *Kontingenz der Sprache*. Seine These ist: Sprache zielt auf Wirklichkeit, aber erreicht diese nicht. Zwischen ihr und ihrem Gegenstand besteht keine nachvollziehbare *Ratio* – und was anderes als *Kontingenz* ist das Fehlen solcher Ratio, solchen *Logos* zwischen zwei durch irgendein anderes Band, sei es eines der bloßen zeitlichen Koinzidenz oder Sukzession oder auch durch eine sonstige Intention Verbundenen?

Dass eine solche Sicht der Dinge auf Einwände stößt, ist unvermeidbar. Der erste Einwand ist ein *logischer*, und ich habe das Argument schon mehrfach angeführt: Der Sprache den Wirklichkeitsbezug abzusprechen, ist ein Widerspruch in sich, insofern der Sprecher für sein Urteil ja Wirklichkeit, Objektivität beansprucht. Die Aussage hebt sich also selbst auf, da sie gleichermaßen *abspricht* wie *zuspricht*. Wer dem Wirklichkeitsbezug der Sprache misstraut, sollte schweigen, denn sobald er spricht, setzt er diesen voraus!

Es drängt sich auch der *pragmatische* Einwand auf, dass ohne Sprache keine der für den Menschen kennzeichnenden komplexen, zusammengesetzten Handlungen zustande käme, deren Gelingen an die ohne Sprache unmögliche Erfolgskontrolle der Prozessschritte gebunden ist. Die Idee einer sprachlosen Kultur – und Kulturerneuerung ist ja Nietzsches Grundanliegen – ist eine *contradictio in adiecto*.

Vielleicht vor allem anderen aber wäre Nietzsches im Grunde *affektiv-sensualistisches* Ausspielen des „individuellen Urerlebnisses" gegen dessen angeblich Vitales, Elementares herabstimmende sprachliche Reproduktion zu hinterfragen. Was Nietzsche hier konkret vor Augen hat, wissen wir nicht genau, vielleicht ist es das ihn oft zu Tränen rührende Musikerlebnis.

---

[798] Ebd., S. 313
[799] Ebd. (Hervorh. Vf.)
[800] Ebd.

Aber gerade daran zeigt sich doch, um es mit einer von Nietzsche gern gebrauchten Wendung zu sagen, die Schutz- und Heilfunktion der Sprache, dass sie durch Benennung und Darstellung *geistige Helle* schafft, die Wucht des unmittelbar Erlebten mildert, uns vom Ausgeliefertsein an die *Eindrücke* (n. b.!) befreit und uns erlaubt, Distanz zu gewinnen. Keiner weiß doch, ob nicht ein Leben in Form eines sprachlosen Erlebnisstroms weniger einem wilden Genuss als einem permanenten Albtraum gliche.

Schließlich bleibt noch der Aspekt der bei Nietzsche durchgängigen Tendenz zum *Solipsismus* zu bemerken. Was ist denn ein Erlebnis wert, selbst das intensivste, wenn es nicht *mitgeteilt*, also zwischen Personen *geteilt* werden und sein Wert nicht reflektierend abgeschätzt werden kann? Aber das ist ohne Sprache unmöglich!

Doch um Mitteilung und Abschätzung des Wertes geht es Nietzsche offenbar nicht, ihm bedeutet authentisch leben, sich den ungefilterten Eindrücken, den eigenen körperlichen Impulsen distanzlos zu überlassen – als ein *dionysischer Histrio*[801] oder – wer weiß – als „<Possenreißer des Jahrtausends>"[802], wie er selbst formuliert. In der Tat geht das Jahrtausend – wir schreiben das Jahr 1888 – in nicht allzu ferner Zeit zu Ende: zumindest muss es sich aus der Perspektive eines, der wie Nietzsche philosophisch auf größtem Fuße lebt, so ausnehmen!

Nun, wie dies zu beurteilen ist, sei dahingestellt. Betrachtet man die Unzahl der ihm von unterschiedlichsten Standpunkten aus gewidmeten affirmativen Interpretationen – Aufklärer, Theologen, selbst Marxisten zählen ihn zu den Ihren, von den Faschisten, die vielleicht das größte Recht dazu hätten, ganz zu schweigen –, mag sich das Gefühl einschleichen, am Ende habe dieser Hyper-Individualist alle seine Interpreten zum Narren gehalten!

---

[801] Vgl. die bereits zitierte Formel „dionysischer Histrionismus" aus der *Götzen-Dämmerung*, Schlechta III, S. 996

[802] Zit. Janz 3, S. 21 – Leider weist Janz das Zitat nicht nach. In dem von ihm angesprochenen Brief Nietzsches an Carl Fuchs vom 18. Juli 1888 heißt es lediglich: „Ich treibe seitdem [d. h. seit der Fertigstellung des *Zarathustra*] eigentlich nur Possenreißerei, um über eine unerträgliche Spannung und Verletzbarkeit Herr zu werden" (KSB 8, S. 359). Es gibt aber im *Zarathustra* selbst eine markante Benutzung des Worts ‚Possenreißer'. In der Vorrede zum ersten Buch lesen wir: „Unheimlich ist das menschliche Dasein und immer noch ohne Sinn: ein Possenreißer kann ihm zum Verhängnis werden. Ich will die Menschen den Sinn ihres Seins lehren: welcher ist der Übermensch []" (Schlechta II, S. 287). Man geht wohl nicht fehl in der Annahme, dass die Bezeichnung ‚Possenreißer' hier auf die Gründergestalt des von Nietzsche gehassten, zumindest hemmungslos geschmähten Christentums zielt, der er mit seinem Zarathustra eine ebenso epochal gemeinte, aber statt blutleerem Moralismus und Asketismus vielmehr dionysische Vitalität repräsentierende Figur entgegensetzt..

2.6 Kontingenz des Bewusstseins

Nietzsches Projekt der Entlarvung und sein destruktiver Furor treffen, wie oben bemerkt, in erster Linie das Begriffsfeld von Intellekt, Geist, Seele, Bewusstsein und *mutatis mutandis* auch Sprache, also die Entitäten, die von der philosophischen Tradition als *proprium* des Menschen an die Spitze der Güter gestellt wurden und in denen sich, das ist für unseren Kontext *Nietzsche* entscheidend, sich der Bruch der animalischen Natur aktualisiert.

Bei seiner Kritik bedient sich Nietzsche unterschiedlicher Argumentationsmuster. In der Kritik des *Intellekts*[803] verband er die Behauptung von dessen kosmischer Kontingenz mit einer *genetischen* Erklärung, nämlich seiner Herkunft aus dem Selbsterhaltungsbedürfnis – und ohne ein solches gäbe es wohlgemerkt gar keinen Menschen, womit sich das Existenzrecht des Intellekts von vornherein rechtfertigt! – sowie mit dessen quasi moralischer Abwertung als *Kunst der Verstellung*.

In seiner Kritik der *Sprache*[804] argumentierte Nietzsche *strukturell* mit der Behauptung von deren Verfehlen der Wirklichkeit sowie dem Hinweis auf ihren Objektivität konterkarierenden, anthropomorphen Charakter.

Wiederum genetisch verfährt Nietzsche für seine mit der Kritik der Sprache eng verbundene Kritik des *Bewusstseins*, und zwar kritisiert er nicht eine bestimmte historische Formation des Bewusstseins – bei ihm wäre Gegenstand solcher Kritik mit Sicherheit die zeitgenössische –, sondern verwirft Bewusstsein prinzipiell als eine durch Sozialisierung verursachte *Deformation* des Menschen. Referenz dafür ist Aphorismus 354 der *Fröhlichen Wissenschaft* (1882): *Vom <Genie der Gattung>*[805]. Dieser Aphorismus ist ein Musterbeispiel für die angeführte Charakteristik Schlechtas, dass Nietzsches Aphorismen kleine, in sich geschlossene Organismen seien, anders gesagt: zu kurzen philosophischen Abhandlungen ausgebaute Thesen, die jeweils für sich eine Perspektive eröffnen und sorgfältiger Interpretation bedürfen.

Ich schicke vorweg, dass ‚Bewusstsein‘ nicht als *dinghaft* aufgefasst werden darf, nicht als ‚abtrennbar‘, als *eidos chôriston*, also nicht so, wie das Mittelalter die ‚Seele‘ auffasste. Bewusstsein ist, mit Kants Ausdruck, nichts, als dass „<Ich denke> alle meine Vorstellungen begleiten können [muss]"[806]. Und ist die Tatsache, dass *Ich* Instanz aller meiner Gedanken ist, bedingt durch die *Enge des Bewusstseins*, jeweils nur einen einzelnen Gehalt in Evidenz haben zu

---

[803] Vgl. oben, Kap. X 2.4
[804] Vgl. oben, Kap. X 2.5
[805] Schlechta II, S. 219-222
[806] KrV B 131f.

können, mir auch nicht jederzeit präsent, hat sie doch den Status jederzeit aktualisierbarer Latenz und garantiert durch die Permanenz des Ich die Kohärenz des Gedachten.

‚Bewusstsein' ist demzufolge *Bewusstheit, Cogitatio*, also kein geistiges *Ding*, sondern *Akt, Sich-bewusst-sein* bzw., wie Nietzsche formuliert, „Sich-Be-wußt-Werden"[807]. Besonders entschieden hat Kierkegaard die *Ding*-Vorstellung des Bewusstseins abgewiesen und den *Aktcharakter* betont, indem er das Selbst(Bewusstsein) bestimmte als ein „Verhältnis, das sich zu sich selbst verhält"[808].

Wie die dem Begriff zugrunde liegende verbale Wurzel ausdrückt, ist Bewusstsein wesentlich *Wissen*, geistiges *Haben*, zu dem essentiell gehört, dass man ihm jederzeit sprachlichen Ausdruck verleihen kann. Ich weiß, dass ich jetzt schreibend am Tisch sitze, ich kann dies aussagen, auch wenn es kontraproduktiv wäre, mir diesen Sachverhalt ständig zu vergegenwärtigen, denn dann entschwände der Gegenstand, den ich schreibend abhandele, aus dem Lichtkegel der *Aufmerksamkeit* – auch diese Letztere ein Synonym für Bewusstheit.

Und es gibt natürlich, wie wir durch Schopenhauer, Nietzsche und dann wissenschaftlich-systematisch durch Freud und die Psychoanalyse bzw. die Psychologie generell belehrt werden, eine Fülle von Verhaltensweisen und Reaktionen, die sich unserem Bewusstsein entziehen, gleichsam hinter unserem Rücken vor sich gehen: Dem, der uns lobt, bringen wir ‚instinktiv' Sympathie entgegen, und falls wir nicht zu kritischer Selbstbeobachtung erzogen wurden, werden wir dieses affektiven Mechanismus nie ansichtig. In Parenthese: dem Christentum kommt übrigens in der Geschichte das Hauptverdienst zu, den Menschen zu solch kritischer Selbstwahrnehmung erzogen zu haben, wie Nietzsche genau weiß und redlicherweise(!) oft genug betont – allerdings mit negativem Vorzeichen, denn es ist ja dieser Bruch mit der animalischen Natur, den keine andere Kultur gleich radikal vollzogen hat und den Nietzsche, der sich über die intellektuellen Romantiker à la Schopenhauer und Wagner mokiert[809], selbst als *Romantiker einer neuen Ursprünglichkeit und Unmittelbarkeit* bekämpft.

In anderen Fällen erweist sich die bewusst angestrebte Kontrolle einer Handlung für ihre sachgemäße Ausführung als hinderlich, etwa bei komplizierten Bewegungsabläufen im Sport. Hier gilt es, die Selbstbeobachtung

---

[807] A. O., S. 219
[808] *Die Krankheit zum Tode*, a. O., *Werke IV*, S. 13
[809] Vgl. *Die Fröhliche Wissenschaft*, Aph. 370; *Was ist Romantik?* (Schlechta II, S. 244)

möglichst zu suspendieren und, nach dem metaphorischen Wort des *Baron de Coubertin*, sich dem ‚Gedächtnis der Muskeln' anzuvertrauen. Viele Handlungen, gerade auch das Schreiben mit der Hand, laufen in der Tat automatisiert problemlos ab und geben die Aufmerksamkeit für das Wesentliche frei. Auch der Vollzug des Geschlechts- oder Liebesakts – beides prinzipiell zu unterscheiden, wäre unanständig! – kann durch allzu große Aufmerksamkeit, durch ‚Geistesgegenwart', empfindlich gestört werden.

Doch nun zu Nietzsches Theorie des Bewusstseins. Der eingangs genannte Aphorismus über den *Genius der Gattung* beginnt mit einem rhetorischen Paukenschlag: „Das Problem des Bewußtseins (richtiger: des Sich-Bewußt-Werdens) tritt erst dann vor uns hin, wenn wir zu begreifen anfangen, inwiefern wir seiner entraten können"[810]. – Wie, das Bewusstsein, diese zentrale Realität, dieser Kerngedanke der alten wie der neueren Philosophie, der diese selbst überhaupt ermöglichte, sollte entbehrlich sein?! Beruhte nicht die gesamte Philosophie auf der in den Tympanon des delphischen Apollo-Tempels gemeißelten Sentenz *gnothi seauton*, bzw. *nosce te ipsum* – Erkenne dich selbst! (oder: *Erkenne, was du bist*)? Und dieses Postulat, sich selbst zu erkennen – Hegel nannte es das „absolute Gebot"[811], ist ja nur *ein* Aspekt des *Erkennens* überhaupt, dieses sich Vergegenwärtigens, Herausfindens, Wahrnehmens von Sachverhalten, auf denen nicht nur das geistige Leben unserer Kultur, sondern unser geordneter Lebensvollzug im ganzen beruht. Ohne Erkennen – das ist die Gegenthese zu Nietzsche – wäre der Mensch nie über das Stadium der Sammler und Wildbeuter hinausgelangt, ja nicht einmal dahin gelangt, hätte als Gattung nicht überlebt!

Wir könnten uns die Abwehr von Nietzsches Bewusstseins-Kritik leicht machen durch den Hinweis, ein bewusstloses Leben sei nicht wert, gelebt zu werden. Damit befänden wir uns in bestem Einvernehmen mit den Auffassungen der Alten, etwa mit *Sokrates*' analoger Feststellung, ein *ungeprüftes* Leben sei nicht wert, gelebt zu werden[812], desgleichen mit *Epikurs* Mahnung: „Ein lustvolles Leben ist nicht möglich ohne ein einsichtsvolles, lobwürdiges und gerechtes Leben"[813] oder seiner Forderung: „Wer noch jung ist, soll sich der Philosophie befleißigen, und wer alt ist, soll nicht müde werde zu philosophieren [*philosopheîn*]. Es gilt also zu philosophieren für jung und alt"[814]. *Sich selbst*

---

[810] A. O., S. 219
[811] *Enzyklopädie* III, § 377 (*Einleitung in die Philosophie des Geistes*), TWA 10, S. 9; *Vorlesungen über die Geschichte der Philosophie* I (TWA 18), S. 51
[812] Vgl. Platon: *Apologie* 37e
[813] Diogenes Laertius X 140
[814] Ebd., X 122

prüfen und *sich der Philosophie widmen*: das sind Periphrasen für *bewusst leben*. Philosophie zu treiben bedeutet nichts anderes, als die Bewusstheit zum systematisch entfalteten Lebensprinzip zu erheben.

Nun, Nietzsches Argument zur Begründung seiner steilen These ist von erschreckender Simplizität. Er behauptet schlicht: „Wir könnten nämlich denken, fühlen, wollen, uns erinnern, wir könnten <handeln> in jedem Sinne des Wortes: und trotzdem brauchte das alles nicht uns <ins Bewußtsein zu treten> (wie man im Bilde sagt). Das ganze Leben wäre möglich, ohne daß es sich gleichsam im Spiegel sähe: wie ja auch jetzt noch bei uns der bei weitem überwiegende Teil dieses Lebens sich ohne diese Spiegelung abspielt"[815].

Nietzsche begründet also die These der Entbehrlichkeit des Bewusstseins mit der etwas ausführlicheren Behauptung, dass all unser Handeln und Denken auch ohne Bewusstsein möglich wäre und überwiegend auch erfolgt: diese zweite These ist lediglich eine Paraphrase der ersten Behauptung, ist also das Gegenteil eines *Arguments*!

Die These enthält allerdings eine Bemerkung, die Nietzsches Lapsus verständlich werden lässt. Er sieht nämlich das Bewusstsein als bloßen ‚Spiegel' dessen, was wir ohnehin denken und tun. Diese Spiegelfunktion bezeichnet aber eher das Selbstbewusstsein in einem engeren, wenn man so will: *nicht-transzendentalen* Sinne, etwa in der Aussage: ‚ich bin mir bewusst, gerade einen Irrtum begangen zu haben'. Diese Aussage ist redundant, sie ist lediglich die Weise, mein Bewusstsein des Irrtums *mitzuteilen*. Die Präsenz des Irrtums für mich selbst, noch vor und außer jeder Mitteilung, notwendig jedoch mit der (latent sprachlichen) Empfindung: ‚das war falsch, das geht so nicht' oder auch die Abwägung der Aussage eines Anderen auf ihren Gehalt, auf Richtigkeit oder Falschheit, dies *ist* meine Bewusstheit. Die Vorstellung eines *Denkens* (eines ‚ja – nein'; ‚jetzt – später'; ‚hier – dort'; ‚richtig – falsch'; ‚gut – schlecht'; ‚notwendig – entbehrlich'; ‚angemessen – unangemessen' usw.) *ohne* Bewusstsein, wie sie Nietzsche unterstellt, ist eine *contradictio in adiecto*, ein ‚hölzernes Eisen'.

Aber machen wir es uns mit der Kritik Nietzsches nicht zu einfach und geben wir uns nicht mit dem Aufweis seiner allzu evidenten Widersprüche zufrieden. Es gilt, nach einem Wort Hegels, den Gegner im gesamten Umkreis seiner Stärke zu stellen – und Nietzsche hat in Aphorismus 354 noch einige Pfeile im Köcher!

---

[815] A. O., S. 219

Seine Frage: „*Wozu* überhaupt Bewußtsein, wenn es in der Hauptsache *überflüssig ist?*"[816], ist nämlich nicht (bloß) rhetorisch zu nehmen, sondern öffnet den Weg zum Verständnis seiner Auffassung und zu deren grundlegenderen Widersprüchen.

Für die Antwort auf seine Frage bedient sich Nietzsche wiederum seiner naturalistischen ‚historischen Methodik', also der naturgeschichtlichen Perspektive. Durchaus nachvollziehbar sieht Nietzsche die Genese des Bewusstseins im Zusammenhang mit der *Conditio humana*: der Mensch als das „gefährdetste Tier"[817] – denn es fehlt ihm ja an physischer Ausstattung und er wäre, simpel gesagt, sowohl als Raubtier wie als Fluchttier den anderen Tieren unterlegen gewesen[818] – habe zum Überleben „Hilfe, Schutz"[819] benötigt und dazu „brauchte er seinesgleichen, er mußte seine Not auszudrücken, sich verständlich zu machen wissen – und zu dem allen hatte er zuerst <Bewusstsein> nötig, also selbst zu <wissen>, was ihm fehlt, zu <wissen>, wie es ihm zumute ist, zu <wissen>, was er denkt"[820].

Dieser Aussage können wir zustimmen, und doch ist da die befremdliche Schlussbestimmung: Was soll bedeuten, der Mensch müsse *wissen*, was er *denkt*? Die Unterscheidung dieser zwei Akte, *Wissen* einerseits, *Denken* andererseits, ist eine ganz künstliche. Jedes Denken impliziert Wissen (in seinen modalen Abstufungen), und jedes Wissen ist als Resultat eines *Denkakts* (von schlichter Wahrnehmung bis zur komplexen Reflexion) nur formal von diesem zu unterscheiden.

Mit anderer Akzentuierung gesagt: Wissen und Denken koinzidieren in der Intentionalität als Träger gegenständlicher Gehalte. Eine simple Aussage, etwa: ‚das Blatt [des Baums] ist grün', ist als *gegenwärtiger* Gehalt sowohl Wissen wie Denken. Die vermeintliche Differenz rührt nur daher, dass unter *Denken* zumeist der Vollzug einer Reihe logischer Akte (z. B. Wenn A, dann B; nun aber A, also B), unter *Wissen* nur das *Resultat* einer solchen Deduktion oder Aktes der Erfassung verstanden wird. In diesem Sinne unterscheiden wir in der Mathematik den Rechen-‚Vorgang' von dessen ‚Ergebnis'. Zweifellos ist

---

[816] Ebd., S. 220

[817] Ebd.

[818] Gerade dieser physiologischen Unterlegenheit des Menschen im Tierreich, seiner fundamentalen Andersartigkeit, hat die erst im 20. Jahrhundert von Denkern wie *Georg Simmel, Helmuth Plessner, Arnold Gehlen* u. a. geschaffene *philosophische Anthropologie* Aufmerksamkeit geschenkt und dazu subtile Beobachtungen entwickelt. Nietzsche kann durchaus als einer der Anreger solcher naturgeschichtlichen Betrachtungsweise gelten, die als solche durchaus ihr Recht hat.

[819] A. O., S. 220

[820] Ebd., S. 220f.

aber doch im Wissen des Ergebnisses *als* Ergebnis die Rechenoperation intentional präsent.

Ferner: die Verwendung der menschlichen *Sprache*, der exklusiven Form des *Denkens*, impliziert das *Wissen* um die Bedeutung der Wortzeichen und deren grammatikalische Verknüpfung zu Sinnzusammenhängen.

Nietzsche vertieft aber seine Entkoppelung von *Wissen* und *Denken* zu der provozierenden These: „[] der Mensch, wie jedes lebende Geschöpf, denkt immerfort, aber weiß es nicht; das *bewußt* werdende Denken ist nur der kleinste Teil davon, sagen wir: der oberflächlichste, der schlechteste Teil []"[821]. Amüsant zu sehen ist der naive Gebrauch des Theologen-Ausdrucks *Geschöpf* durch unseren atheistischen 'Alleszermalmer'. Aber auch ohne die zuspitzende Abwertung der Schlusswendung ist der Gedanke fragwürdig: Die implizite Zuweisung von *Denken* an das Tier erscheint höchst willkürlich; die Verallgemeinerung, jedes *Geschöpf* denke, würde sogar die Pflanzen zu denkenden Wesen machen, was an Mystizismus grenzt. Nietzsches Argument läuft auf eine relative Gleichsetzung von Mensch und Tier hinaus, welche sich demnach nicht der *Gattung* (*genere*), sondern nur der *Art* (*specie*) nach unterschieden. Das aber erscheint sachlich unhaltbar.

Um mich jedoch nicht dem Vorwurf auszusetzen, diese Kritik an Nietzsche sei Ausdruck eines überzogenen Rationalismus oder gar der Arroganz idealistischer Subjekt-Philosophie, verweise ich auf eine diesbezügliche Unterscheidung *Heideggers*, der ja solcher Zugehörigkeit unverdächtig ist und vertiefe das durch einen Blick auf Aristoteles als der in Fragen logischer Differenzierung unbestrittenen Autorität.

In seiner bedeutenden Vorlesung *Die Grundbegriffe der Metaphysik. Welt – Endlichkeit – Einsamkeit*[822] aus dem Wintersemester 1929/30 unterscheidet Heidegger, im Grunde noch auf der Linie des Aristoteles, drei Gattungen des Seienden.

Aristoteles hatte heuristisch, in Anlehnung an die vorwissenschaftliche Begriffsbildung, drei Gattungen des *Lebendigen*, nämlich *Pflanze, Tier* und *Mensch*, identifiziert und mittels des Kriteriums ihrer *Beseelung* essenziell *miteinander verbunden* und zugleich *gegen alles unbelebte Seiende abgehoben*. Allen drei *Genera* billigte er eine spezifische Form von *psyché* ('Seele') zu, aus deren Differenzen sich die Gattungsunterschiede ergeben[823]. *Seele* aber spricht Aristoteles Dingen zu, die das Prinzip ihrer Veränderung bzw. Bewegung in sich selbst haben.

---

[821] Ebd., S. 221
[822] Frankfurt/M. 2004
[823] Vgl. für den gesamten Zusammenhang: Aristoteles: *De anima.*

Demzufolge ist die Pflanze gekennzeichnet durch die *Nährseele*[824], denn sie reproduziert sich ja eigentätig durch ihren Stoffwechsel mit der *Umgebung*; das Tier verfügt zusätzlich über die *Wahrnehmungs-* und *Bewegungsseele*, der Mensch darüber hinaus über die *Denkseele*[825]. Die jeweils höhere Form der Seele schließt die Leistung(en) der niederen Form(en) in sich.

Heidegger übernimmt die Dreiteilung des Seienden und bestätigt die generische Differenz zwischen Mensch und Tier, lässt aber die Pflanze außen vor und gliedert in *Mensch – Tier – Stein* (Letzterer als Repräsentant des Unbelebten). Kriterium der Einteilung ist der *Weltbezug* des jeweiligen Seienden. Dementsprechend bestimmt Heidegger den Menschen dahingehend, dass er *Welt hat*; das Tier definiert er als *weltarm*, den Stein als *weltlos*. Der Mensch *hat* Welt, können wir sagen, insofern es für ihn so etwas wie Welt, als ideales Ganzes aller Erscheinungen, überhaupt ,gibt'. Das Tier hingegen ist *weltarm*, denn es verfügt aller Wahrscheinlichkeit nach nicht über einen Vorstellungsinhalt *Welt* in dem eben genannten Sinn (Nietzsche hatte übrigens diese Beschränktheit des Tiers und auch die Differenz zum Menschen in seiner Einleitung zur ersten *Unzeitgemäßen* am Beispiel der selbstgenügsam im Rhythmus natürlicher Bedürfnisbefriedigung aufgehenden Tierherde selbst eindrucksvoll veranschaulicht). Doch ist Heidegger zufolge das Tier nicht völlig bezugslos zu *Welt*, insofern es in einem abgegrenzten Bereich, dem *Habitat*, sich relativ selbstständig bewegt und agiert, Nützliches von Gefährlichem zu unterscheiden vermag, Rangordnungen bildet, Nachwuchs produziert und aufzieht usw. Der Stein schließlich ist *weltlos*, sofern es für ihn nicht nur keine *Welt* gibt, sondern er überhaupt nicht mit *Sensus* begabt ist, damit auch keinen für ,Gegebensein' hat. Natürlich hebt sich der Mensch essentiell von den anderen beiden *Genera* dadurch ab, dass nur ihm solche Klassifikation überhaupt *möglich* ist – sei diese nun sinnvoll oder nicht!

Worum es mir geht: Heidegger, der sich ja intensiv um ein Nietzsche-Verständnis bemüht hat, hält letzten Endes am Wesensunterschied von Mensch und Tier fest, während Nietzsche den Unterschied ins prinzipiell entbehrliche *Bewusstsein* setzt und damit, wie an früherer Stelle aufgezeigt, tendenziell beseitigt, ihn als *Wesensunterschied* leugnet. Diese Reduktion vollzieht Heidegger nicht mit, und das zu Recht nicht.

Aber Nietzsche geht noch einen (problematischen) Schritt weiter. Zwar sieht er zutreffend die Korrelation zwischen Bewusstsein und Sprache und erfasst den Menschen als *animal symbolicum* (was *Ernst Cassirer* später zu seiner

---

[824] A. O., II 3, 414 a
[825] Ebd., II 2, 413 b

Philosophie der symbolischen Formen ausbaut): „allein dieses bewußte Denken *geschieht in Worten, das heißt in Mitteilungszeichen,* womit sich die Herkunft des Bewusstseins selber aufdeckt. Kurz gesagt, die Entwicklung der Sprache und die Entwicklung des Bewusstseins (*nicht* der Vernunft, sondern allein des Sich-bewusst-werdens der Vernunft) gehen Hand in Hand. [] Der Zeichenerfindende [*sic*!] Mensch ist zugleich der immer schärfer seiner selbst bewußte Mensch []"[826].

Diese Abtrennung der *Vernunft* vom Bewusstsein – eher gälte es, beide identisch zu setzen! – ist genauso fragwürdig wie dessen oben dargestellte Abtrennung vom *Denken.* Unter dieser Voraussetzung ist der in der Wendung vom ‚zeichenerfindenden Menschen' steckende *Kategorienfehler* unvermeidlich: dieser Rede zufolge müsste auch ein keine Zeichen, d. h. *sprachliche Symbole,* Worte, verwendender *Mensch* denkbar sein, was offenbar Unsinn ist. Sprache zu haben, ist dem Menschen nicht akzidentell, sondern wesentlich.

Aber gravierender noch ist Nietzsches auf dieser Begriffsverwirrung basierende ausschließende Entgegensetzung von *Individuellem* und *Sozialem* – ein weiterer schwerer Kategorienfehler. Das klingt dann so: „[] erst als soziales Tier lernte der Mensch seiner selbst bewußt werden – er tut es noch, er tut es immer mehr. – Mein Gedanke ist, wie man sieht: daß das Bewußtsein nicht eigentlich zur Individual-Existenz des Menschen gehört, vielmehr zu dem, was an ihm Gemeinschafts- oder Herden-Natur ist [], und daß folglich jeder von uns, beim besten Willen, sich selbst so individuell wie möglich zu *verstehen,* <sich selbst zu kennen>" – in der antiken Philosophie kannte Nietzsche sich natürlich aus! –, „doch immer nur gerade das Nicht-Individuelle an sich zum Bewußtsein bringen wird, sein <Durchschnittliches>, – daß unser Gedanke selbst fortwährend durch den Charakter des Bewußtseins – durch den in ihm gebietenden <Genius der Gattung> – gleichsam *majorisiert* und in die Herden-Perspektive zurückübersetzt wird"[827].

Wer die Philosophie ernst nimmt und ihr, so problematisch die Annahme sein mag, dadurch dass ihre Entwürfe ein Publikum finden, doch einigen Einfluss auf die Wirklichkeit zutraut, kann vor diesen Äußerungen Nietzsches, wenn er sie sorgfältig liest, nur zurückschrecken. Sie enthüllen Nietzsches genuinen philosophischen *Nihilismus,* seinen ganzen Hass auf Vernunft und Gesellschaft. Aber wie das?

Zunächst einmal ist auf die logische Willkür in diesem Gedanken hinzuweisen. Nietzsche machte sich gelegentlich über die Naturrechtstheorien des

---

[826] A. O., S. 221
[827] Ebd.

17./18. Jahrhunderts und ihr Theorem des *Staatsvertrags* lustig, d. h. über ihren Glauben, die Überwindung des *Naturzustands*, des *Bellum omnium contra omnes*, sei durch Vertragsschluss autonomer Individuen miteinander bewirkt worden[828]. Diese Annahme war in der Tat nur ein idealtypisches Modell, denn es lässt sich keine vor- und außersoziale Existenz von Menschen denken. Der Mensch existiert nur als Familie, die sich durch Generationen- und Verwandtschaftsverhältnisse zu Stämmen verzweigt und gegebenenfalls zu noch größeren Einheiten wie Landsmannschaften, Völkern, Staaten mit komplexer Bevölkerung erweitert – in der Regel sind sie durch das gemeinsame Idiom verbunden.

In der sozialen Keimzelle des Familien- und Stammesverbands fällt das Interesse der Einzelnen, und das ist vorrangig das Interesse an Selbsterhaltung, am physischen Überleben, mit dem der Gruppe unmittelbar zusammen und erzeugt Solidarität, diese Substanz der von Nietzsche perhorreszierten „Sittlichkeit der Sitte"[829], die in der Regel in religiösen Bildern als ihren Garanten fixiert wird.

Die Verletzung der Interessen des Verbandes – und das primäre Interesse ist das an seiner Integrität, an seinem Bestehen – kompromittiert unmittelbar die existenziellen Interessen aller Einzelnen. *Bewusstsein* kann in diesem Kontext nur bedeuten, sich diesen Sachverhalt zur Einsicht zu bringen und in seinem Verhalten auszudrücken, und *Individualität* bezeichnet den Grad des Gelingens. Wer sich als besonders befähigt erweist, dem wächst *Autorität* zu. Das Individuelle des Menschen ist also die zwischen den Einzelnen unterschiedlich entwickelte Fähigkeit, das Allgemeine – auf welchem Gebiet auch immer – zu interpretieren: sei es im Feld der Wissenschaften, der Literatur, der praktizierten Medizin, der Malerei, des Sozialen als solchen, des Sports, des Politischen, des Unternehmerischen, der Erziehung, der Aufmerksamkeit auf den Mitmenschen usw. – und nicht zuletzt im Feld der Philosophie selbst! Die Zahl der Möglichkeiten in einer extrem differenzierten Gesellschaft wie der unsrigen ist Legion! Hingegen ein *Individuelles* außer dem und gegen das *Soziale* (das Wort im allgemeinsten Sinne verstanden), wie Nietzsche es unterstellt, zur Geltung bringen zu wollen, ist ein *Unding*, ist Ausdruck einer *verwilderten Romantik*! Diese Einsicht reflektierte sich bei dem Kantischen Moralismus'

---

[828] So bemerkt Nietzsche in der *Genealogie der Moral*, im Kontext seiner These vom ursprünglichen Staat als einer „furchtbaren Tyrannei": „Ich denke, jene Schwärmerei ist abgetan, die ihn mit einem <Vertrage> beginnen ließ" (a. O., 3. Abhdlg., Aph. 17; Schlechta II, S. 827).
[829] *Morgenröte* I, Aph. 9; Schlechta I, S. 1020 passim – Vgl. zu der Formulierung *Sittlichkeit der Sitte* auch das folgende Kap. X 2.7.

unverdächtigen *Hegel* in der Feststellung, es sei „die Bestimmung der Individuen [], *ein allgemeines Leben zu führen*"[830]. Wenn ein jeder diesem Prinzip mit Bewusstsein folgt, wird die Klage über einen Mangel an Individualität gegenstandslos.

Wenn also Nietzsche, wie zitiert, formuliert: „Erst als soziales Tier lernte der Mensch seiner selbst bewußt werden", so ist das einerseits *richtig*, insofern Bewusstsein an ‚Mitsein' (Heidegger), d. h. Sein mit Anderen, an Kommunikation und geistigen Austausch, kurz an Sozialität, gebunden ist, andererseits jedoch *falsch*, insofern Nietzsche mit dem Wort *erst* insinuiert, es könne eine vor- oder außergesellschaftliche Existenz des Menschen geben, womit er dem Irrtum, den er den Naturrechtsdenkern vorhält, selbst unterliegt.

Mit seinem forcierten Begriff einer sich *gegen* den sozialen Verband zur Geltung bringenden Individualität erweist sich Nietzsche als Adept des Erfinders des philosophischen *Egoismus Max Stirner* (eigentlich: Johann Caspar Schmidt, 1806-1856), der in seiner Schrift *Der Einzige und sein Eigentum* (1844) den Hass auf das Allgemeine und die Absolutsetzung des *Ich* – dieser höchst ephemeren Realität! – zum philosophischen Programm erhoben hatte[831]. Nietzsche erwähnt Stirner nirgends in seinen Schriften, aber dass er ihn nicht gekannt haben sollte, ist nahezu ausgeschlossen angesichts seiner generellen Belesenheit sowie seiner Kenntnis des Junghegelianismus, die durch die Abhandlung gegen *David Friedrich Strauß* (die erste *Unzeitgemäße Betrachtung*, 1873) belegt wird. *Dass* Nietzsche Stirner, wie andere Denker, deren Spuren sich in seinem Werk finden, nirgends erwähnt, ist fast ein Indiz für stattgehabten Einfluss! (Solches Gebaren lässt im übrigen die in Anspruch genommene *Redlichkeit* in einem anderen Licht erscheinen).

Im Unterschied zu den Naturrechtsdenkern, die in der Gründung der Gesellschaft durch die Individuen einen Ausdruck von deren Selbsterhaltungswillen und damit einen Akt der Vernunft sahen (nur *Rousseau* ist hier wie immer zweideutig), hält Nietzsche an der Fiktion eines außersozialen Daseins fest und spielt das Individuelle *gegen* das Soziale aus. Das aus der Interaktion der Individuen resultierende Bewusstsein erklärt er als vom „<Genius der Gattung> [] gleichsam *majorisiert*", überwältigt, d. h. er depotenziert es zum

---

[830] *Grundlinien der Philosophie des Rechts* § 258 (Zusatz), a. O., S. 208; Hervorh. Vf.
[831] Geradezu als antizipierende Kritik an Stirners Ego-Philosophie und seines Hasses aufs Allgemeine kann eine Stelle aus Hegels *Enzyklopädie* gelesen werden, in der es heißt: „Indem er [d. h. der Mensch] diese Zwecke [d. h. die eigenen] auf die Spitze treibt, nur sich weiß und will in seiner Besonderheit mit Ausschluß des Allgemeinen, so ist er böse, und dieses Böse ist seine Subjektivität" (a. O. Bd. I, § 24 Zus. 3; TWA 8, S. 90). Ebenso wie Stirner trifft diese Kritik Nietzsches Philosophie des absoluten Individualismus!

gesellschaftlichen Reflex. So individuell sich auch ein jeder verstehen möchte, bleibt sein Bewusstsein doch der ‚Herden-Perspektive' verhaftet, die, so muss man folgern, das wirklich Individuelle in jedem überlagert und verdeckt, sodass das eigentliche Potential eines jeden noch der Entdeckung und Freisetzung harrt. Nietzsches oben zitiertes Postulat, ein jeder solle noch Chaos in sich bewahren[832], bringt genau dies zum Ausdruck.

Welcher Leser hörte solchen Hinweis auf seine noch brachliegenden Potentiale nicht gern?! Und hier liegt wohl auch der Grund für die Faszination, die Nietzsches Philosophie bis heute ausübt, insbesondere auf junge Gemüter in der Phase der Emanzipation, wenn sie die elterlichen Vorgaben als unerträglich einengend zurückweisen und sich auf die Suche nach ‚sich selber' begeben (Vf. spricht aus eigener, melancholisch erinnerter Erfahrung!)

Seine Auffassung radikalisiert Nietzsche mittels eines raffinierten erkenntnistheoretischen Arguments, dessen Ansatz er als *seinen* „Phänomenalismus und Perspektivismus"[833] bezeichnet – wohl weniger als Kontrapunkt gegen Hegels *Phänomenologie des Geistes* als gegen den seinerzeit allgemein geschätzten, aber von ihm als philosophischer Flachkopf verachteten, Hegelsche mit Schopenhauerischen Gedanken collagierenden *Eduard von Hartmann* (1842-1906) und dessen „echt-idealistisches Büchlein"[834] *Phänomenologie des sittlichen Bewußtseins* (1878). Nietzsche behauptet nämlich: „Die Natur des *tierischen Bewußtseins* bringt es mit sich, daß die Welt, deren wir bewußt werden können, nur eine Oberflächen- und Zeichenwelt ist, eine verallgemeinerte, eine vergemeinerte Welt – daß alles, was bewußt wird, eben damit flach, dünn, relativdumm, generell, Zeichen, Herden-Merkzeichen *wird*, daß mit allem Bewußtsein eine große gründliche Verderbnis, Fälschung, Veroberflächlichung und Generalisation verbunden ist. Zuletzt ist das wachsende Bewußtsein eine Gefahr []"[835].

Diese Rede Nietzsches von der bewussten Welt als einer Oberflächen- und Zeichen-Wirklichkeit erinnert uns erneut, wie schon sein Urteil über die die Wirklichkeit angeblich nicht erreichende Sprache, an Schopenhauers Rede von der Erscheinungs-Wirklichkeit als dem *Schleier der Maja*, hinter dem sich als

---

[832] Vgl. Kap. X 2.1; vgl. auch KSA 10, S. 135
[833] Ebd.
[834] Brief an Overbeck, November 1880; Schlechta III, S. 1168
[835] Ebd., S. 221f. – Mit der Behauptung, dass wachsendes Bewusstsein eine Gefahr sei, verallgemeinert Nietzsche die in der 2. *Unzeitgemäßen Betrachtung* vorgetragene zeitkritische These der Gefahr einer Überfrachtung mit Historie ‚für das Leben'. Dagegen dürfte die eigentliche Gefahr im *Mangel* an historischem Bewusstsein liegen, der uns der Fähigkeit beraubt, aus der Geschichte die erforderlichen Lehren zu ziehen.

eigentliche Wirklichkeit der gnadenlos sich selbst wollende Wille verbirgt, dem das Individuum gefälligst abzusterben habe.

Aber bei Nietzsche nimmt solch biederer Dualismus von *Schein* und *Sein* sogleich eine raffiniertere und bösartigere Form an, indem er das Bewusstsein, das als Allgemeinheit eben die Integration der Einzelnen zum Ganzen darstellt – wir sind ja alle durch das gemeinsame Bewusstsein verbunden, dass *Du, Er, Sie* nur das Andere des *Ich* sind, nicht Pflanze, Tier, Fabelwesen –, indem also Nietzsche dies Verbindende als Verderbnis und Fälschung desavouiert, kann die Forderung für den Einzelnen nur sein, dies verderbliche und verdorbene Bewusstsein von sich abzutun, um zu seinem *Eigentlichen* durchzustoßen, das Gemeinsame abzuwerfen und das eigene Selbst *absolut* zu setzen.

Derartige Auffassungen befeuerten im frühen 20. Jahrhundert die diversen anti-bürgerlichen ‚Jugendbewegungen‘, durch die sich auch der junge Heidegger faszinieren ließ[836] und an die auch die Nationalsozialisten anknüpften. Heute erleben wir diese Haltung täglich in Gestalt von ‚Reichsbürgern‘, Corona-Leugnern, Impf-Verweigerern und ‚Verschwörungstheoretikern‘ aller Art (wobei an die Stelle von ‚Theorie‘ der Begriff *Wahn* zu setzen wäre). Eine besonders abstoßende Erscheinung dieses subjektivistischen Hasses auf das Allgemeine sind die sich häufenden Angriffe gegen – meist an ihrer Uniform erkennbare – Repräsentanten dieses Allgemeinen: Polizisten, Rettungskräfte, Feuerwehr usw.

Nun mag mancher die von mir aus Nietzsches Aussagen gezogenen Folgerungen als zu weitgehend und übertrieben empfinden. Man muss sich aber klarmachen, dass es sich bei der Philosophie Nietzsches um eine Theorie der *Delegitimation des Bestehenden* handelt: hier trifft sich Nietzsche, der Todfeind jedes Sozialismus, mit Marx, der ebenfalls das Bestehende – er nannte dies: ‚*Kapitalismus*‘ – nicht nur relativ, sondern fundamental infrage stellte – zugunsten einer chiliastisch gedeuteten Zukunft der Herrschaftsfreiheit im (wie wir nach dem Ende dieses jahrzehntelangen Alptraums sagen dürfen) *sogenannten* ‚Kommunismus‘. Bei Nietzsche korrespondiert dem Kommunismus systematisch das Telos des verwirklichten *Übermenschen*, des *dionysisch* zu sich selbst befreiten Lebens. Während aber der Zauber Marxens – zumindest gegenwärtig[837] – weitgehend verblasst ist, hört Nietzsche nicht auf zu faszinieren – mit

---

[836] Vgl. meinen Aufsatz *Auf dem Holzweg – Martin Heideggers Flirt mit dem Nationalsozialismus*, in: Schönknecht: *Einblicke und Ausblicke; Beiträge aus historisch-philosophischer Sicht.* Berlin 2020, S. 149ff.
[837] Unser kulturelles *Posthistoire* ist sichtbar geprägt durch Repetitionszwänge, durch Abfolge von Moden auf allen Gebieten, auch auf dem der Politik. Insofern ist mit allem zu rechnen!

dem fauligen Zauber des *shining wood*! Dies kann noch lange währen, denn es wachsen stets Individuen nach, die dem verführerischen Ideologem erliegen, das *Eigenste* im Menschen müsse vor seiner Verunstaltung durch das Gemeinsame, das ‚Gemeine', gerettet werden. Postmoderne Philosophie, *political correctness* und Gender-Wahn ziehen alle, so ‚progressiv' sie sich auch geben, ihren Impuls aus diesen im Grunde reaktionären Konzept Nietzsches.

Es kann im Übrigen auch nicht zweifelhaft sein, dass in die sogenannte *Kritische Theorie*, vor allem Adornos, mit ihrer These des falschen Bewusstseins und einer *negativen Dialektik*, Anregungen Nietzsches eingegangen sind.

Wir können zusammenfassend sagen: Der Glaube, sich aus dem Allgemeinen, in dem wohlgemerkt an die dreitausend Jahre europäischer *Arbeit am Menschen* stecken, zugunsten eines noch ungehobenen Schatzes an Individualität verabschieden zu können, führt in den Wahn – *hier* liegt die Gefahr und nicht, wie Nietzsche glaubt, in dem sich das Allgemeine zur *Klärung* bringenden Bewusstsein. Nietzsche ist gewiss ein philosophischer Lehrer – aber ein schlechter! Auf die ‚postmoderne' Affinität zu Nietzsche und seiner individualistischen Obsession werde ich noch eingehen[838].

Zum Abschluss des vorliegenden Kapitels sei aber das Argument angeführt, das Nietzsches Theorie des Bewusstseins als eines defizienten Produkts naturgeschichtlicher Kontingenz und damit als *Putendum* und *Superandum* – denn so präsentiert es sich als Ergebnis unserer Interpretation der herangezogenen Textstellen – aus den Angeln heben und damit zugleich Nietzsches schon mehrfach angedeutete *dialektische Schwäche* ein weiteres Mal bloßlegen wird. Es ist das Argument, das die Grenze, ja das Scheitern jedes sich als Fundamentalphilosophie gebärdenden Naturalismus markiert. Mag man das Bewusstsein ruhig als Produkt naturprozessualer Kontingenz ausgeben, so bleibt doch das dieses Ereignis zum Mysterium erhebende Faktum, dass im menschlichen Bewusstsein, und allein in ihm – ausgelöst wodurch auch immer – Natur die Augen aufschlägt, zu sich selbst kommt, ihrer selbst wie ihres Anderen ansichtig wird. Hier stehen wir am Ursprung von Subjekt und Objekt, an deren Verhältnisbestimmung sich das Bewusstsein abarbeiten wird und deren Dualität es dennoch nie entkommt. Manchmal, und selbst in der Spätzeit noch, blitzt bei Nietzsche selbst die Ahnung dieser Dialektik auf, etwa wenn er in der *Götzen-Dämmerung* formuliert: „Man müßte eine Stellung *außerhalb* des Lebens haben [], um das Problem vom *Wert* des Lebens überhaupt anrühren zu dürfen [und] um zu begreifen, daß dieses Problem ein für uns unzugängliches

---

[838] Vgl. unten, Kap. XI 2.

Problem ist"[839]. Und in Analogie dazu bezeichnet es Nietzsche ein wenig später im gleichen Text als „Naivität [] zu sagen [:] <so und so *sollte* der Mensch sein!>"[840]

Und bleibt das Heraustreten aus der Natur, die Entzweiung der Natur mit sich selbst *als Mensch*, ein Mysterium, so ist die Idee der Rückführung des Bewusstseins in Natur selbst dessen Kopfgeburt, als eine Mischung Rousseauscher Naturfrömmigkeit und eines mechanischen Materialismus à la Erich Haeckel, eine *faule Romantik*, mindestens ebenso faul wie die schwülstige Erlösungsmusik Wagners und die Mitleids-Larmoyanz Schopenhauers. Und auch solche *Renaturalisierung* des Menschen ist ja als postulierte selbst ein Ausdruck der von Nietzsche kritisierten Naivität, eine Idee vom Wesen des Menschen zu propagieren.

In Nietzsches Idee des *Dionysischen* wird jedoch exakt diese Intention einer Auflösung des Bewusstseins in Natur programmatisch – und der *Zarathustra* ist deren literarische Antizipation. Davon wird noch die Rede sein.

2.7   Menschwerdung als Super-GAU der Natur

Die vorhergehenden Kapitel präsentierten in chronologischer Ordnung Nietzsches sich wie ein roter Faden durch sein Werk ziehenden, jeweils unterschiedlich akzentuierten Angriffe auf das durch nahezu drei Jahrtausende und kulturübergreifend anerkannte, sich im Begriff des Intellekts zusammenfassende *proprium* des Menschen – und dies, obwohl uns ein einziger Blick auf die Lebenswirklichkeit, auf Natur und Gesellschaft, der Realität dieses *proprium* versichert.

Nietzsche ‚krönt' seine Angriffe auf die, wie man auch sagen könnte, menschliche *Integrität* in der späten, von manchen Forschern für sein kohärentestes Werk gehaltenen Schrift mit dem eher verharmlosenden Titel *Zur Genealogie der Moral* (1887) durch eine naturalisierende Theorie der *Genese des Menschen* als solchen.

Wieder befinden sich die beiden betreffenden Aphorismen gleichsam versteckt in der losen, durchnummerierten Folge kurzer, jeweils kaum mehr als eine Buchseite umfassender Kapitel. Es handelt sich um die Nummern 16 und 17 der zweiten der drei die Schrift konstituierenden Abhandlungen mit dem Zwischentitel *„Schuld", „Schlechtes Gewissen" und Verwandtes*[841].

---

[839] A. O., Schlechta II, S. 968
[840] Ebd., S. 969
[841] Vgl. Schlechta II, S. 824ff.

In diesem Sinne kündigt der Autor zu Beginn des § 16 an: „An dieser Stelle ist es nun nicht mehr zu umgehn [sic!], meiner eigenen Hypothese über den Ursprung des <schlechten Gewissens> zu einem ersten vorläufigen Ausdrucke zu verhelfen".

Nun könnte man meinen, *schlechtes Gewissen* sei der Gegensatz zu *gutem* Gewissen und damit wie dieses nur ein Modus von *Gewissen* überhaupt, aber so sieht Nietzsche es nicht. Vielmehr ist für ihn der Gattungsbegriff selbst das ‚schlechte' Gewissen und ‚gutes' Gewissen oder auch ‚Gewissen' als solches dessen Abstraktionen oder defiziente Modi. ‚Schlechtes Gewissen' ist für ihn Synonym für *Moral* im allgemeinen, und diese ist als solche eine Last, die es abzuwerfen gilt. *Gewissenlosigkeit* ist Nietzsches philosophisches Ideal! Doch dies nur vorläufig und nebenbei bemerkt.

In radikaler Anwendung seiner „historischen Methodik"[842] und in Entsprechung zu seinem methodischen Prinzip der Deduktion der hoch bewerteten Dinge aus ihrem unansehnlichen Gegenteil greift Nietzsche zur Erhellung der Genese der *Moral* respektive des *schlechten Gewissens* über die *Historie* (als die uns als zeitliches Kontinuum vorliegende menschliche Geschichte) hinaus auf die nur spekulativ zu erschließende *Vorgeschichte*, gleichsam, um mich eines aktuellen anthropologischen Terminus zu bedienen, auf das von der Evolutionsbiologie eröffnete *Tier-Mensch-Übergangsfeld*. Diese Phase, die Nietzsche, in Abweichung vom (ebenfalls unter dem Kontingenz-Aspekt interessanten) evolutionären Mechanismus von Mutation und Selektion, als „*vorhistorische* [] Arbeit des Menschen an sich selber"[843] definiert und die, wie er gewiss zu Recht bemerkt, „die längste Zeitdauer des Menschengeschlechts"[844] umfasst hat, sieht er bestimmt durch den Prozess der *Sozialisation* des Menschen; in Nietzsches negativer Bewertung heißt das, „der Mensch wurde mithilfe der *Sittlichkeit der Sitte* [also dem tradierten Gefüge von religiös fundierten Bräuchen und Normen, Anm. Vf.] und der sozialen Zwangsjacke wirklich berechenbar *gemacht*"[845] – Das aber bedeutet: die *Vernunft* des Menschen, die Tatsache, dass er sich ‚in der Regel' *nicht unberechenbar* verhält (verhielte es sich so, würde uns der Begriff dafür fehlen!), ist kein Wesensmerkmal, sondern selbst Resultat protohistorischer Repression und, wie aus dem verwendeten Vokabular ersichtlich wird, für Nietzsche keine Errungenschaft, sondern ein *Manko*, und zwar eines, das revidiert werden sollte.

---

[842] Ebd., S. 819
[843] Ebd., S. 800
[844] Ebd.
[845] Ebd. (Hervorh. Vf.)

Zur allgemeinen Bedeutung von Nietzsches hier umrissenem philosophischen, an der Perspektive der modernen Naturwissenschaft, dieser „eigentlichen Wirklichkeits-Philosophie"[846], orientierten Ansatz lässt sich sagen, dass er wohl der erste Denker ist, der diese Perspektive einnimmt; sie lag dem Linkshegelianismus noch ebenso fern wie dem Metaphysiker Hegel selbst, wenn auch ein Anklang bei *Karl Marx* nicht zu verkennen ist: dessen ‚historischer Materialismus' interpretierte die *menschliche Realität* als Vollzug und Resultat der nicht unbedingt mit der Historie als dem überlieferten Ensemble der Kulturen deckungsgleichen Prozess der durch die *conditio humana* bedingten Notwendigkeit der *Naturbearbeitung* und der dabei sich akkumulierenden Produktivkräfte.

Nietzsches tragischer Irrtum, um das Resümee unserer Überlegungen hier vorwegzunehmen, liegt in seinem Glauben, aus dem Blick auf den vorhistorischen Bruch mit der animalischen Natur philosophisch Wahres über den Menschen ermitteln, eine Therapie für die vermeintlich depravierte Gegenwart gewinnen und verschüttete Potentiale freilegen und reaktivieren zu können.

Dieser Bruch, so gewiss er stattgefunden haben muss, wird in der *Genealogie der Moral* zum Gegenstand genialer, zwischen Wissenschaft und Philosophie oszillierender Hypothesen. Das Werk präsentiert sich im Kern als spekulative Anthropologie, enger gefasst: als *Anthropogenese* – Anthropogenese in Gestalt eines *naturalistischen Mythos*.

Denn Nietzsche dichtet darin einen Mythos über den Hervorgang des Menschen aus der Natur, genauer: aus der Animalität, einen Mythos zwar ohne die Einführung von Göttlichem – schließlich ist er bekennender Atheist! –, aber doch in dem elementaren Sinn von Mythos als einer (Ursprungs-)*Erzählung*. Er erzählt uns jedoch weder die Entstehung der Welt durch göttliche Schöpfung wie die biblische *Genesis*, noch das Drama der Weltentstehung durch Götterkampf wie die *Theogonie* des Hesiod, über den Nietzsche als Philologe selbst geschrieben hatte[847].

---

[846] Ebd., S. 887

[847] Nietzsche hatte sogar kurzzeitig eine Dissertation über das Verhältnis von Homer und Hesiod geplant (vgl. Vattimo: *Friedrich Nietzsche.* Stuttgart/Weimar 1992, S. 99). Während ihm Homer der göttliche Naive war, „die goldene Natur" (*Genealogie der Moral*, 3. Abhdlg., Aph. 25; Schlechta II, S. 892), empfand er die Geistigkeit Hesiods als „schwer zu atmende Luft" (*Homers Wettkampf, Vorrede*; Schlechta III, S. 292). Allerdings lobt Nietzsche in der frühen Abhandlung von 1872, wie an früherer Stelle angedeutet (vgl. oben, Kap. VIII 7), Hesiods Darstellung der *Eris*, der Göttin der Zwietracht, in doppelter Gestalt, einmal als die schlechte, Krieg und Vernichtung provozierende, zum anderen als gute, menschlichen Tatendrang und zwischenmenschlichen Wettkampf stimulierende Kraft, eine Unterscheidung, die die im Geist des christlichen Appeasement erzogenen Gelehrten-Kollegen nicht begriffen hätten. Darin zeigt sich, in noch

Vielmehr erzählt er uns den Ursprung des „dionysischen Dramas vom <Schicksal der Seele>"[848], wobei er *Seele* und *Bewusstsein* synonym verwendet. Der Inhalt der aktuellen, durch das Christentum geprägten Episode im Drama der Seele bzw. des Bewusstseins ist aber ihre *Genese in Form ihrer Verkrüppelung*, nämlich ihrer Vermoralisierung[849].

Nach dem bisher über Nietzsches Verhältnis zum Phänomen der Moralität Ausgeführten kann über dessen Perspektive auf das fiktive Ereignis auch kein Zweifel sein. Es ‚bewährt' sich wieder einmal die von ihm selbst für sich in Anspruch genommene Psychologie des Verdachts, *vulgo*: sein böser Blick auf die Zivilisation. Nicht Befreiung von blindem Naturzwang durch das Aufblühen von Geistigkeit und (Selbst-)Bewusstsein im Sinne Herders, der, in der Synthese des klassischen abendländischen Optimismus, den Menschen als *ersten Freigelassenen der Natur* emphatisierte, sieht Nietzsche, sondern das Gegenteil: „Das schlechte Gewissen" – und dieses bedeutet Nietzsche im vorliegenden Text Gewissen, Geistigkeit, Bewusstsein überhaupt – gilt ihm als „die tiefe Erkrankung, welcher der Mensch unter dem Druck jener gründlichsten aller Veränderungen verfallen musste, die er überhaupt erlebt hat, – jener Veränderung, als er sich endgültig in den Bann der Gesellschaft und des Friedens eingeschlossen fand"[850]. Nicht Befreiung im Sinn einer Verminderung der Lebensrisiken durch Kooperation bedeutet Nietzsche das gesellschaftliche Sein, sondern das große Unglück, den prähistorischen Super-GAU, für „diese der Wildnis, dem Kriege, dem Herumschweifen, dem Abenteuer glücklich angepassten Halbtiere"[851] – Glücklich angepasst dem Kriege? Begreift Nietzsche nicht die allem Krieg innewohnende Korrelation von Siegen und Besiegtwerden, von Triumph und Verzweiflung, von Leben und Sterben? Natürlich kennt

---

gemäßigter, quasi sympathischer Form, bereits das spätere philosophische Präjudiz für den kämpferischen, entschlossen handelnden Menschen und seinen Willen zur Macht. – Über die Rolle Homers und Hesiods als Katalysatoren des Übergangs vom Mythos zur Ratio vergleiche meine Schrift *Mythos – Wissenschaft – Philosophie*, Bd. 1, Kapitel 7 und 8.

[848] *Zur Genealogie der Moral, Vorrede,* Aph. 7; Schlechta II, S. 769

[849] Das Phänomen des menschlichen Gewissens mag im Christentum besonderes Gewicht erhalten haben, aber es ist ja die Voraussetzung für Moral im allgemeinen und damit sowohl kulturübergreifend als auch, wie die vorliegende *Genealogie* der Moral nahelegt, weit älter als das Christentum. Dieses ist eigentlich nur eine Episode in der Geschichte der Moral, die entsprechend zu relativieren wäre. Diesbezüglich bleibt aber Nietzsche durchweg unklar und zweideutig, ja, um sein eigenes Kriterium anzuwenden: unredlich, und zwar insofern er dem Christentum stets die ganze ‚Schuld' an der von ihm diagnostizierten moralischen ‚Krankheit' anlastet.

[850] *Zur Genealogie der Moral,* 2. Abhdlg., Aph. 16; Schlechta II, S. 824

[851] Ebd.

er sie, aber in seinem Hass auf die Zivilisation trübt sich ihm der Blick. „Lieber sterben, als *hier* leben!"[852], hatte er als Motto des vollendeten „Typus <freier Geist>"[853], als Akt der *„großen Loslösung"*[854], formuliert. Es ist gewiss kein Zufall, dass eine solche Theorie gerade im Zeitalter des Imperialismus hervortritt, mit seiner Verbindung rücksichtsloser Eroberer-Mentalität bei gleichzeitiger, spät-rousseauistischer Apotheose des glücklichen Wilden, den zu versklaven man nicht als Widerspruch empfindet bzw. sich nicht eingesteht. *Georg Lukács* hatte also so unrecht nicht, wenn er Nietzsche „als Begründer des Irrationalismus der imperialistischen Periode" bezeichnete[855]. Dazu passt die Beobachtung von Janz, dass Nietzsche das gravierende Faktum des Kolonialismus „nicht als Problem bewußt [geworden ist]"[856].

Wie der Ausdruck ‚Halbtiere' verdeutlicht, schreckt Nietzsche auch nicht vor der Einführung von Bezeichnungen zurück, denen *kein Begriff* entspricht – außer in der Vorstellung von Kolonisierungs-Romantikern wie etwa dem erwähnten *Ernst Haeckel*, der in seinen *Welträtseln* die abstruse, aller anthropologischen Erkenntnis spottende Behauptung aufstellte, bestimmte Naturvölker stünden intellektuell den höheren Wirbeltieren näher als den höchstentwickelten Europäern[857]. Hier kann man mit der von Nietzsche geschätzten logischen Figur sagen: ‚Es gibt' keine Halbtiere (und gab sie auch nie). Das Tier einerseits, ins natürliche Habitat eingefügt und ihm verhaftet, der Mensch andererseits, aus der Naturbindung herausgetreten und sein Leben fristend mittels künstlicher Veranstaltungen wie Kochen der Nahrung, Kleidung und gebauten Behausungen, als instinktreduziertes ‚Mängelwesen' (A. Gehlen) und mittels Wortsprache, als *animal symbolicum* (Ernst Cassirer), Deutung von Welt und Kultur aufbauend – *tertium non datur!* Und wenn der Tier-Philosoph R. D. Precht den Unterschied zwischen Mensch und Tier durch den Hinweis zu relativieren sucht, die Primaten hätten eben nur an Afrikas Küste haltgemacht, kann man nur antworten: Ja, eben!

---

[852] *Menschliches, Allzumenschliches. Vorrede*, Aph. 3; Schlechta I, S. 439

[853] Ebd.

[854] Ebd.

[855] So der Titel eines Aufsatzes von 1954, Wiederabdruck in: J. Salaquarda (Hg.): *Nietzsche*. Darmstadt 1996, S. 78ff.

[856] A. O., Bd. 2, S. 417

[857] Haeckel äußert in der gen. Schrift die Auffassung, dass „die graduellen Unterschiede im Bewusstsein dieser Zottentiere [Affen, Hunde, Elephanten usw.] und der niederen Menschenrassen (Weddas, Australneger usw.) geringer [sind] als die entsprechenden zwischen diesen letzteren und den höchst entwickelten Vernunftmenschen (Spinoza, Goethe, Lamarck, Darwin usw.[!])" (E. H.: *Die Welträtsel. Gemeinverständliche Studien über monistische Philosophie*. Stuttgart o. J. (361. – 370. Tausend), S. 109f.

Aber wie stellt Nietzsche den Übergang von Tierheit in Menschheit vor? (Hier sind wir gezwungen, den Mythos nachzuerzählen). Er stellt ihn nicht vor als evolutionäre Allmählichkeit, sondern als Gewaltakt, als „einen Bruch, einen Sprung, einen Zwang, ein unabweisbares Verhängnis, gegen das es keinen Kampf und nicht einmal ein Ressentiment gab"[858], und zwar in der Form, dass „irgendein Rudel blonder Raubtiere, eine Eroberer- und Herrenrasse, welche kriegerisch organisiert und mit der Kraft zu organisieren, unbedenklich ihre fürchterlichen Tatzen auf eine der Zahl nach vielleicht ungeheuer überlegene, aber noch gestaltlose, noch schweifende Bevölkerung legt"[859] – wieder scheint hinter solcher Vorstellung die schemenhafte Silhouette des Kolonisators auf, der den ‚Hottentotten' europäische Formen aufzwingt. – Durch diesen *kontingenten* Akt der Gewalt aber, so Nietzsche, waren „mit Einem Male alle ihre Instinkte entwertet und <ausgehängt>"[860] – und der ‚Niedergang'(!) vom glücklichen *Halbtier* zum zivilisierten *décadent* nimmt seinen Lauf!

Geradezu ergreifend, mitleiderregend (?!) malt uns Nietzsche das Schicksal der *Menschwerdung* aus: „Nicht anders als es den Wassertieren ergangen sein muß, als sie gezwungen wurden, entweder Landtiere zu werden oder zugrunde zu gehn [sic!]. Sie sollten nunmehr auf den Füßen gehen und <sich selber tragen>, wo sie bisher vom Wasser getragen wurden: eine entsetzliche Schwere lag auf ihnen [], sie hatten für diese neue unbekannte Welt ihre alten Führer nicht mehr, die regulierenden unbewusst-sicherführenden Triebe, – sie waren auf Denken, Schließen, Berechnen, Kombinieren von Ursachen und Wirkungen reduziert, diese Unglücklichen, auf ihr <Bewußtsein>, auf ihr ärmlichstes und fehlgreifendstes Organ!"[861].

Aber diese Auslieferung des menschlichen ‚Halbtiers' an seine schwachen Verstandeskräfte ist noch nicht das Ende. Es kommt noch schlimmer! Denn die in ihrer Äußerung behinderten Instinkte (Nietzsche schenkt sich die Unterscheidung zwischen Instinkten und Trieben!) sind mit ihrer Repression nicht beseitigt, sondern wirken subkutan weiter: „Alle Instinkte, welche sich nicht nach außen entladen, *wenden sich nach innen* – dies ist das, was ich die *Verinnerlichung* des Menschen nenne: damit wächst erst das an den Menschen heran, was man später seine <Seele> nennt"[862], und hier liegt „der Ursprung des <schlechten Gewissens>"[863].

---

[858] *Zur Genealogie der Moral*, 2. Abhdlg., Aph. 17; Schlechta II, S. 826
[859] Ebd., S. 827
[860] Ebd., S. 824
[861] Ebd., S. 824f.
[862] Ebd., S. 825
[863] Ebd.

Nietzsche wird nicht müde, die innere Tragödie der werdenden Menschheit in kräftigsten Farben auszumalen: „Der Mensch, der sich, aus Mangel an äußeren Feinden und Widerständen, eingezwängt in eine drückende Enge und Regelmäßigkeit der Sitte, ungeduldig selbst zerriß, verfolgte, annagte, aufstörte, mißhandelte, dies an den Gitterstangen seines Käfigs sich wundstoßende Tier, das man <zähmen> will, dieser Entbehrende und vom Heimweh der Wüste Verzehrte [] – dieser Narr, dieser sehnsüchtige und verzweifelte Gefangene wurde der Erfinder des <schlechten Gewissens>"[864].

Das ‚schlechte Gewissen', dieses Resultat des „gewaltsam latent gemachten *Instinkts der Freiheit*"[865], das uns „moderne Menschen [als] Erben der Gewissens-Vivisektion und Selbst-Tierquälerei von Jahrtausenden"[866] enthüllt, ist in Nietzsches Augen „die größte und unheimlichste Erkrankung [], von welcher die Menschheit bis heute nicht genesen ist, das Leiden des Menschen am *Menschen*, an *sich*"[867].

Hier diagnostiziert also Nietzsche Triebunterdrückung als Quelle des Leidens an sich selbst, sprich: als Quelle der *Neurose* – das ist Psychoanalyse *ante litteram*! Hier wurzeln nicht nur Sigmund Freud und seine höchst erfolgreiche Schule, sondern der Hauptstrom aktueller Pädagogik, der in der Beschneidung kindlicher Unmittelbarkeit das pädagogische *peccatum originale* sieht – zu Lasten der solcher Unmittelbarkeit schmerzlich ausgesetzten Mitwelt!

Mit der Metapher der Moderne als einer einzigen großen Krankheit rundet sich Nietzsches Konzept vom Philosophen (also von *sich*!) als ‚Arzt der Kultur' ab. Aber es ist hier gar nicht mehr von einer bestimmten, nämlich der christlichen Kultur die Rede, der etwa andere Kulturen als Korrektiv gegenübergestellt werden könnten. Das ‚schlechte Gewissen', das Nietzsche ursprünglich nur als Phänomen der durch das Christentum und dessen Erbsünden-Lehre dem Menschen angetane Deformation interpretiert hatte, wird in der vorliegenden Ursprungserzählung unversehens zur Metapher für Bewusstsein überhaupt, als dem Kennzeichen des Menschen als solchen.

Das mag sich so erklären, dass Nietzsche die sich anbahnende Einheit der Menschheit in einer europäisch-abendländisch geprägten, technikbasierten und demokratisch verfassten Weltzivilisation intuiert, an der wohl kein Weg vorbeiführt, auch wenn aktuell Männer wie der indische Präsident Modi von der Wiederbelebung einer geschlossenen, das gesamte Dasein fundierenden hinduistischen Kultur in ihrem Land träumen. Allenfalls das chinesische

---

[864] Ebd.
[865] Ebd., S. 827
[866] Ebd., S. 835f.
[867] Ebd., S. 825

Modell rücksichtsloser politischer Repression bietet eine Alternative – allerdings die denkbar schlechteste. Doch dies nur in Parenthese.

Wo es einen Arzt gibt, gibt es auch Hoffnung auf Heilung, und die hegt Nietzsche in der Tat, und gerade im Faktum der Erkrankung liegt – wer zweifelte daran? – die Voraussetzung der Gesundung! Denn „mit der Tatsache einer gegen sich selbst gekehrten, gegen sich selbst Partei nehmenden Tierseele [war] auf Erden etwas so Neues, Tiefes, Unerhörtes, Rätselhaftes, Widerspruchsvolles *und Zukunftsvolles* gegeben"[868], als ob sich mit diesem Etwas, also mit dem Menschen, „etwas ankündige, etwas vorbereite, als ob der Mensch kein Ziel, sondern nur ein Weg, ein Zwischenfall, eine Brücke, ein großes Versprechen sei …"[869] – ein Versprechen, können wir hinzufügen, auf die Ankunft des *Übermenschen*.

Es ist evident, dass Nietzsches naturalistischer Mythos ein Nest von Widersprüchen, *petitionibus principiorum*, darstellt – zumindest dies hat er mit den Götter-Mythen gemein! Das an den Anfang gestellte kontingente Ereignis der Machtergreifung stellt eine reine Setzung des Autors dar, die Annahme einer ,Eroberer-Rasse', die eine tierische Masse *in Dienst nimmt*, setzt bereits eine Art von *Mensch* (d. h. von Intellekt) voraus, welcher doch erst deduziert werden soll.

Und derselbe Autor, der sagt, „Tatsachen gibt es nicht, nur *Interpretationen*"[870], behauptet hier die ,*Tatsache* einer [] gegen sich selbst Partei nehmenden Tierseele'. So suggestiv der Gedanke ist, so mystifizierend ist er auch. Denn wir wissen von keiner derart reagierenden ,Tierseele'. Alle Erfahrungen mit unterjochten ,Tierseelen' verweisen darauf, dass auf anfänglichen Widerstand gegen die Zähmung Unterwerfung folgt – ohne dass die Animalität dadurch aufgebrochen würde. Es müsste sich denn um die Seele eines ,Halbtieres' handeln, wozu ich oben das Nötige gesagt habe!

Tatsächlich, und hier liegt Nietzsches argumentativer Trick, kennt die Psychologie Phänomene wie Masochismus oder moralische Selbstquälerei – allerdings beim *Menschen*! Diese Erscheinung projiziert Nietzsche in den Ursprung[871].

---

[868] Ebd., S. 826

[869] Ebd.

[870] Schlechta III, S. 903

[871] Die Habitualisierung von Schuldgefühlen und eines negativen Selbstbilds ist gewiss eine Begleiterscheinung bestimmter Weisen der Vermittlung der christlichen Religion. Das Phänomen des Masochismus fand gerade im zeitlichen Kontext der Entstehung der *Genealogie der Moral* (1888) Beachtung. Im Jahr 1870 publizierte *Leopold von Sacher-Masoch* (1836-1895) seine Novelle *Venus im Pelz*, in der der Held perverse Lust aus ihm während der geschlechtlichen Begegnung angetaner Gewalt gewinnt. Im Jahr 1886

Eine reine *petitio* und Ausdruck des für Nietzsche typischen *Voluntarismus* ist schließlich der Schluss von der Ungewöhnlichkeit der Erscheinung *Mensch* auf dessen künftige Überwindung – er folgt dem fragwürdigen *logos*: weil (aktuell) A (minus), darum (in Zukunft) B (=A plus). Das ist keine Deduktion, sondern *Prophetie*!

3. Nietzsches *Neuer Glaube*: Die ewige Wiederkunft des Gleichen

3.1 Ein Satz von Quasi-Mythen

Mit dem Aufweis – sprechen wir nicht von *Nachweis*! – der Kontingenz der Menschwerdung, der Herkunft des Menschen aus tierischem Ursprung und der Enthüllung des einst im Göttlichen verorteten Ursprungs der *Geistseele* als pathogenes Produkt der Repression der Triebnatur, ist Nietzsches Werk der Entlarvung, der Herleitung der wertgeschätzten Dinge aus ihrem verachteten *Gegensatz*, vollendet, ist das, was dieses Werk an *theoretischem* Gehalt zu bieten hat, zum Vorschein gekommen.

Doch was weiter? Kann es damit sein Bewenden haben? Ist etwa das Genie eines Michelangelo oder Einstein, die Schönheit der Werke des einen und die Bedeutung der Erkenntnisse des anderen, dadurch entwertet, dadurch weniger schön und bedeutsam, dass ihre Vorfahren, vielleicht 100.000 Generationen zurück, noch animalische Züge aufwiesen?!

Würde sich der Beitrag Nietzsches zur Philosophie in diesem Gedanken erschöpfen, wäre sein Werk nur eine weitere, allerdings besonders bösartige Manifestation der dem 19. Jahrhundert aus dem Erfolg der Naturwissenschaften entstandenen, sich ins 20. Jahrhundert fortsetzenden Tendenz, die Wirklichkeit insgesamt aus Naturprozessen herzuleiten, sie *naturgeschichtlich* zu interpretieren, kurz: sie zu *naturalisieren*.

Und wie verträgt sich das mit dem in der einführenden Darstellung aufgezeigten Anspruch Nietzsches, als Arzt der Kultur zu wirken und eine neue Kultur heraufzuführen, eine Intention, die, wie am Beispiel Wagners, von Meysenbugs und de Coubertins dargelegt, ebenfalls einer Tendenz des späten 19. Jahrhunderts entspringt?

---

prägt der Psychiater und Rechtsmediziner *Richard von Krafft-Ebing* (1840-1902) dafür den Terminus *Masochismus*.

In der Tat gibt sich auch Nietzsche nicht mit solchem *Nihilismus*, d. h. rein negativen, durch Abbau vermeintlichen Sinns erreichten Resultat zufrieden, sondern verfolgt sein kulturrevolutionäres Ziel weiter. Allerdings lässt aber das in den vorhergehenden Kapiteln mehrfach herausgestellte logisch Gezwungene, Widersprüchliche, Undialektische seiner Zugriffsweise vermuten, dass es für ihn schwierig werden wird, auf der Basis universeller Destruktion von Substanz ein neues Substanzielles, eine neue Dimension von Sinn zu etablieren.

In diesem skeptischen Sinne positioniert sich im übrigen auch die Nietzsche-Forschung. Der Autor des ersten Bandes der großen Nietzsche-Biografie von Curt Paul Janz, sei es *Janz* selbst oder noch *Richard Blunck*, der Initiator des Werks, äußert sich analog, wenn auch in einem anderen Kontext, nämlich der vom jungen Nietzsche im Rahmen der Vorträge *Über die Zukunft unserer Bildungsanstalten* (1872) geäußerten Kritik an der Tendenz des Gymnasiums, sich lehrplanmäßig dem „Einfluß des zeitgenössischen Merkantilismus und des Staatsinteresses"[872] zu öffnen.

Der Verfasser fragt rhetorisch: „Was soll nun aber das Gymnasium?" und gibt die verallgemeinernde und ernüchternde Antwort: „Genau auf diese Frage bleibt er [also Nietzsche] die präzise Antwort schuldig, hier entzieht er sich der Entscheidung, an dieser Aufgabe scheitert er, wie er immer an diesem Punkt, eine positive Antwort geben zu müssen, scheitern wird, und wie er uns letztlich sein <philosophisches Hauptwerk>, das er jahrelang verspricht und zu dessen Ausarbeitung er mehrmals ansetzt, schuldig bleiben sollte"[873].

Analog äußert sich V. Gerhardt, wenn er feststellt, Nietzsche verbiete sich selbst, „die Grundzüge der neuen Zeit zu entwerfen. Man erfährt stets nur, welche Übel überwunden sein sollten"[874].

Wo allerdings Janz ein Unvermögen Nietzsches sieht, unterstellt Gerhardt eine bewusst eingenommene Zurückhaltung.

Nun, Nietzsches Scheitern an einer positiven Antwort bedeutet nicht, dass er gar keine positiv *gemeinte* Antwort gibt, d. h. für unseren Kontext: dass er sich nicht zum negativen Resultat seiner Wirklichkeitsanalyse, der Feststellung universeller Kontingenz, irgendwie verhielte, es bedeutet vielmehr, dass diese Antworten – denn es sind mehrere – das nicht leisten, was sie zu leisten beanspruchen.

---

[872] A. O., Bd. 1, S. 448
[873] Ebd.
[874] Ders.: *Friedrich Nietzsche*. München ³1999, S. 15

Dass hier Zweifel angebracht sind, verdeutlicht die im vorhergehenden Kapitel zitierte Hypothese, oder sagen wir: Andeutung, der zufolge die Tatsache der Existenz des Menschen über diesen selbst hinaus weise auf eine nur erst durch Nietzsche ins Auge gefasste höhere Möglichkeit, Mensch zu sein.

Nietzsche konfrontiert uns also, die depravierte Gegenwart überspringend, mit einem noch *Ausstehenden*, erst noch zu Bestimmung und Realität zu Bringenden. Dies entspricht der im Kapitel über Nietzsches Beziehung zu Wagner angedeuteten Tendenz des späten 19. Jahrhunderts.

Um sich das Fragwürdige solcher Intention zu verdeutlichen, genügt es, sich an zwei Bemerkungen *Hegels* zu erinnern, zum einen, dass ein jedes Individuum Sohn seiner Zeit sei und über deren Horizont nicht hinauszuschauen vermöge, zum anderen, dass das Höchste, was der Philosophie erreichbar sei und worauf sie sich dementsprechend zu beschränken habe, darin bestehe, dass sie „ihre Zeit in Gedanken erfasst"[875].

Beide Einwände verbindend, stellt Hegel unmissverständlich fest: „Es ist ebenso töricht zu wähnen, irgend eine Philosophie gehe über ihre gegenwärtige Welt hinaus, als, ein Individuum überspringe seine Zeit, springe über Rhodus hinaus. Geht seine Theorie in der Tat darüber hinaus, baut es sich eine Welt, *wie sie sein soll*, so existiert sie wohl, aber nur in seinem Meinen, – einem weichen Elemente, dem sich alles Beliebige einbilden läßt"[876].

Aber genau das ist der Fall bei Nietzsche. Nietzsche springt, vorgeblich, um einer historischen Tendenz zum Durchbruch zu verhelfen, über seine Zeit hinaus, indem er *ex negativo* eine Zukunft der Menschheit ins Auge fasst, die bei ihm die Form eines *Ziels*, d. h. eine Art geschichtlicher *Vollendung* annimmt, er also eine Spielart des *Chiliasmus* entwickelt. Strukturell Vergleichbares, wenn auch inhaltlich vollkommen Gegensätzliches hatten wir bereits gefunden in Herders und Lessings Ideen einer in christlichem Geist vereinten Menschheit sowie in Marxens Idee eines ‚Kommunismus' bzw. ‚klassenlosen Gesellschaft'. Und wir fanden sie in Wagners an Griechisch-Antikes anknüpfender Vorstellung einer *Kunstreligion*, d. h. in der Gestalt der zum ‚Festspielhaus' pilgernden und durch das Erleben des Gesamtkunstwerks mit seinen mythisch-zeitlosen Themen sich geistig-seelisch fundamental und substantiell erneuernden Menschheit.

Wie müßig derartige Konstruktionen waren bzw. sind, belegt unwiderleglich die Tatsache, wie sehr die Menschheit im alten Schlamassel von Krieg, Gewalt, Ungerechtigkeit und Leiden aller Art steckt, dem heute zum Überfluss

---

[875] *Grundlinien der Philosophie des Rechts* (Hg. J. Hoffmeister) Hamburg 1955, S. 16
[876] Ebd.

eine höchst reale Klimakrise sich zugesellt. Es ist eine Problemlage, der kein noch so gut gemeinter Totalentwurf einer neuen Gesellschaft gerecht wird, sondern die allenfalls in aufopfernder politischer und gesellschaftlicher Arbeit in ihren gravierendsten Auswirkungen gemildert werden kann. Es zeigt ferner, welch zweideutiges Unterfangen die sog. *Kulturkritik* ist, die ja Nietzsche sich von Anfang an auf die Fahne geschrieben hatte und worin ihm viele gefolgt sind, bis hin zu einer sich in dem Satz *Das Ganze ist das Unwahre* (Th. W. Adorno) zusammenfassenden, sich selbst *Kritische Theorie* nennenden und die Möglichkeit sinnvoller sozialer Praxis rundweg bestreitenden, gnostisch angehauchten Metaphysik.

Der Chiliasmus Nietzsches nun ist raffinierter, allerdings auch bösartiger als der seiner Vorgänger. Er manifestiert sich als Entwurf säkular-futurischer, auf Zukünftigkeit zielender und, darin Marx vergleichbar, sich als Resultat philosophischer Analyse kamouflierender Mythologeme. Hier treten alle die zum Teil im Vorhergehenden schon genannten begrifflichen Prägungen auf, die die traditionelle Nietzsche-Interpretation (und gewiss auch Nietzsche selbst) für die zentralen gedanklichen Figurationen dieser Philosophie hält: die erwartete Heraufkunft des *Nihilismus*, die *Umwertung aller Werte*, die *Schule des Verdachts*, der *Wille zur Macht*, der *Übermensch*, die *Ewige Wiederkunft des Gleichen*, der Dualismus von *starkem, aufsteigendem* und *schwachem, dekadentem* Leben – *Leben* sowohl im Sinne von individuellem *Vollzug* wie vitalistisch-physiologisch als körperlich-seelische *Konstitution* zu verstehen – sowie, damit verbunden, der Gegensatz von *Herren-* und *Sklaven-Moral* und schließlich, die anderen Denkfiguren irgendwie fundierend, die Nietzsches Vorstellungswelt von Anfang bis Ende durchziehende – fixe – Idee des *Dionysischen*, d. h. die Fiktion eines durch die Personifikation ,Dionysos' veranschaulichten, sich in vitaler Unmittelbarkeit und Ungehemmtheit reflexionsfrei und impulsgesteuert vollziehenden Lebens, dessen in literarischer Produktion sich manifestierende Erscheinungsform der Autor selbst und dessen fiktionale Verkörperung der Protagonist von Nietzsches Zarathustra-Dichtung ist, „jener dionysische Unhold"[877] namens Zarathustra![878]

---

[877] *Versuch einer Selbstkritik* (1886, Einführung zur NA der *Geburt der Tragödie*), Schlechta I, S. 18.

[878] In diesem Sinn fasst etwa V. Gerhardt Nietzsches Intentionen und Motive zusammen, wenn er ihm den „Versuch" zuschreibt, „durch die literarische Kunstfigur <Zarathustra> die Zukunft der Menschheit zu prophezeien. Im biblischen Verkündigungsstil werden der <Übermensch> und der <Wille zur Macht> gelehrt; der Gedanke der <ewigen Wiederkehr des Gleichen> wird wie eine religiöse Botschaft offenbart" (a. O., S 13).

Da hier keine umfassende Interpretation Nietzsches beabsichtigt ist, stelle ich die genannten Motive nicht *in extenso* dar, sondern beschränke mich auf eine knappe Präsentation ihres inneren Zusammenhangs.

In der weiten, nur wenig strukturierten und dementsprechend unübersichtlichen Landschaft von Aphorismen, als die sich Nietzsches Werk präsentiert, tauchen diese Motive in unregelmäßiger Folge immer wieder auf, gleichsam als topographische Punkte, die anzeigen, dass man noch unterwegs, noch auf dem rechten Wege und nicht im Abseits gelandet ist – wenn dem Leser auch nie klar wird, wohin die Reise eigentlich geht und ob die ihm begegnenden Landmarken ihn nicht eigentlich im Kreise führen – gleichsam im Sinne einer kontinuierlichen Wiederkehr des Gleichen! Der Nietzsche-Spezialist Volker Gerhardt hat dies affirmativ und euphemistisch so ausgedrückt, dass Nietzsches Texte immer für eine Überraschung gut seien.

Dabei kann man sich den Zusammenhang der Motive nicht elementar und plakativ genug vorstellen, und es ist im Prinzip gleichgültig, von welchem von ihnen die Erklärung ihren Ausgang nimmt; ein jedes eignet sich gleichermaßen dazu.

Hinter allem steht aber einerseits Nietzsches *Hass auf das Christentum*[879] und dessen als Sklaven-Moral denunzierte Moral des Mitleidens mit den Schwachen und andererseits die Apotheose des archaisch-klassischen Griechentums des sechsten und fünften vorchristlichen Jahrhunderts als einer Kultur *sui generis* und Kultur der Stärke, und zwar der bewussten Bejahung der Absurdität und Tragik der menschlichen Existenz als des kontingenten und ephemeren Resultats einer unter den Titel des *Schicksals* (*moira, ananke* u. a.) gestellten, sinnfrei produzierenden und das im Überfluss erzeugte Leben mitleidslos dem Untergang preisgebenden Natur – davon war im Vorhergehenden ausführlich die Rede[880].

 Nietzsches Grundgedanke ist nun, dieses Naturprinzip unverkürzt wieder in Geltung zu setzen, es im Maßstab 1:1 auf die menschliche Welt rückzuübertragen, d. h. die historisch insbesondere durch die christliche Religion und Moral erarbeiteten Vermittlungen und Milderungen zu revidieren. Das ist es, was Nietzsche als seine prinzipielle „Heterodoxie [], die in der Tat keinen Stein auf dem anderen läßt"[881], also als die aller europäischen Geistestradition widerstreitende Lehrmeinung bezeichnet und durch die er „die Geschichte der

---

[879] Vgl.: „Deshalb perhorresziere ich das Christentum mit einem tödlichen Haß" (Schlechta III, S. 749)
[880] Vgl. oben, Kap. II.3
[881] Brief an Overbeck vom 18.10.1888, Schlechta III, S. 1323

Menschheit in zwei Hälften auseinander [zu schießen]"[882] glaubt. Nietzsche greift damit allerdings, ohne dies näher zu exponieren, auf die antike Sophistik und deren von Sokrates und Platon so energisch bekämpftes Credo zurück, dass Gerechte sei das dem Stärkeren Zuträgliche.

Das Naturprinzip selbst nennt Nietzsche den *Willen zur Macht*. Seine Aussage: „Wo ich Lebendiges fand, da fand ich Willen zur Macht; und noch im Willen des Dienenden fand ich den Willen, Herr zu sein"[883] bezeichnet die für ihn ubiquitäre Geltung dieses Prinzips, und wenn man den Gedanken in dem Sinne interpretiert, dass die Lebewesen durchweg ein affirmatives Verhältnis zum eigenen Dasein haben und dieses auch gegen widrige Bedingungen zu erhalten suchen, und zwar Mensch, Tier, Pflanze gleichermaßen, so hat der Gedanke auch Geltung.

Der zweite Teil des angeführten Zitats leitet über zum Selbstverständnis von Nietzsches Philosophie als einer *Schule des Verdachts*[884]. Als solche will sie aufdecken, dass der Wille zur Macht bis in die scheinbar unegoistischsten, altruistischsten Handlungen hinein als geheime Herrschsucht motivierend wirksam ist: etwa beim Loben, wie an früherer Stelle exemplifiziert bzw. überhaupt in der hingebungsvollen Zuwendung zum Anderen, die u. U. bis zum Selbstopfer reicht – prominentestes Beispiel dafür in der abendländischen Kultur ist Jesus Christus: Stets, so will Nietzsche uns glauben machen, ist der Geber vom Machtbedürfnis getrieben und soll der Empfänger der Wohltaten insgeheim damit gedemütigt, dessen eigener Wille zur Macht untergraben und er physiologisch-instinktmäßig geschwächt werden. – Hätte Nietzsche in der Zeit seiner geistigen Umnachtung, in der er vollständig von der hingebenden Pflege seiner Mutter abhing, einen lichten Moment gehabt: er hätte wahrscheinlich seine These vom Egoismus im Altruismus widerrufen oder zumindest relativiert!

Indem Nietzsche glaubt, hier sei viel zu decouvrieren, wird er zwar einer der Wegbereiter der Psychoanalyse, fällt jedoch hinter Einsichten Hegels zurück, den er allerdings, wie die gesamte nach-antike philosophische Tradition, kaum studiert hat. Für Hegel ist das Recht des Individuums, in seinen Handlungen Befriedigung und Bestätigung zu finden, d. h. *Sinn zu erleben*, selbstverständlich; ihm war völlig bewusst, dass im strengen Sinn der Begriff einer ‚selbstlosen' Handlung eine *contradictio in adiecto* darstellt.

---

[882] Ebd.
[883] *Also sprach Zarathustra*. Schlechta II, S. 371
[884] *Menschliches, Allzumenschliches*, Vorrede zur NA 1886; Schlechta I, S. 437

Und was den von Nietzsche unterstellten ‚Willen, Herr zu sein im Willen des Dienenden' anbelangt, hat ebenfalls bereits Hegel dieses scheinbare Paradox im Kapitel der *Dialektik von Herrschaft und Knechtschaft* in seiner *Phänomenologie des Geistes* mit dem wahrhaft ‚progressiven' Argument aufgelöst, dass das Sein des Herrn seiner selbst insofern nicht mächtig ist, als es existiert durch Vermittlung des Knechts, der durch seine Arbeit, d. h. die Umwandlung des rohen Naturstoffs in Mittel der Bedürfnisbefriedigung, sowohl seine eigene Existenz wie eben auch die des Herrn reproduziert. Diese Dialektik, als deren zeitgemäßes Äquivalent man die Idee der Sozialpartnerschaft betrachten könnte, hat der die Arbeit als größte Schmach perhorreszierende Nietzsche nie begriffen.

Als Entdecker der vermeintlichen Verkehrung und Verheimlichung der ‚wahren' Verhältnisse schreibt sich Nietzsche den Rang des führenden Psychologen und der „in Fragen der [die abendländische Kultur bestimmenden] *décadence* höchsten Instanz"[885] zu.

Dekadent ist für Nietzsche vor allem das Christentum, insofern es sich der Anerkennung der Naturordnung, der Logik des Willens zur Macht verweigert. *Décadents* sind zuletzt aber auch *Schopenhauer* und *Wagner*, insofern sie nicht, wie Nietzsche, das Naturprinzip bejahen und feiern: Ersterer, Schopenhauer, beklagt das darin dominierende Leiden, weist das Leben deshalb als nicht sein sollend zurück, stilisiert das Mitleid zur höchsten Tugend und zielt auf Befreiung vom Individuationsprinzip, bei ihm Äquivalent des Willens zur Macht, im buddhistischen Nirwana.

Letzterer, also Richard Wagner, bleibt philosophisch lebenslang Schopenhauerianer, und insofern ist sein künstlerisches Werk durch das Erlösungsmotiv geprägt; das Vehikel der Erlösung ist bevorzugterweise die hingebungsvolle, beide Individuen erfüllende und versöhnende Liebe zwischen den Geschlechtern. So erfolgt in dem durch Wagner bezeichnenderweise als *romantische Oper* kategorisierten *Fliegenden Holländer* (1843) die Erlösung des Protagonisten vom Schicksal des ewigen Irrfahrens und seine Einkehr in die Sterblichkeit durch die Liebe der Senta, wobei das Irrfahren die lebenslange Unruhe des seiner Leiblichkeit verhafteten Menschen symbolisiert – ein Motiv, das bis auf Platons *soma sêma* (der Leib als *Kerker* oder *Grab* der Seele) und auf Augustins „Es ist unruhig unser Herz, bis es ruhet in dir, o Herr"[886] zurückreicht.

---

[885] Brief an M. von Meysenbug vom 18.10.1888; Schlechta III, S. 1322; Zusatz Vf.
[886] „Inquietum est cor nostrum, donec resquiescat in te, Domine" (*Conf.* I 1).

Nihilismus tritt nach Nietzsche ein, wenn „*die obersten Werte sich entwerten*"[887], und da bisher der oberste Wert Gott bzw. das Göttliche in Religion und Metaphysik waren, deren Niedergang für Nietzsche ausgemachte Sache ist, folgert er: „Der Nihilismus steht [historisch betrachtet] vor der Tür"[888] und „der ganze Idealismus der bisherigen Menschheit ist im Begriff, in Nihilismus umzuschlagen"[889]. Das christliche „Neinsagen zum Natürlichen"[890] bedeutet nach Nietzsche, dass der Nihilismus „in einer ganz bestimmten Ausdeutung [des Daseins, nämlich] in der christlich-moralischen, steckt"[891].

Immerhin aber gelingt Nietzsche im Kontext seines Nihilismus-Vorwurfs an das Christentum ein bei ihm seltener, wenn auch durch sein anti-christliches Ressentiment verzerrter Blick auf die im Christentum sich auswirkende historische Dialektik, wenn er konstatiert: „Der Sinn der Wahrhaftigkeit, durch das Christentum hoch entwickelt, bekommt Ekel vor der Verlogenheit und Falschheit aller christlichen Welt- und Geschichtsdeutung"[892].

Sehen wir von der als objektiv behaupteten idiosynkratischen Reaktion des Ekels und von der durch die bereits antike These des Priesterbetrugs angeregten Rede von der ,Verlogenheit' des Christentums ab, so hat der Gedanke seine Richtigkeit: durch die abendländische Geschichte zieht sich der bereits in der griechisch-römischen Antike und dann in der christlichen Philosophie des Mittelalters virulente und sich bis heute in Form der universitär organisierten Wissenschaft fortsetzende, inzwischen unübersehbar in Disziplinen (und diversen weiteren gesellschaftlichen Praxen wie Politik, Kunst, Literatur, Journalismus) ausdifferenzierte *Kampf um Wahrheit* – in theoretischer wie in praktischer Hinsicht[893].

Wie sehr Nietzsche diese *konstitutive* Funktion des geschmähten Christentums bewusst ist, belegt sein metaphorisch formuliertes Eingeständnis, „daß

---

[887] Nachlass der achtziger Jahre; Schlechta III, S. 557
[888] Schlechta III, S. 881
[889] Ebd., S. 896
[890] Ebd., S. 566
[891] Ebd., S. 881
[892] Ebd.
[893] Demokratie zum Beispiel ist die selbst aus dem Kampf um Wahrheit hervorgegangene und auf Dauer gestellte Form solcher Bemühung um das Richtige und Gute, um das allgemein Zuträgliche. Und selbst wer nicht als Forschender, Lehrer, politischer Entscheider unmittelbar in das Wahrheitsgeschehen eingebunden ist, ist doch als Bürger bzw. durch die ständige Nötigung zu richtigen, sachgemäßen Entscheidungen im Lebensvollzug darein involviert. Wie *Benedetto Croce* (1866-1952) sinngemäß sagte, stehen wir alle mit unserem Denken und Tun im Lichte der Wahrheit, sofern wir uns nur um diese bemühen (vgl. meine Untersuchung zu Croce, in: Schönknecht 2006, S. 159-197).

auch wir Erkennenden von heute, wir Gottlosen und Antimetaphysiker, auch *unser* Feuer noch von dem Brande nehmen, den ein jahrhundertealter Glaube entzündet hat, jener Christen-Glaube, der auch der Glaube Platos war, daß Gott die Wahrheit ist, daß die Wahrheit göttlich ist"[894].

Dieser abendländische, welthistorisch einzigartige Vorgang *kritischer* Wahrheitssuche – alle anderen Kulturen haben auch ihre ‚Wahrheiten' gefunden, allerdings ohne groß zu suchen, d. h. ohne in eine historische Prozessdialektik von Bestimmung und Korrektur einzutreten, vielmehr dogmatisch bei der einmal aufgefassten Wahrheitsgestalt verharrend – führte zwangsläufig zur Selbstkritik des Christentums, zur Destruktion der, durch das antike Weltbild bedingt, allzu anthropomorphen Auffassung des Göttlichen und zur Herausarbeitung des rein menschlichen Charakters dieser Religion: Gott enthüllt sich in ihr als *Chiffre des Humanum*.

Der Sinn von Nietzsches Konzeption einer *Umwertung aller Werte* ergibt sich weitgehend aus dem bisher Ausgeführten,

Nietzsche sieht sich selbst als den großen Umwerter der Werte, insofern er, wie oben ausgeführt[895], für sich in Anspruch nimmt, die Genese der traditionell wertgeschätzten Dinge aus ihrem Gegensatz aufgewiesen und damit ihren Unwert decouvriert zu haben: So wurde ihm in der *Genealogie der Moral* das vom Christentum als menschlich essenziell betonte (schlechte) Gewissen aufgrund seiner Herkunft aus einem unvordenklichen Akt der Repression zu einem *Pudendum*, und die als soziale Tugenden geschätzten Haltungen wie Mitleiden, Empathie, Solidarität verdienen als Manifestation heimlichen Machtwillens nur Verachtung.

Zu einer vertieften Klarstellung des mit der Umwertung Gemeinten mögen die folgenden, in Form rhetorischer Fragen gefassten Aussagen Nietzsches dienen: „Kann man nicht *alle* Werte umdrehn? Und ist Gut vielleicht Böse? Und Gott nur eine Erfindung und Feinheit des Teufels? Ist alles vielleicht im letzten Grunde falsch?"[896]- Nun, das ist gnostisch angehauchte Rede, blanke Esoterik, und wer solches glaubt, müsste sich selbst Schweigen verordnen!

Schließlich noch folgendes Beispiel für Umwertung, Umdrehen von Werten, das ja, stets zugleich *Abbau, Destruktion*, im vorliegenden Fall von Nietzsche auch als Stoff für existentielles Experimentieren verstanden wird: „[] Philosophie der Gleichgültigkeit. Was früher am stärksten reizte, wirkt jetzt ganz anders, es wird nur noch als *Spiel* angesehn und gelten gelassen [] als ein Leben

---

[894] *Die Fröhliche Wissenschaft.* Schlechta II, S. 208
[895] Vgl. Kap. X 2ff.
[896] *Menschliches, Allzumenschliches*, Vorrede (1886); Schlechta II, S. 440

im Unwahren prinzipiell verworfen, als Form und Reiz aber ästhetisch genossen und gepflegt, wir stellen uns wie die Kinder zu dem, was früher den *Ernst des Daseins* ausmachte"[897].

Nun, der Ernst des Daseins war diesem *a limine* als die Notwendigkeit der Bereitstellung von Subsistenzmitteln eingeschrieben und reflektierte sich in dem diesen Ernst aufgreifenden und überbietenden Religiösen. Zu beidem glaubt Nietzsche sich in freier Willkür verhalten zu sollen. So empfiehlt er den ausgebeuteten Arbeitermassen seiner Zeit in verwildertem Romantizismus den Aus- und Aufbruch ins Unbekannte und Unbegangene, unter Inkaufnahme des Todes oder gar als Erfüllung solchen Ausbruchs[898]; das Religiöse betreffend bedeutet dessen Verwandlung in *Spiel* die Destruktion jeder Form von Heiligkeit, jeden fraglosen Geltens, ja, das Schüren von Hass gegen *jeden* Geltungs*anspruch*. Nietzsche hat damit in destruktivem Furor Tendenzen der Zeit vorgearbeitet, die erst in der heutigen Propagierung der Willkürfreiheit des Individuums, wie etwa in den Angriffen auf Repräsentanten des Gemeinwesens, ihr hässliches Gesicht enthüllen und das Zusammenleben unterminieren.

Ich komme zur Klärung des schillernden, geistesgeschichtlich höchst einflussreichen Begriffs *Übermensch*.

Übermensch wäre Nietzsche zufolge der Mensch, und darin stimmen alle Interpreten dieses vielfach thematisierten Konzepts überein, welcher die vom Prinzip der Moral, und das bedeutet: der Sklaven-Moral, auferlegten Hemmungen in sich überwunden und zur ungebrochenen „Selbstsucht und Selbstherrlichkeit des Einzelnen"[899] sich befreit hat, eine Haltung, die Nietzsche in den Machtmenschen der Renaissance vom Typ *Cesare Borgia* findet, aber auch im Empereur *Napoleon Bonaparte*, dem „einzigen, der bisher stark genug war, aus Europa eine politische und *wirtschaftliche* Einheit zu bilden"[900], und dem Nietzsche mit der Formel, er sei die „Synthesis von *Unmensch* und *Übermensch*"[901], fragwürdige Reverenz erweist.

Allerdings gibt es zahlreiche weitere, in der Regel nicht auf eine bestimmte Person bezogene, sondern allgemein gehaltene Aussagen Nietzsches zum Übermenschen, darunter auch die sehr bekannte: „Der Übermensch ist der

---

[897] Nachgelassene Fragmente Frühjahr – Herbst 1881 (KSA 9, S. 494)
[898] Vgl.: Morgenröte III, Aph. 206; Schlechta I, S. 1155f.
[899] *Die Fröhliche Wissenschaft* III, Aph. 143; Schlechta II, S. 135
[900] Brief an F. Overbeck vom 18. Okt.1888; Schlechta III, S. 1324
[901] *Zur Genealogie der Moral* II, Aph. 16; Schlechta II, S. 797

Sinn der Erde"[902] sowie die anscheinend widersprüchliche: „Niemals noch gab es einen Übermenschen"[903].

Auf die Bedeutung von *Übermensch* als Chiffre einer bestimmten, von Nietzsche bejahten geistig-seelischen Disposition verweisen exemplarisch einige im Nachlass der Jahre 1882-84 unmittelbar aufeinander folgende Notizen: „Der Übermensch hat aus der Überfülle des Lebens jene Erscheinungen der Opiumraucher und den Wahnsinn und den dionysischen Tanz [] Nicht Eure Sünde – eure Nüchternheit schreit zum Himmel. [] Befreit uns von der Sünde und gebt uns den Übermuth wieder!"[904]

Wir begegnen hier einem für Nietzsches Denkweise grundlegenden Muster: Ausgangspunkt ist neben dem üblichen Seitenhieb gegen das christliche Bild des Menschen als Sünder die von Nietzsche als empirisch fassbar insinuierte, in Wirklichkeit eine metaphysische Hypostasierung darstellende Überzeugung von der ‚Überfülle des Lebens'. Der emphatisch gebrauchte Terminus ‚Leben' tritt hier an die Stelle der die Goethezeit und die deutsche Romantik beherrschenden, sich von der spinozistischen Absolutsetzung herschreibenden, ebenfalls (und zwar bis in unsere Tage) emphatisch aufgeladenen und durch die einstmals Gott vorbehaltene Qualität der *Fülle* – bzw. pleonastisch: *Überfülle* – ausgezeichneten metaphysischen Hypostase *Natur*[905].

Diese Fülle des ‚Lebens' *soll* sich, so Nietzsches Intention, im menschlichen Individuum reflektieren, wie ja auch beim Tier in jedem Exemplar das Ganze der ihm eigentümlichen Natur zum Ausdruck gelangt, und zwar reflektieren in Form rauschhaften Außer sich-Seins und Über sich-Hinausdrängens. Zu solcher Verfassung steht ‚natürlich' das rational geprägte, im sozialen Gefüge der bürgerlichen Gesellschaft fungierende Individuum mit seiner *Nüchternheit*, seiner notwendigen Selbstkontrolle, in ‚himmelschreiendem' Gegensatz.

---

[902] *Also sprach Zarathustra* II; Schlechta II, S. 280

[903] *Also sprach Zarathustra* II; Schlechta II, S. 351

[904] KSA 10, S. 134; Fragmente Juli 1882-Winter 1883/84, Frg. 4/75

[905] Ein anschauliches Analogon zur Hypostasierung des Lebens zum Surrogat des Absoluten bietet Lou Salomés Gedicht *Gebet an das Leben*, das Nietzsche in einem Brief an seinen Freund Köselitz/Gast als Möglichkeit rühmt, „um die Menschen zu meiner Philosophie zu *verführen*" (Brief vom 1. Nov. 1882, KSB 6, S. 249) und um dessen Vertonung er Gast bittet. In dem literarisch belanglosen, einen einzigen Gedanken in konventionellen Reimen repetierenden Text heißt es unter anderem: „[] wie ich dich liebe, räthselvolles Leben! [] / Mit ganzer Kraft umfass ich dich, / laß deine Flamme meinen Geist entzünden / und in der Gluth des Kampfes mich / die Räthsellösung deines Wesens finden!" (ebd.). Der Titel entstammt wie die ganze Metaphorik des Textes der religiösen Tradition. Als Hypostasierung des Rätsels der eigenen Existenz steht der Text im historischen Kontext des Übergangs von der religiösen Bindung des Lebens zum Existenzdenken.

Wessen es nach Nietzsche bedarf, ist darum die Wiederbelebung des von ihm zum menschlichen *Proprium* stilisierten und sich ‚dionysisch' zum Rausche steigernden ‚Übermuts', wie ihn Nietzsche offenbar als Drang, philosophisch zu schaffen und zu wirken, an sich selbst erfährt.

Die gesamte hier auseinander gelegte Argumentationsfigur, in der die Leitbegriffe des *Übermenschen*, des *Dionysischen* und der *Umwertung der Werte* koinzidieren, erweist sich damit als ein auf begrifflicher Willkür bzw. unklarer Begrifflichkeit beruhendes *voluntaristisches* Konstrukt: Der Autor fordert die Realisierung dessen ein, was er für wünschenswert und notwendig hält, was aber sich bei genauerer Betrachtung als ohne sachliches Fundament erweist und verzweifelt schließlich daran, dass die Wirklichkeit dem nicht Folge leistet.

Als *historischer* Bezug für das Übermensch-Konzept ist dagegen Napoleon das gegebene Beispiel: „Jener einzelnste und spätestgeborne Mensch, den es jemals gab"[906], ist für Nietzsche die Verkörperung, „das fleischgewordene Problem des *vornehmen Ideals an sich*"[907] und damit „wie ein letzter Fingerzeig zum *anderen* Wege"[908]. Will sagen: im Anachronismus Napoleon verkörpert sich zum letzten Male das antike Ideal der Vornehmheit in Gestalt des sich selbst zum Handeln aus eigenem Dafürhalten ermächtigenden Individuums. In diesem sieht Nietzsche das Wesen der *Herren-Moral* im Gegensatz zu der auf dem Ressentiment beruhenden, alles Große perhorreszierenden *Sklaven-Moral*.

Napoleon gilt Nietzsche als ‚letzter Fingerzeig zum anderen Wege', d. h. als die historisch verpasste Chance, das antike Ideal einer Vornehmheit zur Geltung zu bringen, die ganz auf Selbstermächtigung beruht und einer in der Tat fragwürdigen Scheinrechtfertigung von Herrschaft im Gottesgnadentum, wie noch im Wiener Kongress von 1815, entraten kann.

Eine Art Katalysator für Nietzsches Konzept des *Übermenschen* könnte das von *Leo Tolstoi* in seinem monumentalen Roman *Krieg und Frieden* (1865-69) mit äußerster Subtilität und Einfühlung entworfene Porträt Napoleon Bonapartes in der Episode von dessen Zusammentreffen mit dem russischen kaiserlichen Emissär General Balasciov in Vilnius am 13. Juni 1812 gewesen sein, da anzunehmen ist, dass Nietzsche den Roman gekannt hat[909]. Tolstoi zentriert seine

---

[906] *Zur Genealogie der Moral* II, Aph. 16; Schlechta II, S. 796f.
[907] Ebd., S. 797
[908] Ebd., S. 796
[909] Vgl. a. O., Buch 3, Teil 1, Kap. 6 und 7 – Die Bekanntschaft Nietzsches mit dem Werk Tolstois betreffend, nur so viel: In den abgeschlossenen Schriften kommt der Name Tolstoi, soweit ich sehe, nur einmal vor, und zwar in Aphorismus 7 des *Antichrist*, wo Nietzsche den russischen Romancier zusammen mit Richard Wagner summarisch „unserer gesamten literarischen und artistischen décadence von St. Petersburg bis Paris"

Charakteristik ganz auf Napoleons absolute Selbstsicherheit und Eigenmacht; die für unseren Kontext entscheidende Aussage ist die folgende: „Man begriff, dass er [d. h. Napoleon] schon seit geraumer Zeit nicht mehr in Betracht zog, sich irren zu können und dass, zufolge seinem eigenen Urteil, alles, was er tat, gut getan war, nicht weil seine Handlungen sich am Kriterium von Gut und Böse orientierten, sondern weil *Er* es war, der sie vollzog"[910].

Handeln aus eigener Entscheidungsmacht, aus eigenem Dafürhalten, und zwar frei von moralischen Rücksichten, *jenseits von Gut und Böse*: Damit antizipiert Tolstoi den Begriff dessen, was im Kern für Nietzsche das Wort *Übermensch* bedeutet und was dieser, wie aufgezeigt, ebenfalls an der Gestalt Napoleons exemplifiziert. Es sollte also wundernehmen, wenn Nietzsche diese Passage in Tolstois Roman nicht gekannt, nicht mit der ihm eigenen Luzidität seinen eigenen Intentionen ‚einverleibt' (!) hätte. So hätten wir in dieser Reflexion Tolstois eine der Quellen von Nietzsches Idee des Übermenschen aufgedeckt.

Nebenbei gesagt: wie weit neuere Interpreten des Übermensch-Konzepts im Sinne des modischen Postulats der *Authentizität* des Individuums[911], einer in letzter Instanz demokratischen Tugend, da sie die soziale *Möglichkeit* von

---

zuschlägt (Schlechta II, S. 1169; KSA 6, S. 174) – insofern ist der von Thomas Mann in seinem Essay *Dostojewski – mit Maßen* (1946) geäußerte Zweifel, ob Nietzsche angesichts der großen Bedeutung Dostojewskis für ihn „Tolstois auch nur mit einem Worte gedächte" (*Schriften und Reden* Bd. 3, a.O., S. 8) ein lässlicher Irrtum. Hinzu kommen einzelne Erwähnungen im Nachlass der Jahre 1887/88, in denen Nietzsche Tolstoi als Pessimisten rubriziert. Dass er mit dessen Denken entgegen Th. Manns Vermutung intimer bekannt war, belegen gleichzeitige Exzerpte und Notizen aus einer religionsphilosophischen Schrift, die Nietzsche mit der Angabe *„Tolstoi, ma religion. Moskau* 22 [sic!] Januar 1884" anführt (vgl. KSA 13, S. 103). Die auf die Schrift Bezug nehmenden Stellen (vgl. Fragmente 11 [236-282]. Nov. 1887 – März 1888; KSA 13, S. 93-109 sowie Kommentar KSA 14, S. 754f.) werden teilweise nach der Vorlage auf Französisch zitiert und beziehen sich offenbar affirmativ auf Tolstois scharfe Kritik eines sich konformistisch an die Gesellschaft anpassenden Christentums, dem der Autor sein Ideal einer unverkürzten Christlichkeit reiner *Selbstlosigkeit* entgegensetzte. So stimmt Nietzsche mit Tolstoi, bei absoluter Gegensätzlichkeit des weltanschaulichen Ideals, doch in der radikalen Ablehnung jedes sozialen Status quo überein. In diesem Sinn heißt es in Frg. 11[239]: „Das ursprüngliche Christentum ist *Abolition des Staates*: es verbietet den Eid / den Kriegsdienst / die Gerichtshöfe / die Selbstvertheidigung und Vertheidigung irgend eines Ganzen / den Unterschied zwischen Volksgenossen und Fremden; insgleichen die *Ständeordnung* [] das Christentum ist auch *Abolition der Gesellschaft* []" (KSA 13, S. 93f.) – alles Dinge, die in krassem Gegensatz zur historischen Realität stehen, jedoch mit Nietzsches radikaler Ablehnung gesellschaftlicher Strukturen zugunsten des sich unbeschränkt zur Geltung bringenden Individuums koinzidieren.

[910] Zit. nach: *Guerra e Pace*, a cura di A. Interno. Vedano Olona [VA] 2023 (Übers.: Vf.)
[911] Vgl. z. B. G. Penzo: Art. *Übermensch*. Nietzsche-Handbuch, S. 342ff.

Selbstbestimmung voraussetzt, das von Nietzsche Gemeinte trifft, sei dahingestellt. Eine Realisierung von Nietzsches sozialpolitischen Vorstellungen würde jedenfalls die Möglichkeit authentischen, selbstbestimmten Daseins auf eine verschwindende Minderheit der Gesellschaft beschränken.

3.2 Kontingenz als Surrogat von Sinn: Die These der ewigen Wiederkunft

Das Resultat von Nietzsches Reflexionen über Sein und Sinn des Menschen war die Feststellung von dessen totaler Kontingenz: Kontingenz der Existenz des Menschen im Kosmos, Kontingenz seines Hervorgangs aus dem Tierreich, Kontingenz von Sprache und Bewusstsein, insgesamt: der Mensch als kontingentes Produkt einer an sich selbst nicht durchschaubaren Natur bzw., auf der Ebene des Lebendigen, Resultat des reflexionslosen Willens zur Macht.

Als ‚Arzt der Kultur' und vor allem als *Philosoph* verspürt aber Nietzsche die Notwendigkeit, dem an sich Sinnlosen dennoch einen mit dem Prädikat allgemeiner Gültigkeit auszuzeichnenden Sinn abzugewinnen. Dieser Sinn kann nach Lage der Dinge für den Menschen nur in der Bejahung seiner Kontingenz als solcher bestehen. Wenn Nietzsche im Zarathustra sagt: „Der Übermensch ist [bzw. mit Imperativ: sei] der Sinn der Erde"[912], ist genau dies gemeint: *Übermensch* – und das fügt dem bisher zu dem Begriff Ausgeführten eine Bedeutungsnuance hinzu – wäre der Mensch, dem das Ja zur Kontingenz gelingt, das Ja, vor dem die gesamte abendländische Tradition zurückgeschreckt ist und zu dessen Eskamotierung sie ihre metaphysisch-religiösen Konstrukte entwickelt hat – im ersten Teil der Untersuchung habe ich die diversen diesbezüglichen Strategien referiert.

Aber Nietzsche begnügt sich auch nicht mit solchem futurischen, seiner Verwirklichung harrenden (oder auch nicht), im Grunde voluntaristischen Entwurf – „Niemals noch gab es einen Übermenschen"[913], hatte ja Zarathustra gesagt!

Vielmehr drängt es Nietzsche, in Anlehnung *an* die und zugleich Distanzierung *von* der metaphysischen Tradition, ein grundsätzliches, dem Seins-Begriff äquivalentes, die absolute Wirklichkeit bezeichnendes und vor allem die religiöse Geschichtsteleologie überwindendes Prinzip zu etablieren. Er glaubt, dieses Prinzip in dem besonders in der *Zarathustra*-Dichtung (1882-85) und in

---

[912] *Also sprach Zarathustra*, Schlechta II, S. 280 passim
[913] Ebd., S. 351

Nachlass-Fragmenten aus dieser Zeit exponierten Philosophem von der *Ewigen Wiederkunft des Gleichen* zu finden.

Allein mit der Benutzung des Adjektivs *ewig* dokumentiert Nietzsche, dass er nicht gesonnen ist, das von Kant in der *Dialektik der reinen Vernunft* entwickelte *Rationalitätskriterium*, den Verzicht auf Aussagen mit Absolutheitsbezug, zu respektieren.

Die Formel von der *Ewigen Wiederkunft des Gleichen* ist gewiss eines der meistinterpretierten Motive von Nietzsches Œuvre. Da sie, über das Werk verstreut, in gewissen Abwandlungen vorkommt – mal spricht Nietzsche auch von der ewigen *Wiederkehr*[914], mal von der „ewigen Wiederkehr des *Lebens*"[915], dann wieder vom „*Gedanken* der Wiederkunft"[916] oder von der „*Lehre* der ewigen Wiederkunft"[917] oder gar, mit gewohnt greller Metaphorik, vom „hochzeitlichen Ring der Ringe, – dem *Ring* der Wiederkunft"[918] –, hat philologischer Fleiß die Varianten gesichtet und ausgezählt, um schließlich die eingangs zitierte Formel als die maßgebende zu identifizieren[919]. Für diese Einschätzung wird auch die Überlegung angeführt, dass Nietzsche mit dem Begriff *Ewige Wiederkunft* polemisch seine Gegenstellung zum Ausdruck bringen will gegen das die abendländische Geschichte zu einer singulären, unwiederholbaren Einheit zusammenfassende Theologumenon der ‚Wiederkunft Christi am Ende der Zeiten'[920], ferner auch gegen zeitgenössische politische, auf säkulare Vollendungszustände abzielende, *teleologisch* orientierte soziale Entwürfe wie „Sozialismus, Liberalismus, Gleichberechtigung, Demokratie etc."[921]. Schließlich sei noch auf ein Wortspiel Nietzsches hingewiesen, das den kanonischen Charakter der Variante *Wiederkunft* nahelegt. In seiner Selbstdarstellung *Ecce Homo* (1888) spricht er bezüglich der Entstehung von *Also sprach Zarathustra* – und Zarathustra wird ausdrücklich als Lehrer der Ewigen Wiederkunft bezeichnet[922] – von der „*Niederkunft* im Februar 1883"[923], so dass sich der reiche Reim ‚Niederkunft mit der *Wiederkunft*' ergibt[924].

---

[914] Vgl. z. B. *Nachlass der achtziger Jahre*, Schlechta III, S. 853, 861 (Hervorh. Vf.)

[915] *Götzen-Dämmerung*, Schlechta II, S. 1031 (Hervorh. Vf.)

[916] Schlechta III, S. 438, 873 (Hervorh. Vf.)

[917] Ebd., S. 855 (Hervorh. Vf.)

[918] *Also sprach Zarathustra*, Schlechta II, S. 473 passim (Hervorh. Vf.)

[919] Vgl. M. Skirl: Art. *Ewige Wiederkunft*. NHB, S. 222ff.

[920] Vgl.: „antichristliche Parodie auf die zweite Parusie", Skirl, a. O., S. 223

[921] Ebd., S. 222

[922] Vgl.: „[] siehe, *du* [i. e. Zarathustra] *bist der Lehrer der ewigen Wiederkunft* –, das ist nun dein Schicksal!" Z, Schlechta II, S. 466; KSA 4, S. 275

[923] A. O., Schlechta II, S. 1128

[924] Siehe dazu auch unten im vorliegenden Kapitel.

Mit dem Philosophem der *Ewigen Wiederkunft des Gleichen* schafft Nietzsche einen weiteren *Quasi-Mythos*, und zwar einen solchen, der jeden auf ein Ende oder gar Vollendung gerichteten Geschichtssinn ausschließt.

Der Kern des Gedankens der ewigen Wiederkunft begegnet, soweit ich sehe, erstmals im vierten Buch der 1882 publizierten *Fröhlichen Wissenschaft*, in Aphorismus 341[925], bevor er im darauffolgenden Werk *Also sprach Zarathustra* (1883-85) zum zentralen Philosophem wird. Dieser Gedanke ist im Grunde denkbar schlicht. Der Titel des Aphorismus: *Das größte Schwergewicht* betont die ihm von Nietzsche beigelegte besondere Bedeutung, vortragen lässt der Autor ihn von einem *Dämon*, d. h. einem mit Übersinnlichem in Verbindung stehenden Wesen (dem philosophisch Informierten kommt des Sokrates sehr anders geartetes *daimónion* in den Sinn, jene innere Stimme, die ihm als Kriterium des Rechten und Guten die Kraft gab, sich, modern gesprochen, in existenziellen Fragen gegen den Mainstream zu stellen und sogar sein Leben für das als richtig Erkannte einzusetzen).

Im Aphorismus heißt es: „Wie, wenn dir eines Tages oder Nachts ein Dämon in deine tiefste Einsamkeit nachschliche und dir sagte: <Dieses Leben, wie du es jetzt lebst und gelebt hast, wirst du noch einmal und noch unzählige Male leben müssen; und es wird nichts Neues daran sein, sondern jeder Schmerz und jede Lust und jeder Gedanke und Seufzer und alles unsäglich Kleine und Große deines Lebens muß dir wiederkommen, und alles in derselben Reihe und Folge – und ebenso diese Spinne und dieses Mondlicht zwischen den Bäumen, und ebenso dieser Augenblick und ich selber. Die ewige Sanduhr des Daseins wird immer wieder umgedreht – und du mit ihr, Stäubchen vom Staube!> – Würdest du dich nicht niederwerfen und mit den Zähnen knirschen und den Dämon verfluchen, der so redete?"[926]

Diese letzte Aussage verdeutlicht bereits, dass die Bedeutung dieses Gedankens für Nietzsche nicht primär *ontologischer* Natur ist, als neue These über das *Sein*, sondern dass er ihm *existenzielle*, den Menschen in seinem *Dasein* berührende Relevanz zuspricht. In diesem Sinne fährt Nietzsche fort: „Wenn jener Gedanke über dich Gewalt bekäme, er würde dich, wie du bist, verwandeln und vielleicht zermalmen; die Frage bei allem und jedem: <willst du dies noch einmal und noch unzählige Male?> würde als das *größte Schwergewicht* auf deinem Handeln liegen! Oder wie müßtest du dir selber und dem Leben

---

[925] Schlechta II, S. 202f.
[926] Ebd., S. 202

gut werden, um nach nichts *mehr zu verlangen* als nach dieser letzten ewigen Bestätigung und Besiegelung? –"[927].

Der Wiederkunfts-Gedanke erscheint höchst seltsam und spekulativ, fast als bloß zum Zwecke literarischer Wirkung entworfenes Phantasma. Dass Nietzsche selbst ihn in der Dramatik erlebt haben muss, in der er ihn vorträgt, ergibt sich aus einer Notiz *Lou von Salomés*, deren Umgang mit Nietzsche gerade in die Zeit Frühjahr 1882 bis Frühjahr 1883 fiel, als der Wiederkunfts-Gedanke virulent wurde. In ihrer Schrift *Friedrich Nietzsche in seinen Werken* (1894) berichtet sie diesbezüglich: „[] nur mit leiser Stimme und mit allen Zeichen des tiefen Entsetzens sprach er davon"[928].

Ganz in diesem Sinne und systematisch konsequent formuliert eine Nachlassnotiz Nietzsches: „Nach Aussicht auf den Übermenschen auf schauerliche Weise die Lehre der Wiederkunft: jetzt erträglich!"[929] Die schauerliche Aussicht auf ewige Wiederkehr postuliert also den *Übermenschen* als den Menschen, der in einem dionysischen Ja zum Leben, mit all seinen Facetten und Aberrationen, der Perspektive auf dessen unabsehbare Wiederkehr gewachsen ist und zu sagen vermag: „<War *Das* – das Leben?> will ich zum Tode sprechen. <Wohlan! Noch Ein Mal!>"[930].

Unbeschadet der im folgenden noch zu diskutierenden Frage nach dem sachlich-logischen Gehalt dieser von Nietzsche so genannten *Lehre*, können wir aber feststellen: Zur Bejahung des Lebens – allerdings nicht zu einer ästhetisch-kontemplativen, sondern zu einer tätig-eingreifenden – bedarf es keines ‚Übermenschen'. Denn der Mensch, der im Rückblick auf sein Leben zu dem Schluss gelangt bzw. sein Alter in der Empfindung durchlebt, dass das eigene Dasein als Ganzes, ungeachtet der in jedem persönlichen Leben aufgetretenen und bewältigten Turbulenzen, nicht vergebens und sinnlos war, ja es vielleicht sogar als gelungen und erfüllt beurteilt – *wovor sollte der sich fürchten?* Die Aussicht auf ewige Wiederkehr, von der vorerst unentschieden bleibt, ob ihr überhaupt ein Sinn innewohnt, wird ihn nicht schrecken – insofern jedenfalls irrt Nietzsche!

---

[927] Ebd., S. 202f. (Hervorh. Vf.) – Wahrscheinlich hat man in dieser Passage – natürlich neben dem antiken Mythos selbst – auch die Blaupause von Camus' *Mythos von Sisyphos* zu sehen, jenes Sisyphos, der den Stein unzählige Male vergeblich zu Berge rollt und den wir uns, in seinem Ja zum an sich Sinnlosen, Camus zufolge als einen glücklichen, sein Leben bejahenden Menschen vorzustellen haben.

[928] A. O., Salomé 1983, S. 255; zit. Skirl, NHB, S. 225

[929] Sommer – Herbst 1883; KSA 10, S. 482

[930] *Also sprach Zarathustra* IV, *Nachtwandler-Lied* 1, KSA 4, S. 396; Schlechta II, S. 552 (u. d. T. *Das trunkne Lied*).

Die allgemeine Aufgabe wäre daher, die äußeren und inneren Bedingungen zu fördern, die dem Menschen einen Lebensvollzug gestatten, zu dem er am Ende Ja zu sagen vermag. Diese Aufgabe fiele den beiden großen Multiplikatoren *Philosophie* und *Politik* zu: ersterer die Reflexion des Möglichen, letzterer dessen Umsetzung. Dass auch eine dem Menschen gemäße *Religion* als eine dieser Bedingungen philosophisch in Betracht gezogen zu werden verdient, versteht sich von selbst.

Ich kehre zurück zur Diskussion der Bedeutung des Gedankens der *Ewigen Wiederkehr* bei Nietzsche. Die Wichtigkeit, die dieser der Idee zumisst, belegen auch seine das Spätwerk durchziehenden Eigenkommentare, insbesondere in der als Selbstapotheose angelegten Darstellung des eigenen Lebens und Schaffens *Ecce Homo* (1888).

Dort beginnt die Vorstellung der *Zarathustra*-Schrift mit den Worten: „Ich erzähle nunmehr die Geschichte des Zarathustra. Die Grundkonzeption des Werks, der *Ewige-Wiederkunfts-Gedanke*, die höchste Formel der Bejahung, die überhaupt erreicht werden kann –, gehört in den August des Jahres 1881: er ist auf ein Blatt hingeworfen, mit der Unterschrift: <6000 Fuß jenseits von Mensch und Zeit>. Ich ging an jenem Tage am See von Silvaplana durch die Wälder; bei einem mächtigen pyramidal aufgetürmten Block unweit Surlei machte ich halt. Da kam mir dieser Gedanke"[931].

Der Wiederkunfts-Gedanke bildet für Nietzsche also das Zentrum des *Zarathustra*, welchen er wiederum für sein bestes Werk hielt[932]. Die getragene Diktion und die pathetisch formulierte Notiz zu Ort und Zeit der Eingebung machen deutlich, dass Nietzsche sie, pseudoreligiös, gleichsam als den *kairós*, als den erfüllten Augenblick empfindet, in dem, theologisch gesprochen, das Ewige in die Zeit eintritt; Nietzsches tatsächliche Affinität zur schlechterdings unbestimmbaren und vagen Vorstellung der *Ewigkeit* manifestiert im

---

[931] A. O.., Schlechta II, S. 1128

[932] Diese Hochschätzung gilt nicht nur für die Zeit unmittelbar nach der Abfassung – da brächte sie nur das Gefühl eines jeden Autors nach getaner Arbeit zu Ausdruck. Da schreibt Nietzsche an Overbeck: „Inzwischen, im Grunde in ganz wenigen Tagen, habe ich mein *bestes* Buch geschrieben []" (Brief vom 1. Febr. 1883; KSB 9, S. 324). Doch noch in seiner vorletzten größeren Schrift Ecce Homo (1888) würdigt er den *Zarathustra* mit den Worten: „Dieses Werk steht durchaus für sich". (Schlechta II, S. 1134). Gegenüber seinen anderen Schriften widmet er dort dem Zarathustra ein Mehrfaches an Raum und benutzt die Besprechung, um einen Abriss seiner heroisch-dionysischen Weltanschauung zu geben. Er rühmt daran: „[] es ist vielleicht überhaupt nie etwas aus einem gleichen Überfluß von Kraft heraus getan worden. Mein Begriff <dionysisch> wurde hier *höchste Tat*: an ihr gemessen erscheint der ganze Rest von menschlichem Tun als arm und bedingt" (ebd.) – Nun, ein solches Maß an Selbstüberschätzung macht den Leser fassungslos!

Zarathustra das Kapitel *Die sieben Siegel (Oder: das Ja- und Amen-Lied)*, dessen sämtliche Strophen mit dem Ritornell schließen: „Denn ich liebe dich, oh Ewigkeit"[933].

In diese Passage über die Entstehung des *Zarathustra* fällt auch der nur abgeschmackt zu nennende Vergleich der Entstehung des Werks mit einer Schwangerschaft. Den Einfall des Gedankens der Ewigen Wiederkunft betrachtet Nietzsche als Akt der ‚Konzeption', auf die, nach einer „Schwangerschaft [von] achtzehn Monaten"[934], die „Niederkunft im Februar 1883"[935] in Form der Reinschrift des *Zarathustra* erfolgt, also: die *Niederkunft* mit der *Wiederkunft*!

Aus dem bisher Ausgeführten lässt sich schließen, dass Nietzsche die *ewige Wiederkunft* für den wichtigsten unter den bisher behandelten Kernbegriffen seiner Philosophie und für deren zentrales Lehrstück hält. Weitere Äußerungen im Werk und im Nachlass erhärten diesen Befund. Da ist vor allem das in *Ecce Homo* erwähnte Blatt mit dem Entwurf der Lehre aus dem Jahr 1881. Die Notiz fand sich tatsächlich im Nachlass, sie trägt den Titel: *Die Wiederkunft des Gleichen. Entwurf*[936] und enthält eine fünf Stichpunkte umfassende Disposition der Lehre.

Unter Punkt fünf führt Nietzsche erneut aus: *„Das neue Schwergewicht: die ewige Wiederkunft des Gleichen"*, um dann fortzufahren: „Was machen wir mit dem *Reste* unseres Lebens – wir, die wir den größten Teil desselben in der wesentlichsten Unwissenheit verbracht haben? Wir *lehren die Lehre* – es ist das stärkste Mittel, sie uns selber *einzuverleiben.* Unsere Art Seligkeit, als Lehrer der *größten* [Hervorh. Vf.] Lehre"[937].

Also: Die ‚Entdeckung' der ewigen Wiederkunft teilt das Leben in zwei Abschnitte. Der erste, größere Teil wird, weil *vor* der wesentlichen Erkenntnis liegend und in ‚wesentlichster Unwissenheit' zugebracht, zum *Unwesentlichen.* Der zweite Teil ist, weil die wesentliche Erkenntnis geleistet ist, nur noch ‚Rest'. Der sprachlogisch unsinnige Superlativ ‚wesentlichste' geht zu Lasten des *Rhetorikers* Nietzsche.

Sodann die Apostrophe, das *Wir: pluralis maiestatis, pluralis auctoris* oder … Herbeiruf der – ersehnten Mitstreiter? Ihnen kann Nietzsche ‚Seligkeit' versprechen, die aus der ‚größten Lehre', also dem Besitz der Wahrheit fließt. Die

---

[933] A. O., Schlechta II, S. 473ff.; KSA 4, S.287ff.

[934] A. O., Schlechta II, S. 1128

[935] Ebd.

[936] Nachlass Frühjahr – Herbst 1881; KSA 9, S. 494

[937] Ebd.

Tautologie ‚wir lehren die Lehre': Nachdruck auf dem dogmatischen Anspruch!

Und schließlich: ‚einverleiben': Was hat es mit dem Gebrauch des zumindest in philosophischem Kontext ungewöhnlichen Wortes auf sich? Wir erinnern uns: „Leib bin ich ganz und gar, und Nichts außerdem"[938], hatte Nietzsche dekretiert. Das trifft sich mit der dargestellten *Naturalisierung des Geistes* durch Nietzsche[939] sowie mit weiteren Aphorismen bzw. Nachlassnotizen, etwa der folgenden: „Der Mensch ist etwas Flüssiges und Bildsames – man kann aus ihm machen, was man will"[940] oder der Aussage, die längste Geschichte des Menschen sei seine Vorgeschichte – soll heißen: nicht bloß die uns bekannte Geschichte der Kulturen[941].

Nietzsche anerkennt Hegels Vergeschichtlichung der Wirklichkeit[942]. Aber er weist das von Hegel als Substrat dieser Geschichtlichkeit angesetzte *Bewusstsein* (den ‚Geist') zurück, muss es zurückweisen, insofern er es, wie oben dargestellt[943], zum kontingenten Produkt gesellschaftlicher Repression erklärte: ihm ist der *Leib* die *Matrix*, an der die geschichtlichen Formkräfte sich auswirken. ‚einverleiben' ist also Nietzsches polemisches Äquivalent für das der Sprache der Bewusstseinsphilosophie entstammende *aneignen*, obwohl dieser Begriff Nietzsches individualisierender, subjektivistischer Tendenz eigentlich besser entspräche.

Wie dem auch sei: die Opposition, der viel strapazierte ‚Dualismus' von *Leib* (Körper) und *Geist* (bzw. Seele, Bewusstsein) ist – auch dank Nietzsches einseitiger, polemisch gegen die Tradition gerichteter Betonung des Leiblichen – historisch obsolet geworden, und die Aufmerksamkeit der Philosophen wendet sich stärker der Erforschung des Übergangsfelds zwischen beiden Sphären zu, dorthin, wo das Bewusstsein, wie in vielen alltäglichen Verrichtungen, nur begleitende Funktion hat und die körperlichen Aktivitäten sich relativ

---

[938] *Also sprach Zarathustra* I, *Von den Verächtern des Leibes*, KSA 4, S. 39; Schlechta II, S. 300

[939] Vgl. oben, Kap. X 2.4ff.

[940] KSA 10, S. 481; Frg. 15[9]

[941] In diesem Sinne spricht Nietzsche auch von „jenen ungeheuren Zeiträumen der <Sittlichkeit der Sitte> [], welche der <Weltgeschichte> vorausliegen, als die *wirkliche und entscheidende Hauptgeschichte, welche den Charakter der Menschheit festgestellt* hat []" (*Morgenröte* I, Aph. 18; Schlechta I, S. 1027).

[942] Vgl.: „[] diese Hegelsche Neuerung, die erst den entscheidenden Begriff <Entwicklung> in die Wissenschaft gebracht hat" (FW V, Aph. 357; II, S. 226) oder auch: „[] denn ohne Hegel kein Darwin" (ebd.); als zusammenfassende Würdigung: „der erstaunliche Griff Hegels" (ebd.) sowie: „[] von den berühmten Deutschen hat vielleicht niemand mehr esprit gehabt als Hegel" (ebd., ferner *Morgenröte* III Aph. 193, Schlechta I, S. 1140).

[943] Vgl. Kap. X 2.6

autonom, weil automatisiert vollziehen[944]. Oder denken wir an den mittelalterlichen Menschen, der, in Verkennung des räumlichen Logos, *über* der sichtbaren Welt die unsichtbare vermutete: gewiss war ihm diese irgendwie körperlich fühlbar, sei es als Last, sei es als Attraktion. Gleichsam spiegelverkehrt geht es uns Modernen beim Anblick der in schwindelnde Höhe getriebenen Kathedralen: Wir erleben die Empfindung, die uns den Sinn solchen Dranges nach oben realisieren ließe, körperlich als Missverhältnis und fragen: *Cui bono?* Doch dies nur in Parenthese.

Dass Nietzsche seinem Philosophem der ewigen Wiederkunft nicht nur biografische, sondern geradezu welthistorische Bedeutung beigelegt, unterstreichen Analogien zur Rede von der Aufspaltung des Daseins in die Abschnitte *vor* und *nach* dessen ‚Entdeckung‘, etwa der Titel des letzten Kapitels in *Ecce Homo: Warum ich ein Schicksal bin*[945] oder die Bemerkung in dem späten Brief an Overbeck: „[] ich fürchte, ich schieße die Geschichte der Menschheit in zwei Hälften auseinander"[946].

Eine solche Teilung der Geschichte in zwei Hälften, mit einem *Vor* und einem *Nach*, ist in dem uns zugänglichen Zeithorizont bekanntlich bisher nur *einem* historischen Individuum gelungen! Nietzsche sieht sich demnach als dessen Nachfolger und Überwinder!

Solche welthistorische Selbstimplementierung dürfte keineswegs Nietzsches nahendem Wahnsinn zuzuschreiben sein – die hier angeführten Stellen entstammen ja alle der Spätzeit –, sondern entspricht exakt der bereits zitierten Formulierung in einem früheren Brief an Rohde: „Es ist mir zu schwer, zu leben, wenn ich es nicht im größten Stile tue"[947]. Und diese Selbstverortung neben dem und als neuer ‚Gekreuzigter‘[948] ist in der Tat ‚größter Stil‘!

Wie sich Nietzsches andere zentrale und überwiegend im Vorhergehenden angesprochene Philosopheme um den Gedanken der ewigen Wiederkunft als ihr Zentrum gruppieren bzw. auf dieses hinzielen, belegt eine ebenfalls prominent platzierte Passage: der Schluss-Aphorismus der im letzten Schaffensjahr 1888 entstandenen *Götzen-Dämmerung*. Dort heißt es (ich zitiere auszugsweise): „Psychologie des Orgiasmus [] Das Jasagen zum Leben selbst noch in seinen fremdesten und härtesten Problemen, der Wille zum Leben, im *Opfer*

---

[944] Vgl. dazu etwa vom Vf.: *René Descartes – Denker der Moderne* (Norderstedt 2022), Kap. XIV 3: *Anti-Realist Descartes? – Die Descartes-Kritik in Dreyfus/Taylors <Wiedergewinnung des Realismus>*.

[945] Schlechta II, S. 1152

[946] Am 18. Okt. 1888; Schlechta III, S. 1323; KSB 8, S. 453

[947] Am 15. Juli 1882; Schlechta III, S. 1184; s. o. Kap. X 1.3

[948] Vgl. die Unterschrift verschiedener ‚Wahnsinnszettel‘ von Anfang Januar 1889.

seiner höchsten Typen der eigenen Unerschöpflichkeit froh werdend – *das* nannte ich dionysisch [] die *Geburt der Tragödie* war meine erste Umwertung aller Werte: damit stelle ich mich wieder auf den Boden zurück, aus dem mein Wollen, mein *Können* wächst – ich, der letzte Jünger des Philosophen Dionysos – ich, der Lehrer der ewigen Wiederkunft …"[949]

3.3 Historisch-systematische Kritik der Wiederkunfts-Lehre

Soweit die *subjektive* Bedeutung, die Bedeutung, die Nietzsche selbst seiner Idee der ewigen Wiederkunft zumisst. Worin aber liegt deren *objektiver*, sachlicher Gehalt bzw. ist ihr ein solcher überhaupt zuzuerkennen?

Auf das Titelblatt seiner *Fröhlichen Wissenschaft*, der *„gaya scienza"*[950], als der nach *Morgenröte* und *Menschliches, Allzumenschliches* dritten aphoristischen Schrift seiner naturalistischen Wende, hatte Nietzsche das stolze Motto gesetzt: „Ich wohne in meinem eignen Haus,/Hab niemandem nie nichts nachgemacht/Und – lachte noch jeden Meister aus,/der sich nicht selber ausgelacht"[951].

Nun, vom Lachen und Fröhlichsein ist bei Nietzsche öfter die Rede, unter anderem bei *Zarathustra*, welcher seine Gäste auffordert: „Das Lachen sprach ich heilig; ihr höheren Menschen, lernt mir – lachen!"[952]. Aber Nietzsche selbst lag, wie aus dem bisher Dargestellten auch hervorgegangen sein dürfte, mit Sicherheit das Lachen über sich selbst wie überhaupt jedes unbefangene Lachen fern – seine Stärke war in der Tat eher das Auslachen, Verlachen seiner literarischen Gegner. Dass auch der erste Teil des Mottos, Nietzsches Anspruch auf ungeschmälerte Originalität, nicht einschränkungslos gilt, lässt sich insbesondere am historisch höchst voraussetzungsvollen Gedanken der *ewigen Wiederkunft des Gleichen* aufzeigen.

Um diese Voraussetzungen zu verstehen, bedarf es eines Blicks auf die Anfänge philosophischen Denkens überhaupt, mit denen Nietzsche als hervorragender Altphilologe bestens vertraut war. Denn *philosophiegeschichtlich* ist der Gedanke der ewigen Wiederkunft keineswegs singulär, sondern steht in rekonstruierbaren historischen Bezügen. Er gehört in die Kategorie der

---

[949] A. O., Schlechta III, S. 1032
[950] A. O., Schlechta II, S. 7
[951] Ebd.
[952] *Also sprach Zarathustra IV, Vom höheren Menschen*, Aph. 20; Schlechta II, S. 531

sogenannten *Kreislauftheorien*[953]. *Ewige Wiederkunft des Gleichen* bedeutet, dass sich ein bestimmter zeitlicher Ablauf, also eine *Periode* (von gr. *períhodos*: ‚Umlauf'), unabsehbar in gleicher Form reproduziert.

Im Hintergrund des Konzepts steht der die (antike) Philosophie recht eigentlich begründende Gedanke, dass das *Viele* der Anschauung und Erfahrung irgendwie auch *Eines* und ein *Ganzes* sein müsse. An der Aufgabe, ein solches Ganze zu erfassen, war der im Vorhergehenden verschiedentlich erwähnte Zeitgenosse Homers, der Mythopoet *Hesiod* (7./6. Jh. v. Chr.), in seiner *Theogonía* noch gescheitert. Das Werk, das sich die Darstellung der Wirklichkeit als absolute, d. h. göttliche Genese vorgesetzt hat, entwickelt zwar einige bedeutsame Zugriffe wie die Konzeption des *allgemeinen Anfangs* aus dem Zusammenwirken von *Stoff* (‚Chaos') und formender *Kraft* (‚Eros'), verliert sich aber dann in endlose Aufzählungen der die Wirklichkeit durchwaltenden göttlichen Gestalten und endet als sogenannte Katalog-Poesie[954].

Solch mythisierendes, begriffsloses Sich-Verlieren in der Unzahl der Einzelheiten wird schlagartig überwunden durch eine kühne Spekulation des *Thales von Milet* (1. Hälfte 6. Jh.). Mittels des Begriffs der *archê*, welcher noch ungeschieden die Bedeutungsnuancen von *Ursprung, Prinzip, Ursache, Substanz* und *Wesen* enthält, die erst die folgende Philosophie entwickelt, sucht Thales die *Einheit im Vielen* zu erfassen und findet als deren anschauliches Äquivalent – für einen Bewohner der griechischen Inselwelt naheliegend – das *Wasser*: Ursprung von Allem und Ursubstanz ist *hydor*, ‚Wasser'. Sein Nachfolger und Landsmann *Anaximandros* (6./5.Jh.) geht die Sache bereits wesentlich abstrakter an und definiert die *archê* als *apeiron*, als ‚Unbegrenztes'. Damit ist in der *zeitlichen* Dimension, im Gegensatz zu den in sich widersprüchlichen mythologischen Spekulationen über die *Geburt* der unsterblichen Götter, die Vorstellung eines zeitenthoben *Dauernden* gesetzt, im (onto)*logischen* Sinn die eines jede Bestimmung aus sich *Heraussetzenden und in sich Zurücknehmenden* bzw. für jede Bestimmung *Offenen*.

Allerdings ist hier sogleich auf ein mögliches Missverständnis hinzuweisen und vor *Verdinglichung* zu warnen. Anaximanders *apeiron* ist kein Ding, d. h. es wird an sich selbst nie *gegenständlich*. Es ist vielmehr ein *spekulativer* Begriff und bezeichnet die Grenzenlosigkeit, Unvollendbarkeit der *Wirklichkeit* selbst. *Logisch* verhält sich jede mögliche Aussage über Letztere, jede

---

[953] Vgl. dazu etwa A. Demandt: *Philosophie der Geschichte. Von der Antike bis zur Gegenwart.* Köln/Weimar/Wien 2011, Kapitel IV: *Frühe Kreislauftheorien* (S. 73ff.)
[954] Vgl. dazu und zum Folgenden Schönknecht 2017, Bd. 1

Bestimmung, zu ihrer Totalität als *Einschränkung*, entsprechend Spinozas Satz: *Omnis determinatio est negatio.*

Ontologisch betrachtet, mag der selbst nur einen Ausschnitt der Totalität darstellende Begriff der biologischen *Natur* als Analogie dienen: die ‚Natur‘ erzeugt unbegrenzt, d. h. ohne feststellbare Beschränkungen, neue Wesen, und zwar nicht nur durch generische Reproduktion, Hervorbringung von Nachkommen, sondern durch Hervorbringung neuer, gattungsmäßig definierbarer Arten, und dies in einer Vielfalt und Unüberschaubarkeit, dass Hegel konstatierte, die Natur bringe es nicht zum Begriff!

Darwins Evolutionstheorie zum Beispiel erfasst, wenn auch als Totalerklärung gedacht, wohl nur einen Teilaspekt der grenzenlosen Produktivität: die Prinzipien von *Variation* und *Selektion* erklären nicht das offenbar ebenfalls wirksame Prinzip der *Komplizierung*.

Natur, *physis*, ist im Übrigen, wie das *apeiron*, ein Begriff, der nur in seinen Produktionen, aber nie an sich selbst gegenständlich zu werden vermag. Die Sentenz des Naturverehrers Goethe: *Natur ist weder Kern noch Schale, alles ist sie mit einem Male*, trägt dieser Ungegenständlichkeit Rechnung.

Die *archê*-Spekulation setzt sich beim Eleaten *Parmenides* (5. Jh.) fort mit dem Begriff des *Seienden* (*to ón*) als des schlechthin Beharrenden, keiner Veränderung Zugänglichen, im Verhältnis zu dem sich aller Wechsel der Erscheinungen nur als nichtiger Schein darstellt – ein Denkmuster, das bis in Schopenhauers Verhältnisbestimmung des *Willens*, als Ding an sich, zu der ihn als ‚Schleier der Maja‘ verhüllenden, doch in allen Stücken durch ihn konstituierten Erscheinungswelt nachwirkt.

Parmenides‘ Antipode *Heraklit von Ephesos* und seine Schule setzen dagegen, in Anknüpfung an Anaximandros, das Wesen, die *archê*, in den zeitlich unbegrenzten, ‚ewigen‘ Wechsel der Dinge, in die empirisch unabweisbare Realität des unaufhörlichen Entstehens und Vergehens von Allem. Aus dieser Schule stammende Sentenzen wie *Alles fließt* (*panta rheî*) und *Man steigt nicht zweimal in denselben Fluss* veranschaulichen diese Sicht bis heute.

Ja, wir Heutigen haben über die von Heraklit in allgemeiner Form erfasste Tatsache totaler Veränderlichkeit und Bewegung eine viel konkretere Kenntnis und wissen *empirisch*, dass sie sich ebenso bis in die feinsten Strukturen der Materie erstreckt wie auf die größten Einheiten, also Sterne, Galaxien und sogar das Universum als Ganzes.

Nietzsche empfindet für Heraklit größte Verehrung, was sich sowohl in direkten Elogen wie auch in der Rezeption heraklitischer Philosopheme manifestiert. So spricht auch er mitunter vom „ewigen Fluss aller Dinge"[955]. Der Gedanke solchen Fließens i. S. von Veränderungsprozessen im Zeitlauf ist natürlich die Voraussetzung der Idee des Wiederkehrens schon gewesener Wirklichkeit wie des eigenen Daseins, die Nietzsche vor Augen hat.

Dem Heraklit zugeschrieben wurde auch (dies gilt heute als zweifelhaft) der Gedanke der *ekpyrôsis*, des ‚Weltenbrands', also eines in Äonen sich ereignenden Untergangs der Welt in einer alles verschlingenden Feuersbrunst, aus der, als Phönix aus der Asche, die Gestaltung einer neuen Welt hervorgeht (eine Analogie zum Glauben an die die Erde ab und zu von ihrer Dekadenz reinigenden Sintflut!). Solch ein Prozess würde eine periodische Gliederung der Weltzeit bewirken und der (räumlichen) Metapher des Kreislaufs für die (zeitliche) Wiederholung des Immergleichen als Grundlage dienen.

Pythagoras von Samos (ebenfalls 6. Jh. v. Chr.) und seine Schule ergänzen die *archê*-Spekulation um den Begriff des *kosmos*, als des wohlgeordneten, sich in sich nach Gesetzen bewegenden und durch harmonische Zahlenverhältnisse bestimmten Ganzen der himmlischen Körper, eine Vorstellung, die sich in modifizierter Form geschichtlich durchhält und lateinisch unter dem Wort *Universum* und germanisch-deutsch als *Welt* überliefert ist.

Pythagoras, der kulturelle Kontakte nach Ägypten und Babylon, ja bis ins Gebiet des Indus gepflegt haben soll, importierte von dort die Idee der *Metempsychose*, der ‚Seelenwanderung', d. h. die Hypothese des mehrfachen Wiedererstehens der irgendwie identisch gedachten ‚Seele' nach dem Tode in einem anderen Körper. Hinter diesem Glauben stand die hinduistische religiöse Ethik, die nicht an ‚ewige' Wiederkehr dachte, sondern auf ein durch Versittlichung ermöglichtes Ausbrechen aus dem ‚Rad der Wiedergeburten' und den Eintritt ins *Nirwana* abzielte, welches noch Schopenhauer inspirierte. Auch *Platon* rezipiert den pythagoreischen Gedanken und baut ihn zur Vorstellung von der Ungewordenheit und Unvergänglichkeit der Individualseele aus, woran das Christentum mit seiner Unsterblichkeitslehre anknüpft. Von der Idee der *Wiedergeburt* findet sich, wie oben angedeutet, die Spur noch bei *Lessing*.

Allerdings lag Nietzsche nichts ferner als der Glaube an eine den Körper überdauernde Seele, vielmehr sah er letztere als Funktion des ersteren – Textbeispiele dafür habe ich im Vorhergehenden gegeben. Und doch fand er hier das Muster der Wiederholung und des Wiederauflebens. Statt Metempsychose predigte Nietzsche quasi deren Gegenteil: „Verwandlung durch

---

[955] KSA 9, S. 499

hundert Seelen – das sei dein Leben, dein Schicksal: Und dann zuletzt: diese ganze Reihe noch einmal wollen!"[956].

Im übrigen waren ihm diese aus dem Hinduismus stammenden Vorstellungen geläufig durch seine Kenntnis Schopenhauers, von dessen Affinität zur indischen Religiosität bereits die Rede war[957], sowie durch Schriften seines Freundes Deussen, der sich, nach anfänglichem Schwanken über die einzuschlagende Studienrichtung, zu einem führenden Indologen ausgebildet hatte.

Es können aber noch spezifischere Anregungen für Nietzsches Lehre der ewigen Wiederkunft angeführt werden. Da ist aus hellenistischer Zeit die Auffassung der Periodizität des Weltlaufs beim Aristoteles-Schüler *Eudemos von Rhodos* (4. Jh.), der zufolge der Gang der Dinge sich in genau der gleichen Form unabsehbar wiederholen werde: „[Er] werde wieder ebenso [vor seinen Studenten] stehen wie jetzt; wieder werde Sokrates die Xanthippe heiraten, wieder werde er [d. h. Sokrates] von Anytos und Miletos vor Gericht gebracht"[958]. Also: Eudemos vertritt bereits Nietzsches ewige Wiederkehr des (schlechthin) Gleichen – und Nietzsche, der nie die Quellen nannte, aus denen er schöpfte, hat diesen Gedanken mit Sicherheit gekannt.

Auch aus römischer Zeit ist eine allgemein gehaltene Anregung zu dieser Lehre überliefert. Im 4. Jh. n. Chr. formuliert der Geschichtsschreiber *Aurelius Victor*: „Alles dreht sich im Kreise und nichts geschieht, was die mächtige Natur nach dem Ablauf einer Periode (*spatium aevi*) nicht wiederbringen könnte"[959].

Die Forschung verweist auf das Insistieren Nietzsches, der das Philosophem der ewigen Wiederkehr nicht bloß als *Gedanken*, sondern geradezu als *Lehre*, d. h. als Gedanken mit appellativem und didaktischem Charakter, aufgefasst wissen wollte[960], und die angeführten Aussagen belegen dies zur Genüge. Aber bisher resultiert nicht einmal, dass es auch nur den Rang eines *Gedankens* und nicht nur den einer bloßen *Vorstellung*, einer Art *Phantasma*, beanspruchen darf. Denn zu einem Gedanken gehört essenziell, wie wir seit Platon und Aristoteles wissen, neben der *Behauptung*, etwas verhalte sich so und nicht anders, auch deren *Begründung*; erst gemeinsam bilden sie ein *Argument*. Doch in Nietzsches Texten wird die Behauptung der ewigen Wiederkehr überwiegend mittels einer Fülle von metaphorischen Umschreibungen statt durch *Begründungen* bekräftigt. Es findet sich allerdings auch ein Argument zu deren

---

[956] Nachlass Nov. 1882 – Febr. 1883; KSA 10, S. 2113
[957] Vgl. oben, Kap. VIII 2
[958] Zit. Demandt, a. O., S. 88
[959] Ebd., S. 78
[960] Vgl. Skirl, a. O.

Stützung, eingebettet in einen rein rhetorischen Text. In diesem Sinne deklamieren *Zarathustras Tiere* im dritten Teil der Schrift dessen Lehre: „[] *siehe, du bist der Lehrer der ewigen Wiederkunft* [] du lehrst: dass alle Dinge ewig wiederkehren und wir selber mit, und dass wir schon ewige Male dagewesen sind und alle Dinge mit uns. Du lehrst, dass es ein *großes Jahr* [Hervorh. Vf.] des Werdens gibt, ein Ungeheuer von großem Jahre: das muss sich, einer Sanduhr gleich, immer wieder von Neuem umdrehn, damit es von Neuem ablaufe und auslaufe. [Und] die Seelen sind so sterblich wie die Leiber. *Aber der Knoten von Ursachen kehrt wieder, in den ich verschlungen bin* [Hervorh. Vf.], – der wird mich wieder schaffen! Ich selber gehöre zu den Ursachen der ewigen Wiederkunft"[961].

Das Argument liegt in der Metapher vom wiederkehrenden *Knoten der Ursachen*. Nietzsches Begründung des Gedankens der ewigen Wiederkehr ist also eine naturalistische, ja *physikalistische*, indem sie jeden Zustand, jedes Ereignis als notwendigen Effekt eines Sets von Ursachen, d. h. von deren jeweiliger *Konstellation* (vgl. den Ausdruck ‚Knoten') begreift. Die Annahme der Wiederkehr identischer Konstellationen impliziert aber ihrerseits die Voraussetzung, dass deren Zahl endlich ist. Denn wäre sie unendlich, gäbe es keine Wiederkehr von bereits Dagewesenem. Die Voraussetzung bedürfte also selbst einer Begründung, die Nietzsche nicht gibt und die ihn überdies in einen *infiniten Regress* führen würde.

Abgesehen von dieser logischen Inkohärenz ist das Argument auch nicht neu. Bereits *David Hume* (1711-1776) hatte in seiner Kritik an Epikurs später vom Römer Lukrez fortgesetzten Theorie der *declinatio*, der atomaren Ablenkung[962], ausgeführt: „Wenn die in begrenzter Zahl vorhandenen, stets beweglichen Elementarteilchen im Laufe der unendlichen Weltzeit wieder einmal im gleichen Verhältnis zueinanderstehen, dann wiederholt sich der Weltlauf geradeso und immer wieder"[963].

Humes Auffassung ist natürlich blanker Physikalismus und Determinismus, insofern sie voraussetzt, dass jedes Ereignis in der Welt – selbst noch die Regung der Freude bei der Beobachtung eines menschlich schönen Verhaltens oder auch das Fassen und Niederschreiben eines Gedankens – in letzter Instanz nichts anderes ist als die Wirkung einer bestimmten Bewegung und Konstellation der Atome. Insofern kann Zarathustra, wie zitiert, auch sagen: ‚Ich selber gehöre zu den Ursachen der ewigen Wiederkunft'. Als eingebunden

---

[961] *Also sprach Zarathustra* III, *Der Genesende.* KSA 4, S. 275f.; Schlechta II, S. 466
[962] Vgl. Schönknecht 2017, Teil III, Kap. 3.2
[963] Demandt, a. O., S. 88, analog S. 264; Vw. auf Humes Schrift *Dialoge über natürliche Religion* (1757/1905, Kap. 8).

in den *fatalen, subjektlosen* Prozess der kausalmechanischen Verschlingungen wäre jedes Individuum Wirkung und Ursache zugleich.

Hier aber beißt sich die Katze in den Schwanz, d. h. liegt die *Petitio principii*: Die *Behauptung* totaler kausaler Bedingtheit hebt sich in ihrem Wahrheitsanspruch auf, da sie ja selbst nur kausalmechanisch bedingt wäre. Oder um es noch anders zu formulieren: Aus physikalischen Faktoren bzw. Determinanten können nur physikalische Zustände deduziert bzw. prognostiziert werden; aber weder die Welt / die Wirklichkeit als ganze noch der sie heuristisch oder wissenschaftlich vergegenwärtigende Mensch sind bloße physikalische Zustände.

Schließlich ist auch der von Nietzsche benutzte Ausdruck ‚großes Jahr‘ nicht durch ihn selbst geprägt worden, sondern entstammt der antiken Astronomie, in der er die Zeitspanne bezeichnete, „nach deren Ablauf die Himmelskörper wieder in der ursprünglichen Anordnung positioniert sind"[964]. *Platon* entnimmt den Begriff bereits der Tradition und verwendet ihn in seinem Dialog *Timaios*[965], wo er den größten geozentrischen Zyklus bezeichnet, den Platon mit etwa 36.000 Jahren ansetzte. Wir können also für Nietzsches Theorem der ewigen Wiederkunft das Fazit ziehen: Es ist sowohl in sich widersprüchlich als auch hochgradig eklektisch!

Und dieses Theorem ist das pseudo-religiöse Äquivalent des von den Religionen erhobenen Anspruchs auf Erklärung der Totalität des Daseins. Insofern ist das Argument auch *metaphysisch* – und diskreditiert sich damit selbst.

Vor allem aber: *objektiv*, und zwar *wirkungsgeschichtlich* betrachtet, ist diese sogenannte Lehre der ewigen Wiederkunft, so häufig sie auch *interpretiert* worden sein mag, völlig ohne Resonanz geblieben. Dieses von Nietzsche selbst für das stärkste Argument seiner Philosophie gehaltene Lehrstück, von dem er, nach der Mitteilung der damals von ihm umworbenen Lou Salomé, nur im Tone des Geheimnisvollen und Schreckenerregenden zu sprechen vermochte[966] – und vielleicht hat er sich nie einem weiteren Menschen gegenüber persönlich dazu geäußert –, die aber doch, wie der Terminus *Lehre* belegt, auf *Verbreitung* zielte, ja, wenn man den Gegner betrachtet, gegen den sich das gesamte Denken Nietzsches richtete, auf Ersetzung der christlichen Erlösungslehre mit ihrer Geschichtsteleologie gerichtet war, ist jegliche *praktische* Wirkung versagt geblieben; sie hat möglicherweise, mit Schopenhauer zu reden, nie einen Menschen aus der Behaglichkeit seines *principium individuationis*

---

[964] Wikipedia, Art. Weltzyklus. Stand Nov. 2024
[965] Steph. 39c-d
[966] Vgl. den entsprechenden Hinweis im vorhergehenden Kapitel.

gerissen und ihn zum Aufbruch ins Übermenschentum stimuliert! Doch dies entzieht sich, wie alles historisch Zufällige und nicht Überlieferte, dem wissenschaftlichen Nachweis. Die von Nietzsche erhoffte geschichtsmächtige Aneignung dieser Lehre durch die ‚höheren Menschen‘ – wen auch immer er bei diesem Wort vor Augen hatte – ist jedenfalls ausgeblieben!

Und es lässt sich auch ein Grund für diese Unwirksamkeit angeben: Die Lehre ist vollständig *kontra-intuitiv*, die Vorstellung, zu ewiger Wiederkunft, sei es privilegiert, sei es verdammt zu sein, bringt in der heutigen Zeit keine Saite des menschlichen Gemüts zum Schwingen, und ob diese Lehre, vor dem Hintergrund von Nietzsches Auffassung, aus dem Menschen könne man alles machen, was man will, irgendwann die Intuition anspricht, sei dahingestellt. Für den Menschen der Moderne erfüllt sich das Leben in der *irdischen Existenz*, hier fühlt er sich zu Bewährung und Genuss aufgerufen, aber ob diese Existenz dereinst wiederkehrt, ist ihm völlig gleichgültig und erscheint ihm zu Recht logisch inkonsistent. Nietzsches physikalistisch modernisierter *amor fati*, zu dem er sich explizit bekannte[967], geht insofern am zeitgenössischen Bedürfnis völlig vorbei!

Öffentliche Wirkung hat diese ‚Lehre‘ jedenfalls, soweit ich sehe, nicht erzielt. Es ist darum zutreffend, wenn etwa V. Gerhardt feststellt, Nietzsche versuche mit der ewigen Wiederkunft „eine durch und durch individuelle Erfahrung auszusprechen"[968]. Gänzlich verfehlt scheint dagegen die von Gerhardt daraus gezogene Folgerung, „die Lehre [gelte] daher im strengen Sinne nur für ihn"[969], d. h. für Nietzsche selbst und man habe dies als „[sein] Geheimnis [] zu respektieren"[970].

Eine nur für ihren Urheber geltende *Lehre*?! Noch dazu eine Lehre, die, anders als die nur den Eingeweihten mitgeteilte pythagoreische Esoterik und die sog. *Ungeschriebene Lehre* Platons, in einer Schrift, also jedermann zugänglich, veröffentlicht wurde?! Das ist ein Widerspruch in sich. Und dies bei einem Denker, der sich von Anfang an als *Arzt der Kultur* bzw., wie der Verlauf von Nietzsches philosophischer Entwicklung belegt, als Schöpfer eines epochal neuen Daseinsverhältnisses des Menschen verstand?!

Vergegenwärtigen wir uns diesbezüglich auch noch einmal die ins Auge springende Kontrastposition der Wiederkunfts-Lehre zur christlichen Auferstehungs-Idee. Gegen die christliche Vision eines teleologisch auf die zweite

---

[967] Vgl.: „*Amor fati*: das ist meine innerste Natur"; *Nietzsche contra Wagner*, Epilog, Schlechta II, S. 1059
[968] V. G.: *Friedrich Nietzsche* (München ³1999), S. 191
[969] Ebd., S. 193
[970] Ebd.

Parusie ausgerichteten, singulären Geschichtsprozesses – *Augustinus* interpretierte ihn wirkmächtig als Kampf zwischen *Civitas Dei* (oder *caelestis*) und *Civitas diaboli* (bzw. *terrena*) – mit seiner Vollendung im Endgericht und der Alternative der *geistlichen* Auferstehung der ‚Frommen‘ zur ‚ewigen Seligkeit‘ einerseits bzw. des ‚ewigen‘ Todes der ‚Verworfenen‘ andererseits, setzt Nietzsche unter der ebenso antiken wie modernen Voraussetzung der ‚Ewigkeit‘, kritischer ausgedrückt: der Unabsehbarkeit des Zeitflusses, sowie vor dem Hintergrund seiner scharfen Ablehnung alles christlichen Moralismus die *plane* Wiederholung des je Gewesenen … Die dialektische These, dass die Negation in ihrer Erscheinung durch das von ihr Negierte (mit) determiniert ist, trifft in geradezu exemplarischer Weise auf Nietzsches Philosophem der ewigen Wiederkunft zu und enthüllt es als ein im Grunde triviales Konzept, das mit gutem Grund nie über den akademischen Raum wissenschaftlicher Betrachtung hinausgelangt ist!

Zu Nietzsches Gunsten festzuhalten ist allerdings, dass er die *moderne Erfahrung der Unabsehbarkeit des Weltlaufs*, dessen Ende in einer terrestrischen Katastrophe – gemäß der uns ephemer Lebenden allein zugänglichen Perspektive – nicht mehr auszuschließen ist, konsequent zur Grundlage seines Philosophierens gemacht hat.

Dies reflektiere ich im folgenden, die Untersuchung beschließenden Resümee.

XI. Resümee und Ausblick

1. Rückkehr der Kontingenz? – Immanenz des Sinns!

Der das vorhergehende Kapitel abschließende Gedanke der Möglichkeit einer finalen terrestrischen Katastrophe ist nicht neu, er begleitet die Menschheit – wenn wir von den rein fiktiven apokalyptischen Visionen in Antike und Mittelalter absehen – seit dem Aufbau einer planetarischen *atomaren Rüstung* um die Mitte des 20. Jahrhunderts und ist, betrachtet man die aktuelle Weltlage, virulenter als je zuvor: Zusätzlich zu der atomaren Bedrohung durch die Konzentration solcher Waffen in den Händen verbrecherischer Diktatoren und skrupelloser Machtpolitiker drohen die Lebensmöglichkeiten auf der Erde durch einen kaum noch abwendbaren *Klima-Kollaps* schwer beeinträchtigt und gar die Erde unbewohnbar zu werden.

Diese Situation scheint Nietzsches nihilistischer These *totaler* Kontingenz retrospektiv recht zu geben, der zufolge irdisches Leben sowie die Existenz der Menschheit – samt ihren durch die Jahrhunderte als Ausdruck göttlichen Wohlwollens gedeuteten Gaben von Sprache, Bewusstsein, *durchgeistigter Empfindung* – nichts anderes sind als das Resultat blinden, auf einem in kosmischem Maßstab völlig irrelevanten Planeten sich ereignenden Zufallsgeschehens. Nietzsches These von der grundsätzlichen Flüchtigkeit des Menschen im Kosmos hat durch die reale Möglichkeit der Auslöschung menschlichen Lebens ihre Plausibilität und ihre eigentliche Dramatik enthüllt.

Diese Situation provoziert die Frage: Welche Bedeutung und auch welcher logische Status kommen bei so beschaffener Lage den traditionellen Instanzen der Sinnstiftung zu, die die Menschheit durch ihre Geschichte begleitet haben?

Zunächst die *Religionen*: Wir müssen sie, wie im ersten Teil der Untersuchung ausgeführt, bei aller Verschiedenheit untereinander insgesamt begreifen als *Interpretationen* des Sinns des menschlichen Daseins in der Welt zum Zwecke der Kontingenzbewältigung. Doch sind sie auch bloße Interpretationen (im postmodernen Jargon: *Narrative*), bleiben sie unverzichtbar als einzige ernsthafte und die Menschen in der Breite erreichende und verpflichtende Instanz der Selbstverortung und Selbstvergewisserung. Die Religionen sind – bei unbestreitbaren Zügen von Irrationalität – der vom transzendierenden Denken selbst geschaffene *Schrein*, in dem die Menschheit ihre geschichtlich erarbeitete geistige und sittliche *Substanz* niedergelegt hat und zu der sich die nicht-religiösen Sinnsetzungen als Derivate verhalten! Das ist die hinter

Nietzsches oben interpretierter Rede von der Zurichtung des Menschen durch die ‚Sittlichkeit der Sitte' stehende Realität[971].

Und wie steht es mit der zweiten Instanz, der dank der Globalisierung zwar nicht mehr nur auf wenige Kulturen beschränkten, aber in der Regel die Menschen nur indirekt, als Spurenelement im öffentlichen Diskurs, erreichenden *Philosophie*? Erschöpft sich ihre Rolle in der Destruktion des in religiösen Vorstellungen tradierten Sinns und dem diffusen Postulat von dessen Neukonstitution, wie Nietzsche es uns vorführt?

Eine solche Sicht würde dem Phänomen Philosophie nicht gerecht. In ihrem Erfassen dessen, *was ist*, darf Philosophie sich – und diese Überzeugung eint die Philosophen – als das *Selbstbewusstsein* der Menschheit fühlen, welches sich als solches nicht ohne die Gefahr, in eine Aporie zu geraten, der Kontingenz zurechnen lässt: das könnte selbst Nietzsche nicht bestreiten. Denn wie sollte dasjenige, welches Kontingenz *begreift*, selbst nur kontingent *sein*?! Hier muss vielmehr Berührung des *Wesens* sein – mehr lässt sich nicht sagen. Nietzsches jugendlicher Drang, von der Philologie zur Philosophie weiterzugehen, speiste sich ja selbst aus dem Gefühl einer intrinsischen Notwendigkeit, einem Verlangen nach *Wahrheit*, auch wenn er deren Möglichkeit in der Folge explizit in Frage stellt und *seine* Wahrheit zur These universeller Falschheit degeneriert.

Es ist die Philosophie als freie Reflexion des *Begegnenden*, welche einerseits, als *Aufklärung*, den Absolutheitsanspruch der einzelnen Religionen aufgebrochen und damit den Ausweg aus deren feindlichem, sich historisch katastrophal erwiesenem Gegeneinander bereitet hat und andererseits entscheidende Argumente liefert, welche die Kontingenzthese relativieren. Eines davon soll kurz erörtert werden. Es berührt sich mit schon Gesagtem und entstammt – wörtlich oder nur dem Sinne nach – der Naturphilosophie *Schellings*: es ist das erregende, nicht in Kontingenz auflösbare *Faktum*, dass, metaphorisch gesprochen, im Menschen die *Wirklichkeit* (Schelling sprach von der *Natur*) die Augen aufschlägt, d. h. zur Anschauung und zum Wissen ihrer selbst gelangt, sich als *das Andere ihres Andren* enthüllt und die Unterscheidung von *Selbst* und *Selbstlosem* realisiert[972]. Und – der Leser verzeihe die etwas schwerfällige Aus-

---

[971] Vgl. Kap. X 2.7

[972] Diese ‚Selbstlosigkeit' schließt die Tiere ein. Sie haben nicht Teil an dem „allgemeinen Selbstbewusstsein [als] affirmativem Wissen seiner selbst im anderen Selbst" (Hegel: *Enzyklopädie* III, § 436). Davon kann sich jeder durch einen Blick in die Augen eines Tiers sofort überzeugen (auf ein ‚Gesicht' kann das Tier *sensu stricto* keinen Anspruch machen): hier blickt dich kein Selbst an! Das mag naiven Gemütern schwer zu akzeptieren sein, bleibt aber nichtsdestoweniger zutreffend.

drucksweise – als Selbst mit und unter anderen Selbsten, im Modus reziproker Anerkennung, fühlt der Mensch sich in der Welt zu Hause, erfährt die Welt als die seine – selbst wenn deren Sein, nach einer Formulierung Heideggers, als hineingehalten in das Nichts erscheint. Die kosmische Irrelevanz der Erde wird nicht *erlebt*, sondern enthüllt sich erst denkender Abstraktion.

Diese Integration von Mensch und Mensch und Welt ist störbar, kein Zweifel, und Geschichte und Gegenwart dokumentieren dies zur Genüge. Doch ich lasse dies auf sich beruhen.

Das Selbst aber ist Geist, und dies impliziert ein Zweites: Dem Menschen *erschließt* sich *Wirklichkeit* – das ist das Bewusstsein der neueren Philosophie seit Descartes –, und sie erschließt sich ihm nicht nur, wie dem Tier, durch zweifellos hochkomplexes Verhalten im Dienst der Lebensfristung und Reproduktion, sondern in *universeller* Weise, anders gesagt: *an sich selbst.* Es ist absurd, mit dem Hinweis auf Strukturähnlichkeiten und weitgehende Übereinstimmung in der Organisation der Sinne, des Gehirns und des Genoms mit einigen Tieren dem Menschen diesen privilegierten Zugang zum An sich abzusprechen und sein Denken zur bloßen Variante tierischen ‚Bewusstseins‘ herabzusetzen, wie es, zum Teil in der Nachfolge Nietzsches, seitens beschränkter Köpfe immer wieder geschieht[973].

Die spezifisch menschlichen Leistungen wie Symbolsprache und Kultur sind die grundlegenden Manifestationen der menschlichen Sonderstellung – und wir sollten uns hüten, wie Nietzsche zu suggerieren sucht, dies gering zu schätzen oder gar auf eigene Faust ein Projekt zu deren ‚Erneuerung‘ in Gang zu setzen![974]

Angesichts dieser Grundtatsache der *Geistigkeit* des Menschen wird die alte, im Dissens von Schelling und Hegel terminierende Frage nach dem Primat von Geist oder Natur ziemlich akademisch, weil metaphysisch. Ihre Beantwortung hat nurmehr *dezisionistischen* Charakter[975]. Das Ja zum Menschen,

---

[973] Etwa im sog. *radikalen Konstruktivismus* von Glasersfelds, von Foersters, Watzlawicks, Maturanas und Varelas.

[974] Die sensualistischer Perspektive entstammende Erklärung des Unterschieds zwischen Mensch und Tier aus dem unterschiedlichen Bau der Sinnesorgane, aus dem sich dann eine bloß graduell, aber nicht essentiell verschiedene Wahrnehmung der Welt ergibt, ist reduktiv, insofern sie die *strukturelle* Differenz der Weltauffassung beider Formen von Leben nicht berücksichtigt. Darauf bezogen sich bereits meine Verweise auf Heideggers Unterscheidung der Formen des Seienden (vgl. oben, Kapitel X 2.6).

[975] Allerdings sah sich Schelling, wohl durch Hegel provoziert, in einem Dilemma, das er durch die Unterscheidung von *positiver* und *negativer* Philosophie aufzulösen versuchte. Demnach nimmt die *negative* Philosophie ihren Ausgang beim *Logos* als der Voraussetzung für die *Erfassung* von Sein; deren Kerngedanke ist: Sein ist *Gesetztsein* – der Ansatz Kants, Fichtes und, *mutatis mutandis*, Hegels –, die *positive* hingegen *setzt* Sein

sowohl der griechischen Kultur wie der großen Religionen hat sein Fundament und sein Recht in dem alle intellektuellen Moden relativierenden und irreduziblen Faktum der Geistigkeit des Menschen. Diese selbst zum Zufallsereignis zu stilisieren, wie es Nietzsche sowie in jüngerer Zeit die ihn nachäffenden ‚Postmodernen‘ tun, ist selbstreferentiell und belegt Mangel an dialektischem Bewusstsein[976].

Mit Kontingenzen, die ja nicht selbst den logischen Status von *Ereignissen*, sondern den der *Auffassung, Interpretation* von Ereignissen haben, wird die Menschheit leben müssen, solange es Menschen gibt. Der Schicksalsglaube und die Religionen, als Formen, die Kontingenzen des Lebens zu rationalisieren, haben sich als ineffizient erwiesen: Die einen jeden auf dem Lebensweg treffenden Unberechenbarkeiten wie auch die die Menschheit insgesamt heimsuchenden Katastrophen natürlichen wie geschichtlichen Ursprungs entbehren derart jeglicher erkennbaren Ordnung und Logik, jedes inneren Prinzips, dass sich ihre Rückführung auf irgend eine Art der Intention, sei es des moralisch motivierten Gottes der Monotheismen, sei es des die Antike beunruhigenden ‚blind waltenden‘ Schicksals verbietet. Die Phrase ‚blind waltend‘ ist aber *contradictio in adiecto*, populär gesprochen: ‚hölzernes Eisen‘ (dies gilt ebenso für Schopenhauers metaphysisch aufgeputzten ‚blinden Willen‘).

Das heißt, die Setzung einer *numinosen* Macht, zu der man sich, sei es magisch, beschwörend, überlistend, kindlich bittend oder sonstwie verhalten könnte, erscheint absurd, folgt der Psychologie des Placebo. Das Leid der Einen und das Glück der Anderen vermag keine *Theodizee* zu rechtfertigen – jeder derartige Versuch enthüllt sich als Zynismus.

Dass der Mensch der Kontingenz dennoch standhält und nicht in den von Nietzsche für möglich gehaltenen Massen-Selbstmord flüchtet, verdankt er der ihn auszeichnenden, in seiner Geistigkeit begründeten Qualität habitueller Sinnsetzung. ‚Sinn‘ konstituiert sich permanent, in jeder vollzogenen Handlung – und er konstituiert sich in gültiger Form, wenn und je mehr die

---

voraus (daher ‚positiv‘, ‚gesetzt‘, ‚gegeben‘ abgeleitet von lat. ‚ponere‘: setzen; auch: legen, stellen u. a.), ohne auf es als ‚Gedachtes‘ zu reflektieren. Diese Unterscheidung liegt logisch dem philosophischen Umbruch des 19. Jh. als einem nunmehr vom ‚Positiven‘, ‚Gegebenen‘ ausgehenden Denkens, heiße dieses der Reflexion zu denken Gegebene nun *Mensch* (‚Anthropologie‘), *Gesellschaft* (‚Soziologie‘), *Kunst* (‚Ästhetik‘), *als Erscheinung Gegebenes* (‚Phänomenologie‘) oder einfach *Sein* (‚Ontologie‘, nachmetaphysisch anknüpfend ans *Dasein* als Sein des Menschen).

[976] Vgl. zur sog. postmodernen Philosophie unten, Kapitel XI 3. Einen knappen Überblick über die Denkrichtung mitsamt einer Interpretation des sich zu der Richtung bekennenden *Giorgio Agamben* (geb. 1942) habe ich in meiner Schrift *Die Verweigerung der Vernunft* (Norderstedt 2006) gegeben.

Handlung *bewusst* geschieht; andernfalls mag sie sich irgendwann als ‚sinnlos' herausstellen.

Ich hatte bereits zu Beginn der Interpretation Nietzsches auf die zwischen Sinnhaftigkeit und Kontingenz bestehende *Korrelation* hingewiesen. Diese Korrelation ist negativer, wenn man so will: dialektischer Natur, schlichter gesagt: umgekehrt proportional: Das Erleben von Sinn schließt Kontingenzerleben aus und *vice versa*. Je mehr und je intensiver Sinn erlebt wird, umso weniger wird Kontingenz empfunden. Die habitualisierte Eigenschaft, Sinn zu setzen, schützt also in der Regel den Menschen vor dem Einbruch der Kontingenz in sein Dasein. Dabei ist er nicht einmal auf sich allein gestellt, sondern mitgetragen von den großen kulturalen Veranstaltungen: dem Leben in Familie, Arbeit, Gesellschaft und Staat. Aus deren tragender Kraft ist auch zu erklären, dass trotz des Verfalls bestimmter traditioneller Sinnbezirke, wie in der westlichen Welt aktuell der Religion, Kontingenzbewusstsein nicht virulent wird, sondern latent, marginal bleibt.

Und was den marginalen Status der Erde im Kosmos anbelangt: Auch diesbezüglich garantiert die Sinn setzende Natur des Menschen, dass die Erde, als Ort seines *Daseins*, das Zentrum seiner Lebenswelt bleibt, auch wenn irgendwelche ungebildeten Phantasten von einem Leben auf Mond oder gar Mars faseln.

Kontingenz, die von Nietzsche zum Grundzug des Daseins stilisierte Herrschaft des Zufalls und Dominanz des Sinnlosen, wird somit Realität für Spezialisten, insbesondere Philosophen und, in allgemeiner Form, für menschliche Grenzsituationen. Diese können sein das Scheitern einzelner Projekte (beruflicher Misserfolg, Krise in Ehe und Familie sowie sonstige ‚Schicksalsschläge'), die Erfahrung persönlicher Ohnmacht angesichts kollektiver sozialer und politischer Bedrohungen sowie, als allgemeinste und doch noch von *keinem* Lebenden erfahrene Krise: *das eigene Sterben*.

2.　Nietzsche *in nuce*

Nach der weitläufigen Auseinandersetzung mit Nietzsches Philosophie drängt sich schließlich das Bedürfnis auf, das Ergebnis dieser Beschäftigung in einem zusammenfassenden Urteil zu bündeln. Um das Subjektive, rein Persönliche meines Resümees deutlich zu machen, beschränke ich mich auf eine summarische, stichpunktartige Aufzählung der im Zuge der Auseinandersetzung gewonnenen Einblicke.

- Nietzsches Hauptgegner war das Christentum. Gegen es gerichtet, hat er für ein glaubensloses Leben gekämpft. Allerdings hat er solche Glaubenslosigkeit mit der Verkündigung des Glaubens an ewige Wiederkunft selbst konterkariert.

- Wir wissen heute, dass glaubenslos zu leben (und zu sterben) möglich ist und undramatisch überall geschieht. Der Mensch hört nicht auf, Mensch zu sein, wenn er ohne religiösen Glauben lebt und das Mysterium des Todes ohne weitere Nachfrage akzeptiert.

- Die Religionen, insbesondere die christliche, waren, ungeachtet ihrer geschichtlich aufgetretenen Exzesse und Überspanntheiten, der Katalysator auf diesem Weg; sie zeigten dem Menschen – auf dem Umweg über transzendente Konstrukte –, wer er ist: ein Wesen mit *Würde* – falls er diese nicht, der Suggestion Nietzsches erliegend, durch forcierten Individualismus verspielt, sondern handelnd realisiert: durch Respekt vor dem Anderen, Hilfsbereitschaft, Solidarität, Großzügigkeit, Humor, Einsatz für das Bessere usw. – der ganze Katalog der Tugenden wäre zu nennen.

- Und der Mensch ist das Wesen der *Freiheit* … dies der Beitrag der neuzeitlichen Metaphysik, des Descartes und insbesondere der großen deutschen Denker – ich habe sie alle erwähnt.

- Auch Nietzsche war einer der Katalysatoren zum glaubenslosen Leben, aber er *outrierte*: mit seinem dezidierten Amoralismus, dem antidemokratischen, anti-egalitären Affekt, der Schmähung der Erwerbsarbeit, seiner ‚Entlarvung' eines angeblich ubiquitär präsenten Egoismus, der Apotheose von Herrschaft, der Wertdestruktion und Kündung des Nihilismus, dem Hyper-Individualismus und Hass aufs Allgemeine, der Totalisierung von Kontingenz. Es ist, als wolle er, paradox gesagt, der metaphysischen Substanz des Christentums (Glaube an den erfahrungstranszendenten Gott, erlebbar gemacht im Gottmenschen Jesus Christus) eine ebenso substantiell gemeinte *Gottlosigkeit* entgegensetzen. Belege: die Figur des Zarathustra, das Übermenschentum, das Dionysische, sein Appell an die Menschen: „Bleibt der Erde treu!"[977]

- Aber Glaubenslosigkeit ist nichts Substanzielles! Sie ist unspektakulär, ist kein Defizit, kein Mangel, erst recht nicht Verzweiflung, wie Kierkegaard glauben machen wollte, auch nicht notwendig Verneinung, Negation, sondern einfaches *Nicht-Haben*, vergleichbar dem

---

[977] *Also sprach Zarathustra*, KSA 4, S. 15; Schlechta II, S. 280

Nicht-Haben einer Krankheit, überhaupt der zahllosen Dinge, die man weder benötigt noch erstrebt und deren Nicht-Besitz nicht beunruhigt – jeder Leser mag sich selbst entsprechende Beispiele suchen.

- Insofern war Nietzsche *determiniert* durch das, was er bekämpfte, und wie sein hochdramatisches Naturell das Christentum perhorreszierte, so verklärte er den verkündeten nach-religiösen Zustand zur herbeizuführenden Epoche heroischer Menschen.

- Doch ist solche Dramatik – auch dies gehört zur Wahrheit – nicht ohne tieferen Grund: Zwar bekämpft Nietzsche die Religion an ihrer Wurzel, dem Glauben an Gott, wie auch an dem durch diesen Glauben geprägten moralischen Habitus des Menschen, aber mit der ihm eigenen intuitiven Kraft schreckt er auch vor der Alternative einer total aufgeklärten, glaubenslosen Menschheit in einer durch vollständige Technisierung global und kulturell homogen gewordenen Zivilisation zurück. Dieser Möglichkeit des total in eine planetarisch gleichförmige Gesellschaft integrierten Menschen, die ja in der Logik von Demokratisierung und Technisierung liegt und deren trübe Vorzeichen in Form der Herrschaft von Konsumismus und Unterhaltungsindustrie nicht zu übersehen sind, widmet Nietzsche eine seiner düstersten Visionen, nämlich die Parabel vom *letzten Menschen* am Schluss der Vorrede des *Zarathustra*[978].

- Dort zeigt er uns den ‚letzten Menschen‘ als ein nicht nur der religiösen Transzendenz, sondern jeglichen Überschreitens des Gegebenen ermangelndes, zu keinem geistigen Aufschwung und keiner tieferen Begeisterung mehr fähiges, in seiner Saturiertheit gefangenes Wesen, das, den regelmäßigen Regungen seiner Trieb- und Bedürfnisnatur ausgesetzt („Man hat sein Lüstchen für den Tag und sein Lüstchen für die Nacht"[979]), als eine Art lebender Toter sein einmaliges Dasein auf der Welt verdämmert: „Kein Hirt und Eine Heerde! Jeder will das Gleiche, Jeder ist gleich: wer anders fühlt, geht freiwillig in's Irrenhaus"[980].

- Der tiefe Ernst im *Bewusstsein des Ewigen*, auf dem echte Individualität beruht und wie er die großen Religiösen antrieb, wie er auch die Musik eines Johann Sebastian Bach und die Frommen in den

---

[978] Vgl. a. O., KSA 4, S. 18ff.
[979] Ebd., S. 20
[980] Ebd.

Romanen Tolstois durchströmte, wird dann der Vergangenheit angehören. Nietzsche sieht dies deutlich: „Wehe! Es kommt die Zeit, wo der Mensch nicht mehr den Pfeil seiner Sehnsucht über den Menschen hinaus wirft, und die Sehne seines Bogens verlernt hat, zu schwirren!"[981] Das bedeutet das Verdampfen des *Numinosen*. Walter Benjamin nannte dies: *Verlust der Aura*[982].

- Die Vorzeichen einer totalen Trivialisierung des Menschseins sind, ungeachtet der Dramatik der aktuellen weltpolitischen Probleme, bereits wahrzunehmen. Aber Nietzsches Lösungsvorschlag, unter Aufopferung der ‚Massen' das Entstehen großer, eigenmächtiger Individuen zu fördern, d. h. die Gestaltung der menschlichen Verhältnisse dem ungezügelten Machtwillen zu überlassen und vor allem seine Annahme, solcher Größe wäre wie selbstverständlich geistige Tiefe und kulturelle Produktivität assoziiert, ist nicht nur logisch unstimmig, sie erscheint vielmehr als *verwilderte Romantik*.

- Schließlich: die *große Vernunft des Leibes*, von der bei Nietzsche so oft die Rede ist … Der einzige Ort, an dem solche Vernunft des Leibes wirklich wird, die *erotisch-geschlechtliche Liebe* zwischen Mann und Frau, in der sich das an sich Erfreuliche mit dem Sinnvollen, der Fortpflanzung der Gattung, verbindet und um des Nachwuchses willen als *Ehe* und *Familie* auf Dauer gestellt wird, wird vom solipsistischen Egomanen Nietzsche kaum wahrgenommen. Die Ehe ist ihm in der Nachfolge von Kants Reduktionismus negativ konnotiert als die „gesellschaftliche Erlaubnis, die zwei Personen zu Geschlechtsbefriedigung aneinander erteilt wird []"[983]. Und auch zur *Liebe* hat Nietzsche kein genuines Verhältnis. Mit der faden, reduktiven, geradezu platonisierenden Bestimmung als „Vergeistigung der Sinnlichkeit"[984] – ist Liebe doch die *Einheit* von Sinnlichkeit *und* Geistigkeit sowie *Erleben*

---

[981] Ebd., S. 19 – Ein Analogon und Komplement der Parabel vom *letzten Menschen* bildet die vielleicht noch bekanntere, sich ebenfalls der Parabelform bedienende Rede des *tollen Menschen* vom *Tode Gottes* in der *Fröhlichen Wissenschaft* (Schlechta II, Seite 126ff., Aph. 125). Hier evoziert Nietzsche die im Menschen nach dem Absterben des religiösen Glaubens zurückbleibende Leere einer ungedeuteten und undeutbaren, jeder Substanz beraubten Welt: „Irren wir nicht wie durch ein unendliches Nichts? Haucht uns nicht der leere Raum an? Ist es nicht kälter geworden? Kommt nicht immerfort die Nacht und mehr Nacht?" (a. O., S. 127). Das ist die Welt des letzten Menschen. Doch er wird dessen nicht mehr gewahr!
[982] Vgl. Benjamins Essay *Das Kunstwerk im Zeitalter seiner technischen Reproduzierbarkeit* (vf. 1935).
[983]*Aus dem Nachlaß der Achtzigerjahre*. Schlechta III, S. 922
[984] *Götzen-Dämmerung*, Schlechta II, S. 966

dieser Einheit in der Zweiheit – wird auch die erotische Liebe durch Nietzsches Fleischwolf des Verdachts gedreht – und heraus kommt sie als „Todhaß der Geschlechter"[985] und „Ausdruck von Egoismus"[986].

- Es ergab sich wohl durch Zufall (sic!), dass ich während der Arbeit an den Kapiteln über Nietzsche lektüreweise mit Tolstois großem Roman *Krieg und Frieden* befasst war. Es mag ungerecht sein, aber mit fortschreitender Lektüre der souveränen, wenn auch von religiösem Mystizismus nicht freien Darstellung und Beurteilung der menschlichen Dinge durch den großen Epiker erschienen mir Nietzsches philosophische Einlassungen zunehmend als Akte einer die Extreme suchenden intellektuellen Akrobatik!

3. Verwilderte Romantik – Nietzsche und die Folgen (Kritik des Postmodernismus und der ‚Diversität')

Zum Abschluss der Untersuchung werfe ich einen Blick auf das, was man das *Schicksal der Kontingenz* in der Gegenwart nennen könnte. Es ist nicht zufällig(!) mit dem Namen Nietzsches verknüpft, in dessen Denken Kontingenz, wie dargestellt, eine zentrale, wenn auch nie mittels dieses Begriffs präzisierte Voraussetzung war.

Über die exorbitante Bedeutung Nietzsches für die Philosophie des 20. Jahrhunderts kann kein Zweifel sein, auch nicht bezüglich der beiden dominanten philosophischen Moden in dessen zweiter Hälfte, der *Existenzphilosophie* sowie der explizit an Marx anknüpfenden (‚Neo-Marxismus') *Kritischen Theorie* der *Frankfurter Schule*[987]. Der etwa für die erstgenannte Richtung

---

[985] *Ecce Homo*, Schlechta II, S. 1106

[986] *Der Fall Wagner*, Schlechta II, S. 907 – Der Fairness halber sei gesagt, dass es bei dem unter dem Diktat des Augenblicks schreibenden, Widersprüche nicht scheuenden Nietzsche auch positive Bestimmungen der Liebe gibt. So spricht er in der *Morgenröte* von der „vollen Seligkeit der Liebe, welche im unbedingten Vertrauen liegt" (Schlechta II, S. 1164; Aph. 216). Aber auch hier bringt sich der böse Blick sogleich wieder zur Geltung, indem nach Nietzsches Einschätzung diese Erfahrung niemals „anderen Personen zuteil geworden [ist], als tief mißtrauischen, bösen, galligen" (ebd.), die darin den Kontrast zur eigenen Natur erlebt hätten. Es ist allerdings fraglich, ob derartige Personen zu solchen Empfindungen überhaupt fähig sind. Es zeigt sich erneut Nietzsches Schwäche in dem, was er für seine größte Stärke hielt, die Schwäche in der Menschenkenntnis.

[987] Nietzsches Vereinnahmung durch den Nationalsozialismus hat nurmehr historisches Interesse und ist im vorliegenden Kontext ohne Belang.

zentrale Begriff des *Absurden*, unter anderem bei *Albert Camus* (1913-1960), ist stärker an Nietzsche als an Kierkegaard orientiert. Und *Theodor Adornos* (1903-1969) Sentenzen, es gebe *kein richtiges Leben im falschen* und *das Ganze sei das Unwahre*, lassen den Einfluss Nietzsches auch auf die kritische Theorie durchscheinen[988].

---

[988] Die erste Wendung entstammt den *Minima Moralia – Reflexionen aus dem beschädigten Leben* von 1951, die zweite der *Negativen Dialektik* (1966). – Es ist im übrigen bemerkenswert, mit welcher Nonchalance und Unreflektiertheit diese von Adorno fundamentalphilosophisch, sozusagen metaphysisch gemeinten Formulierungen im gesellschaftlichen Diskurs verwendet werden. Beispielsweise führte am 9.2.2025 im Deutschlandfunk die Redakteurin Karin Fischer ein Gespräch mit dem Soziologen F. Sutterlüty über dessen eine Reihe von gegen den Strom schwimmenden Personen porträtierenden Buch *Widerstehen*. In der Programmvorschau schreibt Fischer: „Leben im Kapitalismus. Von Menschen, die mutig Missstände überwinden: Eine Putzfrau begehrt auf. Ein Lehrer lehnt das Leistungsprinzip ab. Ein Künstler lebt fast ohne Geld. Menschen wie sie stellt F. Sutterlüty in seinem Buch *Widerstehen* vor. Er sagt; <Man kann versuchen, im Falschen das Richtige zu tun>", und in ihrer Anmoderation zitiert Fischer den Satz und seinen Entstehungskontext. Hier bedarf es aber eines Hinweises. Der Autor Sutterlüty korrigiert zwar das resignative Moment in Adornos Sentenz, der zufolge vernünftige Praxis verstellt sei, aber er akzeptiert die Diagnose eines Lebens im Falschen und verfehlt dabei Adornos Intention: Lebten wir im *essentiell* Falschen, so wäre alles Handeln davon infiziert und es gäbe keine Möglichkeit des Richtigen. So meint Adorno es auch – und dem ist zu widersprechen. Die Tatsache, dass vernünftiges, veränderndes, sinnvolles Tun *möglich* ist – und die Menschen realisieren dieses jeden Tag in vielfältiger Weise – belegt, dass wir *nicht* in der Falschheit leben, selbst wenn uns mancher Unsinn umgibt. Eine Sichtweise, wie der Autor sie vertritt und die Redakteurin sie unkritisch nachvollzieht, ist kontraproduktiv und entzweit den Menschen mit der Wirklichkeit. Um Vernunft und sinnvolles Handeln zu finden, braucht man auch nicht Extrembeispiele heranzuziehen, wie den utopisch von einer Welt ohne Leistungsprinzip träumenden Lehrer – sein Verhalten ist ein Vergehen gegenüber den Kindern – und den von Luft und Liebe lebenden Künstler. Ein Medizinstudium z. B. bewältigt man nicht mit einem gebrochenen Verhältnis zum Leistungsprinzip, und auch, wer von Luft und Liebe lebt, sucht bei Krankheit den Arzt auf und macht den Termin mittels des Handys, d. h. dem Resultat eines komplexen, bereits einige Jahrhunderte virulenten Prozesses zunehmender technischer Naturbeherrschung.

Der Einsatz der Putzfrau zum Wohl ihrer Kollegen liegt auf einer ganz anderen Ebene, zeugt von Mut und ist in der Tat vorbildlich. Vielleicht nicht so mutige, unspektakuläre, aber doch sinnvolle und vernünftige Handlungsweisen gibt es zahllose: die Mutter, die sich für ihre Kinder aufopfert, der Lehrer, der mit begriffsstutzigen Schülern Geduld aufbringt und sich um Gerechtigkeit der Benotung bemüht, der Postbote, der die ihm anvertrauten Sendungen ordentlich zustellt, anstatt seine Posttasche in den Rhein zu entleeren, der Unternehmer, der während einer betrieblichen Flaute sich dennoch um den Erhalt der Arbeitsplätze bemüht, der Handwerker, der uns eine Reparatur pünktlich, sorgfältig und preiswert erledigt usw. Die pauschale Verurteilung der Wirklichkeit als mit nur wenigen Ausnahmen falsch und verkehrt, ist gefährlich: Sie fördert Entzweiung und Entfremdung der Menschen von der staatlich geordneten Lebenswelt und leistet dem subjektivistischen Wahn von Querdenkern und Verschwörungstheoretikern Vorschub bzw. mündet in die immer wieder zu beobachtende

Beide genannten Schulen wurden zum Katalysator für eine dritte, von Frankreich ausgehende, inzwischen auch bereits ein halbes Jahrhundert dauernde Orientierung, in der die Rolle Nietzsches sich nochmals verstärkte und deren Denker sich zum großen Teil ausdrücklich auf ihn beziehen. Sie ist bekannt geworden unter der Selbstbezeichnung *Postmoderne*. Die an früherer Stelle auf das Denken Nietzsches bezogene und als Titel über das gegenwärtige Kapitel gesetzte Formel einer *verwilderten Romantik* wird im Verlauf der Ausführungen ihre Rechtfertigung finden.

Auf die postmoderne Schule gehe ich abschließend etwas ausführlicher ein, weil ihre noch virulente Präsenz sich in dramatischer Form in dem von ihr propagierten, Nietzsche folgenden *hypertrophen Individualismus*[989] und der dadurch bewirkten Erosion sozialer Strukturen manifestiert. Getragen wurde diese Bewegung vor allem von nach dem Scheitern des Mai '68 in ihren revolutionären Hoffnungen enttäuschte linksradikalen Intellektuellen. Die Bezeichnung *postmodern* bedeutet sowohl den Verlust des Glaubens an die Realisierbarkeit des sozialistischen Projekts wie auch die Verwerfung der aufklärerischen Idee des selbstbewussten und mündigen Subjekts, des Humanismus als Glauben an die Protagonisten-Rolle des Menschen in der und für die Welt sowie schließlich jedes gesellschaftspolitischen und reformerischen Optimismus. Die Schule setzt die durch Marx und Nietzsche repräsentierte sozialkritische und anti-bürgerliche Tendenz fort, und es trifft auf sie in vollem Umfang der von Georg Lukács auf Nietzsche gemünzte Vorwurf der intendierten *Zerstörung der Vernunft* zu – beharrt doch einer ihrer Protagonisten sogar auf einem „Recht auf Sinnwidrigkeit"[990].

Gewalt solcher ort- und orientierungslos gewordenen Individuen gegen die die als Daseinsvoraussetzung unverzichtbare Ordnung schützenden Kräfte (Polizei, Feuerwehr etc.). Dahinter steht aber weniger die Theorie Adornos als die von Nietzsche inspirierte ‚postmoderne' These der Unterdrückung des Individuellen durch das Allgemeine. Resümee: Man sollte die Gesellschaftskritik nicht allzu plakativ betreiben – ein weiteres Beispiel für Vernunft!

[989] Ich übernehme den Ausdruck von B. Hillebrand, der ihn in einem Beitrag zur Nietzsche-Rezeption in der deutschen Literatur und Dichtung auf Nietzsche selbst bezieht (vgl. NHB, S. 458)

[990] So eine Formulierung von Gilles Deleuze; zit nach: J. Altwegg/ A. Schmidt: *Französische Denker der Gegenwart. Zwanzig Porträts*. München 1988, S. 14 – In den folgenden Ausführungen zum postmodernen Denken war es mir, bedingt durch äußere Umstände, leider nicht möglich, die Darstellung wie im Vorhergehenden durchgängig auf eine gründliche Durcharbeitung der Originaltexte aufzubauen. Stattdessen musste ich die Zitate überwiegend aus einigen wenigen, z. T. bereits älteren Sekundärtexten übernehmen. Ein Vergleich dieser Texte erlaubte eine Beurteilung der Qualität und Korrektheit der jeweiligen Ausführungen. Hätte ich stärker aus der Primärliteratur arbeiten können, wäre die Darstellung wahrscheinlich etwas unterschiedlich ausgefallen.

Begründer und Repräsentanten des Postmodernismus waren François Lyotard, Michel Foucault, Gilles Deleuze, Jean Baudrillard, Jacques Derrida; Georges Bataille gilt als Wegbereiter. Ihre Wirkung erzielten diese Denker als Autoren breit rezipierter Schriften sowie zum großen Teil als Professoren an französischen Universitäten.

Die Bedeutung Nietzsches für diese Denker ist oft gewürdigt worden. So zeigt eine ältere Einführung in die französische Gegenwartsphilosophie[991] auf der Titelseite eine Fotomontage, in der der Kopf des Postmodernen Gilles Deleuze dem geöffneten Schädel Nietzsches entsteigt, und in der Einleitung heißt es entsprechend: „Die Absetzung Hegels geht mit einer Inthronisierung Nietzsches einher, die zweifellos das aufschlußreichste Ereignis der französischen Philosophie seit 1945 ist"[992], und etwas später noch deutlicher: „Ohne Nietzsche wird kaum etwas verständlich"[993]. Auch das *Nietzsche-Handbuch* behandelt im wirkungsgeschichtlichen Teil Nietzsches erheblichen Einfluss auf diese Denker[994], von denen etwa Deleuze und Foucault eigene Abhandlungen über diesen deutschen Ikonoklasten veröffentlicht haben[995]. Foucault bemerkte über die Bedeutung Nietzsches für ihn: „Nietzsche war eine Offenbarung für mich. Ich hatte das Gefühl, da ist jemand, der ganz anders war, als man es mich gelehrt hatte"[996]. Im Folgenden sollen die wesentlichen der die Postmoderne mit Nietzsche verbindenden Motive entwickelt werden.

Bereits bei dem schillernden, geistig im Umkreis des französischen Surrealismus anzusiedelnden ‚Mystiker der Ausschweifung' *Georges Bataille* (1897-1962) findet sich eines der zentralen Denkmotive, die die Postmoderne mit Nietzsche verbinden, nämlich der im Nietzsche-Teil der vorliegenden Schrift ausführlich behandelte Kategorienfehler abstrakter, weil *unvermittelter Antithetik von Einzelnem und Allgemeinem*, Individuum und Gesellschaft sowie der unreflektierten Präferenz für das Individuelle, Partikuläre. Dies findet Ausdruck im Titel von Batailles 1946 erschienener Schrift *La part maudite* – ‚Der verfemte Teil', in der er seine – in Analogie zu der von Nietzsche für sich in

---

Da die Ausführungen ohnehin nur ergänzenden Charakter haben, mag das Verfahren gerechtfertigt sein. Ich bitte den Leser um Verständnis (Vf.)

[991] Vgl. Altwegg/Schmidt, a. O.

[992] Ebd., S. 14

[993] Ebd.

[994] Vgl. den Beitrag von H.-M. Gerlach über Nietzsches Wirkung auf die nachfolgende Philosophie, a. O., S. 489ff., speziell zu den Postmodernen: S. 496ff.

[995] Deleuze publizierte 1962 die umfangreiche Studie *Nietzsche und die Philosophie* und hielt auf dem Nietzsche-Kolloquium in Cerisy-la-Salle 1972 einen bedeutenden Vortrag, Foucault stellte seine Nietzsche-Rezeption im Vorwort von *Archäologie des Wissens* (1969) und im Aufsatz *Nietzsche, die Genealogie, die Historie* (1971) dar.

[996] Zit. Gerlach, a. O., S. 497

Anspruch genommenen ‚Heterodoxie'[997] – *Heterologie* genannte Theorie entwickelt. Sie artikuliert Batailles Interesse und Sympathie für das *Ausgeschlossene*, das, wie der Denker sich ausdrückt, vom *Homogenen* aus sich herausgesetzte, marginalisierte *Heterogene*.

Als Beispiel kann der Marxsche Begriff des *Proletariats* dienen. Dieses stellt in seinem Gegensatz zum Kapital ein Homogenes, d. h. eine historisch identifizierbare und relevante Entität dar, die aber gerade in dieser Homogenität den am meisten verelendeten, marxistisch als *Lumpenproletariat* bezeichneten, nicht in den Arbeitsprozess integrierten Teil als *heterogen*, als nicht theoretisierbar, eben als *part maudite* ausschließt.

Bataille glaubt, mit dem Kategorienpaar des Homogenen und Heterogenen die wesentlichen Züge der Wirklichkeit einfangen zu können und nimmt, grundsätzlich gesellschaftskritisch orientiert, Partei für das Heterogene, den *verfemten* Teil. Das Phänomen der Erziehung etwa interpretiert er als die zwangsweise Integration des Heterogenen, des Individuellen, sprich: des Kindes, in das Homogene und Allgemeine, d. h. die Gesellschaft der Erwachsenen und ihr als repressiv verleumdetes Normensystem. Bei solch abstruser Vorstellung – einer Freiheit ohne Erziehung bzw. Erziehung gegen die Ordnung – reiben sich der alte *Jean-Jacques* und sein ihn hassender, aber ebenso anarchischer Urenkel Nietzsche vergnügt die Hände! Batailles *Heterologie* weist voraus auf die spätere, aktuell so forcierte Kategorie der *Diversität*; davon wird noch die Rede sein.

Die von Bataille vorgegebene Richtung der Ablehnung des Sichtbarkeit und Geltung beanspruchenden Dominanten, Großen, Etablierten zugunsten des Kleinen, Marginalisierten, in die Bedeutungslosigkeit Gedrängten und der Parteinahme für dieses setzen die Vertreter der Schule mit unterschiedlicher Akzentuierung fort.

So *François Lyotard* (1924-1998), dessen Abhandlung *Das postmoderne Wissen* (1979) der Schule ihren Namen gibt. Lyotard prägt auch den Begriff der *großen Erzählungen*, von ihm auch als *Meta-Erzählungen* bezeichnet, für solche Theorien und Weltanschauungen, die die Wirklichkeit aus einem einzigen Prinzip erklären, wie Gott in der Religion, wie das auf kontinuierlichen Abbau von Aberglauben und auf Fortschritt der Vernunft setzende Geschichtsmodell der *Aufklärung*, wie Hegels These der Wirklichkeit als Prozesses der Entfaltung und Selbstverwirklichung des Geistes (bzw. der *absoluten Idee*) sowie seine schon angesprochene Auffassung der Geschichte als *Fortschritt im Bewusstsein der Freiheit*. Aber auch Marx' Klassenkampf-Modell der Geschichte mit ihrem

---

[997] Vgl. oben, Kap. X 2.2 passim

Ziel der schließlichen Aufhebung jeglicher menschlicher Selbstentfremdung im alle sozialen Widersprüche überwindenden Kommunismus verfällt der Kritik. Analog zu Bataille wirft Lyotard den Meta-Erzählungen vor, dass sie das Heterogene ausscheiden und „das Einzelne unter eine allgemeine Betrachtungsweise [zwingen], die gewaltsam dessen Besonderheiten einebnet"[998].

Allein die Bezeichnung philosophischer und weltanschaulicher Theorien, die natürlich durchaus Momente des Richtigen wie des Falschen in sich bergen können, als Erzählungen, d. h. als *Erfindungen*, diskreditiert diese in ihrem Wahrheitsanspruch. Da aber Erkenntnis zwangsläufig die Form der Subsumption des Einzelnen unter das Allgemeine hat (allein durch die Struktur der Sprache bedingt, da ja jedes Wort, als *Allgemeines*, die Fülle der mit ihm bezeichneten Einzeldinge repräsentiert), wird der Begriff der Wahrheit selbst obsolet – wie schon bei Nietzsche, der, wie zitiert, die Wahrheiten als Illusionen bezeichnete, von denen man vergessen hat, dass es welche sind[999].

In der Tat entblödet Lyotard sich nicht, vom „<weißen Terror der Wahrheit>"[1000] zu sprechen – *weiß*, insofern die Wahrheit sich im Gegensatz zum ‚roten' Terror der Kommunisten nicht als Waffengewalt und durch Gefängnisse manifestiert – und deutet sie (vulgär)marxistisch als „<Waffe im Dienst der Paranoia und Macht>"[1001]. Ich habe in meiner Darstellung auf verschiedene Widersprüche in Nietzsches Begrifflichkeit, u. a. auch in seinem Begriff der Wahrheit, hingewiesen, und im gleichen Sinne hat *Jürgen Habermas* dies Verhältnis der Postmodernen zur Wahrheit als *selbstreferentiell* bezeichnet, in dem Sinn, dass die Bestreitung der Idee, des Sinnes, der Möglichkeit (u. dgl.) von Wahrheit doch notwendig selbst wahr zu sein beansprucht und damit sich selbst widerspricht. Dieser Kritik schließt sich auch *Maurizio Ferraris* an, Begründer einer sich selbst als *Neuer Realismus* bezeichnenden philosophischen Bewegung, der mit Bezug auf die Wahrheitsleugnung der Postmodernen formuliert: „Aus Liebe zur Wahrheit und Wirklichkeit verzichtet man auf Wahrheit und Wirklichkeit"[1002].

---

[998] Zit. Wikipedia: Art. *Postmoderne*, Stand 02/2025 – In diesem Sinne bestimmt Lyotard den Begriff *Postmoderne* „in äußerster Vereinfachung" als die Haltung, die „den <Meta-Erzählungen> keinen Glauben mehr schenkt" (*Das postmoderne Wissen*; zit. Wikipedia, a.O.), dabei in falscher Verallgemeinerung nicht berücksichtigend, dass die Unwahrheit dieser oder jener Meta-Erzählung nicht die Wahrheit einer anderen ausschließt.
[999] Vgl. oben, Kap. X 2.5.
[1000] Altwegg/Schmidt, a. O., S. 146
[1001] Ebd.
[1002] *Manifest des neuen Realismus* (Frankfurt/M. 2014), S. 75.

Den bei Nietzsche mehrdeutigen Begriff des *Nihilismus* vereindeutigend, bekennt sich Lyotard zu einem „<aktiven Nihilismus>"[1003], der an die Stelle der ‚großen Erzählungen' die „kleinen, <heidnischen> Erzählungen" setzt, „die Ausfälle, Abweichungen, Paradoxien. Auch den kleinen Unsinn und die große List"[1004].

Wie Bataille nimmt also auch Lyotard Partei für das vermeintlich ausgeschlossene, unterdrückte Einzelne, räsoniert in einem Aufsatz *Über die Stärke der Schwachen* und bekennt sich mit der paradoxen Aussage „<Das Einzelne, Relative kann stärker sein als das Absolute>"[1005] zum Prinzip der Subversion. Den Widerspruch in der Aussage bemerkend, korrigiert er: „<als das, was Anspruch auf Absolutheit erhebt>"[1006]. Die vermeintliche Richtigstellung verhilft dennoch der Aussage nicht zu Sinn: Eines, das Anspruch auf Absolutheit erhebt, ohne absolut zu sein, ist *eo ipso* ein Relatives und als solches, je nach Perspektive und Kontext, ein Starkes oder Schwaches. Dass aber ein relativ Schwaches ein relativ Starkes *besiegt*, ist nicht nur paradox, sondern geradezu Unsinn, denn in einem Kampf sind Sieg oder Niederlage gerade das Kriterium für Stärke oder Schwäche; ‚der Stärkere sein' und ‚Sieger sein' sind Synonyme.

Jeder der sogenannten Postmodernen rezipiert Nietzsche auf seine Weise, allen gemeinsam ist die Ablehnung der Geschichte als eines Fortschrittsprozesses in Richtung auf Entfaltung eines Gutes. Im Sinne einer solchen, vor kurzer Zeit noch den *consensus omnium* bildenden Überzeugung, dass aus der Geschichte mit ihren Kämpfen um Freiheit, Humanität und wissenschaftlichen Fortschritt etwas Positives entstanden sei, äußerte etwa noch *Karl Popper*: „Wir leben in einer wunderschönen Welt, und wir haben hier in der westlichen Welt das beste System geschaffen, das es bisher gegeben hat"[1007] – eine Feststellung, der trotz der inzwischen als Folgen der Technokratie sichtbar gewordenen Umweltgefährdung bei Betrachtung aller Umstände schwer zu widersprechen ist und die man, als saturierter, nutznießender Westler, nicht leichtfertig verwerfen sollte.

Aber bereits für Nietzsche war, wie deutlich geworden sein dürfte, die auf das klassische Griechentum folgende, mit der sokratischen Wendung zur Theorie beginnende und durchs Christentum geprägte Geschichte mit ihrer Humanitätsidee und dem Wissenschaftsglauben negativ konnotiert. Er sah durch sie seine Vision vom *Menschen als Wesen elementarer Vitalität* – im Grunde das

---

[1003] Ebd.
[1004] Ebd., S. 142
[1005] Ebd., S. 47
[1006] Ebd.
[1007] K. P.: *Alles Leben ist Problemlösen*. Darmstadt o. J. (1994), S. 274.

Zentrum seiner Philosophie – kompromittiert und hielt, in grober Verallgemeinerung, seine Zeitgenossen für nichts als *décadents*, d. h. für schwächliche, depravierte Resultate gesellschaftlicher Vermassung[1008].

Diese Motive Nietzsches nimmt *Jean Baudrillard* (1929-2007) modifizierend auf. Von dem ihm einst selbst teuren Sozialismus, der sich ja als Erbe und Vollendung der europäischen Humanitäts- und Fortschrittsidee sieht, äußert er abschätzig: „Der Sozialismus mag die Zeichen und Simulakren nicht, er mag nur die Werte []"[1009]. Der schwammig formulierte Vorwurf an ‚den' Sozialismus, er möge nur ‚die' Werte, d. h. den Menschen verpflichtende, ihn *in Anspruch nehmende* Prinzipien, steht in Analogie zu Nietzsches Verwerfung der Moral, das Plädoyer für *Simulakren*, d. h. für Erfüllung versprechende Phantasiebilder, verweist auf dessen Ideal dionysischer Enthemmung. Mit Nietzsche verbindet Baudrillard auch die anti-humane Reduktion der *Vielen, die wir alle sind*, auf die *Masse* mit ihrer „<radikalen Indifferenz>"[1010], die nach nichts anderem verlange als nach Spiel, Spektakel und Konsum[1011] – dies die typische Arroganz von Intellektuellen! Wörtlich Nietzsche entnommen sein könnte Baudrillards Forderung, man müsse „die moralischen Energien zerstören und die unmoralischen Energien befreien"[1012]. Das bedeutet nichts anderes, als die Wirklichkeit dem Chaos der Affekte auszuliefern, wie ja auch Nietzsches Imperativ an seine Jünger, sich noch inneres Chaos zu bewahren[1013], im Grunde nichts anderes bedeutete. In welch abstoßender Form manche ‚Postmoderne' dies abstruse Postulat zu realisieren suchen, werde ich weiter unten darstellen.

Schließlich teilt Baudrillard mit Nietzsche auch die Schreckensvision einer zukünftigen *Universalität des Menschen*, wie Nietzsche sie in seiner im vorhergehenden Kapitel angesprochenen Parabel vom *letzten Menschen* entworfen hatte und zu der die Parabel vom *Tod Gottes* das Kompliment darstellt[1014].

Bei Baudrillard klingt dies, einigermaßen kryptisch, so: „<Jeder ‚objektive' Fortschritt der Zivilisation hin zum Universellen entsprach einer immer stärkeren Diskriminierung, bis zu dem Punkt, daß man eine Zeit der endgültigen Universalität des Menschen vorhersehen kann, welche mit der Exkommu-

---

[1008] Vgl. die diesbezüglich zitierten Aussagen Nietzsches oben, Kap. X, 1.2 passim.

[1009] Altwegg/Schmidt, a. O., S. 48

[1010] Ebd., S. 50 – Zu Nietzsches Masse-Bashing vgl. die oben, Kap. X 1.2 passim zitierte Rede von der „blinden und egoistischen Masse".

[1011] Vgl. ebd.

[1012] Ebd., S. 55

[1013] Vgl. KSA 10, S. 135; Frg. 4[76] – Vgl. auch oben, Kap. X 2.1 (Schluss).

[1014] Vgl. zu letzterer die entsprechende Fußnote in Kap. XI 2.

nikation aller Menschen zusammenfallen wird – in der Leere erstrahlt dann nichts als die Reinheit des Begriffs>"[1015].

Das bedeutet: In der homogenen, materiell gesicherten, rechtlich durchstrukturierten und weltanschaulich aufgeklärten Zivilisation der Zukunft wird kein Raum mehr sein für Simulakren, für Zukunftsbilder und Transzendenz. Es wird nichts Wesentliches mehr zu tun geben, der Mensch vergisst sich selbst als das Wesen, in dessen Dasein es um etwas geht, in dem etwas in der Entscheidung steht. Dasein wird nicht mehr bedeuten als die Organisation des Lebens auf sein biologisch vorgegebenes Ende hin. Der Mensch bleibt im Gegebenen. Konkret: das, was wir, mit Nietzsche zu sprechen, an Chaos in uns haben, wird sich ausleben in allerlei Reisen zu aus dem Fernsehen bereits sattsam bekannten Zielen, in denen wir dann auf die gleichen Pizzerien, Döner-Buden, Hamburger-Imbisse und Discountläden wie ‚zu Hause' treffen – sodass wir dann überall (und nirgends) ‚zu Hause' sind. Das Geistige des Menschen aber wird verdampfen in seiner Absorption durch die Kulturindustrie, d. h. durch die in Endlosschleife unser Leben begleitenden Sportwettkämpfe, Musik-Contests, TV-Familien-Schnulzen usw., in denen es, objektiv und essenziell betrachtet, um gar nichts geht.

Nun, das bleibt abzuwarten. Vorläufig scheint die Wirklichkeit noch mit Konfliktpotential von durchaus historischem Zuschnitt gesättigt, ja, die Menschheit steht erstmals in einem globalen Überlebenskampf.

Eine besondere Affinität zu Nietzsche bei gleichzeitig außerordentlicher philosophischer Produktivität legt, wie eingangs durch dessen eigene Bemerkungen angezeigt, *Michel Foucault* (1926-1984) an den Tag. Der italienische Philosophiehistoriker G. Fornero hat, die Perspektive erweiternd, als „Koordinaten von Foucaults Denken [] die Phänomenologie [Husserls], ferner die sogenannte *Schule des Verdachts* (die vom Dreieck Marx – Nietzsche – Freud gebildet wird)"[1016], ausgemacht.

In der Tat stellten ja auch Marx und Freud die Wirklichkeit unter den explizit von Nietzsche formulierten Generalverdacht, dass sie nicht das sei, wofür sie sich ausgibt. So diagnostizierte *Marx* hinter der scheinbaren Ordnung der bürgerlichen Gesellschaft die willkürlich und kontingent sich auswirkenden Kräfte der durch Konkurrenzdruck und Besitzgier getriebenen Kapitalakkumulation, die sich sozial als Ausbeutung und Pauperisierung der wirt-

---

[1015] Altwegg/Schmidt, a. O., S. 49
[1016] Fornero, G./Restaino, F.: *La filosofia contemporanea* (Bd. 7 von N. Abbagnano: *Storia della filosofia*), Milano 2000, S. 382 (vgl. auch vom Vf.: *Die Verweigerung der Vernunft*, Norderstedt 2006, S. 220).

schaftlich auf die nackte Existenz reduzierten Arbeitermassen manifestierte (und nach Meinung einiger sich bis heute manifestiert).

Freud stellte die Wirklichkeit nicht aus der ökonomischen, sondern aus der tiefenpsychologischen Perspektive unter den bereits an früherer Stelle explizierten Verdacht, dass das *Ich*, die sich autonom dünkende Person, gar nicht ‚Herr im eigenen Hause‘ ist, also nicht selbstbestimmt handelt, sondern unter Kuratel des *Es*, also der Triebschicht, steht – eine These, die man als (Freud vielleicht gar nicht bewusste) Variation von Nietzsches Auffassung interpretieren kann, der zufolge in den hochgeschätzten und als menschliches Proprium bewerteten Haltungen, zum Beispiel dem Mitleid mit Schwächeren, im Grunde der von Nietzsche *Wille zur Macht* genannte Herrschaftsinstinkt am Werke ist – davon war ausgiebig die Rede[1017].

Während aber Marx und Freud die Therapie der sozialen Pathologie in der Tradition der europäischen Aufklärung und des Fortschrittsgedankens ansetzten – der eine durch Überwindung von Besitzgier und Ausbeutung im kommunistischen Endzustand allgemeiner Besitzlosigkeit, der andere durch Zügelung des Es durch die rationale Kraft des Ich – *Wo Es war, soll Ich werden*, war Freuds Formel dafür –, geht Nietzsche den umgekehrten Weg und proklamiert, vereinfachend gesagt, die Beseitigung des rationalen Prinzips und die Entfesselung und Freisetzung der Triebschicht, der Affekte. Damit wird er zur eigentlichen Referenz für die Postmodernen und *eo ipso* für Foucault.

Vor allem übernimmt Foucault von Nietzsche das philosophische Programm der die Herkunft der wertgeschätzten Dinge erforschenden *Genealogie* und schließt mit seinem programmatischen Aufsatz *Nietzsche, die Genealogie, die Historie* (1971) ausdrücklich an den deutschen Denker an. Und er verwendet den Terminus *Genealogie*, ganz wie Nietzsche, nicht in dem neutralen Sinn, in dem jemand etwa die Genealogie seiner Familie zusammenstellt, sondern mit dem Vorurteil, dem Verdacht, mit diesem Rückgang in den Ursprung gesellschaftliche Pathologien zu diagnostizieren. In diesem Sinne sieht Foucault die „<Genealogie als Gegenspieler der Historie>"[1018]. Während die Historie, etwa in Form der behandelten geschichtsphilosophischen Entwürfe, bei allem Grauenhaften, das dem Geschichtslauf innewohnt, darin doch den roten Faden der Vernunft, die Teleologie des Fortschritts zum Besseren findet, hält sich die Genealogie auf bei den „<Einzelheiten und Zufällen der Anfänge>"[1019]. Dort findet sie nicht „<vorgreifende Macht eines Sinnes, sondern Hasardspiel

---

[1017] Vgl. oben, Kap. II 1 passim
[1018] Zit. Gerlach, a. O., S. 497
[1019] Ebd.

der Überwältigung>"[1020], wie auch Nietzsche in der Genealogie der Moral das Geistige des Menschen aus dem kontingenten Akt der Repression der Animalität hervorgehen ließ. Foucaults Kerngedanke lautet: „<Die Genealogie geht nicht in die Vergangenheit zurück, um eine große Kontinuität jenseits der Zerstreuung und des Vergessens zu errichten []. Es gilt zu entdecken, dass an der Wurzel dessen, was wir erkennen und was wir sind, nicht die Wahrheit und das Sein steht, sondern die Äußerlichkeit des Zufälligen>".

Ich schenke mir den schon mehrfach gebrachten Einwand, wie denn Erkenntnis und Wahrheit möglich sein sollen, wenn im Ursprung nur Äußerlichkeit und Kontingenz herrschen. Wann und wie hat sich denn das Kontingente zu diesem *Ich* genannten Zentrum zusammengeschlossen, das fähig ist, nach Wahrheit und Sein, Sinn und Unsinn zu sichten? Selbst wenn wir Nietzsches Einsatzstelle akzeptieren, bleibt die metaphysische Frage nach der Bedingung der Möglichkeit solchen Sich-Ereignens.

Im Sinne der Kontingenz-Hypothese entfaltet Foucault die verschiedenen thematischen Schwerpunkte seiner Philosophie. In Analogie zu Nietzsches Entlarvungsthese zielt seine *Archäologie des Wissens* nicht in der Tradition der Geistesgeschichte darauf ab, "<die Geschichte der Ideen in ihrer Evolution zu studieren, sondern vielmehr unterhalb der Ideen zu beobachten, wie diese oder jene Objekte als mögliche Objekte der Erkenntnis in Erscheinung treten konnten>"[1021]. Wie für Nietzsche die Sprache nicht Organ der Wahrheit, sondern gesellschaftlich erzwungene Selbstentfremdung ist, wird für Foucault unser Sprechen zum subjektfreien Diskurs, es wird "<le déjà dit>, das Schon-Gesagte"[1022], das wir sprechend unbewusst reproduzieren. Wer, in genealogischer Perspektive, der Wirklichkeit „sein Ohr leiht, [bekommt zu hören] einen tauben Lärm von unterhalb der Geschichte, das obstinate Gemurmel einer Sprache, die *von allein* spricht, ohne sprechendes Subjekt []"[1023].

Als Konsequenz dieses Ansatzes der Entsubjektivierung ergibt sich für Foucault, wenig überraschend, das praktische Postulat "<der Befreiung des Individuums von den unendlichen Aufgaben und Folgen seiner Zurechnungsfähigkeit>"[1024] - die Analogie zu Nietzsches Programm der Befreiung des Menschen von der Moral als internalisierter Gewalt ist nicht zu übersehen.

Aber Foucault gibt nicht nur den Begriff des zurechnungsfähigen, für sein Handeln verantwortlich zu machenden Subjekts preis, er stellt den Begriff des

---

[1020] Ebd., S. 498
[1021] Altwegg/Schmidt, a. O., S. 80
[1022] Ebd., S. 79
[1023] *Wahnsinn und Gesellschaft*, Frankfurt/M. 1969, S. 12
[1024] Ebd., S. 539

Menschen selbst zur Disposition. Zunächst sieht er „„alle menschliche Erkenntnis, alle menschliche Existenz und vielleicht das ganze biologische Erbe
des Menschen in Strukturen eingebettet"[1025]. Aus dieser Annahme leitet er die
Folgerung ab, dass „<der Mensch sozusagen auf[hört], das Subjekt seiner
selbst zu sein>[1026]" und dass „<man entdeckt, daß das, was den Menschen
möglich macht, ein Ensemble von Strukturen ist, die er zwar denken und beschreiben kann, deren Subjekt, deren souveränes Bewusstsein er jedoch nicht
ist>"[1027].

Auf dieses Argument ließe sich erwidern, dass Foucault hier entgeht, was
man die *Dialektik der Grenze* nennen könnte[1028]. Insofern der Mensch Einsicht
in das gewinnt, was an ihm objektiv, Struktur ist, transzendiert er diese zugleich, d. h. konstituiert sich als Subjekt. Damit soll nicht gesagt sein, dass der
Mensch reine Subjektivität und nichts an ihm objektivierbar ist – das wäre ja
wahnhaft –, aber sehr wohl, dass der Mensch selbst Subjekt solcher Objektivierung ist, was ihm nicht möglich wäre, wäre er bloße Resultante der Strukturen.
Anders gesagt: wäre dem so, bedeutete dies ja, dass die Struktur sich selbst
erkennt. Da wäre allerdings kein Raum für Emanzipation, um die es den Postmodernen doch zu tun ist – schließlich kann die Struktur sich nicht von sich
selbst befreien!

Aus solcher Reduktion des Menschen auf ein Ensemble von Strukturen leitet Foucault die zunächst kryptisch erscheinende Prognose ab, „<daß der
Mensch verschwindet wie am Meeresufer ein Gesicht im Sand>"[1029]. Damit ist
nicht etwa das Verschwinden des Menschen von der Erdoberfläche, sei es
durch Naturkatastrophen oder kriegerische Selbstvernichtung, gemeint sondern das Aufhören des Menschen als identifizierbares, d. h. als sich selbst iden-
tifizierendes Wesen; aristotelisch gesprochen: als mit bestimmten Merkmalen
wie etwa der Geistigkeit ausgestattete, sich eindeutig von anderen Entitäten
unterscheidende Substanz. Als bloßes Resultat ihn produzierender Strukturen
– denken wir etwa an die Evolutionstheorie – wird der Mensch auch wieder
aussterben oder, subtiler, sich nicht mehr kennen – wie es zur Natur des Tieres
gehört, dass es von sich nichts weiß, sondern einfach, bewusstlos da ist – *sensu*

[1025] Altwegg/Schmidt, a. O., S. 86

[1026] Ebd.

[1027] Ebd.

[1028] Ich habe die *Dialektik der Grenze* im Anschluss an Hegel thematisiert in der frühen
Schrift *Hegels immanente Kritik an Kierkegaard im Blick auf Hegels Dialektik der Endlichkeit*
(1970, unveröffentlicht).

[1029] Ebd.

recto, nicht, wie der Mensch bisher, *sensu obliquo* – wohin ja auch Nietzsche den Menschen wieder führen will.

Die radikale Konsequenz aus dieser Auffassung hat der italienische Postmoderne *Giorgio Agamben* (geb. 1942) in seiner Abhandlung *Das Offene. Der Mensch und das Tier*[1030] gezogen. Dort versucht er die *Dekonstruktion* des Menschen mittels der abstrus erscheinenden These, dass „*Homo sapiens* [...] weder eine Substanz noch eine klar definierte Gattung [ist]"[1031], sondern eine „anthropogene oder [] anthropologische Maschine, als eine optische Maschine, [die] aus einer Reihe von Spiegeln [besteht], in welcher der Mensch sein eigenes Bild betrachtet, das immer schon zu Affenfratzen verzerrt ist"[1032]; er ist „dasjenige Tier [], das nur ist, wenn es erkennt, dass es nicht ist"[1033] – welch paradoxer Anti-Descartes!

Mit anderen Worten: der Mensch ist dasjenige Tier, das sich als Nicht-Tier definiert. Wirklich frei, wirklich Mensch wird er nach dieser Auffassung erst dann sein, wenn er diese Abgrenzung gegen das Tier aufgibt und einkehrt in ein deutungsloses Leben, in die Einfalt des Seins, wie Heidegger oder die opferlose Nicht-Identität, wie Adorno sagen würde.

In jeder dieser Formulierungen aber (wie natürlich auch in Nietzsches Begriff des Dionysischen) schwingt mit die romantisch-naturalistisch-rousseauistische Sehnsucht nach unmittelbarer Einheit mit dem Ganzen, nach dem verlorenen Paradies, das die Tiere nie verlassen haben, in das aber für den Menschen kein Weg zurückführt, aus dessen versuchter Verwirklichung jedoch, wie historische Erfahrung zeigt, die Hölle der Inhumanität resultiert.

Das Denken Agambens soll uns im vorliegenden Kontext nicht weiter interessieren. Der soeben benutzte Begriff *Dekonstruktion* wurde von *Jacques Derrida* (1930-2000) geprägt; er bezeichnet, in Analogie zur genealogischen Methode Foucaults, die Praxis, die klassischen, der Wirklichkeit einen Gesamtsinn einlegenden Systeme ‚abzubauen', um das hinter deren vermeintlicher Reinheit verborgene Unreine freizulegen. Auch Derrida stimmt weithin mit Nietzsche überein, etwa darin, dass „die <große Haupttätigkeit> unbewußt und das Bewußtsein <der Effekt von Kräften> [ist], deren Wesen, deren Wege und Weisen nicht seine eigenen sind>"[1034]. Derrida übernimmt auch

---

[1030] Frankfurt/M. 2003 – Eine ausführliche Interpretation von Agambens Ansatz habe ich in meiner Schrift *Die Verweigerung der Vernunft. Untersuchungen zum Denken von Fr. Nietzsche, G. Agamben, B. Croce*, Norderstedt 2006 gegeben.
[1031] A. O., S. 37
[1032] Ebd.
[1033] Ebd., S. 38
[1034] Gerlach, a. O., S. 497

Nietzsches problematische Lehre von der ewigen Wiederkunft sowie die Unterscheidung „zwischen dem höheren Menschen und dem Übermenschen [als] <zwei Aufhebungen des Menschen>"[1035], ferner Nietzsches „Mahnung zum aktiven Vergessen des Seins"[1036], womit sich zugleich das „<finis hominis>"[1037] realisiert, das auch Foucault ins Auge fasste und woran Agamben anknüpft.

Was die Postmodernen geflissentlich oder auch aufgrund von Wahrnehmungsblockaden übersehen, ist die Tatsache, dass die von ihnen als bloße Narrative abgelehnten Geschichtsdeutungen wie die Aufklärung oder auch die von Hegel freigelegte Wirkung der Idee der Freiheit ja den tatsächlichen Verlauf der Geschichte sowohl begriffen wie gefördert haben und diese Prozesse als Voraussetzungen unserem Sein und Denken zugrunde liegen. Ohne die Aufklärung, ohne ihren Abbau der religiösen Ausmalung der Welt und ihren Hinweis auf die Autonomie des Verstandes sowie ohne den von Hegel ausgewiesenen Prozess der Freiheit, sprich der geschichtlich gewordenen Anerkennung des Subjekts, wäre freie Kritik nicht möglich; sie gedeiht nur auf der Basis bestimmter Gegebenheiten. Insofern versuchen die Postmodernen den Ast, auf dem sie – wie wir alle – sitzen, abzusägen – ein absurdes, hoffentlich zum Scheitern verurteiltes Unterfangen.

Zu Foucault sind zwei Dinge nachzutragen. Zum einen, dass er sich in der Spätzeit von seinem genealogischen Ansatz à la Nietzsche distanziert und die anti-humanistische, nihilistische Verwerfung des Subjekts als seiner selbst nicht mächtigen, keiner Zurechnung fähigen Wesens revoziert[1038]. Zum anderen ein Hinweis auf eine scheinbar nebensächliche, weil private Initiative. Im Jahr 1977 unterzeichnet Foucault zusammen mit zahlreichen anderen Intellektuellen, darunter Sartre, Roland Barthes, Derrida, Deleuze, eine von dem pädophilen Schriftsteller Gabriel Matzneff initiierte Petition ans französische Parlament, in der eine Herabsetzung des Schutzalters für sexuelle Beziehungen mit Kindern, im Klartext: eine Entkriminalisierung der Pädophilie, gefordert wird – ein erstaunliches Verhalten für einen Intellektuellen, der ja die Reflexion der Wirklichkeit als sein Geschäft betrachtet und sich infolgedessen über die menschliche Natur keine Illusionen machen dürfte.

Aber der Vorgang ist symptomatisch für die gesamte Postmoderne. Destruiere ich den Menschen als geistiges Wesen, bleibt er in seiner bloßen Leiblichkeit übrig: Leib bin ich ganz und gar und nichts außerdem, hatte Nietzsche

---

[1035] Ebd.
[1036] Ebd.
[1037] Ebd.
[1038] Vgl. Altwegg/Schmidt, a. O., Kap. Die Rückkehr des Ichs.

behauptet ...[1039] – und Leiblichkeit ist in ihrer elementarsten und intensivsten Manifestation eben – wie uns Freud gelehrt hat – die Sexualität!

Der Sexualität kommt im Postmodernismus Bedeutung zu, insofern sie als anarchischer Impuls geltende Ordnungen zu sprengen und Sinnstrukturen zu zerstören vermag, wie es dem nihilistischen Grundgestus dieser Schule gefällt. Schon Batailles sog. *Heterologie* betrieb gegen die „Gefahr, Sinn zu erzeugen[!]"[1040], die Apologie der Überschreitung und Verausgabung und pries deren Manifestationen, „das Phantasma, die Blasphemie, die Travestie, die Obszönität, den Eros, die Orgie, die Ekstase [], den Tod"[1041]. Dazu kommt die schon angesprochene Apotheose der sozial Ausgegrenzten und Unangepassten, der Randgruppen und Minoritäten, logisch betrachtet: der strukturlosen Pluralität statt des sinnvoll Gegliederten.

Und bei Baudrillard klingt es ähnlich. Er plädiert dafür, die rationale Ordnung in Spielbeziehungen zu überführen und fordert wortspielerisch die Ersetzung der *production* durch die *séduction*[1042].

Dieser anarchisch-auflösenden Tendenz begegnen wir erneut in einem m. E. besonders abstrusen und destruktiven Kapitel postmodernen Denkens, dem kritisch an die psychoanalytischen Theorien *Freuds* und *Lacans* anknüpfenden, in der Schrift *Anti-Ödipus* (1972) entwickelten Ansatz von *Gilles Deleuze* (1925-1995) und dem Psychoanalytiker *Felix Guattari* (1930-1992). Deren sog. *Molekulare Revolution* reduziert den Menschen zur libidinös geprägten *Wunschmaschine*. Das von den Postmodernen, als durch das Scheitern des Marxismus enttäuschten, aber nicht zu Einsicht und Vernunft gelangten Linksradikalen, festgehaltene Ziel der *Emanzipation* von vermeintlicher gesellschaftlicher Repression bedeutet für Deleuze/Guattari, den angeblich in den Individuen und ihren Beziehungen präsenten Prozess von *Wunschströmen* von der ihm durch den Kapitalismus angetanen konsumistischen Deformation zu befreien und die menschliche Geschlechtlichkeit, jenseits der ‚repressiven Kanalisierung' auf das Binar männlich/weiblich bzw. Mann/Frau, wieder zum freien Strömen aller Lustpotentiale zu bringen.

Ich erläutere das Konzept anhand von Aussagen eines von Guattari gegebenen Interviews mit dem programmatischen Titel *Sexualisierung im Umbruch*[1043].

[1039] In der Vorrede zum *Zarathustra* – Vgl. auch oben, Kap. X 3.2.

[1040] Altwegg/Schmidt, a. O., S. 19

[1041] Ebd.

[1042] Vgl. Altwegg/Schmidt, a. O., S. 51ff.

[1043] Vgl. *Sexualisierung im Umbruch. Felix Guattari im Gespräch mit Christian Descamps*, in: K. Barck u. a. (Hg.): *Aisthesis. Wahrnehmung heute oder Perspektiven einer anderen Ästhetik.*

Guattari sieht „die Libido in die beiden Systeme des Klassen- und Geschlechtswiderspruchs eingesperrt"[1044] und „gezwungen, männlich, phallokratisch, binär zu sein"[1045]. Dagegen setzt er die Forderung, „daß man sich bemühen müßte, eine dritte, mehr *molekulare* Ebene freizulegen, auf der man nicht mehr in der gleichen Weise die Kategorien, Gruppierungen und <Spezialitäten> unterscheiden würde, sondern die scharfen Gegensätze zwischen den Gattungen aufgeben und stattdessen nach gleitenden Übergängen zwischen Homosexuellen, Transvestiten, Drogenabhängigen, Sado-Masochisten und Prostituierten, zwischen Frauen, Männern, Kindern, Jugendlichen, Psychotikern, Künstlern, Revolutionären, suchen würde, also zwischen sexuellen Minderheiten aller Art, wenn einmal klar ist, dass man in diesem Bereich überhaupt nur einer Minderheit angehören kann[1046].

Die hier vorgenommene Auflistung ist aus mehreren Gründen kennzeichnend für postmoderne Ideologie. Da ist, ganz im Sinne der angestrebten Alogizität, der Eklektizismus in der Auswahl der Beispiele, der Heterogenes willkürlich in Zusammenhang bringt, dann auch die Dominanz von durch spezifische sexuelle Dispositionen, Devianzen, geprägten Minoritäten, mit Vorlieben, die zum Teil als pathologisch (Sado-Masochisten), zum Teil als infantil-obsessiv (Transvestiten; sich verkleiden ist ja ein Spiel von Kindern und Narren) zu qualifizieren sind. Ein weiteres Moment ist die wahllose Kombination von Trägern heterogener sozialer Rollen, wie Künstler und Prostituierte, mit Trägern von Pathologien (Drogenabhängige, Psychotiker) und rein fiktiven, romantischen Rollen (‚Revolutionäre'). Einfach koordiniert, statt sie zu subordinieren, werden auch Rollenbegriffe unterschiedlichen Allgemeinheitsgrades: auch Drogenabhängige, Homosexuelle, ‚Revolutionäre' etc. sind *Frauen* oder *Männer*: Dies alles ist Zeichen für gewollte Auflösung logischer Kohärenz. Die reduktive Bestimmung des Menschen als ‚Wunschmaschine' bezieht dann natürlich auch *Kinder*, als Subjekte und Objekte von Lustverlangen, in den sexualisierten Kosmos ein – hier berührt sich die krause Theorie mit der erwähnten pro-pädophilen Petition.

Guattaris Rede von der notwendigen Überwindung der ‚scharfen Gegensätze zwischen den Gattungen', von ‚gleitenden Übergängen' zwischen den

---

Leipzig 1990, S. 157-164 (franz. Erstveröffentlichung 1975) – Das Interesse des Interviewers zielt vornehmlich auf die seinerzeit virulent werdende Kampagne zur Legalisierung der Homosexualität, insbesondere der männlichen, die uns trotz der errungenen Erfolge bis heute in der schrillen Theatralik der CSDs begleitet (und manch einem auf die Nerven geht!)

[1044] A. O., S. 158
[1045] Ebd.
[1046] Ebd. (Hervorh. Vf.)

willkürlich herausgepickten Kategorien, ferner dass ein jeder hinsichtlich der sexuellen Orientierung nur einer Minorität angehöre sowie die Rede von der Freilegung der ‚molekularen' Ebene müssen zusammengesehen werden mit der *Maschinenmetapher* der Körperlichkeit. Diesbezüglich formuliert der *Anti-Ödipus* mit abstruser Drastik: „Es funktioniert überall, bald rastlos, dann wieder mit Unterbrechungen. Es atmet, wärmt, ist. Es scheißt, es fickt. Das Es … Überall sind es Maschinen im wahrsten Sinne des Wortes [] Die Brust ist eine Maschine zur Herstellung von Milch, und mit ihr verkoppelt die Mundmaschine. Der Mund des Appetitlosen hält die Schwebe zwischen einer Eßmaschine, einer Analmaschine, einer Sprechmaschine, einer Atmungs-Maschine [] Präsident Schreber hat die Himmelsstrahlen im Arsch. *Himmelsarsch*"[1047]. – Man glaubt, die vulgären Phantasien pubertierender Knaben zu hören! Sie haben ein wenig Freud gelesen, und reduzieren die drei Instanzen seines Modells auf diejenige, die ihnen in den Gliedern zuckt – für die anderen beiden fehlt adoleszenzbedingt der Sensus!

Die verschiedenen Äußerungen zusammengenommen, läuft Deleuzes/Guattaris Ansatz darauf hinaus, die (sexuellen) Gattungsgrenzen insgesamt zu schleifen und, subjektivistisch und entsubjektivierend zugleich, einen jeden zum weder von Ich noch von Über-Ich zusammengehaltenen Brennpunkt seiner Wunschströme, seiner in beliebige Richtungen schweifenden, promiskuen Libido zu machen. Ein jeder ist in libidinöser Hinsicht singulär, paradox gesagt, eine Gattung für sich!

Insgesamt, das teilen die Autoren mit anderen Postmodernen, etwa Baudrillard, soll die Libido *verweiblicht* und vom ‚phallokratischen' Akt des die Frau nehmenden Mannes in Richtung der Aufhebung der Geschlechtsgrenzen und der Freisetzung und ‚Bespielung' aller erotischen Zonen und Möglichkeiten promulgiert werden.

Angesichts solcher Reduktion des Menschen auf seine libidinösen, körperlichen Lustgewinn suchenden Dispositionen fällt dann allerdings die Erinnerung an die naturgegebene Tatsache, dass das Weibliche auch das Gebärende und als solches das Mütterliche, das Heranwachsen schützend Begleitende ist, spontaner Verdrängung anheim und wird zur bloß gesellschaftlich oktroyierten Rolle umgelogen. Hier ist Realismus für Guattari „eine Katastrophe [].

[1047] Zit. Altwegg/Schmidt, a. O., S. 62 – ‚Präsident Schreber' spielt an auf die radikal lustfeindliche, anti-sinnliche Körper-Auffassung des deutschen Mediziners und Pädagogen *Moritz Schreber* (1808-1861), der in seiner ‚Heilanstalt für Verkrümmte' in Leipzig Schäden in der Körperhaltung durch Einzwängung des Kranken in verschiedene Apparaturen zu korrigieren suchte. Schreber wurde zum Symbol für seelische Grausamkeit durch rigide Unterdrückung körperlicher Bedürfnisse.

Sobald du <Frau> mit Mutter in Beziehung bringst, bist du schon [] bei der Kapitalisierung der Wunschenergie durch die Gesellschaft; da ist dann alles gelaufen"[1048]. Einen Vorläufer solcher Vorstellungen dürfen wir in *Simone de Beauvoirs* (1908-1986) abstruser Behauptung erkennen, als Frau werde man nicht geboren, sondern man werde dazu gemacht!

Wie Guattari kann eigentlich nur jemand sprechen, dem über seiner Beschäftigung mit psychoanalytischen Konstrukten die Erinnerung an die eigene Kindheit abhandengekommen ist. Dass Fortpflanzung ein Wert und im konkreten Falle ein langfristiges, von mannigfachen Verzichten begleitetes Projekt ist, kommt solchen Verfechtern eines Lebens im lustvollen Augenblick nicht in den Sinn.

Man könnte derartige Vorstellungen insgesamt als Hirngespinste überspannter Intellektueller abtun, zumal deren theoretische Grundlagen längst infrage gestellt wurden[1049], hätten sie sich nicht unter theoretisch unbedarften Menschen zur auch gegenwärtig noch anwachsenden Massenbewegung formiert.

Wir begegnen der Auflösung der begrifflichen Ordnungen und der Totalisierung des Libidinösen durch Freisetzung der Wunschenergien etwa in der Ideologie und Bewegung des *Genderismus* und der sexuellen *Diversität*, d. h. der prinzipiell unbegrenzten Vervielfältigung der geschlechtlichen Optionen. Sie erschleicht sich ihre Legitimität, indem sie sich parasitär an die Antidiskriminierungs-Bewegung der Homosexuellen anhängt. Die Bewegung der ‚Schwulen' und ‚Lesben', die für sich gewisse pathogene Dispositionen in Anspruch nehmen können, erweitert sich so um die die anarchische Freisetzung der Triebe propagierende Ideologie des *Diversen* und *Queeren*, die sich in absurder Weise ausdifferenziert. Die non-binäre Geschlechtsidentität mit ihrer „romantischen Ausrichtung und [ihren] sexuellen Orientierungen"[1050] umfasst inzwischen neben ‚transgender' abstruse Kategorien wie ‚genderfluid', ‚bigender', ‚pangender', ‚postgender' und sogar ‚neuter'[1051]. Und die Bewegung bringt sogar eigene Grammatiken der Personal- und Possessiv-Pronomen zur Bezeichnung der verschiedenen Identitätsvarianten hervor!

Als im Februar 2025 der neugewählte US-Präsident Trump per Dekret gegen das in staatlichen Institutionen, etwa dem Militär, überbordende, immer aggressiver auftretende Transgendertum vorgeht und die Zahl anzuerkennender Geschlechter auf die zwei realen zurückführt, bricht in der queeren

---

[1048] A. O., S. 159f.
[1049] Vgl. etwa die erwähnte Schrift Maurizio Ferraris'.
[1050] Wikipedia, Art. *Nicht binäre Geschlechtsidentität*, Stand 02/2025
[1051] Vgl. Wikipedia, a. O.

Community ein Sturm der Entrüstung los. Und auch an deutschen Universitäten gab es in den vergangenen Jahren von seiten der Fanatiker zum Teil gewalttätige Auftritte, wenn Forscher die Tatsache von nur zwei realen Geschlechtern wissenschaftlich untermauerten[1052].

Die ursprüngliche sogenannte LGB (Lesbian, Gay, Bigender)- bzw. LBQ (für Queer)-Bewegung hat inzwischen ihr Rollenspiel erweitert und firmiert als LGBTQIA+. Das Akronym umfasst neben Lesbian, Gay, Bisexual und Queer nun noch Transgender/Transsexual, Intersexual, Asexual; das ‚plus‘, als Repräsentant strukturloser, rein additiver Vielfalt und Diversität, „steht für weitere potentielle Geschlechtsidentitäten"[1053].

Diese Entwicklung reflektiert nicht nur die im *Anti-Ödipus* propagierte Bestimmung des Menschen als ‚Wunschmaschine‘, die propagierte Freisetzung der ‚Libidoströme‘ in jede erdenkliche Richtung, sondern ebenso das Postulat ordnungs- und strukturloser Reihung des Heterogenen, also das Ideologem des ‚Multiplen‘, wie auch die von Foucault erhobene Forderung nach „Proliferation, Juxtaposition und Disjunktion [statt] Unterteilung und pyramidischer Hierarchisierung"[1054], d. h. nach telosfreier Ausweitung, Aufreihung und disparatem Auseinanderlegen statt Gliederung und logischer, dass Wesentliche vom Unwesentlichen scheidender Strukturierung – mit einem Wort: Herrschaft der Beliebigkeit – in sexueller Hinsicht und überhaupt.

So enthüllt sich die postmoderne Konzeption des Libidinösen, indem sie, unter Vorgabe von Emanzipation und Befreiung, den Menschen auf seine sexuellen Präferenzen hin bzw. von diesen her auslegt, als die wohl tiefste Form menschlicher Erniedrigung, die Europa bisher gesehen hat. Vom Liebling der Götter bei den Griechen zum Sklaven seiner libidinösen Impulse – so dürfte sich Nietzsche die Befreiung der Leiblichkeit und seinen Übermenschen kaum vorgestellt haben. Eher ähnelt das Konzept seiner Vorstellung vom *letzten Menschen*: ein Lüstchen für den Tag, ein Lüstchen für die Nacht – und im übrigen blinzelt er, d. h. weiß nicht ein noch aus![1055]

[1052] Vielleicht erinnert sich der ältere Leser auch an die in den siebziger Jahren des vergangenen Jahrhunderts in Kindergärten des akademischen Milieus aufkommende Tendenz, die Kleinen beizeiten in praktischer Form mit ‚ihrer Sexualität‘ vertraut zu machen. Das vollzog sich mitunter so, dass ‚progressive‘ männliche Betreuer den Kindern ihren Penis als lebendiges Experimentierfeld aufdrängten! Nicht alle Eltern wussten damals das Tunliche vom Deplazierten zu unterscheiden. Derartiges scheint inzwischen doch der Vergangenheit anzugehören.

[1053] So formuliert auf einer Seite des NDR, Stand 02/2025

[1054] M. F.: Vorwort zur amerik. Ausgabe von *Anti-Ödipus*, zit. *Aisthesis*, a. O., S. 432.

[1055] Vgl. *Also sprach Zarathustra*, Vorrede; Schlechta II, S. 284f.

Fragen wir nach dem Verhältnis dieser Konzeption zu unserem Thema *Kontingenz*, ist festzustellen, dass hier die Auslieferung des Menschen an die Zufälligkeit der körperlichen Impulse konzipiert wird. Der Befund deckt sich in erweiterter Perspektive mit der Foucault mit Nietzsche verbindenden, bereits angeführten Überzeugung, dass an der Wurzel unseres Seins nicht der Sinn, sondern der Zufall waltet.

Es ist allerdings *eine* Sache, an die Macht des Zufalls zu glauben, wie, *cum grano salis*, im Schicksalsglauben der Alten, und eine *andere*, das eigene Dasein der Kontingenz des innerlich und äußerlich Begegnenden zu überlassen, statt, wie es Nietzsche vorschwebte, sich zu eigener Form auszubilden und auf diese Weise die Kontingenz des eigenen Ursprungs zu überwinden.

4.   Ausblick

Was in einer Schrift wie der vorliegenden nicht unbedacht bleiben darf, ist das Schicksal derjenigen Praxis, deren eigentlicher Zweck seit je Bewältigung von Kontingenz gewesen ist, nämlich das Schicksal der *Religion*.

Ihren Zweck der Kontingenzbewältigung verfolgt Religion, dadurch ist sie geradezu definiert, durch das Ansetzen *numinoser* Mächte. Vom Animismus der Eingeborenen bis zum Monotheismus der Weltreligionen, von der Geisterbeschwörung und Zauberei bis zur Anbetung eines allmächtigen Schöpfers, bedeutet Religion das zweckvoll, freundlich oder feindlich, auf den Menschen bezogene Handeln nicht-menschlicher, aber willensförmig, in diesem Sinne *anthropomorph* vorgestellter Wesen. (Schopenhauers Metaphysik des Willens ist die äußerste Abstraktion dieses Konzepts, dessen Überführung in *Philosophie*, und interessiert damit an dieser Stelle nicht).

Mit der Zuschreibung von Vorgängen und Ereignissen an einen irgendwie gearteten Willen kommt die Frage nach deren Ursache an ihr Ziel; damit ist Kontingenz überwunden, eliminiert, hat das Ereignis *Sinn* erhalten, so willkürlich das als Handlung gedeutete Geschehen dem davon Betroffenen auch erscheinen mag. Gleichgültig, ob er als böser Dämon oder als gütiger Vater vorgestellt wird, was *Gott* gewirkt hat, ist damit *begründet*; das Fragen des Menschen kehrt sich um, wird reflexiv und richtet sich auf den vermuteten Zusammenhang zwischen dem Geschick(ten) und dem eigenen Verhalten, konstruiert eigenes Verschulden und entwickelt Praktiken der Beeinflussung (Ritus, Opfer, Gebet). Vielleicht steht überhaupt der religiöse Glaube am Ursprung der für menschliches Zusammenleben unverzichtbaren (Selbst)Reflexion, die ja die moralische Kernkomponente darstellt. Nietzsche hat es offenbar mitunter so gesehen, da er mit dem Verschwinden der Religion auch das Schicksal der Moral für besiegelt hielt.

Geschichtliche Erfahrung zeigt nun, darin liegt ihre Wahrheit, dass dem religiösen *Wesen* keinerlei überprüfbarer Gehalt zukommt. Kein Ereignis in der Welt lässt sich mit religiösen ‚Mitteln' erklären, anders gesagt: ‚religiöse Ereignisse' gibt es nicht. Was es gibt, sind Menschen, die in ein Ereignis religiösen Sinn projizieren oder religiöse (Be)Stimmung in sich spüren. Es bleibt allerdings das Ereignis *Welt* als solches, das sich jeder Möglichkeit wissenschaftlich-empirischer Erklärung entzieht – und dieser Sachverhalt stürzt das Dasein, als bloßes Moment von Welt, insgesamt in die Kontingenz. Und es bleibt das Ereignis *Bewusstsein*, für das alle Erklärungsversuche in der *Petitio principii* enden, insofern die Erklärung durch das zu Erklärende selbst sich vollzieht und dieses also voraussetzt.

Religion ist *in nuce*, was der Postmodernismus als *Meta-Erzählung* bezeichnet: Sie liefert eine *umfassende* Erklärung, aber dieser Erklärung fehlt die empirische Beglaubigung. Konkret: Jesus mag eine historisch gut belegte Gestalt sein, aber Gottes-Sohnschaft ist Anthropomorphismus, sinnliche Vorstellung, die zu ihrer Beglaubigung nichts hat als die Erzählungen eines Buches, der ‚Bibel', die diese Vorstellung bereits als wahr voraussetzt, an der allerdings auch unsere gesamte humanistische Überzeugung und die Geltung der Moral hängen.

Wir befinden uns damit in einem Dilemma zwischen der Glaubenslosigkeit, d. h. der Kontingenz und Sinnlosigkeit des Daseins im ganzen einerseits, und andererseits der Religion als eines realer Grundlagen entbehrenden und damit seines normativen Charakters verlustig gehenden Sinn-Konstrukts.

Spätestens seit Kant, vielleicht bereits seit Descartes, ist die Philosophie sich dieses Dilemmas bewusst und sucht es zu bewältigen. Denker wie Spinoza, Schopenhauer und Nietzsche haben dies versucht, indem sie sich zum Prinzip eines subjektlosen Sich-Ereignens bekannten. Doch der *Determinismus*, die Behauptung bruchloser Naturnotwendigkeit, bewältigt Kontingenz nicht, insofern er keinen Sinn zu stiften vermag und das Gefühl von Ohnmacht verstärkt.

Kants Lösungsvorschlag für das Dilemma war die strategische *Trennung von theoretischer und praktischer Vernunft*. Was die theoretische Vernunft versagte, die Einsicht in letzte Gründe bezüglich Gott, Freiheit, Unsterblichkeit, kehrt in der praktischen als *Postulat* wieder: die Tatsachen der Ordnungsstrukturen aufweisenden kosmischen Natur und des moralischen Gesetzes im Menschen fordern die Anerkennung eines weisen Schöpfers und Erhalters – ungeachtet vieler höchst unweiser und zufälliger Ereignisse.

Hegel weist Kants Argument aufgrund von dessen anthropologischem Residuum zurück und argumentiert, das Religiöse sei insgesamt als bloßes *Vorstellen*, als seiner selbst nicht bewusster *Anthropomorphismus* zu verorten. Gerade aber durch den das Religiöse in seiner Natur und Entwicklung erfassenden philosophischen Begriff erhält dieses seine Rechtfertigung als eine relative, dem anschaulichen Auffassen angepasste Wahrheit. Im Christentum enthüllt sich das Göttliche als das Menschliche und *vice versa*. Göttliches und Menschliches sind versöhnt, Kontingenz im absoluten Sinn aufgehoben; Geschichte, d. h. der sich in sich selbst vertiefende und auslegende Geist, hat die Versöhnung hervorgebracht.

Mit dem Hegels Vermittlung von Menschlichem und Göttlichem perhorreszierenden *Kierkegaard* kehrt das Kontingenzbewusstsein mit voller Wucht zurück. Kierkegaard verabsolutiert den Gegensatz von Ewigkeit und Zeitlichkeit, erklärt den Eintritt Gottes in die Zeit zum *Absurden* und reibt sich an dem Widerspruch auf. Er gibt dem Widerspruch die das Christentum verzerrende menschenfeindliche Dramatik, die ich in der obigen Darstellung seines Denkens exponiert habe.

Damit erweist sich Kierkegaard als *Hermeneut des Gegenwartsbewusstseins*. Wie Kierkegaard vermögen wir die Einheit des Göttlichen und Menschlichen nur noch schwer zu erleben, vermögen wir Göttliches in der Wirklichkeit nicht zu finden, zu sehr widerspricht der Begriff Gottes mit seinen Attributen von Allmacht und Güte unserer Erfahrung. Nur ein geistig Beschränkter wird nach einem Erdbeben mit 40.000 Toten eine Bitte an Gott richten, keine Nachbeben mehr zu schicken, und ob der todkranke Papst gesundet, wird nicht durch die Bittgebete der Gläubigen, sondern durch medizinische Gegebenheiten und ärztliche Kunst entschieden.

Göttliche Indifferenz bezüglich der Welt und damit metaphysische Kontingenz sind die Essenz aller unvoreingenommener Erfahrung. Bedürfte es noch eines Beweises für die Breite dieser Erfahrung, lieferte ihn die Rasanz der Kirchenaustritte in den europäischen Ländern. Der Sinn des Glaubens ist für diese Menschen nicht mehr greifbar. Damit hat auch Platons zugunsten der Religion, aber gegen deren homerische Interpretation ausgesprochenes Denkverbot: *Über das Göttliche nur Gutes!*, von dem auch das Christentum jahrhundertelang profitiert hat, seine Bindekraft verloren; Epikurs Überzeugung von der göttlichen Indifferenz scheint obsiegt zu haben.

Bezüglich unserer Thematik der Kontingenz lässt sich die Situation in folgende Formel fassen: die Wissenschaft liefert Fakten, aber keinen Sinn; die Religion beansprucht, Sinn zu setzen, bleibt aber Fakten schuldig. Die Wissenschaft liefert das Dasein als solches der Kontingenz aus, die Religion ist in ihrem dogmatischen Anspruch diskreditiert.

Konkret gesagt: Die Frage, ob die Sonne um die Erde kreist oder die Erde um die Sonne, ist Gegenstand des aristotelischen *thaumazein*, d. h. ist interessant zu wissen – aber es ist existentiell unerheblich. Die Erzählungen der Religionen hingegen sind existentiell gehaltvoll, insofern sie das Dasein *absolut* begründen und gehaltvolle Praxis definieren, ermangeln aber, wie ihr Schicksal belegt, der Beglaubigung und Verbindlichkeit: die Tage des Papstes sind gezählt, so eifrig die Gläubigen auch für sein Leben beten! Und auch die Erwärmung der Erde wird, gegen alle göttliche Bestandsgarantie, weiter zunehmen und am Ende vielleicht die Menschheit in den Abgrund reißen.

Angesichts dieses Dilemmas, und um die Menschen nicht vollends – mit zunehmender Globalisierung umso mehr – im flüchtigen Strom zeitlicher Belanglosigkeiten versinken zu lassen, empfiehlt sich das schon angeführte Rezept der Skeptiker, *undogmatisch im Tradierten zu leben*. Die Tradition gewährt mit ihrem symbolischen Charakter pragmatisch die Bindung an ein von sich her Geltendes und seinen sittlich verpflichtenden Gehalt: die bethlehemitische Krippe und der Baum des christlichen Weihnachten, der Ramadan der Moslems, der doppelte Kühlschrank für koscheres Kochen bei den Juden, Gebete und Liturgien aller Art: *objektiv* in ihrem Sinnanspruch schwer haltbare, nur symbolisch begründbare *auratische* Praktiken, womöglich sogar, wie das radikale Fasten im Ramadan oder das ‚Reinigungsbad‘ der Hindus im verschmutzten Ganges, medizinisch bedenklich, aber, als humane Interpretation bzw. Interpretation des *Humanum*, *subjektiv* bergend, das Gefühl von Substantialität vermittelnd. Weiter kann der Mensch es in der Näherung ans Absolute nicht bringen.

Was Nietzsche vom Leben sagte, dass es nur als ästhetisches Phänomen zu rechtfertigen sei, lässt sich, mit größerem Recht, von der Religion behaupten: als ästhetisches, das Geistige in sinnliche Zeichen fassendes, somit durch und durch symbolisches Gebilde vermittelt sie zwischen Sein und Sollen, Sinnlichkeit und Vernunft und setzt im Menschen die Kraft zur sittlichen Bewältigung des Lebens frei[1056].

[1056] Kierkegaards Perhorreszierung und Dämonisierung des Ästhetischen hingegen resultierte aus dessen Reduktion auf ein bloß Sinnliches und verfehlte damit dessen integrierende Kraft auch für das Religiöse.

Literatur

Adorno, Th. W.: *Minima Moralia – Reflexionen aus dem beschädigten Leben*, Frankfurt/M. 1964

Adorno, Th. W.: *Negative Dialektik*, Frankfurt/M. 1964

Agamben, G.: *Das Offene. Der Mensch und das Tier*, Frankfurt/M. 2003

Altwegg, J./Schmidt, A.: *Französische Denker der Gegenwart. Zwanzig Porträts*, München 1987

Aristoteles: *Philosophische Schriften*, 6 Bde.; Darmstadt o. J.

Aristoteles: *Metaphysik* (Hg. U. Wolf), Hamburg 52007

Aristoteles: Physik (gr.-dt.), 2 Bde., Hamburg 1987

Aristoteles: *Vom Himmel/ De caelo*, in: *Vom Himmel/Von der Seele/Von der Dichtkunst* (Hg. O. Gigon) Zürich/München 21983

Aristoteles: *Politik*, Hamburg 1965

Augustinus: *Summa contra gentiles*, Darmstadt 1994

Barck, K. (u. a., Hg.): *Aisthesis. Wahrnehmung heute oder Perspektiven einer anderen Ästhetik. Essais*, Leipzig 1991

Baumgartner, H.-M./Korten, K.: *Schelling*. München 1996

Bellow, S.: *Herzog* (Roman, ital. Ausg.), Milano 2022

Benjamin, W.: *Das Kunstwerk im Zeitalter seiner technischen Reproduzierbarkeit*, Frankfurt/M. 111979

Biser, E.: *Nietzsche – Zerstörer oder Erneuerer des Christentums?* (Darmstadt 2002)

Böhme, H. u. a. (Hg.): *Contingentia – Transformationen des Zufalls*, Berlin/Boston 2016

Bonacker, Th.: *Die normative Kraft der Kontingenz. Nichtessentialistische Gesellschaftskritik nach Weber und Adorno*, Frankfurt/M. 2000

Bröcker, W.: *Das was kommt, gesehen von Nietzsche und Hölderlin*, Pfullingen 1963

Calwer Bibel-Lexikon, Stuttgart 51985

Cassirer, E.: *Aufsätze und kleine Schriften* (ECW 22), Hamburg 2006

Chanotis, A.: *Die Öffnung der Welt. Eine Globalgeschichte des Hellenismus*, Darmstadt 2022

Charim, I.: *Ich und die Anderen. Wie die neue Pluralisierung uns alle verändert.* Wien 2018

Demandt, A.: *Philosophie der Geschichte. Von der Antike bis zur Gegenwart*, Köln/Weimar/Wien 2011

Descartes, R.: *Œuvres* (XI vol., Hg. Adam, Ch./Tannery, P.), Paris 1996

Descartes, R.: *Meditationes de prima philosophia* (lat.-dt., Hg. Chr. Wohlers), Hamburg 2008

Diels, H./Kranz, W. (Hg.): *Die Fragmente der Vorsokratiker* (3 Bde.), o. O. [17]1974 (Weidmann)

Diogenes Laertius: *Leben und Meinungen berühmter Philosophen* (Hg. K. Reich) Hamburg [2]1967

Dostoevskij, F.: *Il giocatore*, Milano 2012

Dreyfus, H./Taylor, Ch.: *Die Wiedergewinnung des Realismus*, Frankfurt/M. 2016

Eisler, R.: *Kant-Lexikon*, Hildesheim 2002

Epikur: *Briefe, Sprüche, Werkfragmente* (Hg. H.-W. Krautz), Stuttgart 2000

Ferraris, M.: *Manifest des neuen Realismus*, Frankfurt/M. 2014

Fini, M.: *L'apolide dell'esistenza*, Venezia 2014

Fleischer, M.: *Schopenhauer*, Freiburg, o. J.

Fornero, G./Restaino, F.: *La filosofia contemporanea* (Bd. 7 von N. Abbagnano: *Storia della filosofia*), Milano 2000

Foucault, M.: *Wahnsinn und Gesellschaft. Eine Geschichte des Wahns im Zeitalter der Vernunft*, Frankfurt/M. 1973

Fukuyama, F.: *Das Ende der Geschichte*, München 1992

Fukuyama, F.: *Das Ende des Menschen*, Stuttgart/München 2002

Gerhardt, V.: *Friedrich Nietzsche*, München [3]1999

Geyer, Chr. (Hg.): *Hirnforschung und Willensfreiheit. Zur Deutung der neuesten Experimente*, Frankfurt/M. 2004

Goethe, J. W.: *Wilhelm Meisters Wanderjahre*, in: Goethes Werke in 12 Bänden, Bd. 7 (Berlin/Weimar 1981)

Grabner-Haider, A./Prenner, K. (Hg.): *Religionen und Kulturen der Erde.* Darmstadt 2004

Grün, K.-J.: *Arthur Schopenhauer*, München 2000

Haeckel, E.: *Die Welträtsel. Gemeinverständliche Studien über monistische Philosophie*, Stuttgart o. J. (361. – 370. Tausend)

Hegel, G.W.F.: *Differenz des Fichteschen und Schellingschen Systems* [], Hamburg 1979

Hegel, G.W.F.: *Grundlinien der Philosophie des Rechts*. Hg. J. Hoffmeister (Hamburg ⁴1955)

Hegel, G.W.F.: *Die Vernunft in der Geschichte*. Hg. J. Hoffmeister (Hamburg ⁵1955)

Hegel, G.W.F.: *Phänomenologie des Geistes*. Hg. J. Hoffmeister (Hamburg ⁶1952)

Hegel, G.W.F.: Werke in 20 Bänden. Frankfurt/M. 1970 (TWA, Bd. 1-20)

Hegel, G.W.F.: *Enzyklopädie der philosophischen Wissenschaften im Grundrisse* (1830), 3 Bde., Frankfurt/M. 1970 (TWA, Bd. 8-10)

Hegel, G.W.F.: *Wissenschaft der Logik* (Bd. I/II, Hg. G. Lasson), Hamburg 1967

[Hegel G.W.F.] *Briefe von und an Hegel*, 4 Bde.
    Bd. 1-3 Hg. J. Hoffmeister (Hamburg 1952-54)
    Bd. 4 (2 Halbbände) Hg. F. Nicolin (Hamburg 1977/81)

Heidegger, M. *Sein und Zeit*, Tübingen 1972

Heidegger, M.: *Wegmarken*, Frankfurt/M. 1978

Heidegger, M.: *Die Grundbegriffe der Metaphysik: Welt – Endlichkeit – Einsamkeit*, Frankfurt/M. 2004

Herder, J. G.: *Auch eine Philosophie der Geschichte zur Bildung der Menschheit* (Nachwort H.-G. Gadamer), Frankfurt/M. 1967

Herrmann, Chr./Pauen, M./Rieger, J./Schicktanz, S. (Hg.): *Bewusstsein: Philosophie, Neurowissenschaften, Ethik*, Paderborn 2005

Homer: *Ilias/Odyssee* (Übs. J. H. Voß) Stuttgart/Hamburg o. J.

Horn, Chr./Rapp, Chr. (Hg.): *Wörterbuch der antiken Philosophie* [WbaPh], München 2002

Hübner, K.: *Die Wahrheit des Mythos*, Freiburg/München 2011

Irrlitz, G.: *Kant-Handbuch*. Stuttgart 2002

Jaeschke, W.: *Hegel-Handbuch. Leben – Werk – Schule*, Stuttgart/Weimar 2003

Janz, C. P.: *Friedrich Nietzsche Biographie* (3 Bde.), München 1981

Kant, I.: *Werke in zwölf Bänden* (Frankfurt/M. 1964), Bd. XI

Kant, I.: *Kritik der reinen Vernunft* [KrV], Hamburg 1956

Kant, I.: *Grundlegung zur Metaphysik der Sitten*, Stuttgart 1974

Kaufmann, W.: *Nietzsche. Philosoph – Psychologe – Antichrist*, Darmstadt ²1988

Kierkegaard, S.: *Werke I-V*. (Hg. L. Richter), o. O. [Rowohlts Klassiker] 1960ff.
    I. *Der Begriff Angst* (Ps. Vigilius Haufniensis)
    II. *Die Wiederholung/Die Krise* (Ps. Constantin Constantius)

III. *Furcht und Zittern* (Ps. Johannes de Silentio)

IV. *Die Krankheit zum Tode* (Ps. Anti-Climacus)

V. *Philosophische Brocken* (Ps. Johannes Climacus)

Kierkegaard, S.: *Entweder – Oder. Ein Lebensfragment* (Ps. Viktor Eremita) Dresden 1909

Kierkegaard, S.: *Abschließende unwissenschaftliche Nachschrift zu den Philosophischen Brocken*, 2 Bde. (Düsseldorf/Köln 1957/58)

Knöbl, W.: *Die Kontingenz der Moderne. Wege in Europa, Asien und Amerika*, Frankfurt/M. 2007

Krafft, F. (Hg.): *Lexikon großer Naturwissenschaftler*, Wiesbaden 2003

Kröners Lexikon philosophischer Werke, Stuttgart 1988

Leibniz, G. W.: *Versuche in der Theodicée über die Güte Gottes, die Freiheit des Menschen und den Ursprung des Übels* (Hg. A. Buchenau) Hamburg 1996

Leibniz, G. W.: *Monadologie* (fr./dt., Hg. H. Hecht) Stuttgart 2005

Lessing, G. E.: *Werke* (3 Bde., Hg. K. Wölfel), Frankfurt/M. 1967

Löwith, K. *Wissenschaft und Heilsgeschehen. Die theologischen Voraussetzungen der Geschichtsphilosophie*, Stuttgart 1953

Löwith, K.: *Von Hegel zu Nietzsche. Der revolutionäre Bruch im Denken des 19. Jahrhunderts*, Hamburg 1981

Luhmann, N.: *Kontingenz und Recht*, Frankfurt/M. 2013

Mann, Th.: *Schriften und Reden zur Literatur, Kunst und Philosophie* (3 Bde.), Frankfurt/M. 1968

Melville, H.: *Moby Dick o la Balena*. Milano 2002

Metzler Philosophen-Lexikon, Stuttgart 1989

Monod, J.: *Zufall und Notwendigkeit. Philosophische Fragen der modernen Biologie* [*Le hasard et la nécessité*], München [8]1988

Nietzsche, Fr.: *Werke in drei Bänden* (Hg. K. Schlechta) Darmstadt 1997

Nietzsche, Fr.: *Kritische Studienausgabe*, 15 Bde. (Hg. G. Colli/M. Montinari), München 1980

Nietzsche, Fr.: *Kritische Studienausgabe Briefe*, 8 Bde. (Hg. G. Colli/M. Montinari), München 1986

Nietzsche, Fr.: *Der Wille zur Macht* (Nachw. A. Baeumler), Leipzig 1930

Nolan, L. (Hg.): *The Cambridge Descartes Lexikon*, Cambridge 2016

Ottmann, H. (Hg.): *Nietzsche Handbuch. Leben – Werk – Wirkung* [NHB], Stuttgart/Weimar 2000

Pfeifhofer, H.: *Strategien der Abwehr von Kontingenz in Helmut Kraussers Roman „Thanatos. Das schwarze Buch"*, München 2011

Platon: *Sämtliche Dialoge* (7 Bde., Hg. O. Apelt) Hamburg 2004

Platon: *Der Staat – Über das Gerechte* (Politeia, Hg. O. Apelt/K. Bormann/P. Wilpert) Hamburg [11]1989

Popper, K.: *Alles Leben ist Problemlösen.* Darmstadt o. J. (1994),

Precht, R. D.: *Tiere denken – Vom Recht der Tiere und den Grenzen des Menschen*, München 2018

Ritter, J. (u. a., Hg.): *Historisches Wörterbuch der Philosophie* [HWPh], 12 Bde. plus Reg.-Bd., Basel 1971ff.

Röd, W.: *Die Philosophie der Neuzeit*, Bd. 1; München [2]1999

Rohde, P. P.: *Kierkegaard*, Reinbek 1965

Rohrmoser, G.: *Kierkegaard und das Problem der Subjektivität*, in: *Wege der Forschung: Sören Kierkegaard*, Darmstadt 1971

Salaquarda, J. (Hg.): *Nietzsche*, Darmstadt [2]1996

Sartre, J.-P.: *Drei Essays*, Berlin (West) 1960

Schelling, F.W.J.: *Über das Wesen der menschlichen Freiheit* [1809, sog. *Freiheitsschrift*] Hg. H. Fuhrmans, Stuttgart 1984

Schelling, F.W.J.: *Philosophie der Mythologie*, 2 Bde., Darmstadt 1966

Schönknecht, H.-J.: *Hegels immanente Kierkegaard-Kritik im Blick auf Hegels Dialektik der Endlichkeit* (1970, unveröffentlicht)

Schönknecht, H.-J.: *Baron Pierre de Coubertin, der Schöpfer der modernen Olympischen Bewegung*, in: K. Lennartz (Hg.): *Die Olympischen Spiele 1896 in Athen* [], o. O. (Agon-Verlag) 1996

Schönknecht, H.-J.: *Die Verweigerung der Vernunft. Untersuchungen zum Denken von Friedrich Nietzsche/Giorgio Agamben/Benedetto Croce*, Norderstedt 2006

Schönknecht, H.-J.: *Mythos – Wissenschaft – Philosophie. Zur Entstehung der okzidentalen Rationalität in der griechischen Antike* (3 Bde.), Marburg 2017

Schönknecht, H.-J.: *Einblicke und Ausblicke. Beiträge aus historisch-philosophischer Sicht*, Berlin 2020

Schönknecht, H.-J.: *René Descartes. Denker der Moderne. Eine historisch-systematische Studie*, Norderstedt 2022

Schopenhauer, A.: *Werke in fünf Bänden* (Hg. L. Lütkehaus), Zürich 1991; enthaltend: *Die Welt als Wille und Vorstellung* I und II, *Parerga und Paralipomena* I und II, *Kleinere Schriften.*

Schrott, R.: *Homers Heimat. Der Kampf um Troja und seine realen Hintergründe.* Frankfurt/M. 2010

Schupp, F.: *Geschichte der Philosophie im Überblick*, 3 Bde. (Hamburg 2003)

Seneca: *Vom glückseligen Leben.* (Hg. u. Einf. J. Kroymann) Stuttgart 1978

Sextus Empiricus: *Grundriss der Pyrrhonischen Skepsis* [*Pyrrhoneíai hypotypóseis*], hg. v. M. Hossenfelder, Frankfurt/M. 1968

Simon, J. (Hg.): *Freiheit – Theoretische und praktische Aspekte des Problems.* Freiburg/München 1977

Sloterdijk, P./Macho, Th. H.: *Weltrevolution der Seele*, o. O. (Artemis und Winkler) 1991

Sophokles: *Tragödien. Antigone – König Ödipus – Ödipus auf Kolonnos*, übs. J. J. Chr. Donner; München 1959

Spinoza, B. de: Werke, 3 Bde. (Hg. B. Bartuschat) Hamburg 2006

Stroumsa, G.: *Das Ende des Opferkults Die religiösen Mutationen der Spätantike.* Berlin 2011

Sumereder, K.: *Erweiterter Horizont – Im Labyrinth der Lebensrätsel*, Norderstedt 2007

Sumereder, K.: *Alles beruht auf Energie.* Genius-Lesestücke Nov.-Dez. 2014 (www.genius.co.at)

Theierl, H.: *Nietzsche – Mystik als Selbstversuch*, Würzburg 2000

Tolstoj, L.: *Guerra e Pace*, a cura di A. Interno. Vedano Olona/VA 2023;

Tomasi di Lampedusa, G.: *Il Gattopardo.* Milano [83]2004

Vattimo, G.: *Friedrich Nietzsche. Eine Einführung*, Stuttgart/Weimar 1992

Vogt, P.: *Kontingenz und Zufall Eine Ideen- und Begriffsgeschichte*, Berlin 2011

Voltaire (François-Marie Arouet): *Candid oder die Beste aller Welten* (Übs. E. Sander), Leipzig 1925

Vorländer, K.: *Geschichte der Philosophie (mit Quellentexten)*, Bd. 5: *Philosophie der Neuzeit (Aufklärung)*, Reinbek 1967

Watzlawick, P.: *Wir wirklich ist die Wirklichkeit?* München/Zürich 1967

Ziegler, K./Sontheimer, W. (Hg.): *Der Kleine Pauly. Lexikon der Antike* (5 Bde.), München 1979

Zoglauer, Th.: *Geist und Gehirn. Das Leib-Seele-Problem in der aktuellen Diskussion*, Göttingen 1998

Weitere Schriften des Verfassers:

Mythos – Wissenschaft – Philosophie.
Zur Genese der okzidentalen Rationalität in der griechischen Antike
TECTUM 2017.
3 Bde. geb., zus. 1.328 S., einzeln je 39,99 €, Bundle 99,95 €

Die Schrift zeichnet detailliert die Entwicklung der leitenden Ideen und der philosophisch-wissenschaftlichen Begrifflichkeit nach: von den Epen Homers und Hesiods über die große antike Philosophie bis zur Kompromittierung des Wissensanspruchs durch Skeptizismus und neue Religiosität. Dazu Exkurse zur technischen Umsetzung von Mathematik, dem Aufbau der antiken Kosmos-Vorstellungen sowie der Anknüpfung an die antike Begrifflichkeit in der Neuzeit.

René Descartes – Denker der Moderne
Eine historisch-systematische Studie
BoD 2022.   Pb. 534 S.   17,99 €   E-Book   9,99 €

Die Arbeit illustriert die These der grundlegenden Bedeutung Descartes' für die neuzeitliche Philosophie und Naturwissenschaft. Sie präsentiert sein Denken in voller Breite, entwickelt den historischen und biographischen Hintergrund, demonstriert Descartes' wohlbegründete Abweisung jeglichen Naturalismus und expliziert seine revolutionäre, die Moderne prägende, jedoch in der Diskussion über den Charakter seiner Ethik oft übersehe *praktische Idee*: die Interpretation des menschlichen Lebens als *subjektiver, durch Cogitatio geleiteter Vollzug.*

Einblicke und Ausblicke –
Beiträge aus historisch-philosophischer Sicht
(Reihe: Philosophische Orientierungen)
LIT-Verlag 2020.   Pb. 233 S.   29,90 €

Aufsätze aus den Jahren 2005-2019, u. a. zur Existenz- und Sinnproblematik, zum Thema Authentizität und zu Heideggers Verstrickung in den Nationalsozialismus.

Die Verweigerung der Vernunft

*Untersuchungen zu Friedrich Nietzsche, Giorgio Agamben,
Benedetto Croce*

BoD 2006   Pb. 266 S.   19,90 €

Kritik an der ‚Verweigerung der Vernunft', d. h. am philosophischen Irrationalismus und der theoretischen Bestreitung der Möglichkeit von Vernunft und Wahrheitserkenntnis, wie sie bei Friedrich Nietzsche und dem
‚Postmodernen' Giorgio Agamben begegnen.

Der liberale Hegelianer Benedetto Croce liefert überzeugende Argumente dafür, dass solche Erkenntnisskepsis, solches Misstrauen in Vernunft, in sich widersprüchlich ist und sich selbst konterkariert.